Datenscreening zwischen Compliance-Aufgabe und Arbeitnehmerdatenschutz

Schriften zum Recht der Arbeit

Herausgegeben von Olaf Deinert und Rüdiger Krause

Band 7

Philip Owschimikow

Datenscreening zwischen Compliance-Aufgabe und Arbeitnehmerdatenschutz

Zugleich eine Bewertung des Regierungsentwurfs eines Gesetzes zur Regelung des Beschäftigtendatenschutzes

Bibliografische Information der Deutschen Nationalbibliothek
Die Deutsche Nationalbibliothek verzeichnet diese Publikation
in der Deutschen Nationalbibliografie; detaillierte bibliografische
Daten sind im Internet über http://dnb.d-nb.de abrufbar.

Zugl.: Erlangen-Nürnberg, Univ., Diss., 2013

D 29
ISSN 2191-4079
ISBN 978-3-631-64326-6 (Print)
E-ISBN 978-3-653-03315-1 (E-Book)
DOI 10.3726/978-3-653-03315-1

© Peter Lang GmbH
Internationaler Verlag der Wissenschaften
Frankfurt am Main 2014
Alle Rechte vorbehalten.
PL Academic Research ist ein Imprint der Peter Lang GmbH.

Peter Lang – Frankfurt am Main · Bern · Bruxelles · New York ·
Oxford · Warszawa · Wien

Das Werk einschließlich aller seiner Teile ist urheberrechtlich
geschützt. Jede Verwertung außerhalb der engen Grenzen des
Urheberrechtsgesetzes ist ohne Zustimmung des Verlages
unzulässig und strafbar. Das gilt insbesondere für
Vervielfältigungen, Übersetzungen, Mikroverfilmungen und die
Einspeicherung und Verarbeitung in elektronischen Systemen.

Dieses Buch erscheint in einer Herausgeberreihe bei
PL Academic Research und wurde vor Erscheinen peer reviewed.

www.peterlang.com

Inhaltsverzeichnis

Abkürzungsverzeichnis XI
Thematische Einführung 1
Kapitel 1: Datenscreening als Compliance-Aufgabe 3
  A. Grundlegendes 3
    I. Datenscreening zu Compliance-Zwecken 4
    II. Wirkungen des Datenscreenings 6
  B. Aktuelle Bedeutung des Datenscreenings zu Compliance-Zwecken 6
    I. Anwendungsempfehlungen 7
      1. ISA 240 8
      2. IDW-PH 9.330.3 9
    II. Anwendungsfälle 9

Kapitel 2: Grenzen des Datenscreenings 13
  A. Gemeinschaftsrechtliche Vorgaben 13
    I. Europäische Grundrechtecharta 13
    II. Europäische Datenschutzrichtlinie 14
    III. Die geplante Datenschutz-Grundverordnung 14
  B. Verfassungsrechtlicher Rahmen 16
    I. Das Recht auf informationelle Selbstbestimmung 17
    II. Schranken 18
  C. Datenschutzrechtliche Grenzen de lege lata 18
    I. Grundbegriffe des Beschäftigtendatenschutzes 19
    II. Numerus clausus der Erlaubnistatbestände 20
    III. Einwilligung des Arbeitnehmers als Erlaubnistatbestand 21
      1. Voraussetzungen der Einwilligung 23
      2. Das Problem der Freiwilligkeit 25
      3. Dispositionsbefugnis des Betroffenen 27
        a. Einschränkung durch § 32l Abs. 1 BDSG-RegE 28
        b. Vereinbarkeit mit unionsrechtlichen Vorgaben 30
        c. Vereinbarkeit mit der Rechtsprechung des
           Europäischen Gerichtshofs 32

- 4. Drohender Bedeutungsverlust im Beschäftigungsverhältnis 34
- 5. Praktikabilität bei Datenscreenings 37
- IV. Der gesetzliche Erlaubnistatbestand des § 32 BDSG 39
  - 1. Spezialregelung zur Aufdeckung von Straftaten, § 32 Abs. 1 S. 2 BDSG 40
  - 2. Generalklausel des § 32 Abs. 1 S. 1 BDSG 42
    - a. Zwecke des Beschäftigungsverhältnisses 42
    - b. Erforderlichkeit als zentraler Beurteilungsmaßstab 43
      - aa. Geeignetheit 43
      - bb. Erforderlichkeit 44
      - cc. Angemessenheit 44
  - 3. Zwischenergebnis 45
- D. Datenschutzrechtliche Grenzen de lege ferenda 45
  - I. Das Reformvorhaben zum Arbeitnehmerdatenschutz 46
  - II. Der gesetzliche Erlaubnistatbestand des § 32d Abs. 3 BDSG-RegE 48
    - 1. Anwendungsbereich 49
    - 2. Datenquellen 51
      - a. Beschäftigtendaten vs. Geschäftsdaten 52
      - b. Herkunft der Beschäftigtendaten 53
      - c. Quelldatenerhebung nach § 32d Abs. 3 S. 1 BDSG-RegE? 53
      - d. Datenerhebung im Beschäftigungsumfeld 55
      - e. Rechtmäßigkeit der Datenerhebung 55
    - 3. Datenverwendung 57
      - a. Anforderungen an die Datenbasis 58
      - b. Abgleich mit anderen Datenbeständen 61
    - 4. Die Zweckbestimmung des Datenscreenings 61
      - a. „Aufdeckung" als repressive Zweckbestimmung? 62
      - b. Schwerwiegende Pflichtverletzungen 67
        - aa. Regelbeispiele 67
        - bb. Andere schwerwiegende Pflichtverletzungen 69
        - cc. Verletzung arbeitsvertraglicher Pflichten 71
      - c. Bezug zum Beschäftigungsverhältnis 72
      - d. „Unternehmenspolizei" und Strafverfolgungsmonopol des Staates 72
    - 5. Verarbeitung der Beschäftigtendaten in anonymisierter oder pseudonymisierter Form 74

a. Bezugspunkt 76
b. Anonymisierung, § 3 Abs. 6 BDSG 76
    aa. Möglichkeit der Personalisierung? 77
    bb. Praktikabilität bei Datenscreenings 78
c. Pseudonymisierung, § 3 Abs. 6a BDSG 79
d. Pseudonymität als reales Szenario? 79
    aa. Verwahrung der Zuordnungsregeln 81
        1) Durch den Betriebsrat 82
        2) Durch den Datenschutzbeauftragten 82
        3) Durch einen Ombudsmann 83
    bb. Löschung der Zuordnungsregeln 83
e. Wahlrecht des Arbeitgebers 84
f. Verstoß gegen § 6a BDSG 85
6. Verfahrensvoraussetzungen als Regelungsdefizit 85
    a. Fehlen normierter Anlassschwellen 86
    b. Notwendigkeit eines Korrektivs 89
7. Vorabkontrolle durch betrieblichen
Datenschutzbeauftragten 89
    a. Anwendbarkeit des § 4d Abs. 5 BDSG 91
    b. Voraussetzungen des § 4d Abs. 5 BDSG 91
8. Personalisierung bei Verdachtsfall 94
    a. Personalisierung als Datenerhebung? 94
    b. Umfang der zulässigen Personalisierung 96
9. Dokumentationspflicht 97
    a. Anforderungen an Dokumentation 98
    b. Maßgeblicher Zeitpunkt 99
10. Unterrichtungspflicht 100
    a. Zuständigkeit und Form 102
    b. Maßgeblicher Zeitpunkt 104
        aa. Subjektive Bestimmung 105
        bb. Objektive Bestimmung 105
    c. Zu unterrichtender Personenkreis 109
    d. Gegenstand der Unterrichtung 111
    e. Folgen einer Verletzung der Unterrichtungspflicht 112
        aa. Tatbestand des § 43 Abs. 1 Nr. 7c BDSG-RegE 113
        bb. Rechtsfolge des § 43 Abs. 1 Nr. 7c BDSG-RegE 114

        11. Löschungspflicht 116
            a. Regelungslücke im Bereich des § 32d BDSG-RegE? 116
            b. Bedürfnis für eine gesetzliche Regelung? 117
                aa. Anwendbarkeit des § 32e Abs. 6 S. 1 BDSG-RegE .. 118
                bb. Anwendungsbereich des § 35 Abs. 2 S. 2 BDSG 120
        12. Datenabgleich durch den Arbeitgeber oder Dritte 121
            a. Übermittlung 121
                aa. Auftragsdatenverarbeitung, § 11 BDSG 122
                bb. Funktionsübertragung, § 3 Abs. 8 S. 2 BDSG 123
            b. Rechtsgrundlage 123
                aa. § 32d Abs. 4 S. 1 BDSG-RegE 123
                bb. § 28 Abs. 2 Nr. 2b BDSG 124
                cc. § 32d Abs. 3 BDSG-RegE 125
            c. Rechtswidrige Datennutzung durch Dritte 126
        13. Verbleibender Anwendungsbereich von
            § 28 Abs. 1 Nr. 2 BDSG 129
    III. Ergebnis 129

Kapitel 3: Einbindung des Betriebsrats und betriebliche
Regelungsmöglichkeiten 131
  A. Einbindung des Betriebsrats 131
    I. Recht auf Unterrichtung 132
    II. Mitbestimmungstatbestände 132
        1. Die Aufgabenzuweisung des § 75 Abs. 2 BetrVG 132
        2. Ordnungsverhalten im Betrieb,
           § 87 Abs. 1 Nr. 1 BetrVG 133
        3. Überwachung mittels technischer Einrichtungen,
           § 87 Abs. 1 Nr. 6 BetrVG 134
            a. Datenscreening als technische Einrichtung 135
            b. Überwachungsbegriff 136
            c. Verhalten und Leistung der Arbeitnehmer 137
    III. Zuständigkeit des Betriebsrats 139
    IV. Rechtsfolgen bei der Verletzung von Mitbestimmungsrechten 140
        1. Unterlassungsanspruch des Betriebsrats 141
        2. Beweisverwertungsverbot 141
  B. Betriebliche Regelungsmöglichkeiten 143
    I. Betriebsvereinbarung als Rechtsgrundlage
       für Datenscreenings 144

II. Günstigkeitsprinzip 146
   III. Beschränkung der Regelungsmacht nach
        § 32l Abs. 5 BDSG-RegE 148
   IV. Interessenausgleich durch Betriebsvereinbarung 155
   C. Tarifvertrag als Regelungsinstrument 156
   D. Ergebnis 157

Kapitel 4: Rechtsfolgen bei rechtswidrigem Datenscreening 159
   A. Bußgeld- und Strafbestimmungen 159
      I. Ordnungswidrigkeiten 160
         1. Verstoß gegen § 32d Abs. 3 BDSG-RegE 160
         2. Sanktionsmöglichkeiten 162
      II. Strafrechtliche Folgen 163
   B. Schadensersatz- und Unterlassungsansprüche 165
   C. Zurückbehaltungsrecht 166
   D. Beweisverwertungsverbot 167
      I. Standpunkt der Rechtsprechung 168
      II. Forderungen nach einer gesetzlichen Regelung 169
      III. Bedürfnis für eine gesetzliche Regelung 170
   E. Ergebnis 171

Kapitel 5: Rechtsschutzmöglichkeiten 173
   A. Beschwerderecht 173
      I. Voraussetzungen der Vorschaltbeschwerde 173
      II. Verschlechterung der Rechtsschutzmöglichkeiten 175
      III. Folgen der Abstufung des Beschwerderechts 177
      IV. Sachliches Bedürfnis für innerbetrieblichen Klärungsversuch 178
      V. Vereinbarkeit mit Unionsrecht 180
      VI. Stellungnahme 183
   B. Verbandsklagerecht 184
      I. Gesetzlich vorgesehene Verbandsklagerechte 185
      II. Die Situation im Beschäftigtendatenschutz 188
         1. Das Verbandsklagerecht nach § 23 BDatG-E 188
         2. Das Verbandsklagerecht nach Art. 76 Abs. 1 DS-GVO-E 189
      III. Bedürfnis für eine gesetzliche Regelung 190
   C. Ergebnis 194

Kapitel 6: Kritik und Ausblick 195
   A. Ergebnisse 195
   B. Lösbarkeit der Interessenkollision zwischen
      Compliance-Aufgabe und Beschäftigtendatenschutz 202
   C. Prämissen einer gesetzlichen Regelung 203
   D. Regelungsvorschlag 205

Literaturverzeichnis 207

Quellenverzeichnis 225

Abkürzungsverzeichnis

a.A.	anderer Ansicht
ABl.	Amtsblatt
Abs.	Absatz
ACFE	Association of Certified Fraud Examiners
A-Drs.	Ausschussdrucksache
a.E.	am Ende
AEO	Authorized Economic Operator
AEUV	Vertrag über die Arbeitsweise der Europäischen Union
AG	Aktiengesellschaft
AGG	Allgemeines Gleichbehandlungsgesetz
AiB	Arbeitsrecht im Betrieb (Zeitschrift)
AktG	Aktiengesetz
Alt.	Alternative
Anm.	Anmerkung
AnwBl	Anwaltsblatt (Zeitschrift)
AP	Arbeitsrechtliche Praxis, Nachschlagewerk des BAG
ArbG	Arbeitsgericht
ArbGG	Arbeitsgerichtsgesetz
ArbR	Arbeitsrecht Aktuell (Zeitschrift)
ArbRB	Der Arbeits-Rechts-Berater (Zeitschrift)
ArbRHdb.	Arbeitsrechts-Handbuch
Art.	Artikel
ASOG Bln	Allgemeines Sicherheits- und Ordnungsgesetz Berlin
AuA	Arbeit und Arbeitsrecht (Zeitschrift)
Aufl.	Auflage
AuR	Arbeit und Recht (Zeitschrift)
AWV	Arbeitsgemeinschaft für wirtschaftliche Verwaltung
BAG	Bundesarbeitsgericht
BAGE	Entscheidungen des Bundesarbeitsgerichts
BayPAG	Bayerisches Polizeiaufgabengesetz
BB	Betriebs Berater (Zeitschrift)
BBG	Bundesbeamtengesetz

BbgPolG	Brandenburgisches Polizeigesetz
BDA	Bundesvereinigung der Deutschen Arbeitgeberverbände
BDatG	Beschäftigtendatenschutzgesetz
BDI	Bundesverband der Deutschen Industrie
BDSG	Bundesdatenschutzgesetz
BDSG-E	BDSG i.d.F. der Formulierungsvorschläge des BMI v. 7.9.2011
BDSG-RefE	BDSG i.d.F. des Referentenentwurfs v. 28.5.2010
BDSG-RegE	BDSG i.d.F. des Regierungsentwurfs v. 15.12.2010
BeckRS	Beck-Rechtsprechung
Begr.	Begründer
Beschl.	Beschluss
BetrVG	Betriebsverfassungsgesetz
BfDI	Bundesbeauftragter für den Datenschutz und die Informationsfreiheit
BFH	Bundesfinanzhof
BGB	Bürgerliches Gesetzbuch
BGBl	Bundesgesetzblatt
BGG	Gesetz zur Gleichstellung behinderter Menschen
BGH	Bundesgerichtshof
BITKOM	Bundesverband Informationswirtschaft, Telekommunikation und neue Medien
BKA	Bundeskriminalamt
BlnBDI	Berliner Beauftragter für Datenschutz und Informationsfreiheit
BMAS	Bundesministerium für Arbeit und Soziales
BMI	Bundesministerium des Innern
BNatSchG	Bundesnaturschutzgesetz
BRAK	Bundesrechtsanwaltskammer
BR-Drs.	Bundesrats-Drucksache
BremPolG	Bremisches Polizeigesetz
BT-Drs.	Bundestags-Drucksache
BVerfG	Bundesverfassungsgericht
BVerfGE	Entscheidungen des Bundesverfassungsgerichts
bzgl.	bezüglich
bzw.	beziehungsweise
CCZ	Corporate Compliance Zeitschrift
CDU	Christlich Demokratische Union Deutschlands
CR	Computer und Recht (Zeitschrift)
CSU	Christlich Soziale Union in Bayern

CuA	Computer und Arbeit (Zeitschrift)
DAI	Deutsches Aktien-Institut
DAV	Deutscher Anwaltverein
DB	Der Betrieb (Zeitschrift); Deutsche Bahn
dbr	der betriebsrat (Zeitschrift)
DCGK	Deutscher Corporate Governance Kodex
DGB	Deutscher Gewerkschaftsbund
d.h.	das heißt
DIHK	Deutscher Industrie- und Handelskammertag
DIIR	Deutsches Institut für Interne Revision
DRB	Deutscher Richterbund
DRiG	Deutsches Richtergesetz
DrittelbG	Drittelbeteiligungsgesetz
DSB	Datenschutz-Berater (Zeitschrift)
DS-GVO-E	Datenschutz-Grundverordnung-Entwurf
DuD	Datenschutz und Datensicherheit (Zeitschrift)
DVD	Deutsche Vereinigung für Datenschutz
E	Entwurf
EBR	Europäischer Betriebsrat
EBRG	Gesetz über Europäische Betriebsräte
ECHR	European Court of Human Rights, Europäischer Gerichtshof für Menschenrechte (engl.)
EDM	Evidence and Disclosure Management, Effektives Dokumentenmanagement in Risikosituationen (engl.)
EDV	Elektronische Datenverarbeitung
EG	Europäische Gemeinschaft
EGMR	Europäischer Gerichtshof für Menschenrechte
Einf.	Einführung
Einl.	Einleitung
E-Mail	electronic Mail, Elektronische Post (engl.)
EMRK	Europäische Konvention zum Schutz der Menschenrechte und Grundfreiheiten
engl.	englisch
ErfK	Erfurter Kommentar zum Arbeitsrecht
Erg.-Lfg.	Ergänzungslieferung
et al.	et alii, und andere (lat.)
EU	Europäische Union
EuGH	Europäischer Gerichtshof

EUV	Vertrag über die Europäische Union
EuZA	Europäische Zeitschrift für Arbeitsrecht
EuZW	Europäische Zeitschrift für Wirtschaftsrecht
e.V.	eingetragener Verein
f., ff.	folgende Seite(n)
FamFG	Gesetz über das Verfahren in Familiensachen und in den Angelegenheiten der freiwilligen Gerichtsbarkeit
FAZ	Frankfurter Allgemeine Zeitung
FCPA	Foreign Corrupt Practices Act, Gesetz zur Bekämpfung internationaler Bestechung (engl.)
FDP	Freie Demokratische Partei
FDS	Fraud Detection System, Betrugserkennungssystem (engl.)
FG	Finanzgericht
frz.	französisch
FS	Festschrift
FTD	Financial Times Deutschland
GDD	Gesellschaft für Datenschutz und Datensicherheit
GDV	Gesamtverband der deutschen Versicherungswirtschaft
GenDG	Gendiagnostikgesetz
GG	Grundgesetz
GmbHG	Gesetz betreffend die Gesellschaften mit beschränkter Haftung
GRCh	Europäische Grundrechtecharta
GVG	Gerichtsverfassungsgesetz
GWR	Gesellschafts- und Wirtschaftsrecht (Zeitschrift)
Hdb.	Handbuch
HGB	Handelsgesetzbuch
HinwGebSchG	Hinweisgeberschutzgesetz
HK-ArbR	Handkommentar-Arbeitsrecht
HmbBfDI	Der Hamburgische Beauftragte für Datenschutz und Informationsfreiheit
HmbPolDVG	Hamburgisches Gesetz über die Datenverarbeitung der Polizei
Hrsg.	Herausgeber
Hs.	Halbsatz
HSI	Hugo-Sinzheimer-Institut
HSOG	Hessisches Gesetz über die öffentliche Sicherheit und Ordnung
HU	Humanistische Union
i.d.F.	in der Fassung
i.d.R.	in der Regel

IDS	Intrusion Detection System, Angriffserkennungssystem (engl.)
IDW	Institut der Wirtschaftsprüfer in Deutschland
IDW-PH	Institut der Wirtschaftsprüfer-Prüfungshinweis
i.E.	im Ergebnis
IFAC	International Federation of Accountants
ISA	International Standards on Auditing, Internationale Prüfungsstandards (engl.)
i.S.d.	im Sinne des
i.S.v.	im Sinne von
IT	Informationstechnik
ITRB	Der IT-Rechts-Berater (Zeitschrift)
i.V.m.	in Verbindung mit
Kap.	Kapitel
KBV BDS	Konzernbetriebsvereinbarung Beschäftigtendatenschutz
KJ	Kritische Justiz (Zeitschrift)
K&R	Kommunikation und Recht (Zeitschrift)
KWG	Kreditwesengesetz
lat.	lateinisch
Lfg.	Lieferung
LG	Landgericht
lit.	litera, Buchstabe (lat.)
LKA	Landeskriminalamt
LVwG SH	Allgemeines Verwaltungsgesetz für das Land Schleswig-Holstein
Mio.	Millionen
MitbestG	Mitbestimmungsgesetz
MMR	Multimedia und Recht (Zeitschrift)
MünchArbR	Münchener Handbuch zum Arbeitsrecht
MünchKomm	Münchener Kommentar
n.F.	neue Fassung
NJOZ	Neue Juristische Online-Zeitschrift
NJW	Neue Juristische Wochenschrift (Zeitschrift)
Nr.	Nummer
NRV	Neue Richtervereinigung
NStZ	Neue Zeitschrift für Strafrecht
NZA	Neue Zeitschrift für Arbeitsrecht
NZG	Neue Zeitschrift für Gesellschaftsrecht
o.	oben

OLAP	Online Analytical Processing, analytische Online-Verarbeitung (engl.)
OWiG	Ordnungswidrigkeitengesetz
PAG	Polizeiaufgabengesetz
POG RP	Polizei- und Ordnungsbehördengesetz Rheinland-Pfalz
PolG BW	Polizeigesetz Baden-Württemberg
PolG NRW	Polizeigesetz des Landes Nordrhein-Westfalen
PR	Public Relations, Öffentlichkeitsarbeit (engl.)
RdA	Recht der Arbeit (Zeitschrift)
RDV	Recht der Datenverarbeitung (Zeitschrift)
RefE	Referentenentwurf
RegE	Regierungsentwurf
RL	Richtlinie
RL 95/46/EG	Europäische Datenschutzrichtlinie
Rn.	Randnummer
s.	siehe
S.	Seite, Satz (in Gesetzen)
SächsPolG	Polizeigesetz des Freistaates Sachsen
SGB	Sozialgesetzbuch
SK-StPO	Systematischer Kommentar zur Strafprozessordnung
Slg.	Sammlung
s.o.	siehe oben
SOG	Sicherheits- und Ordnungsgesetz
SOG LSA	Gesetz über die öffentliche Sicherheit und Ordnung des Landes Sachsen-Anhalt
SOG MV	Gesetz über die öffentliche Sicherheit und Ordnung des Landes Mecklenburg-Vorpommern
SoldG	Soldatengesetz
SPD	Sozialdemokratische Partei Deutschlands
SPolG	Saarländisches Polizeigesetz
SprAuG	Sprecherausschußgesetz
STAAN	Standard Audit Analysis
StGB	Strafgesetzbuch
StPO	Strafprozessordnung
StV	Strafverteidiger (Zeitschrift)
SZ	Süddeutsche Zeitung
ThürPAG	Thüringer Polizeiaufgabengesetz
TI	Transparency International Deutschland

TKG	Telekommunikationsgesetz
TMG	Telemediengesetz
TVG	Tarifvertragsgesetz
u.a.	und andere
UK	United Kingdom, Großbritannien (engl.)
UklaG	Gesetz über Unterlassungsklagen bei Verbraucherrechts- und anderen Verstößen
ULD	Unabhängiges Landeszentrum für Datenschutz Schleswig-Holstein
UmwRG	Umwelt-Rechtsbehelfgesetz
Urt.	Urteil
UWG	Gesetz gegen den unlauteren Wettbewerb
v.	von, vom
VAG	Versicherungsaufsichtsgesetz
vgl.	vergleiche
VgV	Vergabeverordnung
vs.	versus, gegen (lat.)
VVG	Versicherungsvertragsgesetz
VwGO	Verwaltungsgerichtsordnung
WPg	Die Wirtschaftsprüfung (Zeitschrift)
WpHG	Wertpapierhandelsgesetz
ZD	Zeitschrift für Datenschutz
ZfA	Zeitschrift für Arbeitsrecht
ZIP	Zeitschrift für Wirtschaftsrecht
ZIR	Zeitschrift Interne Revision
zit.	zitiert
ZIS	Zeitschrift für Internationale Strafrechtsdogmatik
ZJS	Zeitschrift für das Juristische Studium
ZK-DVO	Zollkodex-Durchführungsverordnung
ZPO	Zivilprozessordnung
ZRFC	Zeitschrift Risk, Fraud & Compliance
ZRP	Zeitschrift für Rechtspolitik

Thematische Einführung

Compliance bezeichnet die Sicherstellung regelkonformen Verhaltens des Unternehmens und seiner Mitarbeiter.[1] Eine ausdrückliche Pflicht zur Einrichtung einer Compliance-Funktion findet sich in der bankenrechtlichen Spezialnorm des § 33 Abs. 1 WpHG. Ähnliche Organisationsvorgaben enthalten weitere sektorspezifische Spezialnormen in § 25a KWG und § 64a VAG.[2] Darüber hinaus ist trotz des Fehlens einer ausdrücklichen gesetzlichen Regelung weitgehend anerkannt, dass Leitungsorgane von Kapitalgesellschaften Compliance-Pflichten unterliegen.[3] Diese werden aus §§ 91 Abs. 2 AktG, 93 Abs. 1 S. 1 AktG und § 43 Abs. 1 GmbHG abgeleitet. Darüber hinaus ergeben sich Vorgaben für die Errichtung einer Compliance-Organisation aus § 130 OWiG.[4]

„Privacy is dead"[5], so scheint das Credo vieler Unternehmen zu lauten, wenn es darum geht, Korruption in ihren Organisationen wirksam zu bekämpfen. Geleitet von der Prämisse „Compliance is everything"[6] fühlen sich Unternehmen verpflichtet, die ihnen zur Verfügung stehenden Methoden anzuwenden, um potentiell regelwidrigem Verhalten ihrer Beschäftigten wirksam nachgehen zu können.[7] Eine effektive Erfüllung der Compliance-Pflichten ist auf Informationen angewiesen, *Rodewald* spricht insoweit von der „Informationslastigkeit von

---

1 *Rodewald*, in: Maschmann (Hrsg.), Corporate Compliance und Arbeitsrecht, S. 31 (31); *Mengel*, Compliance und Arbeitsrecht, S. 1; *Kort*, NZG 2008, S. 81 (81).
2 *Kort*, NZG 2008, S. 81 (81); *Thüsing*, Arbeitnehmerdatenschutz und Compliance, Rn. 9; *Forst*, DuD 2010, S. 160 (160).
3 *Hauschka*, in: Hauschka, Corporate Compliance, § 1 Rn. 21 ff.; *Schmidt*, BB 2009, S. 1295 (1295).
4 Zu den Rechtsgrundlagen der Compliance, vgl. *Hauschka*, in: Hauschka, Corporate Compliance, § 1 Rn. 21 ff.; *Rodewald*, in: Maschmann (Hrsg.), Corporate Compliance und Arbeitsrecht, S. 31 (37 f.); *Thüsing*, Arbeitnehmerdatenschutz und Compliance, Rn. 9 ff.; *Forst*, DuD 2010, S. 160 (161 ff.); *Ignor*, CCZ 2011, S. 143 (144).
5 Zit. nach *Mark Zuckerberg*.
6 *Friedman*, The World is flat, S. 300.
7 *Freckmann*, BB 22/2009, M1; *Barton*, RDV 2009, S. 200 (201); *Barton*, IT-Sicherheit 1/2010, S. 60 (60); *Schneider*, NZG 2010, S. 1201 (1203); *Forst*, NZA 2010, S. 1043 (1043); *Herzog*, ZRFC 2009, S. 193 (193); *Bremer/Hünermann*, Heikle Gratwanderung bei der Aufklärung von Rechtsverstößen, in: FAZ Nr. 232 v. 6.10.2010, S. 21.

Compliance-Organisationen".[8] Zur Deckung des Informationsbedarfs kann auf technische Verfahren zurückgegriffen werden, die eine Auswertung der im Unternehmen vorhandenen Datenbestände auf Anhaltspunkte für Regelübertretungen der Beschäftigten ermöglichen.[9] Das technische „können" findet jedoch seine Grenze im datenschutzrechtlichen „dürfen".[10] Das Datenschutzrecht dient nach § 1 Abs. 1 BDSG dazu, den Einzelnen davor zu schützen, dass er durch den Umgang mit seinen personenbezogenen Daten in seinem Persönlichkeitsrecht beeinträchtigt wird. Mit diesem Zweck tritt es der „Informationslastigkeit" wirkungsvoller Compliance entgegen. Es bedarf daher einer klaren Regelung des Beschäftigtendatenschutzes, mittels derer eine Lösung des Spannungsverhältnisses zwischen dem Interesse der Unternehmen an effektiver Korruptionsbekämpfung und den Schutzinteressen der Beschäftigten auf dem Gebiet des Datenschutzrechts gelingen kann.[11]

---

8 *Rodewald*, in: Maschmann (Hrsg.), Corporate Compliance und Arbeitsrecht, S. 31 (42).
9 *Schmidt*, BB 2009, S. 1295 (1296).
10 *Maschmann*, in: FS für Hromadka, S. 233 (237); *Maschmann*, in: Maschmann (Hrsg.), Corporate Compliance und Arbeitsrecht, S. 7 (9); *Rodewald*, in: Maschmann (Hrsg.), Corporate Compliance und Arbeitsrecht, S. 31 (41 f.); *Heinson/Schmidt*, CR 2010, S. 540 (541); *Forst*, DuD 2010, S. 160 (161); *Wybitul*, BB 2009, S. 1582 (1582).
11 *Hromadka*, NZA-Beilage 1/2011, S. 1 (1).

Kapitel 1
Datenscreening als Compliance-Aufgabe

A. Grundlegendes

Das Datenscreening[12] ist ein automatisiertes Verfahren, mit dem digitale Datenbestände nach bestimmten Kriterien oder Hypothesen auf Anomalien hin untersucht werden, die als Frühwarnindikatoren für Compliance-Verstöße dienen.[13] In Unternehmen finden vielfältige EDV-gestützte Analysen von Geschäftsvorfällen statt. Diese werden datenschutzrechtlich relevant, wenn personenbezogene Daten in den Abgleich einbezogen werden.[14]

Die Wurzeln des Datenscreenings liegen in einer Zeit, in der elektronische Datenverarbeitung in Rechenzentren erfolgte und staatlichen Stellen oder großen Unternehmen vorbehalten war.[15] Ende der 1970er Jahre wurde die EDV-gestützte polizeiliche Rasterfahndung entwickelt, um die polizeilichen Fahndungsmethoden im Rahmen der Terrorabwehr effektiver zu gestalten.[16] Sie dient

---

12 Eine einheitliche Begrifflichkeit hat sich bislang nicht herausgebildet. Als Synonym finden sich auch die Bezeichnungen Datenabgleich, Screening, Screening-Verfahren, automatisierter Abgleich, systematischer Datenabgleich, Mitarbeiterscreening, Massenscreening und betriebliche Rasterfahndung.
13 *V. Rosen* (Hrsg.), Internal Investigations, Studien des DAI, Heft 48, S. 59; *Rudkowski*, in: Aichberger-Beig et al. (Hrsg.), Vertrauen und Kontrolle im Privatrecht, S. 189 (196); *Albers*, ZRFC 2009, S. 150 (151); *Bönner/Riedl/Wenig*, Digitale Massendatenanalyse, S. 24 f.; *Meyer*, in: Hlavica/Klapproth/Hülsberg, Wirtschaftskriminalität, S. 217; *DIIR/GDD*, Personenbezogene Datenanalyse, S. 7, abrufbar unter: https://www.gdd.de/nachrichten/.../DIIR-Datenanalyse_091209.pdf.
14 *Salvenmoser/Hauschka*, NJW 2010, S. 331 (333); vgl. auch *Hampel*, Korruptionsverhinderung und Datenschutz, BDA Symposion Arbeitnehmerdatenschutz, S. 12, 16, abrufbar unter: http://www.diir.de/fileadmin/fachwissen/downloads/Symposion_ArbeitnehmerdatenschutzBDAVortragVolkerHampel.pdf.
15 *Schaar*, Ende der Privatsphäre, S. 100.
16 *Bähr/Gläser*, in: Deggendorfer Forum zur Digitalen Datenanalyse (Hrsg.), Digitale Datenanalyse, S. 11 (13); *Tinnefeld/Ehmann/Gerling*, Datenschutzrecht, S. 60; *Welsing*, Rasterfahndung, S. 170; *Simon/Taeger*, Rasterfahndung, S. 20 f.; *Schaar*, Ende der Privatsphäre, S. 100.

trotz bestehender Unterschiede als Ausgangspunkt des elektronischen Abgleichs von Massendaten.[17]

I. Datenscreening zu Compliance-Zwecken

Das Ziel des Datenscreenings besteht in der effizienten Auswertung zunehmend komplexer werdender elektronischer Datenbestände. Der Durchführung eines Datenscreenings liegt die Überlegung zu Grunde, dass Pflichtverletzungen der Beschäftigten ihre Spuren in den elektronischen Datenbeständen des Unternehmens hinterlassen.[18] Die bedeutendste Anwendungsform des Datenscreenings zu Zwecken der Korruptionsbekämpfung ist der Daten-Doubletten-Abgleich[19], bei dem der Arbeitgeber unter Einsatz spezieller Softwareprogramme systematisch bereits in der unternehmenseigenen EDV gespeicherte Stammdaten der Arbeitnehmer mit jenen der Lieferanten des Unternehmens vergleicht.[20] Gesucht wird nach Daten-Doubletten unter den abgeglichenen Namen, Adressen[21], Telefonnummern und Bankverbindungen.[22] Treten bei einem Screening Datenübereinstimmungen

---

17 *Bähr/Gläser*, in: Deggendorfer Forum zur Digitalen Datenanalyse (Hrsg.), Digitale Datenanalyse, S. 11 (13).
18 *DIIR/GDD*, Personenbezogene Datenanalyse, S. 8, abrufbar unter: https://www.gdd.de/nachrichten/.../DIIR-Datenanalyse_091209.pdf.
19 Die grundsätzliche Eignung dieses Verfahrens hat das ArbG Berlin in einem Kündigungsrechtsstreit gegen eine leitende Compliance-Mitarbeiterin der Deutschen Bahn bestätigt, vgl. ArbG Berlin v. 18.2.2010 – 38 Ca 12879/09, BB 2010, S. 2309 (2309 f.). Zu den Methoden des Datenscreenings OLAP und Data Mining vgl. *Heinson/Schmidt*, CR 2010, S. 540 (541 f.); *Schmidt/Jakob*, DuD 2011, S. 88 (88 f.); *Salvenmoser/Hauschka*, NJW 2010, S. 331 (332); *Bierekoven*, CR 2010, S. 203 (203); allgemein zu Data Mining, *Wilke*, RDV 2002, S. 225 (225 ff.); *Baerisywl*, RDV 2000, S. 6 (6 ff.).
20 *Kock/Francke*, NZA 2009, S. 646 (646 f.); *Kock/Francke*, ArbRB 2009, S. 110 (110 f.); *Bierekoven*, CR 2010, S. 203 (203); *Joussen*, in: Schmidt (Hrsg.), Jahrbuch des Arbeitsrechts, Band 47, S. 69 (80); *Rudkowski*, ZfA 2011, S. 287 (295); *Rudkowski*, in: Aichberger-Beig et al. (Hrsg.), Vertrauen und Kontrolle im Privatrecht, S. 189 (196); *Winteler*, in: Taeger/Wiebe (Hrsg.), Inside the Cloud, S. 469 (474); *Heldmann*, DB 2010, S. 1235 (1237 f.); *Mähner*, MMR 2010, S. 379 (379); *Vogt*, NJOZ 2009, S. 4206 (4214).
21 Zur Treffgenauigkeit beim Adressenabgleich vgl. *Gliss*, DSB 10/2009, S. 11 (11 f.).
22 *Kock/Francke*, NZA 2009, S. 646 (646 f.); *Kock/Francke*, ArbRB 2009, S. 110 (110 f.); *Joussen*, in: Schmidt (Hrsg.), Jahrbuch des Arbeitsrechts, Band 47, S. 69 (80); *Heinson et al.*, DuD 2010, S. 75 (77 f.); *Vogt*, NJOZ 2009, S. 4206 (4214).

(sog. „Red Flags"[23]) auf, so deutet dies auf Abweichungen vom Regelverhalten hin, da ein Arbeitnehmer üblicherweise nicht gleichzeitig in einer Lieferantenbeziehung zu seinem Arbeitgeber steht.[24] Dieser Annahme liegt der im Vergaberecht in § 16 VgV niedergelegte Gedanke zu Grunde, dass aus Doppelstellungen einer natürlichen Person sowohl auf Seiten des Auftraggebers als auch auf Seiten des Auftragnehmers typischerweise Benachteiligungen resultieren.[25] Das Datenscreening liefert in Form von Datenübereinstimmungen Anhaltspunkte dafür, ob Arbeitnehmer unrechtmäßig Gelder des Arbeitgebers mittels fingierter Aufträge und Scheinrechnungen auf das eigene Konto transferiert haben.[26]

Da bei einem systematischen Abgleich von Debitoren- und Kreditorendaten auf einen umfangreichen, bereits im Unternehmen vorhandenen Datenbestand zurückgegriffen werden kann, handelt es sich dabei – gegenüber manuellen Prüfungshandlungen – um eine kostengünstige und effektive Methode, die eine Auswertung großer Datenvolumina innerhalb kürzester Zeit ermöglicht.[27] Angesichts rapide wachsender Datenbestände wird das Datenscreening auch in Zukunft weiter an Bedeutung gewinnen.[28]

---

23 Zu Frühwarnindikatoren („Red Flags") vgl. *BDI/KPMG*, Sichere Geschäfte, S. 13, abrufbar unter: http://www.bdi.eu/download_content/RechtUndOeffentlichesAuftragswesen/Broschuere_Sichere_Geschaefte_85524_KPMG_BDI.PDF; *v. Rosen* (Hrsg.), Internal Investigations, Studien des DAI, Heft 48, S. 111; *Klindtworth*, Hdb. Datenprüfung, S. 208; *Wells*, Journal of Accountancy 12/2001, abrufbar unter: http://www.journalofaccountancy.com/Issues/2001/Dec/EnemiesWithin.htm; *Häfele/Schmeisky*, ZRFC 2010, S. 233 (236); *Hampel*, ZIR 2009, S. 99 (100); *Keller*, in: Deggendorfer Forum zur digitalen Datenanalyse (Hrsg.), Digitale Datenanalyse, S. 87 (90 f.); *DIIR*, Revision der Beschaffung, S. 71, 116 f.
24 *Kock/Francke*, NZA 2009, S. 646 (646 f.); *Kock/Francke*, ArbRB 2009, S. 110 (110 f.); *Heinson*, BB 2010, S. 3084 (3084); *Bierekoven*, CR 2010, S. 203 (203); *Joussen*, in: Schmidt (Hrsg.), Jahrbuch des Arbeitsrechts, Band 47, S. 69 (80); *Heldmann*, DB 2010, S. 1235 (1237 f.); *Mähner*, MMR 2010, S. 379 (379); *Vogt*, NJOZ 2009, S. 4206 (4214).
25 *Sturhahn*, in: Pünder/Schellenberg, Vergaberecht, § 16 VgV Rn. 1, 3.
26 *Kock/Francke*, NZA 2009, S. 646 (646 f.); *Kock/Francke*, ArbRB 2009, S. 110 (110 f.); *Bierekoven*, CR 2010, S. 203 (203); *Heldmann*, DB 2010, S. 1235 (1237 f.).
27 *Berndt/Aggeler/Teo*, BB 2012, S. 173 (174, 176); *Heinson et al.*, DuD 2010, S. 75 (76, 79).
28 So geht das *Deutsche Institut für Interne Revision* in einer Zukunftsprognose für das Jahr 2020 davon aus, dass elektronische Datenanalysen zur Fraud-Prävention etablierte Elemente sein werden, vgl. *DIIR*, Die Interne Revision im Jahr 2020, S. 8, abrufbar unter: http://www.diir.de/fileadmin/fachwissen/downloads/Revision2020.pdf; vgl. auch *Hölzer/Arendt*, ZIR 2011, S. 306 (306).

II. Wirkungen des Datenscreenings

Das Datenscreening ist als „grobgliedriges Analyseinstrument" Teil eines mehrstufigen Verfahrens.[29] Die ermittelten Datenübereinstimmungen deuten auf Anomalien hin, da sie unter Wahrscheinlichkeitsgesichtspunkten nicht vorliegen dürften.[30] Trefferfälle liefern jedoch keine Beweise für Fehlverhalten der Arbeitnehmer. Sie erzeugen lediglich Anhaltspunkte, die durch Abweichungen vom zu erwartenden Regelverhalten auf korrumptives Verhalten hindeuten.[31] Diesen Verdachtsfällen muss in einem zweiten Schritt durch weitere Ermittlungen nachgegangen werden.[32] Dabei kann sich im Einzelfall der vorhandene Verdacht bestätigen oder ergeben, dass Datenübereinstimmungen auf weniger wahrscheinlichen, aber doch plausiblen Gründen beruhen.

Der Nutzen des Datenscreenings zeigt sich daran, dass die generierten Verdachtsfälle mit manuellen Methoden nicht zu ermitteln wären, da diese allenfalls Stichproben zulassen, nicht jedoch eine Auswertung von Grundgesamtheiten.[33] Zwar wird teilweise eingewandt, das Datenscreening führe in der praktischen Anwendung zu wenigen Treffern.[34] Dieser Einwand kann jedoch die Wirksamkeit der Methode nicht erschüttern. Die besondere Effektivität des Datenscreenings liegt nicht darin begründet, dass es in Relation zum Prüfungsumfang eine große Zahl an Verdachtsfällen generiert, sondern darin, dass die vorhandenen Verdachtsfälle aufgedeckt werden.

B. Aktuelle Bedeutung des Datenscreenings zu Compliance-Zwecken

Die Bedeutung des Datenscreenings zu Compliance-Zwecken ergibt sich zunächst spiegelbildlich aus der Bedeutung elektronischer Datenverarbeitung

---

29 *Heldmann*, DB 2010, S. 1235 (1238); *Heinson*, BB 2010, S. 3084 (3084).
30 *Salvenmoser/Hauschka*, NJW 2010, S. 331 (332).
31 *Heinson*, BB 2010, S. 3084 (3084).
32 *Heinson*, BB 2010, S. 3084 (3084); *Heinson et al.*, DuD 2010, S. 75 (75 f.); *Mähner*, MMR 2010, S. 379 (379); *Kramer*, Stellungnahme zum BDSG-RegE, A-Drs. 17(4)252 F, S. 31; *v. Rosen* (Hrsg.), Internal Investigations, Studien des DAI, Heft 48, S. 60.
33 *Heydemann*, ZIR 2009, S. 155 (155); *DIIR/GDD*, Personenbezogene Datenanalyse, S. 8, abrufbar unter: https://www.gdd.de/nachrichten/.../DIIR-Datenanalyse_091209.pdf.
34 *Caspar*, DuD 2011, S. 687 (691).

im Wirtschaftsleben. Die elektronische Erfassung und Bearbeitung von Geschäftsvorfällen ist in weitem Umfang an die Stelle der Papierdokumentation getreten.[35] Schätzungen gehen davon aus, dass heutzutage 90 Prozent der geschäftlichen Dokumente elektronisch erstellt werden, wobei angesichts verbreiteter „papierloser Büros" etwa 30 Prozent der Dokumente das elektronische Stadium nie verlassen.[36] Angesichts der Verbreitung elektronischer Datenverarbeitungssysteme im Geschäftsleben und stark wachsender Datenbestände ist die Nutzung moderner technischer Verfahren zur Analyse von Massendatenbeständen eine logische Konsequenz.[37]

Über Nützlichkeitserwägungen hinaus ergibt sich die praktische Bedeutung des Datenscreenings zur Korruptionsbekämpfung vor allem aus den internationalen und nationalen Handlungsanweisungen der Wirtschaftsprüfer, die das Datenscreening in Form des Daten-Doubletten-Abgleichs vorsehen.

I. Anwendungsempfehlungen

Rechnungslegungsbezogene Daten sind Massendaten, die manuell nicht mehr beherrschbar und somit allenfalls in Stichproben auswertbar wären. Angesichts des hierfür erforderlichen beträchtlichen Zeit- und Ressourcenaufwandes wäre eine manuelle Auswertung weder wirtschaftlich sinnvoll noch sachlich geeignet, das für die Abschlussprüfung erforderliche Maß an Prüfungstiefe zu gewährleisten.[38] Aufgrund der weiten Verbreitung elektronischer Datenverarbeitung im Wirtschaftsleben muss die Prüfung von Geschäftsvorfällen als Kehrseite ebenso im Wege der elektronischen Datenverarbeitung möglich sein. Hierfür bedarf es wirkungsvoller Methoden, um Anhaltspunkte für Korruption in komplexen Datenbeständen aufspüren zu können.

---

35 *DIIR/GDD*, Personenbezogene Datenanalyse, S. 7, abrufbar unter: https://www.gdd.de/nachrichten/.../DIIR-Datenanalyse_091209.pdf.
36 *Grottke/Meyer*, in: Hlavica/Klapproth/Hülsberg, Wirtschaftskriminalität, S. 214.
37 Vgl. auch *DIIR/GDD*, Personenbezogene Datenanalyse, S. 7, abrufbar unter: https://www.gdd.de/nachrichten/.../DIIR-Datenanalyse_091209.pdf.
38 Das Prüfungsurteil des Abschlussprüfers setzt „hinreichende Sicherheit" der Freiheit von wesentlichen falschen Darstellungen voraus, vgl. *Steckel*, in: Deggendorfer Forum (Hrsg.), Compliance- und Risikomanagement, S. 75 (77).

1. ISA 240

Die International Standards on Auditing (ISA) definieren als Regelungen der International Federation of Accountants (IFAC) den Prozess der Abschlussprüfung.[39] Unternehmen sind nicht unmittelbar zur Beachtung der ISAs im Rahmen der Abschlussprüfung verpflichtet, da es sich hierbei lediglich um ein privates berufsständisches Regelwerk handelt.[40] Eine Bindungswirkung ergibt sich insbesondere nicht aus § 317 Abs. 5 HGB, da eine Übernahme der ISAs zwar zur Diskussion steht, bislang aber nicht erfolgt ist.[41] Sie sind jedoch mittelbar zu beachten, da sie einerseits weitreichend in den deutschen Prüfungsstandards umgesetzt wurden, die wiederum von nationalen Wirtschaftsprüfern zu beachten sind[42], andererseits wird ihre zusätzliche Anwendung neben nationalen Regelungen häufig vertraglich vereinbart.[43]

Ergeben sich im Rahmen der Abschlussprüfung Auffälligkeiten in den zu prüfenden Unternehmenszahlen, die auf Vermögensschädigungen hindeuten, so empfiehlt ISA 240 Anlage 2[44] die Durchführung eines EDV-gestützten Abgleichs der Mitarbeiter- und Lieferantenstammdaten als „Reaktion auf mögliche falsche Angaben im Jahresabschluss aufgrund von Vermögensschädigungen".[45]

---

39 *Steckel*, in: Deggendorfer Forum (Hrsg.), Compliance- und Risikomanagement, S. 75 (77, 79).
40 Vgl. umfassend *Thüsing*, Arbeitnehmerdatenschutz und Compliance, Rn. 166–173.
41 *Steckel*, in: Deggendorfer Forum (Hrsg.), Compliance- und Risikomanagement, S. 75 (82).
42 *Thüsing*, Arbeitnehmerdatenschutz und Compliance, Rn. 168–170.
43 So weist *Steckel* auf folgende, in der Praxis häufig anzutreffende Formulierung im Bestätigungsvermerk der Unternehmen hin: „Wir haben unsere Konzernabschlussprüfung nach § 317 HGB unter Beachtung der vom Institut der Wirtschaftsprüfer (IDW) festgestellten deutschen Grundsätze ordnungsgemäßer Abschlussprüfung unter ergänzender Beachtung der International Standards on Auditing (ISA) vorgenommen.", zit. nach *Steckel*, in: Deggendorfer Forum (Hrsg.), Compliance- und Risikomanagement, S. 75 (82).
44 ISA 240 Anlage 2 (S. 195) sieht vor: „Performing a computerized match of the vendor list with a list of employees to identify matches of addresses or phone numbers.", sowie „Performing a computerized search of payroll records to identify duplicate addresses, employee identification or taxing authority numbers or bank accounts.", abrufbar unter: http://www.ifac.org/sites/default/files/downloads/a012-2010-iaasb-handbook-isa-240.pdf.
45 ISA 240 Anlage 2 (S. 195), abrufbar unter: http://www.ifac.org/sites/default/files/downloads/a012-2010-iaasb-handbook-isa-240.pdf; vgl. hierzu auch *Thüsing*, Arbeitnehmerdatenschutz und Compliance, Rn. 171 f.; *Deutsche Bahn*, Zwischenbericht – Überprüfung der Ordnungsmäßigkeit von Maßnahmen der Korruptionsbekämpfung in den Jahren 1998–2007, Anlage 1; *Albers*, ZRFC 2009, S. 150 (151).

Demnach sehen die ISAs das Datenscreening als geeignete Methode an, um Daten-Doubletten aufzudecken, die auf Korruption hindeuten.[46]

2. IDW-PH 9.330.3

Auch das Institut der Wirtschaftsprüfer in Deutschland (IDW) hat auf die große praktische Bedeutung von EDV-gestützten Datenanalysen im Rahmen einer effektiven Abschlussprüfung reagiert und hierzu am 15.10.2010 einen Prüfungshinweis verabschiedet (IDW-PH 9.330.3).[47] Dieser beinhaltet umfangreiche Anwendungshinweise für Datenanalysen, die im gesamten Prüfungsprozess zur Anwendung kommen können.[48] Ein mögliches Einsatzgebiet liegt in der Erkennung von Unregelmäßigkeiten in Buchungsvorfällen, wobei ein Stammdatenabgleich von Debitoren- und Kreditorenlisten samt der dazugehörigen Konten zur Untersuchung besonders risikobehafteter Geschäfte mit nahe stehenden Personen ausdrücklich als mögliches Anwendungsfeld genannt wird.[49]

II. Anwendungsfälle

In der Privatwirtschaft[50] kamen Datenscreenings bislang in mehreren Fällen zum Zwecke der Korruptionsbekämpfung zum Einsatz.[51] Bei der Deutschen Bahn wurden im Zeitraum von 1998 bis 2007 drei großangelegte und systematische Datenabgleiche durchgeführt.[52] Das Ziel bestand in allen Fällen darin, anhand

---

46 *Thüsing*, Arbeitnehmerdatenschutz und Compliance, Rn. 172.
47 Veröffentlicht in WPg Supplement 1/2011, S. 35 (35–60).
48 WPg Supplement 1/2011, S. 35 (36).
49 WPg Supplement 1/2011, S. 35 (41).
50 Auch die Finanzverwaltung führt im Rahmen der elektronischen steuerlichen Betriebsprüfung Daten-Doubletten-Abgleiche durch, um Umsatzsteuerverkürzungen durch Scheinrechnungen im Lieferantenbereich aufzudecken, vgl. *tom Suden*, Steuerrecht, S. 84. Zu Datenscreenings im Bereich der öffentlichen Verwaltung vgl. *Thüsing*, Arbeitnehmerdatenschutz und Compliance, Rn. 157–164; *Thüsing/Forst*, RDV 2011, S. 163 (167); sowie zum „Datenabgleich zur Missbrauchskontrolle im Bereich der Sozialleistungen", *Zahn*, Datenabgleich, S. 18 ff.
51 Zu weiteren Fällen von Missbrauch der Beschäftigtendaten in den Jahren 2008 und 2009 vgl. *Oberwetter*, NZA 2008, S. 609 (609–613); *Maties*, NJW 2008, S. 2219 (2219–2225).
52 *Deutsche Bahn*, Zwischenbericht – Überprüfung der Ordnungsmäßigkeit von Maßnahmen der Korruptionsbekämpfung in den Jahren 1998–2007, S. 16. Vgl. hierzu auch

der drei betrachteten Kriterien Name, Adresse und Bankverbindung zu ermitteln, ob Mitarbeiter gleichzeitig in einer Lieferantenbeziehung zum Unternehmen standen.[53] Im Jahr 1998 führte der Abgleich einer nicht mehr bezifferbaren Zahl an Personalstammdatensätzen mit 116.000 Kreditorenstammdaten zu fünf Trefferfällen, bei denen eine Übereinstimmung mit den überprüften Kriterien vorlag.[54] Bei einem weiteren Datenscreening in den Jahren 2002 und 2003 glich ein Dienstleister im Auftrag des Unternehmens 240.000 Stammdaten von mehr als 170.000 Mitarbeitern mit den Datensätzen von rund 80.000 Lieferanten ab. Hierbei ergaben sich 316 Trefferfälle. Deren deutliche Steigerung gegenüber dem ersten Abgleich wurde auf den Einsatz einer neuen Softwarelösung zurückgeführt.[55] Den Trefferfällen wurde sodann durch gezielte Ermittlungen nachgegangen, wobei in 116 Fällen weitere Maßnahmen ergriffen wurden.[56] Im Zuge eines dritten Screenings ließ die Deutsche Bahn in den Jahren 2005 und 2006 die Stammdaten von 188.602 Mitarbeitern mit 319.975 Daten ihrer Lieferanten abgleichen und erlangte hierdurch eine 157 Übereinstimmungen umfassende Positivliste, die in einem nächsten Schritt von der Konzernrevision näher untersucht wurde.[57] Ebenso wurden in den Jahren 2003/2004 und 2005/2006 vergleichbare Datenscreenings mit den Stammdaten von Führungskräften durchgeführt.[58]

BT-Drs. 17/2229, sowie die rechtliche Bewertung von *Diller*, BB 2009, S. 438 (438–440); mit Replik von *Steinkühler*, BB 2009, S. 1294 (1294 f.); daneben auch *Mähner*, MMR 2010, S. 379 (379–382); *Tobescu/Holzner*, Der Fall Deutsche Bahn AG, abrufbar unter: http://kreditrechtinstitut.de/files/Compliance%20und%20Datenschutz_100126.pdf; *Albers*, Compliance der Compliance, Forschungsberichte, abrufbar unter: http://fhdd.opus.hbz-nrw.de/volltexte/2009/508/pdf/FHD_FB7_Ausgabe6.pdf.

53 *Deutsche Bahn*, Zwischenbericht – Überprüfung der Ordnungsmäßigkeit von Maßnahmen der Korruptionsbekämpfung in den Jahren 1998–2007, S. 16.
54 *Deutsche Bahn*, Zwischenbericht – Überprüfung der Ordnungsmäßigkeit von Maßnahmen der Korruptionsbekämpfung in den Jahren 1998–2007, S. 17; vgl. auch *Dettmer et al.*, Auf der schiefen Bahn, in: Der Spiegel Nr. 7 v. 9.2.2009, S. 75.
55 *Deutsche Bahn*, Zwischenbericht – Überprüfung der Ordnungsmäßigkeit von Maßnahmen der Korruptionsbekämpfung in den Jahren 1998–2007, S. 18.
56 *Deutsche Bahn*, Zwischenbericht – Überprüfung der Ordnungsmäßigkeit von Maßnahmen der Korruptionsbekämpfung in den Jahren 1998–2007, S. 11.
57 *Deutsche Bahn*, Zwischenbericht – Überprüfung der Ordnungsmäßigkeit von Maßnahmen der Korruptionsbekämpfung in den Jahren 1998–2007, S. 19 f.; vgl. auch *BfDI*, 23. Tätigkeitsbericht 2009–2010, S. 134 f.
58 *Deutsche Bahn*, Zwischenbericht – Überprüfung der Ordnungsmäßigkeit von Maßnahmen der Korruptionsbekämpfung in den Jahren 1998–2007, S. 20–23.

Auch der Flugzeugbauer Airbus glich zwischen 2005 und 2007 mehrmals die vorliegenden Kontodaten sämtlicher der damals rund 22.000 Mitarbeiter in Deutschland mit jenen der Lieferanten des Unternehmens ab.[59] Ziel war es auch hier, mögliche Verbindungen zwischen den beiden Gruppen zu ermitteln, um auf Grundlage dieser Information Fälle von Korruption im Einkaufsbereich aufzudecken.[60]

Schließlich führte die Deutsche Telekom im Jahr 2006 einen automatisierten Abgleich der Personalaktendaten von 136.000 Mitarbeitern mit den Kreditorenstammdaten durch.[61] Das Datenscreening führte zu 209 Trefferfällen, denen durch weitere Ermittlungen nachgegangen wurde.[62]

Angesichts der Verankerung des Daten-Doubletten-Abgleichs in den Handlungsempfehlungen der nationalen und internationalen Wirtschaftsprüfer ist von einer großen Praxisrelevanz der Ermittlungsmaßnahme – auch über die bekannten Anwendungsfälle hinaus – auszugehen.[63] So zeigt eine Darstellung der risikoorientierten Massendatenanalyse am Beispiel der Bayer AG, dass auch diese den elektronischen Abgleich von Kreditoren- und Mitarbeiterdaten nutzt.[64]

---

59 *Mester/Zamponi*, in: Hamburger Abendblatt v. 2.4.2009, abrufbar unter: http://www.abendblatt.de/wirtschaft/article167583/22-000-Beschaeftigte-bei-Airbus-ueberprueft.html; *HmbBfDI*, 22. Tätigkeitsbericht 2008/2009, S. 123 f.
60 *HmbBfDI*, 22. Tätigkeitsbericht 2008/2009, S. 123 f.
61 *Mester/Zamponi*, in: Hamburger Abendblatt v. 2.4.2009, abrufbar unter: http://www.abendblatt.de/wirtschaft/article167583/22-000-Beschaeftigte-bei-Airbus-ueberprueft.html.
62 *Dettmer et al.*, Auf der schiefen Bahn, in: Der Spiegel Nr. 7 v. 9.2.2009, S. 75.
63 *Thüsing*, Arbeitnehmerdatenschutz und Compliance, Rn. 173.
64 *Müller/Boenner*, in: Röhrich (Hrsg.), Methoden der Korruptionsbekämpfung, S. 79 (82).

Kapitel 2
Grenzen des Datenscreenings

A. Gemeinschaftsrechtliche Vorgaben

Dem Umgang mit personenbezogenen Daten werden auf gemeinschaftsrechtlicher Ebene Grenzen gesetzt. Diese ergeben sich primärrechtlich aus Art. 8 GRCh und sekundärrechtlich aus der Europäischen Datenschutzrichtlinie (RL 95/46/EG).[65] Darüber hinaus befindet sich derzeit eine Europäische Datenschutz-Grundverordnung (DS-GVO-E)[66] in der Vorbereitung. Sie soll an die Stelle der Europäischen Datenschutzrichtlinie treten, die überfällige Modernisierung des Datenschutzrechts auf europäischer Ebene leisten und die mit dem Regelungsinstrument der Richtlinie (Art. 288 Abs. 3 AEUV) verbundenen Schwächen ausgleichen.

I. Europäische Grundrechtecharta

Der Schutz personenbezogener Daten ist primärrechtlich mit Grundrechtsrang in Art. 8 GRCh verankert.[67] Die Charta der Grundrechte der Europäischen Union wurde mit dem Inkrafttreten des Vertrages von Lissabon zum 1.12.2009 verbindlich.[68] Damit enthält die Europäische Grundrechtecharta anders als das Grundgesetz ein ausdrücklich geregeltes Datenschutzgrundrecht.[69] Dieses bindet gemäß Art. 51 Abs. 1 GRCh neben Organen der Union auch die Mitgliedstaaten bei der Durchführung von Unionsrecht.[70] Einschränkungen des Grundrechts durch die

---

65 Richtlinie 95/46/EG des Europäischen Parlaments und des Rates v. 24.10.1995 zum Schutz natürlicher Personen bei der Verarbeitung personenbezogener Daten und zum freien Datenverkehr, ABl. Nr. L 281 v. 23.11.1995, S. 31–50.
66 Entwurf einer Verordnung des Europäischen Parlaments und des Rates zum Schutz natürlicher Personen bei der Verarbeitung personenbezogener Daten und zum freien Datenverkehr (Datenschutz-Grundverordnung) v. 25.1.2012, abrufbar unter: http://ec.europa.eu/justice/data-protection/document/review2012/com_2012_11_de.pdf.
67 *Reding*, ZD 2011, S. 1 (1).
68 Vgl. hierzu *Willemsen/Sagan*, NZA 2011, S. 258 (258).
69 *Kühling/Seidel/Sivridis*, Datenschutzrecht, S. 17; *Forst*, RDV 2010, S. 150 (150).
70 *Kingreen*, in: Calliess/Ruffert, EUV/AEUV, Art. 8 GRCh Rn. 6.

Europäische Datenschutzrichtlinie müssen sich an den Vorgaben des Art. 8 GRCh messen lassen.[71]

II. Europäische Datenschutzrichtlinie

Die Europäische Datenschutzrichtlinie wurde im Jahr 1995 verabschiedet. Sie ist die zentrale Rechtsquelle des Schutzes personenbezogener Daten auf europäischer Ebene. Die Richtlinie bezweckt zum einen den Schutz der Persönlichkeitsrechte natürlicher Personen beim Umgang mit ihren personenbezogenen Daten und zum anderen die Förderung des Binnenmarktes, Art. 1 Abs. 1 und 2 RL 95/46/EG.[72] Sie schafft einen gemeinsamen europäischen Rechtsrahmen, der in den Mitgliedstaaten der Europäischen Union durch einzelstaatliche Regelungen umgesetzt wurde. In Deutschland haben die Vorgaben der Europäischen Datenschutzrichtlinie ihren Niederschlag im Bundesdatenschutzgesetz gefunden.[73]

III. Die geplante Datenschutz-Grundverordnung

Gemessen an ihrem innovationsgetriebenen Regelungsgegenstand stammt die Europäische Datenschutzrichtlinie aus der „informationstechnischen Steinzeit".[74] Seither hat der rasche technische Fortschritt in ihrem Regelungsbereich dazu geführt, dass sich die Realität der elektronischen Datenverarbeitung zusehends von den rechtlichen Vorgaben der Richtlinie entfernt hat. Der denknotwendige Bezug des Schutzes personenbezogener Daten zur elektronischen Datenverarbeitung macht eine Modernisierung des einschlägigen Rechtsrahmens auf europäischer Ebene unumgänglich.[75]

Aus diesem Grund legte die für den Datenschutz zuständige EU-Justizkommissarin *Viviane Reding* am 25. Januar 2012 den ersten Entwurf einer

---

71 *Streinz*, in: Streinz, EUV/AEUV, Art. 8 GRCh Rn. 1.
72 *Forst*, RDV 2010, S. 150 (150).
73 *Däubler*, Gläserne Belegschaften, Rn. 61; *Wybitul/Rauer*, ZD 2012, S. 160 (160).
74 Zum Begriff *Papier*, in: BfDI, 25 Jahre Volkszählungsurteil, S. 13 (15), abrufbar unter: http://www.bfdi.bund.de/SharedDocs/Publikationen/Infobroschueren/Dokumentation 25JahreVolkszaehlungsurteil.pdf?__blob=publicationFile.
75 Vgl. nur *Simitis*, in: FS für Hassemer, S. 1235 (1248); *Reding*, ZD 2011, S. 1 (1); *Herrmann*, ZD 2012, S. 49 (49); *Hornung*, ZD 2012, S. 99 (99); *Wybitul/Rauer*, ZD 2012, S. 160 (160).

Datenschutz-Grundverordnung vor. Mit dem umfangreichen Regelwerk[76] soll auf die Herausforderungen für den Datenschutz im Zuge des technologischen Fortschritts reagiert werden.[77] Ein weiterer Treiber des Reformvorhabens besteht darin, Hemmnisse für den Verkehr personenbezogener Daten zu beseitigen.[78] Das für den derzeitigen Europäischen Rechtsrahmen gewählte Instrument der Richtlinie (Art. 288 Abs. 3 AEUV) führte dazu, dass deren Vorgaben in den 28 EU-Mitgliedstaaten unterschiedlich umgesetzt wurden.[79] Als Folge konstatiert *Reding* einen „[…] Flickenteppich an unterschiedlichen nationalen Datenschutzvorgaben, die zu einem ernsthaften Hindernis in unserem Binnenmarkt zu werden drohen […]".[80] Zum Zwecke größerer Rechtssicherheit sowie der Förderung des Binnenmarktes sollen zukünftig Unterschiede im Schutzniveau der Mitgliedstaaten vermieden werden.[81] Dem Ziel größtmöglicher Harmonisierung entsprechend, soll die Europäische Datenschutzrichtlinie nicht durch eine Version 2.0 ersetzt werden, sondern eine Verordnung an deren Stelle treten.[82]

Die Wahl des Instruments der Verordnung hätte nach Art. 288 Abs. 2 AEUV zur Folge, dass die geplante Datenschutz-Grundverordnung in jedem Mitgliedstaat unmittelbare Wirkung entfalten würde.[83] Sie träte an die Stelle der nationalen Datenschutzgesetze und wäre von den Gerichten der Mitgliedstaaten direkt anzuwenden.[84]

---

76 Der erste Entwurf der DS-GVO-E besteht aus 91 Artikeln und 139 Erwägungsgründen. Er geht hinsichtlich Umfang und Regelungstiefe deutlich über die Europäische Datenschutzrichtlinie und das Bundesdatenschutzgesetz hinaus.
77 Vgl. die Erwägungsgründe 5 und 6 DS-GVO-E.
78 Vgl. die Erwägungsgründe 8 und 7 DS-GVO-E.
79 *Reding*, ZD 2011, S. 1 (1).
80 *Reding*, ZD 2011, S. 1 (1).
81 Vgl. die Erwägungsgründe 7, 8 und 11 DS-GVO-E sowie die Zweckbestimmung in Art. 1 Abs. 1–3 DS-GVO-E.
82 Vgl. Erwägungsgrund 11 DS-GVO-E. Bemerkenswert kritisch zur Regelung im Rahmen einer Verordnung äußert sich der zuständige Richter des Bundesverfassungsgerichts Johannes *Masing*, Ein Abschied von den Grundrechten, in: SZ Nr. 6 v. 9.1.2012, S. 10; ebenso kritisch *Herrmann*, ZD 2012, S. 49 (49 f.); vgl. auch *Bauer/v. Steinau-Steinrück*, Im Datenschutz hat Karlsruhe bald kaum noch etwas zu melden, in: FAZ Nr. 27 v. 1.2.2012, S. 19.
83 Die Wahlmöglichkeit zwischen Richtlinie und Verordnung beruht auf der Ermächtigung zur Erlassung von „Vorschriften" des Art. 16 Abs. 2 S. 1 AEUV, vgl. *Wybitul/Fladung*, BB 2012, S. 509 (509).
84 Dies hätte nicht nur einen Verlust parlamentarischer Entscheidungsrechte der Mitgliedstaaten zur Folge, sondern auch eine Beschränkung der Grundrechte des Grundgesetzes, was wiederum die Kontrollrechte des Bundesverfassungsgerichts

Der Entwurf der Datenschutz-Grundverordnung sieht aber in engen Grenzen auch Möglichkeiten für eigene gesetzgeberische Tätigkeiten der EU-Mitgliedstaaten vor. So enthält Art. 82 Abs. 1 DS-GVO-E eine Öffnungsklausel für die bereichsspezifische Regelung der Datenverarbeitung im Beschäftigungskontext.[85] Die hierdurch eingeräumte Regelungsbefugnis wird jedoch in zweierlei Hinsicht eingeschränkt: Zum einen müssen sich nationale Regelungen des Beschäftigtendatenschutzes nach Art. 82 Abs. 1 DS-GVO-E „in den Grenzen dieser Verordnung" bewegen. Dies wird auch durch Erwägungsgrund 124 klargestellt, wonach auch im Beschäftigungskontext „die allgemeinen Grundsätze des Schutzes natürlicher Personen bei der Verarbeitung personenbezogener Daten" zur Geltung kommen sollen.[86] Zum anderen ermächtigt Art. 82 Abs. 3 DS-GVO-E die Kommission, nach Maßgabe des Art. 86 DS-GVO-E delegierte Rechtsakte zu erlassen, um auch für den an sich geöffneten Bereich des Beschäftigtendatenschutzes Kriterien und Anforderungen festzulegen, die die Beachtung der Zielvorgaben der Verordnung erfüllen.[87] So sehr die Wirtschaft einerseits von einem einheitlichen europäischen Datenschutz profitieren könnte, so fraglich ist andererseits, ob angesichts der Öffnungsklauseln für nationale Regelungen das angestrebte hohe Maß an Harmonisierung erreicht werden kann.

B. Verfassungsrechtlicher Rahmen

Unternehmen sind neben der wirksamen Bekämpfung von Korruption auch zum Schutz der Persönlichkeitsrechte ihrer Beschäftigten verpflichtet. Deren

---

beschneiden würde, vgl. *Herrmann*, ZD 2012, S. 49 (50); *Hornung*, ZD 2012, S. 99 (100); *Tinnefeld/Buchner/Petri*, Datenschutzrecht, S. 126; *Masing*, Ein Abschied von den Grundrechten, in: SZ Nr. 6 v. 9.1.2012, S. 10; *Bauer/v. Steinau-Steinrück*, Im Datenschutz hat Karlsruhe bald kaum noch etwas zu melden, in: FAZ Nr. 27 v. 1.2.2012, S. 19.

85 Im Entwurf der Datenschutz-Grundverordnung sind weitere Öffnungsklauseln für die Verarbeitung personenbezogener Gesundheitsdaten (Art. 81 DS-GVO-E) und für Maßnahmen in Folge von Profiling (Art. 20 Abs. 2 lit. b DS-GVO-E) vorgesehen, siehe *Eckhardt*, CR 2012, S. 195 (195); *Hornung*, ZD 2012, S. 99 (100 a.E.); vgl. auch *Freisfeld*, Wettlauf mit der Kommissarin, in: FAZ Nr. 69 v. 21.3.2012, S. 21.

86 *Wybitul/Fladung*, BB 2012, S. 509 (514).

87 Vgl. Erwägungsgrund 129 DS-GVO-E sowie *Hornung*, ZD 2012, S. 99 (105); *Wybitul/Fladung*, BB 2012, S. 509 (515); *Herrmann*, ZD 2012, S. 49 (50); *Eckhardt*, CR 2012, S. 195 (195); *Masing*, Ein Abschied von den Grundrechten, in: SZ Nr. 6 v. 9.1.2012, S. 10 und *Bauer/v. Steinau-Steinrück*, Im Datenschutz hat Karlsruhe bald kaum noch etwas zu melden, in: FAZ Nr. 27 v. 1.2.2012, S. 19.

Persönlichkeitsrecht in seiner Ausprägung als Recht auf informationelle Selbstbestimmung setzt dem Handlungsspielraum der Arbeitgeber bei der Durchführung investigativer Maßnahmen Grenzen. Zwar wirken Grundrechte primär als Abwehrrechte gegen den Staat. Neben der subjektiv-rechtlichen Abwehrfunktion kommt dem allgemeinen Persönlichkeitsrecht aber auch ein objektiver Schutzgehalt zu, wonach es auch in privatrechtlichen Rechtsverhältnissen über Generalklauseln und unbestimmte Rechtsbegriffe seine schützende Wirkung entfaltet (mittelbare Drittwirkung).[88] Darüber hinaus begründet das Grundrecht Schutzpflichten des Staates, einen Rechtsrahmen zur Verfügung zu stellen, der das Recht auf informationelle Selbstbestimmung wirksam schützt.[89]

I. Das Recht auf informationelle Selbstbestimmung

Das Bundesverfassungsgericht hat das Recht auf informationelle Selbstbestimmung in seinem Volkszählungsurteil[90] vom 15.12.1983 aus dem in Art. 2 Abs. 1 GG i.V.m. Art. 1 Abs. 1 GG verankerten allgemeinen Persönlichkeitsrecht abgeleitet.[91] Es ging dabei davon aus, dass die freie Entfaltung der Persönlichkeit des Einzelnen unter den Bedingungen der modernen Datenverarbeitung Gefahren ausgesetzt ist, die einen stärkeren Schutz erforderlich machen.[92] Dieser soll durch das Recht auf informationelle Selbstbestimmung erreicht werden. Es gewährleistet „den Schutz des Einzelnen gegen unbegrenzte Erhebung, Speicherung, Verwendung und Weitergabe seiner persönlichen Daten" und schafft insoweit die Befugnis, „grundsätzlich selbst über die Preisgabe und Verwendung seiner persönlichen Daten zu bestimmen".[93] Im Hinblick auf die Möglichkeiten moderner Datenverarbeitung stellte das Bundesverfassungsgericht klar, dass es kein „belangloses Datum" mehr

---

88 *Caspar*, DuD 2011, S. 687 (688); *Kühling/Seidel/Sivridis*, Datenschutzrecht, S. 54; *Däubler/Klebe/Wedde/Weichert*, BDSG, Einl. Rn. 14; *Murswiek*, in: Sachs, GG, Art. 2 Rn. 122; *Linnenkohl et al.*, BB 1988, S. 57 (58); *Gurlit*, NJW 2010, S. 1035 (1040).
89 *Woerz*, Arbeitnehmerdatenschutz, S. 33; *Caspar*, DuD 2011, S. 687 (688).
90 BVerfGE 65, 1. Zu der auch heute noch großen Aktualität des Volkszählungsurteils vgl. *Papier*, in: BfDI, 25 Jahre Volkszählungsurteil, S. 13 (13 ff.), abrufbar unter: http://www.bfdi.bund.de/SharedDocs/Publikationen/Infobroschueren/Dokumentation25JahreVolkszaehlungsurteil.pdf?__blob=publicationFile.
91 BVerfGE 65, 1 (41).
92 BVerfGE 65, 1 (42 f.).
93 BVerfGE 65, 1 (43).

gibt, da auch einem an sich belanglosen Datum durch Verknüpfungsmöglichkeiten ein völlig neuer Aussagegehalt zukommen kann.[94]

II. Schranken

Auch das Grundrecht auf informationelle Selbstbestimmung ist nicht schrankenlos gewährleistet.[95] Der Einzelne muss Beschränkungen seines Grundrechts hinnehmen, die durch überwiegende Allgemeininteressen gerechtfertigt sind.[96] Dies ist insbesondere dann der Fall, wenn die Datenverarbeitung verfassungsrechtlich geschützten Interessen Dritter dient.[97] Die Interessen der Arbeitnehmer am Schutz ihres Rechts auf informationelle Selbstbestimmung kollidieren mit der ebenfalls grundrechtlich gewährleisteten Unternehmerfreiheit des Arbeitgebers (Art. 14 GG), die auch investigative Maßnahmen zu Compliance-Zwecken erfasst.[98] Die kollidierenden Grundrechtspositionen müssen gegeneinander abgewogen und in einen schonenden Ausgleich gebracht werden.[99] Darüber hinaus müssen Grundrechtsbeschränkungen auf einer verfassungsmäßigen gesetzlichen Grundlage beruhen, die dem Verhältnismäßigkeitsgrundsatz und dem Gebot der Normenklarheit entspricht.[100]

C. Datenschutzrechtliche Grenzen de lege lata

Im Datenschutzrecht wird ein Paradigmenwechsel sichtbar. Einerseits zeigt sich im privaten Bereich eine immer geringer werdende Datenschutz-Sensibilität, die sich durch sorglosen Umgang mit personenbezogenen Daten, sei es in sozialen Netzwerken oder allgemein im Internet, ausdrückt. Während etwa die für das Jahr 1981 geplante Volkszählung eine Protestkultur entfachte, die das wegweisende Volkszählungsurteil des Bundesverfassungsgerichts und damit das Grundrecht

---

94 BVerfGE 65, 1 (45); vgl. hierzu auch *Hohmann-Dennhardt*, RDV 2008, S. 1 (5 f.); *Gurlit*, NJW 2010, S. 1035 (1036).
95 BVerfGE 65, 1 (43).
96 BVerfGE 65, 1 (43 f.).
97 *Taeger/Schmidt*, in: Taeger/Gabel, BDSG, Einführung Rn. 17.
98 *Vogel/Glas*, DB 2009, S. 1747 (1752); *Joussen*, in: Schmidt (Hrsg.), Jahrbuch des Arbeitsrechts, Band 47, S. 69 (72).
99 *Tinnefeld/Petri/Brink*, MMR 2010, S. 727 (728); *v. Steinau-Steinrück/Glanz*, NJW-Spezial 2008, S. 402 (402).
100 BVerfGE 65, 1 (44); *Taeger/Schmidt*, in: Taeger/Gabel, BDSG, Einführung Rn. 19.

auf informationelle Selbstbestimmung hervorbrachte, löste der Zensus 2011 kaum noch Empörung aus. Diesen Paradigmenwechsel beschreibt *Prantl* mit den Worten: „Aus der Datenaskese der achtziger Jahre ist Datenekstase geworden, aus Orwell wurde Orwellness"[101]. Andererseits ist durch einige „Datenskandale" in namhaften Unternehmen, insbesondere in den Jahren 2008 und 2009, der Datenschutz im Arbeitsverhältnis in den Blickpunkt der Öffentlichkeit gerückt.

Auf einfachgesetzlicher Ebene treffen im Datenschutzrecht die grundrechtlich geschützten Verarbeitungsinteressen des Arbeitgebers zu Compliance-Zwecken und die Geheimhaltungsinteressen der Beschäftigten aufeinander.[102] Die gegenläufigen Interessen müssen in einen angemessenen Ausgleich gebracht werden.[103] Hierbei stellt sich die Frage, welchem Interesse mehr Gewicht zukommt. *Hamm* wirft in diesem Zusammenhang die plakative Frage auf „Compliance vor Recht?", um als Antwort festzustellen, Compliance sei kein neues Ordnungsinstitut neben dem Recht, sondern Teil des Rechts und als solcher nicht höher zu bewerten als das Recht.[104] Dies trifft das Richtige. Auch legitime Compliance-Maßnahmen bewegen sich nicht in einem rechtsfreien Raum. Der Mitarbeiterüberwachung zu Compliance-Zwecken werden insbesondere durch das Datenschutzrecht Grenzen gesetzt.[105]

I. Grundbegriffe des Beschäftigtendatenschutzes

Das Bundesdatenschutzgesetz dient dem Schutz Betroffener vor einer Persönlichkeitsrechtsverletzung durch den Umgang mit ihren personenbezogenen Daten, § 1 Abs. 1 BDSG i.V.m. § 3 Abs. 1 BDSG. Personenbezogene Daten Betroffener sind nach der Begriffsbestimmung des § 3 Abs. 1 BDSG Einzelangaben über persönliche oder sachliche Verhältnisse einer bestimmten oder bestimmbaren natürlichen Person. Der Begriff der personenbezogenen

---

101 *Prantl*, Der Eisberg-Zensus, in: SZ Nr. 106 v. 9.5.2011, S. 4.
102 *Kramer*, Stellungnahme zum BDSG-RegE, A-Drs. 17(4)252 F, S. 12; *Petri*, DuD 2005, S. 334 (335).
103 Vgl. hierzu die Rede des damaligen Bundesministers des Innern, *Thomas de Maizière*, anlässlich der ersten Lesung des Gesetzentwurfs im Bundestag, Plenarprotokoll 17/94 der 94. Sitzung des Deutschen Bundestages v. 25.2.2011, S. 10735 f.
104 *Hamm*, NJW 2010, S. 1332 (1332); vgl. hierzu auch *Junker/Knigge/Pischel/Reinhart*, in: Rechtsanwalts-Hdb., § 48 Rn. 112 a.E.
105 *Steinkühler/Raif*, AuA 2009, S. 213 (213).

Daten fällt sehr weit aus, da bereits bei einer unbestimmten Person deren Bestimmbarkeit ausreicht, um den Personenbezug der Daten zu bejahen.[106]

Im Bereich des Beschäftigtendatenschutzes ist der Beschäftigte i.S.v. § 3 Abs. 11 BDSG der geschützte „Betroffene". Auch der Beschäftigtenbegriff ist weit gefasst. Erfasst werden neben allen in abhängiger Tätigkeit Beschäftigten auch sämtliche Phasen des Beschäftigungsverhältnisses, von der Anbahnung über die Durchführung bis hin zur Phase nach der Beendigung eines Beschäftigungsverhältnisses, § 3 Abs. 11 Nr. 1, 7 BDSG. Die Weite des Begriffs wird insbesondere durch die zeitlich unbeschränkte Nachwirkung gemäß § 3 Abs. 11 Nr. 7 BDSG sowie die Erfassung „zu ihrer Berufsausbildung Beschäftigter" i.S.v. § 3 Abs. 11 Nr. 2 BDSG verdeutlicht. Darunter fallen nicht nur Berufsausbildungsverhältnisse, sondern alle Personen, deren Beschäftigung ein Ausbildungscharakter innewohnt, wie etwa Praktikanten.[107] Im Zentrum des Beschäftigtenbegriffs stehen jedoch Arbeitnehmerinnen und Arbeitnehmer, § 3 Abs. 11 Nr. 1 BDSG. Der datenschutzrechtliche Arbeitnehmerbegriff ist weit zu verstehen.[108] Die Zweckbestimmung des § 1 Abs. 1 BDSG verdeutlicht, dass das Datenschutzrecht den Persönlichkeitsschutz Betroffener bezweckt. Dieser muss nicht notwendigerweise mit arbeitsrechtlichen Schutzbedürfnissen gleichlaufen.

II. Numerus clausus der Erlaubnistatbestände

Das Bundesdatenschutzgesetz gewährleistet den Schutz des Rechts auf informationelle Selbstbestimmung auf einfachgesetzlicher Ebene, was bereits durch dessen Zweckbestimmung in § 1 Abs. 1 BDSG zum Ausdruck kommt.[109] Diesem Schutzzweck sowie der präventiven Zielrichtung des Gesetzes entsprechend, ist der Umgang mit personenbezogenen Daten nach dem „Verbot mit Erlaubnisvorbehalt" des § 4 Abs. 1 BDSG grundsätzlich verboten, es sei denn, er wird durch das Bundesdatenschutzgesetz, eine andere Rechtsvorschrift oder eine Einwilligung des Betroffenen ausnahmsweise erlaubt.[110] Damit ordnet § 4 Abs. 1 BDSG als

---

106 Zur Personenbeziehbarkeit vgl. *Dammann*, in: Simitis, BDSG, § 3 Rn. 23; *Gola/Schomerus*, BDSG, § 3 Rn. 10.
107 *Seifert*, in: Simitis, BDSG, § 3 Rn. 285.
108 *Seifert*, in: Simitis, BDSG, § 3 Rn. 284; a.A. *Zöll*, in: Taeger/Gabel, BDSG, § 32 Rn. 13.
109 *Riesenhuber*, RdA 2011, S. 257 (257).
110 *Gola/Schomerus*, BDSG, § 4 Rn. 3; *Gola/Wronka*, Hdb. Arbeitnehmerdatenschutz, Rn. 236; ErfK/*Wank*, § 4 BDSG Rn. 1; *Sokol*, in: Simitis, BDSG, § 4 Rn. 3; *Schaffland/*

zentrale Vorschrift des datenschutzrechtlichen Schutzkonzepts einen numerus clausus der Erlaubnistatbestände an.[111] Außerhalb der genannten Erlaubnistatbestände kommt die Rechtfertigung des Umgangs mit personenbezogenen Daten nach dem Bundesdatenschutzgesetz nicht in Betracht.

Entschließt sich der Arbeitgeber zur Durchführung eines Datenscreenings im Unternehmen, so ist damit regelmäßig ein Umgang mit personenbezogenen Daten der Beschäftigten verbunden.[112] Der Datenumgang ist nur rechtmäßig, wenn er auf einen Erlaubnistatbestand gestützt werden kann.

III. Einwilligung des Arbeitnehmers als Erlaubnistatbestand

Die Einwilligung[113] Betroffener wird in § 4 Abs. 1 BDSG als Erlaubnistatbestand anerkannt. Sie verhilft dem verfassungsrechtlich gewährleisteten Recht auf informationelle Selbstbestimmung zur Geltung, indem sie Betroffene in die Lage versetzt, den Umgang mit ihren personenbezogenen Daten zu gestalten.[114]

Wiltfang, BDSG, § 4 Rn. 1; *Duhr*, in: Roßnagel, Hdb. Datenschutzrecht, Kap. 7.5 Rn. 10; *Buchner*, DuD 2010, S. 39 (40); *Buchner*, in: FS für H. Buchner, S. 153 (155); *Ehmann*, NZA 1993, S. 241 (243).

111 *Buchner*, DuD 2010, S. 39 (40); *Gola*, RDV 2002, S. 109 (109); ErfK/*Wank*, § 4 BDSG Rn. 1.

112 *Kock/Francke*, ArbRB 2009, S. 110 (111); *Kock/Francke*, NZA 2009, S. 646 (647); *Vogt*, NJOZ 2009, S. 4206 (4214); *Heldmann*, DB 2010, S. 1235 (1238).

113 Zur dogmatischen Einordnung der Einwilligung nach §§ 4 Abs. 1, 4a BDSG als Rechtfertigungsgrund vgl. *Simitis*, in: Simitis, BDSG, § 4a Rn. 1; ErfK/*Wank*, § 4a BDSG Rn. 1; *Buchner*, DuD 2010, S. 39 (39); *Thüsing/Forst*, RDV 2011, S. 163 (163); *Forst*, RDV 2010, S. 150 (150); a.A. *Riesenhuber*, RdA 2011, S. 257 (262); *Gola/Schomerus*, BDSG, § 4a Rn. 2, die in der Einwilligung ein tatbestandsausschließendes Einverständnis sehen. Dem widersprechen jedoch der Wortlaut des Art. 5 RL 95/46/EG sowie die dazugehörige Überschrift des zweiten Kapitels, die Bedingungen für die Rechtmäßigkeit der Verarbeitung personenbezogener Daten enthalten. Ebenso stellt Erwägungsgrund 22 RL 95/46/EG klar, dass Datenverarbeitungen unter den Voraussetzungen des Art. 7 RL 95/46/EG rechtmäßig sind. Dies indiziert die Rechtswidrigkeit der Datenverarbeitung, wenn die Voraussetzungen des Art. 7 RL 95/46/EG nicht erfüllt sind, wozu nach Art. 7 lit. a) RL 95/46/EG auch die Einwilligung zählt. Führt das Fehlen der Einwilligung zur Rechtswidrigkeit der Datenverarbeitung, so stellt diese einen Rechtfertigungsgrund dar.

114 *Simitis*, in: Simitis, BDSG, § 4a Rn. 94, 2; *Holznagel/Sonntag*, in: Roßnagel, Hdb. Datenschutzrecht, Kap. 4.8 Rn. 64.

Der Wortlaut des § 4 Abs. 1 BDSG („oder") deutet darauf hin, dass die möglichen Erlaubnistatbestände gleichrangig nebeneinander stehen.[115] Demnach könnte der Umgang mit personenbezogenen Daten gleichzeitig auf eine Einwilligung sowie einen gesetzlichen Erlaubnistatbestand gestützt werden. In der datenschutzrechtlichen Literatur stößt diese Sichtweise jedoch auf Kritik, erweckt sie beim Betroffenen doch den Eindruck, er könne durch eine Verweigerung seiner Einwilligung Einfluss auf den Datenumgang nehmen. Bestünde dagegen die Möglichkeit, eine verweigerte Einwilligung durch einen gesetzlichen Erlaubnistatbestand auszutauschen, führe dies im Ergebnis zu einer Täuschung des Betroffenen. Die Gleichrangigkeit der Einwilligung sei vielmehr nur dort gegeben, wo der Verwender über mehrere Verarbeitungsalternativen verfüge und eine Verweigerung der Einwilligung derart respektiere, dass er sie nicht durch einen gesetzlichen Erlaubnistatbestand ersetze.[116]

Dieser Ansicht ist nicht zu folgen. Sie findet im Wortlaut des § 4 Abs. 1 BDSG keine Stütze und widerspricht dem Zweck der Einwilligung, der auf die Legitimierung eines anderenfalls rechtswidrigen Datenumgangs gerichtet ist.[117] Selbst wenn die Verweigerung der Einwilligung beim Betroffenen die irrige Vorstellung hervorruft, ein Umgang mit seinen personenbezogenen Daten sei nun nicht mehr möglich, kann dadurch nicht der Status der Einwilligung als vollwertiger Erlaubnistatbestand relativiert werden. Dies verdeutlicht § 4a Abs. 1 S. 2 BDSG, wonach der Betroffene nur ausnahmsweise auf die Folgen einer Verweigerung der Einwilligung hinzuweisen ist. Schließlich sprechen auch die Vorgaben der Europäischen Datenschutzrichtlinie gegen eine weitgehende Subsidiarität der Einwilligung. Nach Art. 7 RL 95/46/EG haben die Mitgliedstaaten vorzusehen, dass „die Verarbeitung personenbezogener Daten lediglich erfolgen darf, wenn *eine* der folgenden Voraussetzungen erfüllt ist". Die Einwilligung wird im folgenden Art. 7 lit. a) RL 95/46/EG als möglicher Erlaubnistatbestand genannt. Sie muss für sich genommen in der Lage sein, die Verarbeitung personenbezogener Daten zu legitimieren. Somit steht die Einwilligung dem Wortlaut des § 4 Abs. 1 BDSG

---

115 *Sokol*, in: Simitis, BDSG, § 4 Rn. 6; *Holznagel/Sonntag*, in: Roßnagel, Hdb. Datenschutzrecht, Kap. 4.8 Rn. 16.
116 Zum Ganzen *Simitis*, in: Simitis, BDSG, § 4 Rn. 6; *Schaffland/Wiltfang*, BDSG, § 4a Rn. 1; *Däubler*, in: Däubler/Klebe/Wedde/Weichert, BDSG, § 4 Rn. 4; *Gola/Schomerus*, BDSG, § 4 Rn. 16; *Gola/Wronka*, Hdb. Arbeitnehmerdatenschutz, Rn. 254; *Mester*, Arbeitnehmerdatenschutz, S. 84 f.
117 *Däubler*, Gläserne Belegschaften, Rn. 136b.

entsprechend grundsätzlich gleichberechtigt neben den Erlaubnistatbeständen des Bundesdatenschutzgesetzes und anderer Rechtsvorschriften.[118]

1. Voraussetzungen der Einwilligung

Die Wirksamkeit der datenschutzrechtlichen Einwilligung wird an formelle und materielle Voraussetzungen geknüpft, die sich überwiegend aus § 4a Abs. 1 BDSG ergeben. Da durch die Einwilligung das Individualgrundrecht auf informationelle Selbstbestimmung ausgeübt wird, liegt dem Bundesdatenschutzgesetz der Gedanke der „informierten Einwilligung" zu Grunde.[119] Eine selbstbestimmte Entscheidung über die Erteilung einer Verarbeitungsbefugnis zum Umgang mit personenbezogenen Daten setzt voraus, dass der Betroffene eine konkrete Vorstellung von der Datenverarbeitung hat, in die er einwilligt.[120] Ist dies nicht der Fall, verfügt er über keine ausreichende Entscheidungsgrundlage, um die mit der Einwilligung verbundenen Folgen überblicken zu können.[121] Aus diesem Grund ist er nach § 4a Abs. 1 S. 2 BDSG auf den vorgesehenen Zweck der Erhebung, Verarbeitung oder Nutzung hinzuweisen.[122]

Zum Schutz des Betroffenen vor einer übereilten Entscheidung bedarf die Einwilligung nach § 4a Abs. 1 S. 3 BDSG grundsätzlich der Schriftform.[123] Diese erfordert eine eigenhändige Unterzeichnung durch den Erklärenden, § 126 Abs. 1

---

118 I.E. auch *Holznagel/Sonntag*, in: Roßnagel, Hdb. Datenschutzrecht, Kap. 4.8 Rn. 18.
119 *Holznagel/Sonntag*, in: Roßnagel, Hdb. Datenschutzrecht, Kap. 4.8 Rn. 44; *Däubler*, Gläserne Belegschaften, Rn. 140; *Gola/Schomerus*, BDSG, § 4a Rn. 25; *Wedde*, DuD 2004, S. 169 (172); *Thüsing*, Arbeitnehmerdatenschutz und Compliance, Rn. 119.
120 *Thüsing*, Arbeitnehmerdatenschutz und Compliance, Rn. 119; *Holznagel/Sonntag*, in: Roßnagel, Hdb. Datenschutzrecht, Kap. 4.8 Rn. 44; *Gola/Schomerus*, BDSG, § 4a Rn. 25; *Wedde*, DuD 2004, S. 169 (172); *Gola*, RDV 2002, S. 109 (111).
121 *Kühling/Seidel/Sivridis*, Datenschutzrecht, S. 121 f.; *Thüsing*, Arbeitnehmerdatenschutz und Compliance, Rn. 119; *Wybitul*, Hdb. Datenschutz, S. 67.
122 Für eine Hinweispflicht über den Zweck des Datenumgangs hinaus *Däubler*, Gläserne Belegschaften, Rn. 140; a.A. *Thüsing*, Arbeitnehmerdatenschutz und Compliance, Rn. 119 f. Ausnahmsweise besteht nach § 4a Abs. 1 S. 2 BDSG darüber hinaus die Pflicht, auf die Folgen einer Verweigerung der Einwilligung hinzuweisen, vgl. *Gola/Schomerus*, BDSG, § 4a Rn. 28; a.A. *Simitis*, in: Simitis, BDSG, § 4a Rn. 73–75, der über den Wortlaut des § 4a Abs. 1 S. 2 BDSG hinaus von einer originären Informationspflicht auch bzgl. der Folgen einer Verweigerung der Einwilligung ausgeht.
123 *Bergmann/Möhrle/Herb*, BDSG, § 4a Rn. 84; *Simitis*, in: Simitis, BDSG, § 4a Rn. 33; *Däubler*, in: Däubler/Klebe/Wedde/Weichert, BDSG, § 4a Rn. 11; *Riesenhuber*, RdA 2011, S. 257 (259).

BGB. Da § 4a BDSG die elektronische Form nicht ausdrücklich ausschließt, kann die Schriftform auch durch elektronische Form nach §§ 126 Abs. 3, 126a Abs. 1 BGB ersetzt werden.[124] In zeitlicher Hinsicht kommt eine Erklärung der Einwilligung nur *vor* dem jeweiligen Datenumgang in Betracht, der durch sie legitimiert werden soll. Einerseits ergibt sich das Zeitmoment aus dem Zweck der Einwilligung, der nur erreicht werden kann, wenn der Beschäftigte im Vorfeld des Datenumgangs über seine Rechte disponieren kann. Andererseits liegt der Regelung des § 4a BDSG der Rechtsgedanke des § 183 BGB zu Grunde, der eine vorherige Zustimmung des Betroffenen verlangt.[125] Inhaltlich muss sich die Einwilligung eindeutig auf einen ausreichend bestimmten Verwendungsvorgang beziehen.[126] Dieses Erfordernis ergibt sich nicht ausdrücklich aus dem Wortlaut des § 4a Abs. 1 BDSG[127], liegt aber ebenfalls dem Zweck der Einwilligung zu Grunde. Hierfür spricht auch Art. 2 lit. h) RL 95/46/EG, wonach die Einwilligung „für den konkreten Fall" zu erteilen ist.[128] Nur wenn der beabsichtigte Verarbeitungsvorgang ausreichend konkretisiert wurde, kann der Betroffene sein Grundrecht bewusst ausüben. Mit dem Bestimmtheitsgrundsatz nicht zu vereinbaren sind daher Generaleinwilligungen oder pauschale Erklärungen, die keinen Bezug zu einem konkreten Verarbeitungszweck herstellen.[129]

---

124 *Simitis*, in: Simitis: BDSG, § 4a Rn. 36; *Bergmann/Möhrle/Herb*, BDSG, § 4a Rn. 84. Daneben lässt § 4a Abs. 1 S. 3 BDSG auch eine schwächere Form als die Schriftform oder elektronische Form ausreichen, wenn dies „[…] wegen besonderer Umstände […] angemessen ist." Die Privilegierung gilt nach § 4a Abs. 2 S. 1 BDSG insbesondere im Bereich der wissenschaftlichen Forschung, vgl. hierzu *Gola/Schomerus*, BDSG, § 4a Rn. 33; *Bergmann/Möhrle/Herb*, BDSG, § 4a Rn. 89.
125 *Gola/Schomerus*, BDSG, § 4a Rn. 2; *Thüsing*, Arbeitnehmerdatenschutz und Compliance, Rn. 122; ErfK/*Wank*, § 4a BDSG Rn. 1.
126 *Holznagel/Sonntag*, in: Roßnagel, Hdb. Datenschutzrecht, Kap. 4.8 Rn. 49; *Duhr*, in: Roßnagel, Hdb. Datenschutzrecht, Kap. 7.5 Rn. 39; *Simitis*, in: Simitis, BDSG, § 4a Rn. 77; *Gola/Schomerus*, BDSG, § 4a Rn. 26.
127 Lediglich für den Sonderfall besonderer Arten personenbezogener Daten (§ 3 Abs. 9 BDSG) enthält das Gesetz in § 4a Abs. 3 BDSG einen Hinweis auf den Bestimmtheitsgrundsatz, vgl. *Thüsing*, Arbeitnehmerdatenschutz und Compliance, Rn. 131.
128 *Riesenhuber*, RdA 2011, S. 257 (259). Auch Art. 4 Abs. 8 DS-GVO-E verlangt eine Einwilligung „für den konkreten Fall".
129 *Bergmann/Möhrle/Herb*, BDSG, § 4a Rn. 78; *Däubler*, in: Däubler/Klebe/Wedde/Weichert, BDSG, § 4a Rn. 18; *Simitis*, in: Simitis, BDSG, § 4a Rn. 77; *Gola/Schomerus*, BDSG, § 4a Rn. 26; *Thüsing*, Arbeitnehmerdatenschutz und Compliance, Rn. 131; *Buchner*, Informationelles Selbstbestimmungsrecht, S. 138; *Holznagel/Sonntag*, in: Roßnagel, Hdb. Datenschutzrecht, Kap. 4.8 Rn. 49.

2. Das Problem der Freiwilligkeit

In den Umgang mit personenbezogenen Daten kann nach § 4a Abs. 1 S. 1 BDSG nur wirksam eingewilligt werden, wenn die Einwilligung auf einer „freien Entscheidung des Betroffenen" beruht. Damit wird eine Vorgabe der Europäischen Datenschutzrichtlinie positiv formuliert, heißt es dort doch in Art. 2 lit. h) RL 95/46/EG, eine Einwilligung sei jede Willensbekundung, die „ohne Zwang" erfolgt. Die Vorgaben „freie Entscheidung" und „ohne Zwang" geben die Richtschnur für die Beurteilung der Freiwilligkeit einer Einwilligung vor.[130] Von einer freiwilligen Einwilligung kann dann nicht mehr ausgegangen werden, wenn sie kein Ausdruck einer privatautonomen Entscheidung ist, sondern ihr eine gestörte Vertragsparität zu Grunde liegt.[131] Dies ist typischerweise bei Bestehen eines Machtgefälles zwischen den Vertragsparteien oder in Abhängigkeitsverhältnissen der Fall.[132]

Das Verhältnis zwischen Arbeitgeber und Arbeitnehmer ist durch ein strukturelles Ungleichgewicht sowie wirtschaftliche Übermacht auf der einen und wirtschaftliche Abhängigkeit auf der anderen Seite geprägt. Angesichts der grundlegenden Bedeutung des Arbeitsverhältnisses für die soziale Existenz des Arbeitnehmers stellt sich die Frage, ob dieser noch selbstbestimmt und gleichsam „frei" über die Ausübung seiner Rechte entscheiden kann oder aus Sorge um den Fortbestand seines Arbeitsverhältnisses in eine Zwangslage gerät, die ihm keine Entscheidungsalternative eröffnet.[133] Oder anders formuliert: Liegt im Verzicht auf Datenschutz der Preis für den Erhalt des Arbeitsplatzes?[134]

Diese Frage wird zunehmend bejaht, da die Entscheidungsfreiheit des Arbeitnehmers wegen der für ihn existenziellen Bedeutung des Arbeitsverhältnisses faktisch eingeschränkt sei.[135] Wird angesichts des zwischen den Arbeitsvertragsparteien

---

130 *Simitis*, in: Simitis, BDSG, § 4a Rn. 62; *Bausewein*, Einwilligung und Betriebsvereinbarung, S. 60 f.
131 *Buchner*, DuD 2010, S. 39 (40).
132 *Sokol*, in: Simitis, BDSG, § 4 Rn. 7, § 4a Rn. 62; *Forst*, RDV 2010, S. 150 (151).
133 *Thüsing*, Arbeitnehmerdatenschutz und Compliance, Rn. 127; *Buchner*, DuD 2010, S. 39 (41); *Tinnefeld/Petri/Brink*, MMR 2011, S. 427 (428); vgl. auch *DGB*, Stellungnahme zum BDSG-RegE, A-Drs. 17(4)252 A, S. 3.
134 Frage in Anlehnung an *Prantl*, Konfetti für den Datenschutz, in: SZ Nr. 158 v. 13.7.2010, S. 4.
135 *Wedde*, DuD 2004, S. 169 (172); *Brink/Schmidt*, in: Taeger (Hrsg.), Digitale Evolution, S. 59 (61 f.); *Brink/Schmidt*, MMR 2010, S. 592 (593); *Trittin/Fischer*, NZA 2009, S. 343 (343 f.); *Buchner*, in: FS für H. Buchner, S. 153 (160); in diese Richtung auch *Wohlgemuth*, Datenschutz für Arbeitnehmer, Rn. 120–123.

vorherrschenden Machtgefälles die Möglichkeit einer freien Entscheidung über die Einwilligung generell ausgeschlossen, führt dies zur Bedeutungslosigkeit der Einwilligung als eigenständigem Erlaubnistatbestand im Arbeitsverhältnis.

Eine derart pauschale Sichtweise ist indes abzulehnen. Zwar ist nicht von der Hand zu weisen, dass die existentielle Bedeutung des Arbeitsplatzes grundsätzlich geeignet ist, den Beschäftigten hinsichtlich der Wahrnehmung seiner Rechte in eine Zwangslage zu versetzen.[136] Auch im Beschäftigungskontext sind jedoch Situationen denkbar, in denen keine Bedenken gegen die Freiwilligkeit einer Einwilligung bestehen. Dies ist etwa der Fall, wenn mit dem Datenumgang allenfalls ein geringfügiger Grundrechtseingriff einhergeht, da es dann nicht angemessen ist, dem Beschäftigten die Ausübung seines Individualgrundrechts gänzlich zu verwehren. Darüber hinaus käme eine Einwilligung auch dann nicht als Erlaubnistatbestand in Betracht, wenn der Datenumgang im Interesse der Beschäftigten liegt.[137] Als Beispiel kommen Fälle in Betracht, in denen der Arbeitgeber seinen Beschäftigten die Inanspruchnahme zusätzlicher Leistungen ermöglicht, für deren Gewährung oder Durchführung es einer Datenverarbeitung bedarf, die nicht durch gesetzliche Befugnisnormen gedeckt ist.[138] Weiterhin kann sich die potentielle Zwangslage der Beschäftigten je nach Phase des Beschäftigungsverhältnisses unterschiedlich darstellen. Während die Gefahr einer Zwangslage im Anbahnungsverhältnis besonders hoch ist, da eine selbstbestimmte Rechtsausübung dort den Vertragsschluss gefährden kann, ist dies im bestehenden Beschäftigungsverhältnis

---

136 Anzeichen für das im Arbeitsverhältnis bestehende Machtungleichgewicht sind neben wirtschaftlicher Abhängigkeit und Weisungsunterworfenheit der Arbeitnehmer auch die Grundsätze der Rechtsprechung zur Beschränkung des Fragerechts des Arbeitgebers, vgl. *Simitis*, in: FS für Hassemer, S. 1235 (1242).

137 *Beckschulze/Natzel*, BB 2010, S. 2368 (2374); *Thüsing*, Stellungnahme zum BDSG-RegE u.a., A-Drs. 17(4)252 E, S. 8; *BDA/BDI*, Stellungnahme zum BDSG-RegE u.a., A-Drs. 17(4)252 C, S. 18; *BDA*, Bewertung des BDSG-RegE, A-Drs. 17(4)252 C Anlage, S. 4; *DAV*, Stellungnahme zum BDSG-RegE, S. 5, abrufbar unter: http://anwaltverein.de/downloads/stellungnahmen/SN-10/SN-62-2010.pdf; *BITKOM*, Stellungnahme zum BDSG-RegE, S. 2, abrufbar unter: http://www.bitkom.org/files/documents/Stellungnahme_RegEntwurf_BDSG_20110224.pdf; dies erkennen auch *Tinnefeld/Petri/Brink*, MMR 2010, S. 727 (729).

138 Als Beispiele zu nennen sind insbesondere betriebliche Kinderbetreuung, Sport- und Freizeitangebote, Weiterbildungsangebote, Wäscheservice, aber auch betriebliche Altersvorsorge etc. Zu weiteren Beispielen *Beckschulze/Natzel*, BB 2010, S. 2368 (2374); *Thüsing*, Stellungnahme zum BDSG-RegE u.a., A-Drs. 17(4)252 E, S. 8; sowie *BDA/BDI*, Stellungnahme zum BDSG-RegE u.a., A-Drs. 17(4)252 C, S. 18 und *Kramer*, Stellungnahme zum BDSG-RegE, A-Drs. 17(4)252 F, S. 14 f.

unter Berücksichtigung des jeweils angestrebten Verarbeitungszwecks nicht generell der Fall.[139]

Demnach wird die pauschale Ablehnung einer freiwilligen Einwilligung im Beschäftigungsverhältnis den dortigen Gegebenheiten nicht gerecht.[140] Die Betrachtung hat vielmehr anlassbezogen zu erfolgen und die mit der Verarbeitungssituation verbundenen Gefahren für das Recht auf informationelle Selbstbestimmung sowie den Zweck des Datenumgangs zu beachten. Nur diese Sichtweise trägt dem Willen des Gesetzgebers Rechnung. Er stellte im Zuge der Einführung des § 32 BDSG klar, dass eine Datenerhebung oder -verwendung auf der Grundlage einer freiwillig erteilten Einwilligung des Beschäftigten durch § 32 BDSG nicht ausgeschlossen werde.[141] Dadurch brachte der Gesetzgeber seine Absicht zum Ausdruck, die Einwilligung auch im Beschäftigungsverhältnis als Erlaubnistatbestand zu erhalten.[142] Die Freiwilligkeit einer Einwilligung kann folglich nach den Umständen des jeweiligen Einzelfalles zu verneinen sein, sie kann im Beschäftigungskontext aber nicht generell ausgeschlossen werden.[143]

3. Dispositionsbefugnis des Betroffenen

Damit besteht auf Basis der lex lata auch im betrieblichen Umfeld die gleichrangige Möglichkeit zur Rechtfertigung des Umgangs mit personenbezogenen Daten durch Einwilligungen Betroffener. Dies ist konsequent, da das Bundesdatenschutzgesetz auf einfachgesetzlicher Ebene den Schutz des Rechts auf informationelle Selbstbestimmung gewährleisten soll. Über das Recht auf informationelle Selbstbestimmung als Bestandteil des Allgemeinen Persönlichkeitsrechts kann jeder Betroffene grundsätzlich frei verfügen[144]. *Simitis* bezeichnet die Einwilligung Betroffener daher auch als „manifestes Zeichen ihrer verfassungsrechtlich garantierten informationellen Selbstbestimmung".[145] Erfolgt die individuelle Ausübung des Grundrechts ohne Antastung des Kerngehalts der Menschenwürde sowie auf freiwilliger und informierter Grundlage, so ist sie im dadurch vorgegebenen Rahmen der

---

139 *Thüsing*, Compliance und Arbeitsrecht, Rn. 128–130; *Wybitul*, Hdb. Datenschutz, S. 65.
140 *Thüsing*, Stellungnahme zum BDSG-RegE u.a., A-Drs. 17(4)252 E, S. 8.
141 BT-Drs. 16/13657, S. 20.
142 *Thüsing*, Compliance und Arbeitsrecht, Rn. 127; *Wybitul*, Hdb. Datenschutz, S. 65 f.
143 Vgl. auch *Thüsing/Forst*, RDV 2011, S. 163 (164).
144 BVerfGE 65, 1 (43).
145 *Simitis*, in: Simitis, BDSG, § 4a Rn. 2.

Dispositionsbefugnis des Betroffenen zu akzeptieren.[146] Dementsprechend geht auch das Bundesdatenschutzgesetz als Regelfall davon aus, dass der Betroffene sein Grundrecht als Ausdruck privatautonomer Selbstbestimmung durch Einwilligung eigenverantwortlich ausüben kann.[147] Eine Einwilligung kommt nur dann nicht als Rechtfertigungsgrund in Betracht, wenn im Einzelfall ihre Voraussetzungen nicht vorliegen.

a. Einschränkung durch § 32l Abs. 1 BDSG-RegE

Der Gesetzentwurf der Bundesregierung sieht vor, von dem generellen Dreiklang der Rechtfertigungsgründe abzuweichen und die Bedeutung der Einwilligung als Erlaubnistatbestand im Bereich des Beschäftigtendatenschutzes stark einzuschränken.[148] Nach § 32l Abs. 1 BDSG-RegE ist die Erhebung, Verarbeitung und Nutzung von Beschäftigtendaten durch den Arbeitgeber aufgrund einer Einwilligung von § 4 Abs. 1 BDSG abweichend nur noch dann zulässig, wenn dies in den neu einzufügenden Vorschriften des Beschäftigtendatenschutzes ausdrücklich vorgesehen ist. Dies hat zur Folge, dass das hinsichtlich der Einwilligung bisher bestehende Regel-Ausnahme-Verhältnis im Beschäftigungskontext umgekehrt wird.[149]

Die hiernach verbliebenen Fälle der Einwilligung als Erlaubnistatbestand sind überschaubar. Nach § 32 Abs. 6 S. 4 BDSG-RegE, § 32b Abs. 3 BDSG-RegE und § 32h Abs. 1 S. 2 BDSG-RegE bleibt die Möglichkeit der Einwilligung bestehen, da es sich dort um weniger schwerwiegende Eingriffe handelt.[150] Bei ärztlichen Untersuchungen oder Eignungstests vor Begründung eines Beschäftigungsverhältnisses sehen die §§ 32a Abs. 1 S. 2 und 32a Abs. 2 S. 2 BDSG-RegE eine Einwilligung als zusätzliches Erfordernis vor, das neben den Voraussetzungen des gesetzlichen Erlaubnistatbestandes vorliegen muss, um die in den Untersuchungen liegenden schweren Grundrechtseingriffe zu rechtfertigen.[151] Schließlich ist eine

---

146 *Thüsing*, NZA 2011, S. 16 (18); *Thüsing*, Stellungnahme zum BDSG-RegE u.a., A-Drs. 17(4)252 E, S. 7; zur Dispositionsbefugnis des Grundrechtsträgers *Sachs*, in: Sachs, GG, Art. 1 Rn. 57; *Kingreen*, in: Calliess/Ruffert, EUV/AEUV, Art. 8 GRCh Rn. 13.
147 *Riesenhuber*, RdA 2011, S. 257 (261); *Buchner*, DuD 2010, S. 39 (40); *Thüsing/Forst*, RDV 2011, S. 163 (164).
148 BT-Drs. 17/4230, S. 22.
149 *Thüsing/Forst*, RDV 2011, S. 163 (164); *Rasmussen-Bonne/Raif*, GWR 2011, S. 80 (80).
150 *Riesenhuber*, RdA 2011, S. 257 (262).
151 Während eine Einwilligung in die Verarbeitung von Gesundheitsdaten als besondere Art personenbezogener Daten (§ 3 Abs. 9 BDSG) bisher möglich ist, wenn sie sich

Einwilligung sowohl des Beschäftigten als auch seines Kommunikationspartners zur Rechtfertigung des Umgangs mit Inhaltsdaten von Telefongesprächen neben einem berechtigten Interesse des Arbeitgebers nötig, § 32i Abs. 2 S. 1 BDSG-RegE. Auch in diesem Fall kann eine Einwilligung den Datenumgang nicht für sich betrachtet rechtfertigen, sondern nur kumulativ im Zusammenspiel mit weiteren Voraussetzungen.

Über die genannten Fallgruppen hinaus sieht der Regierungsentwurf die Einwilligung nicht mehr als Erlaubnistatbestand an, § 32l Abs. 1 BDSG-RegE. Auch ein Datenscreening könnte künftig nicht mehr auf die Einwilligung Betroffener gestützt werden, da § 32d Abs. 3 BDSG-RegE nicht in § 32l Abs. 1 BDSG-RegE genannt wird.[152] Die geplante Regelung des § 32l Abs. 1 BDSG-RegE verdeutlicht den weitgehenden Bedeutungsverlust der Einwilligung als Rechtfertigungsinstrument im Beschäftigungsverhältnis. Die Bundesregierung beabsichtigt dadurch, „den Besonderheiten des Beschäftigungsverhältnisses und der Situation der Beschäftigten Rechnung [zu tragen]".[153] Hinter dieser

---

ausdrücklich auf diese Daten bezieht (§ 4a Abs. 3 BDSG), enthält § 213 Abs. 1 Hs. 2 VVG bereits eine der Regelungssystematik des § 32a Abs. 1 S. 2 BDSG-RegE vergleichbare Kumulation von Rechtfertigungsgründen. Gegenüber ärztlichen Untersuchungen i.S.v. § 32a Abs. 1 BDSG-RegE stellen genetische Untersuchungen oder Analysen einen stärkeren Eingriff in das Recht auf informationelle Selbstbestimmung dar. Diese darf der Arbeitgeber nach § 19 Nr. 1 GenDG weder vor noch nach Begründung eines Beschäftigungsverhältnisses verlangen. Der Wortlaut „nicht verlangen" ist dahin auszulegen, dass nicht nur Untersuchungen auf Initiative des Arbeitgebers unterbleiben müssen, sondern auch eine Einwilligung in die Vornahme derartiger Untersuchungen ausgeschlossen ist. Hierfür spricht bereits die Regelung des § 19 Nr. 2 GenDG, woraus ersichtlich wird, dass dem Arbeitgeber die Ergebnisse genetischer Untersuchungen unter keinen Umständen bekannt werden sollen, also auch nicht durch Untersuchungen auf Grundlage einer Einwilligung des Beschäftigten. Darüber hinaus verweist § 19 GenDG anders als § 20 Abs. 4 GenDG nicht auf die Einwilligungsvorschrift des § 8 GenDG. Durch den ausdrücklichen Verweis stellt § 20 Abs. 4 GenDG klar, dass im Rahmen der durch § 20 Abs. 2 GenDG ausnahmsweise ermöglichten arbeitsmedizinischen Vorsorgeuntersuchungen zu Zwecken des Arbeitsschutzes eine Rechtfertigung durch Einwilligung der Beschäftigten möglich sein soll. Vgl. zu den betrieblichen Auswirkungen des Gendiagnostikgesetzes *Wiese*, BB 2009, S. 2198 (2198–2207).

152 Auch nach den Formulierungsvorschlägen des *BMI* soll die Durchführung von Datenscreenings nicht durch Einwilligungen Beschäftigter legitimiert werden können, vgl. *BMI*, Formulierungsvorschläge v. 7.9.2011, S. 10, 17 f., abrufbar unter: http://www.arbrb.de/media/BeschDS_FV.pdf.

153 BT-Drs. 17/4230, S. 22.

pauschalen Formulierung verbirgt sich das Anliegen, durch die Einschränkung der Einwilligungsmöglichkeit zu verhindern, dass Arbeitgeber von ihren Beschäftigten Einwilligungen routinemäßig einholen und dadurch gesetzliche Regelungen und deren Wertungen umgehen.[154]

b. Vereinbarkeit mit unionsrechtlichen Vorgaben

Die durch § 32l Abs. 1 BDSG-RegE drohende weitgehende Zurückdrängung der Einwilligung als Erlaubnistatbestand im Beschäftigungsverhältnis wirft die Frage nach einer Vereinbarkeit mit den Vorgaben der Europäischen Datenschutzrichtlinie auf.[155] Dort wird die Einwilligung in Art. 7 lit. a) RL 95/46/EG ausdrücklich als Rechtfertigungsgrund genannt. Im geplanten § 32l Abs. 1 BDSG-RegE, der eine Rechtfertigung des Datenumgangs durch Einwilligung im Beschäftigungsverhältnis nur noch in Ausnahmefällen und auch dann teilweise nur ergänzend zum Vorliegen weiterer Merkmale zulässt, könnte ein Verstoß gegen diese Vorgaben liegen.[156]

Für die Beurteilung kommt es maßgeblich darauf an, wie viel Gestaltungsspielraum dem nationalen Gesetzgeber bei der Umsetzung der Vorgaben der Europäischen Datenschutzrichtlinie verbleibt. Dies richtet sich wiederum nach dem mit der Richtlinie beabsichtigten Grad der Harmonisierung.[157] Beabsichtigte die Europäische Datenschutzrichtlinie eine Mindestharmonisierung, so verbliebe dem nationalen Gesetzgeber bei der Umsetzung der Vorgaben ein

---

154 *Stadler*, „Datenschutz im Jahr 2010", Rede bei der Tagung Codex digitalis, Optimierter Persönlichkeitsschutz – digital und vernetzt, S. 4, abrufbar unter: https://www.datenschutzzentrum.de/sommerakademie/2010/sak10-stadler-datenschutz-im-jahr-2010.pdf.
155 Daneben ist rechtspolitisch fraglich, wo die Stärkung des Rechts auf informationelle Selbstbestimmung durch ein Eingreifen des Gesetzgebers endet und wo eine Bevormundung durch unangemessene Einschränkung der Grundrechtsausübung beginnt, vgl. hierzu *Buchner*, DuD 2010, S. 39 (43); *Kursawe/Nebel*, BB 2012, S. 516 (519).
156 Einen Verstoß bejahend *Thüsing*, NZA 2011, S. 16 (18 f.); *Thüsing*, Stellungnahme zum BDSG-RegE u.a., A-Drs. 17(4)252 E, S. 7 f.; *Thüsing*, RDV 2010, S. 147 (148); *Forst*, RDV 2010, S. 150 (151 f.); *Forst*, NZA 2010, S. 1043 (1044); a.A. *Riesenhuber*, RdA 2011, S. 257 (262–264); *Tinnefeld/Petri/Brink*, MMR 2010, S. 727 (729); *Hornung*, Stellungnahme zum BDSG-RegE u.a., A-Drs. 17(4)252 D, S. 4 f.; *Körner*, HSI-Gutachten zum BDSG-RegE, S. 4 f., abrufbar unter: http://www.hugo-sinzheimer-institut.de/fileadmin/user_data_hsi/Dokumente/Gutachten_Arbeitnehmerdatenschutz_HSI.pdf.
157 *Riesenhuber*, RdA 2011, S. 257 (262).

inhaltlicher Gestaltungsspielraum.[158] Er könnte die Vorgaben der Richtlinie auch übererfüllen, was eine Einschränkung der rechtfertigenden Wirkung der Einwilligung ermöglichen würde.[159] Stellte die Richtlinie dagegen eine Vollharmonisierung dar, dürfte der nationale Gesetzgeber nicht von ihren inhaltlichen Vorgaben abweichen.[160]

Die Europäische Datenschutzrichtlinie äußert sich weder in ihrem inhaltlichen Teil noch in den Erwägungsgründen ausdrücklich zum angestrebten Umfang der Harmonisierung.[161] Aus Art. 5 RL 95/46/EG wird jedoch ersichtlich, dass den Mitgliedstaaten durchaus ein gestalterisches Ermessen verbleibt, da es ihnen überlassen wird, die Voraussetzungen des Art. 7 RL 95/46/EG näher zu bestimmen.[162] Den durch Art. 5 RL 95/46/EG eröffneten Spielraum müssen die Mitgliedstaaten jedoch „nach Maßgabe dieses Kapitels" ausüben. Darüber hinaus zeigt Erwägungsgrund 9 RL 95/46/EG, dass den Mitgliedstaaten bei der Umsetzung der Richtlinie ein Spielraum verbleibt.[163]

Hierfür spricht auch Erwägungsgrund 22 RL 95/46/EG, wonach die Mitgliedstaaten in ihren Rechtsvorschriften die allgemeinen Bedingungen präzisieren können, unter denen die Verarbeitung rechtmäßig ist. Der Erwägungsgrund stellt ebenfalls klar, dass die Mitgliedstaaten „besondere Bedingungen für die Datenverarbeitung in spezifischen Bereichen" nach Art. 5 i.V.m. Art. 7 und 8 RL 95/46/EG vorsehen können. Die Möglichkeit bereichsspezifischer Regelungen zur Ergänzung oder Präzisierung der Grundsätze der Richtlinie sieht auch Erwägungsgrund 68 RL 95/46/EG vor, wobei bereichsspezifische Regelungen insbesondere zum Schutz von Arbeitnehmerdaten in Betracht kommen.[164]

Dies verdeutlicht zweierlei: Zum einen schafft die Europäische Datenschutzrichtlinie keinen Mindestrechtsrahmen, der beliebig überschritten werden kann.[165] Zum anderen gewährt die Richtlinie den Mitgliedstaaten nach ihrem Wortlaut an einigen Stellen Spielraum. In diesen Fällen sind die Mitgliedstaaten berechtigt, den vorhandenen Spielraum in den Grenzen der Richtlinie auszufüllen.[166] Da

---

158 Für eine Mindestharmonisierung *Riesenhuber*, RdA 2011, S. 257 (262 f.).
159 *Forst*, RDV 2010, S. 150 (151).
160 *Brühann*, EuZW 2009, 639 (645); *Forst*, RDV 2010, S. 150 (151 f.); *Forst*, NZA 2010, S. 1043 (1043 f.); *Riesenhuber*, RdA 2011, S. 257 (262).
161 *Riesenhuber*, RdA 2011, S. 257 (262).
162 *Dammann/Simitis*, EG-Datenschutzrichtlinie, Art. 7 Rn. 2.
163 *Simitis*, in: FS für Hassemer, S. 1235 (1240 f.); *Brühann*, EuZW 2009, S. 639 (642).
164 *Dammann/Simitis*, EG-Datenschutzrichtlinie, Einl. Rn. 7.
165 *Brühann*, EuZW 2009, S. 639 (644).
166 *Brühann*, EuZW 2009, S. 639 (644).

Art. 7 lit. a) RL 95/46/EG die Einwilligung als Erlaubnistatbestand ansieht, wenn sie „ohne jeden Zweifel" gegeben wurde, berechtigt der vorhandene Spielraum den nationalen Gesetzgeber dazu, Fälle zu typisieren, in denen das Kriterium „ohne jeden Zweifel" gerade nicht erfüllt ist, insbesondere wenn es sich dabei um eine bereichsspezifische Regelung handelt.[167]

c. Vereinbarkeit mit der Rechtsprechung des Europäischen Gerichtshofs

Dem könnte aber die jüngste Rechtsprechung des Europäischen Gerichtshofs (EuGH) entgegenstehen. In dem Urteil „ASNEF/FECEMD ./. Administración del Estado" stellte der EuGH kürzlich erneut klar, die durch die Europäische Datenschutzrichtlinie bezweckte Harmonisierung nationaler Rechtsvorschriften sei nicht auf eine Mindestharmonisierung beschränkt, sondern führe zu einer grundsätzlich umfassenden Harmonisierung.[168] Darüber hinaus habe die Liste des Art. 7 RL 95/46/EG erschöpfenden und abschließenden Charakter, was dazu führe, dass die EU-Mitgliedstaaten weder neue Grundsätze in Bezug auf die Zulässigkeit der Verarbeitung personenbezogener Daten neben Art. 7 RL 95/46/EG einführen, noch zusätzliche Bedingungen stellen dürften, die die Tragweite eines der sechs in diesem Artikel vorgesehenen Grundsätze verändern würden.[169] Den Mitgliedstaaten verbleibe aber dort ein Ermessen, wo die Vorschriften der Richtlinie durch eine gewisse Flexibilität gekennzeichnet seien. In diesem Fall seien die Mitgliedstaaten berechtigt, die in Art. 7 RL 95/46/EG enthaltenen Grundsätze näher zu bestimmen.[170]

Die Formulierung „grundsätzlich umfassenden Harmonisierung" verdeutlicht, dass der *EuGH* von einer Vollharmonisierung ausgeht[171], innerhalb der durch die Richtlinie gesetzten Grenzen aber dennoch gestalterischer Spielraum verbleiben

---

167 *Dammann/Simitis*, EG-Datenschutzrichtlinie, Art. 7 Rn. 4.
168 EuGH v. 24.11.2011, Rs. C-468/10, C-469/10, ZD 2012, S. 33 (34), Rn. 29 – ASNEF/FECEMD; zuvor bereits EuGH v. 6.11.2003, Rs. C-101/01, Slg. 2003, I-12971, Rn. 96 – Lindqvist; bestätigt durch EuGH v. 16.12.2008, Rs. C-524/06, Slg. 2008, I-9705, Rn. 51 – Huber.
169 EuGH v. 24.11.2011, Rs. C-468/10, C-469/10, ZD 2012, S. 33 (34), Rn. 30, 32, 36 – ASNEF/FECEMD.
170 EuGH v. 24.11.2011, Rs. C-468/10, C-469/10, ZD 2012, S. 33 (34), Rn. 35 – ASNEF/FECEMD.
171 *Brühann*, EuZW 2009, S. 639 (644); *Forst*, RDV 2010, S. 150 (152); *Abel*, DSB 2/2012, S. 31 (31 f.); a.A. *Riesenhuber*, RdA 2011, S. 257 (262 f.); hierzu auch *Bauer/v. Steinau-Steinrück*, Im Datenschutz hat Karlsruhe bald kaum noch etwas zu melden, in: FAZ Nr. 27 v. 1.2.2012, S. 19.

kann. Entscheidend kommt es somit darauf an, ob durch § 321 Abs. 1 BDSG-RegE lediglich der Grundsatz des Art. 7 lit. a) RL 95/46/EG näher bestimmt wird, oder ob die geplante Regelung zusätzliche Bedingungen vorsieht, die zu einer Veränderung der Tragweite der nach Art. 7 lit. a) RL 95/46/EG als Rechtfertigungsgrund vorgesehenen Einwilligung führen.[172]

Nach Art. 7 lit. a) RL 95/46/EG liegt ein Erlaubnistatbestand für die Verarbeitung personenbezogener Daten vor, wenn die betroffene Person ohne jeden Zweifel ihre Einwilligung gegeben hat. Eine Einwilligung ist eine Willensbekundung, „die ohne Zwang, für den konkreten Fall und in Kenntnis der Sachlage erfolgt", Art. 2 lit. h) RL 95/46/EG. Die Europäische Datenschutzrichtlinie sieht strenge Maßstäbe für die Freiwilligkeit der Einwilligung vor, ohne sie konkret auszugestalten. Dies eröffnet dem nationalen Gesetzgeber Spielraum, um die Anforderungen an die Freiwilligkeit der Einwilligung in speziellen Lebensbereichen näher zu bestimmen.[173] Es ist demnach nicht zu beanstanden, wenn der nationale Gesetzgeber die Einwilligungsmöglichkeit in Fällen beschränkt, in denen eine Freiwilligkeit typischerweise nicht gegeben ist. Das Ermessen geht aber nicht so weit, dass die Freiwilligkeit der Einwilligung im Beschäftigungsverhältnis vollständig ausgeschlossen werden kann, denn auch dort sind Fälle freiwilliger Einwilligungen denkbar. Anderenfalls würde über eine Typisierung hinaus die Tragweite der Einwilligung als Rechtfertigungsgrund im Beschäftigungsverhältnis entgegen der Vorgaben der Europäischen Datenschutzrichtlinie und des *EuGH* verändert werden.

Auch die in §§ 32a Abs. 1, 32a Abs. 2 und 32i Abs. 2 BDSG-RegE vorgesehene Kumulation von Einwilligung und weiteren Voraussetzungen zur Rechtfertigung eines Datenumgangs lässt sich mit den Vorgaben des *EuGH* nicht vereinbaren. Nach Art. 7 RL 95/46/EG darf die Verarbeitung personenbezogener Daten nur erfolgen, wenn *eine* der folgenden Voraussetzungen erfüllt ist: Die Einwilligung muss – vorbehaltlich ihrer Freiwilligkeit – für sich genommen geeignet sein, die Verarbeitung personenbezogener Daten zu rechtfertigen. Tritt die rechtfertigende Wirkung nur ein, wenn neben der Einwilligung weitere Voraussetzungen

---

172 EuGH v. 24.11.2011, Rs. C-468/10, C-469/10, ZD 2012, S. 33 (34), Rn. 35 f. – ASNEF/FECEMD. Vgl. auch *Wuermeling*, in: FAZ Nr. 291 v. 14.12.2011, S. 21, der pauschal davon ausgeht, der Regierungsentwurf zum Beschäftigtendatenschutz halte in der vorliegenden Form den Anforderungen des EuGH nicht stand.
173 *Hornung*, Stellungnahme zum BDSG-RegE u.a., A-Drs. 17(4)252 D, S. 4 f.; *Körner*, HSI-Gutachten zum BDSG-RegE, S. 5, abrufbar unter: http://www.hugo-sinzheimer-institut.de/fileadmin/user_data_hsi/Dokumente/Gutachten_Arbeitnehmerdatenschutz_HSI.pdf.

vorliegen, so werden zusätzliche Bedingungen vorgesehen, wodurch die Tragweite der Einwilligung als eigenständiger Rechtfertigungsgrund verändert wird. Wird die Einwilligungsmöglichkeit zugelassen, so muss die Einwilligung für sich genommen ihre rechtfertigende Wirkung entfalten können. Sie dient nicht dazu, in Fällen besonders intensiver Grundrechtseingriffe als zusätzliche Voraussetzung ein „Mehr" an Rechtfertigung zu erreichen. In den Fällen intensiver Grundrechtseingriffe der §§ 32a Abs. 1, 32a Abs. 2 und 32i Abs. 2 BDSG-RegE liegt eine freie Entscheidung typischerweise nicht vor.[174]

Um den Vorgaben der Europäischen Datenschutzrichtlinie und der Rechtsprechung des *EuGH* zu genügen, ist es vorzugswürdig, das bestehende Regel-Ausnahme-Verhältnis beizubehalten, die Einwilligung also grundsätzlich auch im Beschäftigungsverhältnis als Rechtsgrundlage zuzulassen und die – wenn auch zahlreichen – Fälle zu benennen, in denen eine Einwilligung typischerweise mangels Freiwilligkeit nicht möglich ist.[175]

4. Drohender Bedeutungsverlust im Beschäftigungsverhältnis

Die rechtfertigende Wirkung der Einwilligung im Beschäftigungsverhältnis wird auch durch die auf europäischer Ebene geplante Datenschutz-Grundverordnung in Frage gestellt. Nach Art. 7 Abs. 4 DS-GVO-E kommt eine Einwilligung als Rechtsgrundlage nicht in Betracht, wenn ein erhebliches Ungleichgewicht zwischen dem Betroffenen und der für die Verarbeitung verantwortlichen Stelle besteht. Wann dies der Fall ist, konkretisiert Erwägungsgrund 34 DS-GVO-E, wonach sich ein klares Ungleichgewicht vor allem aus Abhängigkeitsverhältnissen ergeben kann. Als Beispiel eines Abhängigkeitsverhältnisses nennt der Erwägungsgrund die Verarbeitung personenbezogener Daten der Arbeitnehmer durch den Arbeitgeber.

---

174 *Thüsing*, NZA 2011, S. 16 (18); *Thüsing*, Stellungnahme zum BDSG-RegE u.a., A-Drs. 17(4)252 E, S. 7.
175 Vgl. *Thüsing*, NZA 2011, S. 16 (18 f.); *Thüsing*, Stellungnahme zum BDSG-RegE u.a., A-Drs. 17(4)252 E, S. 7–9, der sich überzeugend für eine Beibehaltung der grundsätzlichen Einwilligungsmöglichkeit unter konkret benannten Ausnahmen und eine Erhöhung der formalen Anforderungen ausspricht. Dies entspricht auch dem neuen Regelungskonzept der Formulierungsvorschläge des *BMI*, wobei ein Datenscreening auch danach nicht durch eine Einwilligung legitimiert werden kann, vgl. *BMI*, Formulierungsvorschläge v. 7.9.2011, S. 10, 17 f., abrufbar unter: http://www.arbrb.de/media/BeschDS_FV.pdf.

Daraus könnte sich ein vollständiger Ausschluss der Einwilligung als Erlaubnistatbestand im Beschäftigungskontext ergeben.[176] Hierfür spricht zunächst Art. 82 Abs. 1 DS-GVO-E. Dieser sieht zwar eine Öffnungsklausel für die gesetzliche Regelung der Datenverarbeitung im Umfeld eines Beschäftigungsverhältnisses durch die Mitgliedstaaten vor. Der eingeräumte Gestaltungsspielraum kann nach Art. 82 Abs. 1 DS-GVO-E aber nur „in den Grenzen dieser Verordnung" ausgeübt werden. Demnach hätten die Mitgliedstaaten den durch Art. 7 Abs. 4 DS-GVO-E und Erwägungsgrund 34 DS-GVO-E nahegelegten Ausschluss der Einwilligung bei einer nationalen Regelung des Beschäftigtendatenschutzes zu beachten.[177] Die geplante Datenschutz-Grundverordnung würde nach Art. 288 Abs. 2 AEUV unmittelbare Wirkung in jedem Mitgliedstaat entfalten. Selbst wenn ihr Wortlaut Spielraum ließe, bliebe daneben kein Raum für nationale Abweichungen oder Alleingänge.

Etwas anderes gilt jedoch aufgrund der Öffnungsklausel des Art. 82 Abs. 1 DS-GVO-E für eine bereichsspezifische Regelung des Beschäftigtendatenschutzes. Zwar behält sich die Kommission auch in diesem Bereich nach Art. 82 Abs. 3 i.V.m. Art. 86 DS-GVO-E das Recht vor, delegierte Rechtsakte zu erlassen.[178] Dennoch wird der Beschäftigtendatenschutz der Regelungshoheit der Mitgliedstaaten überantwortet. Nimmt man die eingeräumte Regelungshoheit ernst, so stellt sich die Frage, ob auch innerhalb der Grenzen der Verordnung eine nationale Regelung möglich wäre, die nicht zu einem vollständigen Ausschluss der Einwilligung im Beschäftigungsverhältnis führt.

Für diese Möglichkeit spricht der Wortlaut des Art. 7 Abs. 4 DS-GVO-E. Dort wird der Einwilligung ihre rechtfertigende Wirkung versagt, „wenn" zwischen den betroffenen Rechtspositionen ein erhebliches Ungleichgewicht besteht. Dies ist nach Erwägungsgrund 34 DS-GVO-E „vor allem" in Abhängigkeitsverhältnissen der Fall, wofür das Arbeitsverhältnis als Beispiel dient. Im Lichte des Bedeutungsgehalts der durch die Öffnungsklausel eingeräumten nationalen Regelungsmacht betrachtet, zeigen die Formulierungen „wenn" und „vor allem", dass Mitgliedstaaten im Falle einer nationalen Regelung des Beschäftigtendatenschutzes dort die

---

176 So die sich herausbildende überwiegende Meinung, vgl. nur *Hornung*, ZD 2012, S. 99 (103); *Wybitul/Fladung*, BB 2012, S. 509 (514); *Wybitul/Rauer*, ZD 2012, S. 160 (162); *Kursawe/Nebel*, BB 2012, S. 516 (519); *Abel*, DSB 1/2012, S. 8 (8); aber auch *Bauer/v. Steinau-Steinrück*, Im Datenschutz hat Karlsruhe bald kaum noch etwas zu melden, in: FAZ Nr. 27 v. 1.2.2012, S. 19; a.A. *Forst*, NZA 2012, S. 364 (365).
177 *Wybitul/Fladung*, BB 2012, S. 509 (514).
178 Kritisch hierzu *Hornung*, ZD 2012, S. 99 (105); *Wybitul/Fladung*, BB 2012, S. 509 (515).

Einwilligungsmöglichkeit versagen müssen, wo sich das Abhängigkeitsverhältnis zwischen Arbeitgeber und Beschäftigten zu deren Nachteil auswirkt. Dadurch wird den Mitgliedstaaten aber nicht die Möglichkeit verwehrt, die Einwilligung auch im Beschäftigungsverhältnis als Rechtsgrundlage des Datenumgangs zuzulassen, wenn sich das Abhängigkeitsverhältnis nicht nachteilig auf die Entscheidungsfreiheit der Beschäftigten auswirkt.[179]

Darüber hinaus spricht die primärrechtliche Gewährleistung der Einwilligung betroffener Personen in die Verarbeitung personenbezogener Daten (Art. 8 Abs. 2 S. 1 GRCh) gegen deren sekundärrechtlichen Totalausschluss.[180] Ein derartiger Eingriff in das Datenschutzgrundrecht wäre nur im Rahmen der Verhältnismäßigkeit zu rechtfertigen.[181] Ein vollständiger Ausschluss der Einwilligungsmöglichkeit im Beschäftigungsverhältnis ließe sich damit nicht vereinbaren, da auch das dort vorherrschende Machtungleichgewicht mildere Mittel zulässt.[182]

Nur durch einen Erhalt der Einwilligungsmöglichkeit im Beschäftigungsverhältnis – wenn auch in engen Grenzen – kann praktischen Bedürfnissen in der betrieblichen Realität globalisierter Unternehmen Rechnung getragen werden.[183] Anderenfalls wird diesen die Möglichkeit genommen, in Fragen der in der heutigen Wirtschaft unverzichtbaren und allgegenwärtigen Verarbeitung personenbezogener Daten flexibel zu sachgerechten Lösungen kommen zu können.[184] Dies gilt umso mehr, als die Einwilligung häufig mangels anderer Rechtsgrundlagen das einzige Mittel darstellt, um Datenverarbeitungsvorgänge rechtssicher auszugestalten.[185] Ein pauschaler und undifferenzierter Ausschluss der Einwilligungsmöglichkeit im Beschäftigungsverhältnis hätte um den Preis der Harmonisierung nachteilige Folgen für den Binnenmarkt, obgleich die Förderung des

---

179 A.A. *Hornung*, ZD 2012, S. 99 (103); *Wybitul/Fladung*, BB 2012, S. 509 (514); *Kursawe/Nebel*, BB 2012, S. 516 (519); *Bauer/v. Steinau-Steinrück*, Im Datenschutz hat Karlsruhe bald kaum noch etwas zu melden, in: FAZ Nr. 27 v. 1.2.2012, S. 19.
180 *Forst*, NZA 2012, S. 364 (365).
181 *Forst*, NZA 2012, S. 364 (365).
182 *Forst*, NZA 2012, S. 364 (365).
183 Vgl. *Wybitul/Rauer*, ZD 2012, S. 160 (162), sowie *Wybitul/Fladung*, BB 2012, S. 509 (514 f.), die Art. 7 Abs. 4 DS-GVO-E i.V.m. Erwägungsgrund 34 DS-GVO-E zwar als pauschalen Ausschluss der Einwilligung als Erlaubnistatbestand im Beschäftigungsverhältnis auffassen, sich aber für eine Korrektur dieser Regelung im weiteren Verfahren aussprechen. A.A. *Hornung*, ZD 2012, S. 99 (103), der einen pauschalen Ausschluss der Einwilligung im Beschäftigungskontext befürwortet.
184 *Wybitul/Fladung*, BB 2012, S. 509 (514).
185 *Wybitul/Rauer*, ZD 2012, S. 160 (162); *Thüsing*, RDV 2010, S. 147 (148); *GDD*, Stellungnahme zum BDSG-RegE u.a., A-Drs. 17(4)252 B, S. 10.

Binnenmarktes ein weiteres zentrales Motiv bei der Modernisierung des Datenschutzrechts auf europäischer Ebene darstellt.[186]

5. Praktikabilität bei Datenscreenings

Unabhängig vom Fortbestand der theoretischen Möglichkeit, auf die Einwilligung Betroffener gestützte Datenscreenings durchzuführen, scheidet diese Rechtsgrundlage für Datenscreenings bereits aus Praktikabilitätsgesichtspunkten regelmäßig aus.

Grund hierfür ist zunächst der individuelle Charakter der Einwilligung. Zwar kann ein Datenscreening auch punktuell zur Überprüfung bestehender Verdachtsmomente eingesetzt werden, die Stärke der Ermittlungsmethode liegt jedoch in der Anwendung gegenüber einem größeren Personenkreis. Müssten zuvor Einwilligungen aller von dem Datenscreening Betroffener eingeholt werden, würde dies einen erheblichen bürokratischen Aufwand verursachen.[187] Dieser ergäbe sich in dreierlei Hinsicht: Zunächst müssten die Voraussetzungen dafür geschaffen werden, dass die Arbeitnehmer ausreichend über den Zweck des Datenscreenings informiert werden und auf dieser Grundlage schriftliche Einwilligungen erteilen. Sodann müsste aus Beweisgründen der Eingang der jeweiligen Einwilligung dokumentiert und schließlich vor Durchführung des Datenscreenings sichergestellt werden, dass alle benötigten Einwilligungen auch tatsächlich vorliegen.[188] Eine weitere Hürde ergibt sich aus den strengen inhaltlichen Anforderungen an eine wirksame Einwilligung. Für ein Datenscreening werden üblicherweise bereits beim Arbeitgeber vorhandene Datenbestände genutzt. Diese wurden ursprünglich für andere Zwecke erhoben. Sollen sie für ein Datenscreening nutzbar gemacht werden, müssen die Beschäftigten auf die beabsichtigte Zweckänderung hingewiesen werden. Die zweckgeänderte Datenverarbeitung erfordert eine eigene informierte Einwilligung. Sie ist nicht von einer etwaigen Einwilligung in die Datenverarbeitung zur Durchführung des Beschäftigungsverhältnisses gedeckt. Auch eine Generaleinwilligung in sämtliche mit dem Beschäftigungsverhältnis verbundene Verarbeitungszwecke wird diesen Anforderungen nicht gerecht.[189] Die Einwilligung muss sich vielmehr auf das konkrete Datenscreening beziehen,

---

186 Vgl. die Erwägungsgründe 4, 5, 8 und 11 DS-GVO-E.
187 *Schmidt/Jakob*, DuD 2011, S. 88 (89); *Kock/Francke*, NZA 2009, S. 646 (647).
188 *Bausewein*, Einwilligung und Betriebsvereinbarung, S. 95.
189 *Bergmann/Möhrle/Herb*, BDSG, § 4a Rn. 78; *Däubler*, in: Däubler/Klebe/Wedde/ Weichert, BDSG, § 4a Rn. 18; *Simitis*, in: Simitis, BDSG, § 4a Rn. 77; *Gola/Schomerus*, BDSG, § 4a Rn. 26; *Buchner*, Informationelles Selbstbestimmungsrecht, S. 138 f.

um den Beschäftigten in die Lage zu versetzen, den Verwendungszusammenhang seiner personenbezogenen Daten zu überblicken.[190] Dieses Maß an Bestimmtheit wird aber den wenigsten im Zusammenhang mit einem Arbeitsverhältnis erteilten Einwilligungen zu Grunde liegen, so dass zum Zwecke der Durchführung des Datenscreenings die Einholung zahlreicher neuer, ausreichend konkreter Einwilligungserklärungen nötig wäre. Dadurch würde jedoch die Effektivität des Datenscreenings beeinträchtigt werden, da die Beschäftigten durch die Einwilligung bereits im Vorfeld auf die bevorstehende Maßnahme hingewiesen würden, obgleich diese i.d.R. zunächst heimlich durchgeführt werden soll.

Weiterhin ist eine rechtssichere Gestaltung des Datenscreenings aufgrund der jederzeitigen freien Widerruflichkeit der Einwilligung nicht möglich.[191] Die Widerruflichkeit der Einwilligung wird in § 4a BDSG nicht ausdrücklich geregelt, sondern im Bundesdatenschutzgesetz lediglich für den Spezialfall des § 28 Abs. 3a S. 1 BDSG vorausgesetzt. Über diesen Fall hinaus ist sie aber allgemein anerkannt.[192] Sie versetzt die Beschäftigten in die Lage, ihr verfassungsrechtlich verankertes Recht auf informationelle Selbstbestimmung effektiv auszuüben.[193] Dies setzt die Möglichkeit voraus, eine unliebsame Entscheidung mit Wirkung für die Zukunft korrigieren zu können.[194] Durch die Möglichkeit des Widerrufs könnte die zulässige Reichweite des Datenscreenings täglichen Schwankungen unterliegen, was zur Folge hätte, dass die Berechtigung gegenüber jedem betroffenen Beschäftigten fortlaufend überwacht werden müsste. Eine rechtssichere Durchführung des Datenscreenings ist auf dieser Grundlage nicht möglich.[195]

---

190 *Simitis*, in: Simitis, BDSG, § 4a Rn. 77; *Riesenhuber*, RdA 2011, S. 257 (259); *Gola/Wronka*, Hdb. Arbeitnehmerdatenschutz, Rn. 265.
191 Vgl. *Thoma*, in: Moosmayer/Hartwig, Interne Untersuchungen, S. 85; *Thüsing*, RDV 2010, S. 147 (148); *Schmidt/Jakob*, DuD 2011, S. 88 (89); *Heinson*, BB 2010, S. 3084 (3084 f.); *Kramer*, Stellungnahme zum BDSG-RegE, A-Drs. 17(4)252 F, S. 24.
192 *Schaffland/Wiltfang*, BDSG, § 4a Rn. 26; *Gola/Schomerus*, BDSG, § 4a Rn. 38; *Simitis*, in: Simitis, BDSG, § 4a Rn. 94; *ErfK/Wank*, § 4a BDSG Rn. 3; *Däubler*, in: Däubler/Klebe/Wedde/Weichert, BDSG, § 4a Rn. 35; *Däubler*, Gläserne Belegschaften, Rn. 169–171; *Bergmann/Möhrle/Herb*, BDSG, § 4a Rn. 24; *Buchner*, Informationelles Selbstbestimmungsrecht, S. 232; *Thüsing*, Arbeitnehmerdatenschutz und Compliance, Rn. 139; *Riesenhuber*, RdA 2011, S. 257 (258).
193 *Simitis*, in: Simitis, BDSG, § 4a Rn. 94; *Holznagel/Sonntag*, in: Roßnagel, Hdb. Datenschutzrecht, Kap. 4.8 Rn. 64.
194 *Däubler*, Gläserne Belegschaften, Rn. 170 f.; *Holznagel/Sonntag*, in: Roßnagel, Hdb. Datenschutzrecht, Kap. 4.8 Rn. 67.
195 Vgl. auch *Kort*, MMR 2011, S. 294 (299); *Schmidt/Jakob*, DuD 2011, S. 88 (89); *Thüsing*, RDV 2010, S. 147 (148).

Zweifel bestehen auch an der Freiwilligkeit einer Einwilligung in die Durchführung des Datenscreenings, da es sich hierbei um eine Maßnahme handelt, die zu einem intensiven Grundrechtseingriff führen kann und sich in dieser Situation das Machtungleichgewicht zwischen den Vertragsparteien realisieren würde. Da der Arbeitgeber einheitlich gegenüber dem zu untersuchenden Personenkreis vorgehen muss, ist fraglich, wie er auf die Verweigerung der Einwilligung einzelner Arbeitnehmer reagieren würde.[196] Diese müssen jedenfalls befürchten, dass eine Verweigerung der Einwilligung Misstrauen schafft und den Eindruck erweckt, sie hätten etwas zu verbergen.[197]

Aus diesen Gründen stellen individuelle Einwilligungen keine taugliche Rechtsgrundlage für Datenscreenings dar. Zu deren rechtssicherer Durchführung bedarf es vielmehr einer Rechtsgrundlage, die ein einheitliches Vorgehen gegenüber denjenigen Beschäftigten ermöglicht, die in den zu überprüfenden Personenkreis fallen.[198] Hierfür kommen nur gesetzliche Regelungen oder Kollektivvereinbarungen in Betracht.

IV. Der gesetzliche Erlaubnistatbestand des § 32 BDSG

Nachdem es in den Jahren 2008 und 2009 zu einigen „Datenschutzskandalen" in namhaften deutschen Großkonzernen kam, sah sich die Bundesregierung zu gesetzgeberischer Aktivität veranlasst. Sie beabsichtigte zunächst, noch vor der Bundestagswahl im Herbst 2009 das Signal einer politischen Reaktion auf diverse Fälle von Datenmissbrauch zu senden.[199] Zu diesem Zweck wurde die bereits weit fortgeschrittene Ausarbeitung der BDSG-Novelle II mit § 32 BDSG um eine weitere Vorschrift ergänzt.[200]

---

196 *Kock/Francke*, ArbRB 2009, S. 110 (111); *Kock/Francke*, NZA 2009, S. 646 (647); *Brink/Schmidt*, in: Taeger (Hrsg.), Digitale Evolution, S. 59 (61 f.); ebenso *Brink/Schmidt*, MMR 2010, S. 592 (593).
197 *Winteler*, in: Taeger/Wiebe (Hrsg.), Inside the Cloud, S. 469 (473); *Schmidt*, BB 2009, S. 1295 (1298).
198 Vgl. *Hornung*, Stellungnahme zum BDSG-RegE u.a., A-Drs. 17(4)252 D, S. 4.
199 *Tinnefeld/Buchner/Petri*, Datenschutzrecht, S. 180; *Düwell*, in: Bitburger Gespräche in München, Band 1, S. 79 (115); *BlnBDI*, Jahresbericht 2010, S. 46 f., abrufbar unter: http://www.datenschutz-berlin.de/content/veroeffentlichungen/jahresberichte/bericht-10.
200 BT-Drs. 16/13657, S. 20.

Wurde der Datenschutz im Arbeitsleben zuvor durch datenschutzrechtliche Generalklauseln und unbestimmte Rechtsbegriffe aufgefangen, so lag mit Inkrafttreten des § 32 BDSG[201] am 1. September 2009 zum ersten Mal eine eigene gesetzliche Regelung des Beschäftigtendatenschutzes vor. Nach dem Willen des Gesetzgebers sollte diese Norm die datenschutzrechtliche Lage aber nicht umgestalten, sondern lediglich die durch die Rechtsprechung erarbeiteten Grundsätze zusammenfassen und kodifizieren.[202] Trotz dieses niedrigen inhaltlichen Anspruchs rief die Norm heftige Kritik hervor.[203]

Bis zur Ablösung durch eine umfassende Regelung des Beschäftigtendatenschutzes stellt § 32 BDSG die Rechtsgrundlage für Datenverarbeitungen im Beschäftigungsverhältnis dar. Da das Bundesdatenschutzgesetz bislang keine ausdrückliche Regelung des Datenscreenings enthält, ist die rechtliche Zulässigkeit der Durchführung von Datenscreenings auf Basis der lex lata an den Voraussetzungen des § 32 BDSG zu messen.[204]

1. Spezialregelung zur Aufdeckung von Straftaten, § 32 Abs. 1 S. 2 BDSG

Als Rechtsgrundlage für die Durchführung eines Datenscreenings kommt zunächst die Spezialvorschrift zur Aufdeckung von Straftaten aus § 32 Abs. 1 S. 2 BDSG in Betracht. Der Wortlaut „zur Aufdeckung" und das Erfordernis des konkreten Verdachts einer Straftat zeigen, dass die Norm repressive Maßnahmen im Blick hat.[205] Ein Datenscreening kann bei Bestehen eines konkreten Verdachts auch punktuell eingesetzt werden. Die Stärke der Maßnahme liegt aber gerade im Auffinden von Verdachtsmomenten aus einem großen Kreis strukturierter Daten.

---

201 Eingefügt durch Gesetz zur Änderung datenschutzrechtlicher Vorschriften v. 14.8.2009, BGBl. I, S. 2814.
202 BT-Drs. 16/13657, S. 20.
203 Vgl. *Schneider*, in: FS für Hassemer, S. 1211 (1211 ff.), der § 32 BDSG für systemwidrig hält. *Wank* bezeichnet die Regelung als „gesetzgeberischen Schnellschuss", vgl. ErfK/*Wank*, § 32 BDSG Rn. 1 und *Caspar* als „erste überhastete Reaktion auf die Datenskandale in Großunternehmen", vgl. *Caspar*, DuD 2011, S. 687 (687).
204 *Kort*, DB 2011, S. 651 (653); *Kort*, in: Bitburger Gespräche in München, Band 1, S. 45 (58 f.)
205 *Seifert*, in: Simitis, BDSG, § 32 Rn. 103; *Hilbrans*, in: HK-ArbR, § 32 BDSG Rn. 19; *Abel*, BDSG, S. 491; *Wedde*, in: Däubler/Klebe/Wedde/Weichert, BDSG, § 32 Rn. 128; *Joussen*, NZA 2010 S. 254 (258); *Fröhlich*, ArbRB 2009, S. 300 (301); *Hanloser*, MMR 2009, S. 594 (597); *v. Steinau-Steinrück/Mosch*, NJW-Spezial 2009, S. 450 (451).

Zwar liegt auch dem Datenscreening die Annahme zu Grunde, dass bereits Regelübertretungen stattgefunden haben, die durch Spuren in den digitalen Datenbeständen aufgedeckt werden können. Die Maßnahme ist demnach weder rein auf Prävention noch rein auf Repression gerichtet. Die Trennlinie zieht § 32 Abs. 1 S. 2 BDSG mit dem Bestehen eines konkreten Verdachts.[206] Da dieser im Regelfall des Daten-Doubletten-Abgleichs noch nicht vorliegt, sondern unter Einsatz des Datenscreenings ermittelt werden soll, betrifft die Maßnahme nach der Systematik des § 32 Abs. 1 BDSG trotz eines unbestreitbaren repressiven Einschlags den präventiven Bereich.

Teilweise wird vertreten, auch präventive Compliance-Maßnahmen seien an den Voraussetzungen des § 32 Abs. 1 S. 2 BDSG zu messen. Für diese Auffassung spricht ein Erst-Recht-Schluss, wonach präventive Maßnahmen erst recht an den Voraussetzungen des 32 Abs. 1 S. 2 BDSG zu messen sind, wenn diese höheren Anforderungen schon für repressive Maßnahmen gelten, die auf Grundlage eines konkreten Verdachts erfolgen.[207] Dieser Auffassung widerspricht jedoch bereits der Wortlaut der Norm, der das Vorliegen eines konkreten Verdachts erfordert. Liegt ein Verdachtsfall vor, so hat die Maßnahme den präventiven Bereich im Vorfeld eines Verdachts verlassen. Darüber hinaus stellt die Gesetzesbegründung ausdrücklich klar, dass sich die Rechtmäßigkeit von präventiven Maßnahmen zur Verhinderung von Straftaten nach § 32 Abs. 1 S. 1 BDSG richtet.[208] Somit kommt es entscheidend auf das mit Hilfe des Datenscreenings verfolgte Ziel an.[209] Liegt das Ziel im repressiven Bereich, muss die Maßnahme die Vorgaben des § 32 Abs. 1 S. 2 BDSG beachten.[210] Stehen dagegen – wie im Regelfall – präventive Zwecke im Vordergrund, so bestimmt sich die rechtliche Zulässigkeit des Datenscreenings nach § 32 Abs. 1 S. 1 BDSG.[211]

---

206 In diese Richtung auch *Heinson/Schmidt*, CR 2010, S. 540 (544).
207 *Thüsing*, NZA 2009, S. 865 (868); *Thüsing*, Arbeitnehmerdatenschutz und Compliance, Rn. 67; *Bierekoven*, CR 2010, S. 203 (207 f.); *Weber*, in: Taeger (Hrsg.) Digitale Evolution, S. 39 (50 f.); ablehnend *Zikesch/Reimer*, DuD 2010, S. 96 (96 f.); *Kort*, DB 2011, S. 651 (651); *Kort*, in: Bitburger Gespräche in München, Band 1, S. 45 (48).
208 BT-Drs. 16/13657, S. 21.
209 *Zikesch/Reimer*, DuD 2010, S. 96 (97 f.); *Rudkowski*, in: Aichberger-Beig et al. (Hrsg.), Vertrauen und Kontrolle im Privatrecht, S. 189 (197); *Scheben/Klos/Geschonneck*, CCZ 2012, S. 13 (14).
210 *Rudkowski*, in: Aichberger-Beig et al. (Hrsg.), Vertrauen und Kontrolle im Privatrecht, S. 189 (197); *Heldmann*, DB 2010, S. 1235 (1238).
211 *Seifert*, in: Simitis, BDSG, § 32 Rn. 103; *Zikesch/Reimer*, DuD 2010, S. 96 (97 f.); *Rudkowski*, in: Aichberger-Beig et al. (Hrsg.), Vertrauen und Kontrolle im Privatrecht,

2. Generalklausel des § 32 Abs. 1 S. 1 BDSG

Nach § 32 Abs. 1 S. 1 BDSG ist der Umgang mit Beschäftigtendaten für Zwecke des Beschäftigungsverhältnisses zulässig, wenn er für dessen Durchführung erforderlich ist.

a. Zwecke des Beschäftigungsverhältnisses

Worin die „Zwecke des Beschäftigungsverhältnisses" bestehen sollen, lässt sowohl die gesetzliche Regelung als auch die Gesetzesbegründung offen. *Joussen* unterscheidet daher zwischen den Haupt- und Nebenleistungspflichten des Arbeitnehmers. Während erstere dem Anwendungsbereich des § 32 Abs. 1 S. 1 BDSG unterfallen sollen, sei für letztere § 28 Abs. 1 Nr. 2 BDSG einschlägig.[212] Das Datenscreening betrifft die Nebenleistungspflicht der Arbeitnehmer, keine Straftaten zu Lasten des Arbeitgebers zu begehen. Danach wäre die Durchführung des Datenscreenings nach den allgemeinen datenschutzrechtlichen Regelungen zu beurteilen, da der Hauptzweck des Vertragsverhältnisses gerade nicht in der Verhinderung von Straftaten besteht. Für diese Unterscheidung spricht, dass zum Datenscreening Beschäftigtendaten herangezogen werden, die an sich zur arbeitsrechtlichen Durchführung des Beschäftigungsverhältnisses benötigt werden. Deren Nutzung im Rahmen des Datenscreenings stellt dagegen eine Zweckänderung dar. Dies deutet darauf hin, dass ein Datenscreening nicht zu den unmittelbaren Zwecken des Beschäftigungsverhältnisses zu rechnen ist.

Eine derartige Unterscheidung hatte der Gesetzgeber jedoch nicht im Sinn. Mit § 32 BDSG soll der Beschäftigtendatenschutz in einer gesetzlichen Regelung zusammengefasst werden.[213] Demnach sollen § 32 Abs. 1 S. 1 BDSG diejenigen Maßnahmen unterfallen, die einen Bezug zum Beschäftigungsverhältnis aufweisen.[214] Dies ist auch bei der Durchführung eines Datenscreenings der Fall.[215] Da die Durchführung eines Datenscreenings zu den Zwecken des Beschäftigungsverhältnisses zählt, kann

---

S. 189 (197); *Kirsch*, Datenschutz in Unternehmen, S. 52 f.; *Heldmann*, DB 2010, S. 1235 (1238); *Koch*, ITRB 2010, S. 164 (165).
212 *Joussen*, NZA 2010, S. 254 (258); *Joussen*, NZA-Beilage 1/2011, S. 35 (40 f.).
213 BT-Drs. 16/13657, S. 20.
214 Für ein weites Verständnis auch *Deutsch/Diller*, DB 2009, S. 1462 (1464); *Schmidt*, DuD 2010, S. 207 (209).
215 *Schmidt*, DuD 2010, S. 207 (209); *Kort*, DB 2011, S. 651 (651); *Kort*, in: Bitburger Gespräche in München, Band 1, S. 45 (48), hierzu auch *Franzen*, RdA 2010, S. 257 (260).

die umstrittene Frage, ob daneben auf § 28 Abs. 1 S. 1 Nr. 2 BDSG zurückgegriffen werden kann, offen bleiben.[216]

b. Erforderlichkeit als zentraler Beurteilungsmaßstab

Die Durchführung eines Datenscreenings muss darüber hinaus erforderlich sein. Auch wenn die Beachtung des Verhältnismäßigkeitsgrundsatzes im Rahmen des § 32 Abs. 1 S. 1 BDSG nicht ausdrücklich niedergelegt ist, ergibt sich dessen Beachtlichkeit aus dem Tatbestandsmerkmal der Erforderlichkeit.[217] *Seifert* bezeichnet dieses Merkmal als einen „Topos, welcher einer Abwägung widerstreitender Grundrechtspositionen im Sinne der Herstellung von praktischer Konkordanz den Weg weisen soll".[218] Eine andere Sichtweise wäre mit der Regelungsabsicht des Gesetzgebers, der den Schutz Beschäftigter beim Umgang mit ihren personenbezogenen Daten bezweckt[219], nicht vereinbar.[220] Ein Datenscreening ist verhältnismäßig, wenn es zur Erreichung des damit verfolgten Ziels geeignet ist, ein milderes gleich wirksames Mittel nicht vorhanden ist und sich die Maßnahme im Rahmen einer Interessenabwägung als angemessen erweist.[221]

aa. Geeignetheit

Die Maßnahme ist geeignet, wenn sie die Erreichung des damit verbundenen Zwecks fördern kann.[222] Dies ist beim Datenscreening zu Zwecken der

---

216 Vgl. hierzu *Schmidt*, RDV 2009, S. 193 (195); *Schmidt*, DuD 2010, S. 207 (208 f.); *Erfurth*, NJOZ 2009, S. 2914 (2922 f.); *Franzen*, RdA 2010, S. 257 (260); *Thüsing*, NZA 2009, S. 865 (868); *Polenz*, DuD 2009, S. 561 (562); *Gola/Jaspers*, RDV 2009, S. 212 (213 f.); *Gola/Klug*, NJW 2009, S. 2577 (2580); *Gola/Klug*, NJW 2010, S. 2483 (2485).
217 A.A. *Vogel/Glas*, DB 2009, S. 1747 (1751).
218 *Seifert*, in: Simitis, BDSG, § 32 Rn. 11; für die Beachtlichkeit des Grundsatzes der Verhältnismäßigkeit auch *Schmidt*, RDV 2009, S. 193 (198); *Forst*, RDV 2009, S. 204 (207); *Thüsing*, Arbeitnehmerdatenschutz und Compliance, Rn. 59, 146; *Wybitul*, BB 2010, S. 1085 (1086); *Bergmann/Möhrle/Herb*, BDSG, § 32 Rn. 41; ErfK/*Wank*, § 32 BDSG Rn. 5; *Löwisch*, DB 2009, S. 2782 (2785); *Fröhlich*, ArbRB 2009, S. 300 (301 f.).
219 BT-Drs. 16/13657, S. 20.
220 *Schmidt*, RDV 2009, S. 193 (198).
221 *Seifert*, in: Simitis, BDSG, § 32 Rn. 11; *Thüsing*, Arbeitnehmerdatenschutz und Compliance, Rn. 146; *Wybitul*, BB 2010, S. 1085 (1086); *Gola/Schomerus*, BDSG, § 32 Rn. 25.
222 BAG v. 26.8.2008 – 1 ABR 16/07, NZA 2008, S. 1187 (1190); *Wybitul*, BB 2010, S. 1085 (1086); *Heinson/Schmidt*, CR 2010, S. 540 (546).

Korruptionsbekämpfung der Fall. Das Datenscreening ermittelt Datenübereinstimmungen, die nach Wahrscheinlichkeitsgesichtspunkten auf unlauteren Vorgängen beruhen. Es ist zur Aufdeckung von Frühwarnindikatoren, die auf regelwidriges Verhalten der Beschäftigten hindeuten, geeignet.

bb. Erforderlichkeit

Das Datenscreening ist erforderlich, wenn kein milderes aber ebenso geeignetes Mittel zur Erreichung des damit verfolgten Zwecks vorhanden ist.[223] Ein milderes Mittel stellen insbesondere manuelle Überprüfungen nicht dar, da diese allenfalls stichprobenhafte Analysen zulassen, nicht aber eine mit dem Datenscreening vergleichbare Prüfungstiefe. Nicht erforderlich ist dagegen eine einschränkungslose Kontrolle sämtlicher Beschäftigten, da bestimmte Berufsgruppen typischerweise keinen Einfluss auf besonders risikobehaftete Beschaffungsentscheidungen nehmen können.[224] Die dem Daten-Doubletten-Abgleich zu Grunde liegende Annahme setzt aber gerade voraus, dass eine irgendwie geartete Einwirkungsmöglichkeit auf Beschaffungsvorgänge besteht, denn nur diese können den Verdacht begründen, dass eine Doppelstellung zum Nachteil des Arbeitgebers ausgenutzt wurde. Demnach stellt die Begrenzung des Datenscreenings auf beschaffungsnahe Bereiche ein gleich geeignetes milderes Mittel dar.[225]

cc. Angemessenheit

Die Angemessenheit des Datenscreenings bestimmt sich nach einer Gesamtabwägung der im Einzelfall betroffenen Interessen.[226] Es stehen sich das Interesse des Arbeitgebers an der effektiven Durchführung des Datenscreenings und die Interessen der Betroffenen am größtmöglichen Schutz ihrer Persönlichkeitsrechte gegenüber. Zu fragen ist, wie die Maßnahme bei gleichzeitiger Schonung der Beschäftigteninteressen durchgeführt werden kann. Eine

---

223 BAG v. 26.8.2008 – 1 ABR 16/07, NZA 2008, S. 1187 (1190); *Heinson/Schmidt*, CR 2010, S. 540 (546).
224 *Rudkowski*, ZfA 2011, S. 287 (295 f.); *Schmidt*, RDV 2009, S. 193 (195); a.A. *Thüsing*, Arbeitnehmerdatenschutz und Compliance, Rn. 148.
225 *Heinson/Schmidt*, CR 2010, S. 540 (546).
226 BAG v. 26.8.2008 – 1 ABR 16/07, NZA 2008, S. 1187 (1190); *Thüsing*, Arbeitnehmerdatenschutz und Compliance, Rn. 146; *Wybitul*, BB 2010, S. 1085 (1086).

Möglichkeit besteht in der Durchführung des Datenscreenings mit pseudonymisierten Daten.[227]

3. Zwischenergebnis

Auf Basis der geltenden Rechtslage richtet sich die für die Durchführung eines Datenscreenings einschlägige Rechtsgrundlage nach der damit verfolgten Zielrichtung. Dient das Datenscreening repressiven Zwecken, denen bereits ein konkreter Verdacht der Begehung einer Straftat im Beschäftigungsverhältnis zu Grunde liegt, hat die Maßnahme die Voraussetzungen des § 32 Abs. 1 S. 2 BDSG zu beachten. Werden dagegen – wie im Regelfall des Datenscreenings – präventive Zwecke verfolgt, die dem Auffinden von Verdachtsfällen dienen, so ist § 32 Abs. 1 S. 1 BDSG anzuwenden. Diese Unterscheidung entspricht dem Willen des Gesetzgebers und stellt die betroffenen Beschäftigten nicht schutzlos, da auch im Rahmen des § 32 Abs. 1 S. 1 BDSG über den Wortlaut „erforderlich" hinaus eine Verhältnismäßigkeitsprüfung durchzuführen ist.

D. Datenschutzrechtliche Grenzen de lege ferenda

Bereits bei Inkrafttreten des § 32 BDSG am 1. September 2009 stand fest, dass es sich bei der Norm um einen ersten Schritt und damit um eine übergangsweise Regelung des Arbeitnehmerdatenschutzes handeln würde.[228] Nach dem Regierungswechsel im Jahr 2009 vereinbarte die neue Regierungskoalition aus *CDU*, *CSU* und *FDP* in ihrem Koalitionsvertrag, den Beschäftigtendatenschutz in einem zweiten Schritt umfassend zu regeln, indem das Bundesdatenschutzgesetz um ein eigenes Kapitel zur Regelung dieser Materie ergänzt wird.[229]

---

227 Vgl. hierzu *Heinson/Schmidt*, CR 2010, S. 540 (546); *Wybitul*, BB 2010, S. 1085 (1086); a.A. *Thüsing*, Arbeitnehmerdatenschutz und Compliance, Rn. 152.
228 BT-Drs. 16/13657, S. 20. Kurz vor der Bundestagswahl im Jahr 2009 legte das *BMAS* im August 2009 einen Diskussionsentwurf eines Gesetzes zum Datenschutz im Beschäftigungsverhältnis (Beschäftigtendatenschutzgesetz - BDatG -) vor. Dieser wurde nach der Bundestagswahl zu Beginn der 17. Legislaturperiode als Gesetzentwurf der Fraktion der *SPD* in den Bundestag eingebracht, vgl. BT-Drs. 17/69. Im Gegensatz zu den Gesetzentwürfen der Bundesregierung und der Fraktion *Bündnis 90/Die Grünen* sieht er keine ausdrückliche Regelung des Datenscreenings vor.
229 Koalitionsvertrag zwischen *CDU/CSU* und *FDP* v. 26.10.2009, S. 106, abrufbar unter: http://www.cdu.de/doc/pdfc/091026-koalitionsvertrag-cducsu-fdp.pdf.

I. Das Reformvorhaben zum Arbeitnehmerdatenschutz

Das federführende *Bundesministerium des Innern* legte am 28. Mai 2010 einen ersten Referentenentwurf eines Gesetzes zur Regelung des Beschäftigtendatenschutzes[230] vor, der in der Folge überarbeitet wurde. Die Bundesregierung fasste am 25. August 2010 Beschluss über den Gesetzentwurf und legte ihn als Regierungsentwurf vor.[231] Dieser wurde sodann dem Bundesrat zur Stellungnahme zugeleitet. Auf die Stellungnahme des Bundesrates[232] erwiderte die Bundesregierung zunächst in einer Gegenäußerung[233] und legte sodann am 15. Dezember 2010 einen überarbeiteten Regierungsentwurf vor, der aufgrund der Anregungen des Bundesrates einige Änderungen enthielt. Dieser Gesetzentwurf wurde in den Bundestag eingebracht.[234] Dort fand am 25. Februar 2011 die erste Lesung des Gesetzentwurfs der Bundesregierung sowie eines konkurrierenden Gesetzentwurfs der Oppositions-Fraktion *Bündnis 90/Die Grünen*[235] statt.[236] Die Gesetzentwürfe wurden im Anschluss an die erste Lesung an die zuständigen Ausschüsse überwiesen. Zu den Gesetzentwürfen erfolgte im Innenausschuss am 23. Mai 2011 eine öffentliche Anhörung geladener Sachverständiger.[237]

Wie bereits bei der ersten Lesung des Gesetzentwurfs im Bundestag zeigte sich auch im Rahmen der Sachverständigenanhörung die große Sprengkraft des Regelungsvorhabens, da im Beschäftigtendatenschutz die naturgemäß nicht

---

230 *BMI*, Referentenentwurf eines Gesetzes zur Regelung des Beschäftigtendatenschutzes v. 28.5.2010, abrufbar unter: http://gesetzgebung.beck.de/sites/gesetzgebung.beck.de/files/referentenentwurf_beschaeftigtendatenschutz.pdf.
231 Entwurf eines Gesetzes zur Regelung des Beschäftigtendatenschutzes v. 25.8.2010, BR-Drs. 535/10.
232 BT-Drs. 17/4230, Anlage 3, S. 26 ff.
233 BT-Drs. 17/4230, Anlage 4, S. 38 ff.
234 Entwurf eines Gesetzes zur Regelung des Beschäftigtendatenschutzes (BDSG-RegE) v. 15.12.2010, BT-Drs. 17/4230.
235 Entwurf eines Gesetzes zur Verbesserung des Schutzes personenbezogener Daten der Beschäftigten in der Privatwirtschaft und bei öffentlichen Stellen (BDatG) v. 22.2.2011, BT-Drs. 17/4853.
236 Vgl. Plenarprotokoll 17/94 der 94. Sitzung des Deutschen Bundestages v. 25.2.2011.
237 Vgl. Protokoll 17/40 der 40. Sitzung des Innenausschusses v. 23.5.2011. Zu den schriftlichen Stellungnahmen der geladenen Sachverständigen anlässlich der Anhörung im Innenausschuss, vgl. http://www.bundestag.de/bundestag/ausschuesse17/a04/Anhoerungen/Anhoerung08/Stellungnahmen_SV/index.html; sowie zu weiteren nicht angeforderten, die Regelungsmaterie betreffenden Stellungnahmen http://www.bundestag.de/bundestag/ausschuesse17/a04/Anhoerungen/Anhoerung08/Stellungnahmen_weitere/index.html.

deckungsgleichen Bedürfnisse von Arbeitgebern und Arbeitnehmern aufeinandertreffen.[238] In der Folge wurde über Änderungen an dem Gesetzentwurf gerungen.[239] Die innenpolitische Sprecherin und stellvertretende Vorsitzende der *FDP*-Bundestagsfraktion, Gisela Piltz, erklärte in einer Pressemitteilung am 10. Februar 2012, der abgestimmte Gesetzentwurf zur Regelung des Datenschutzes am Arbeitsplatz stehe kurz vor der Fertigstellung.[240] Dennoch verging nahezu ein Jahr, bis der Gesetzentwurf am 10. Januar 2013 mit einem Änderungsantrag zur Beschlussfassung eingereicht wurde.[241] Am 26. Februar 2013 erklärte der innenpolitische Sprecher der Unionsfraktion im Bundestag, *Hans-Peter Uhl*, schließlich die endgültige Zurückstellung des Themas. Eine Lösung müsse in der nächsten Legislaturperiode gefunden werden.[242]

Die Bundesregierung verfolgt mit dem Gesetzentwurf das Ziel, Beschäftigte wirksam vor Bespitzelungen an ihrem Arbeitsplatz zu schützen und gleichzeitig Arbeitgebern effektive Instrumente zur Erfüllung von Compliance-Anforderungen und zur Korruptionsbekämpfung an die Hand zu geben.[243] Beabsichtigt wird also die Schaffung eines angemessenen Ausgleichs zwischen dem legitimen Interesse der Arbeitgeber an wirkungsvoller Compliance-Arbeit und dem Recht auf informationelle Selbstbestimmung der Beschäftigten. An diesem – schwer zu erreichenden – Ziel muss sich der Gesetzentwurf der Bundesregierung messen lassen. Während *Deutscher Gewerkschaftsbund* und *Humanistische Union* kritisieren, die Bundesregierung habe dieses Spannungsverhältnis in ihrem Gesetzentwurf einseitig zu Gunsten der Compliance aufgelöst und dieser damit den Vorrang vor der Wahrung der Persönlichkeitsrechte der Beschäftigten eingeräumt[244], befürchten Arbeitgebervertreter Einschränkungen im notwendigen Kampf gegen Korruption.[245]

---

238 Zur kontroversen Debatte im Bundestag vgl. Plenarprotokoll 17/94 der 94. Sitzung des Deutschen Bundestages v. 25.2.2011. Zur ebenso kontroversen Sachverständigenanhörung vgl. Protokoll 17/40 der 40. Sitzung des Innenausschusses v. 23.5.2011.
239 Vgl. hierzu zuletzt *BMI*, Formulierungsvorschläge. v. 7.9.2011, abrufbar unter: http://www.arbrb.de/media/BeschDS_FV.pdf.
240 *Piltz*, Pressemitteilung v. 10.2.2012, abrufbar unter: http://www.gisela-piltz.de/wcsite.php?wc_c=4064&wc_lkm=958&id=16783&suche=Piltz,%20Gisela.
241 Vgl. A-Drs. 17(4)636.
242 Vgl. die Pressemitteilung bei *Haufe*, abrufbar unter: http://www.haufe.de/personal/arbeitsrecht/beschaeftigtendatenschutz-gesetz-von-bundesregierung-gestoppt_76_167180.html.
243 BT-Drs. 17/4230, S. 12.
244 Vgl. *DGB*, Stellungnahme zum BDSG-RegE, A-Drs. 17(4)252 A, S. 3, 10; *HU*, Stellungnahme zum BDSG-RegE, A-Drs. 17(4)259, S. 1; ebenso *Wedde*, Stellungnahme zum BDSG-RegE, A-Drs. 17(4)252 H, S. 15; *NRV*, Stellungnahme zum BDSG-RegE, S. 1, abrufbar unter: http://www.nrv-net.de/downloads_stellung/89.pdf.
245 *BDA/BDI*, Stellungnahme zum BDSG-RegE u.a., A-Drs. 17(4)252 C, S. 2, 9.

II. Der gesetzliche Erlaubnistatbestand des § 32d Abs. 3 BDSG-RegE

Der Gesetzentwurf der Bundesregierung sieht vor, § 32 BDSG durch dreizehn Einzelvorschriften zu ersetzen und dadurch den Beschäftigtendatenschutz einer umfassenden Regelung zuzuführen. Bestandteil des Gesetzentwurfs ist mit § 32d Abs. 3 BDSG-RegE auch eine Spezialregelung automatisierter Datenabgleiche im Beschäftigungsverhältnis. Sie soll eine Rechtsgrundlage für die zum Zwecke der Korruptionsbekämpfung in der betrieblichen Praxis bedeutsame Ermittlungsmethode des Datenscreenings schaffen, die bislang nicht ausdrücklich gesetzlich geregelt war. Die Regelung soll einerseits den Schutzinteressen der Beschäftigten angemessen Rechnung tragen und andererseits die Unternehmen mit einem wirkungsvollen Instrument im Kampf gegen Korruption ausstatten. Fraglich ist, ob dieser Spagat mit § 32d Abs. 3 BDSG-RegE i.d.F. des Gesetzentwurfs der Bundesregierung vom 15. Dezember 2010 gelingt.[246]

Während die grundsätzliche Intention der Bundesregierung, nach jahrzehntelanger gesellschaftspolitischer Diskussion eine gesetzliche Regelung des Arbeitnehmerdatenschutzes herbeizuführen, breite Zustimmung findet[247], stieß der Regierungsentwurf inhaltlich auf scharfe Kritik.

Es wird insbesondere eingewandt, die geplante Regelung des Datenscreenings schaffe weite Eingriffsbefugnisse für Arbeitgeber, obgleich der Gesetzgeber unter anderem durch mehrere Fälle von Datenscreenings erst zu einer Regelung des Arbeitnehmerdatenschutzes veranlasst wurde.[248] Der *Deutsche Gewerkschaftsbund* sieht in § 32d Abs. 3 BDSG-RegE „das Kernstück der Neuregelung" und fordert die ersatzlose Streichung der Vorschrift, da sie geeignet sei, den durch andere Regelungen des Gesetzentwurfs bewirkten Schutz ins Gegenteil umzukehren.[249]

---

246 Vgl. BT-Drs. 17/4230, S. 7. Die Änderungen des Gesetzentwurfs durch A-Drs. 17(4)636 vom 10. Januar 2013 sind nicht Gegenstand der nachfolgenden Analyse.
247 Vgl. nur *BDA/BDI*, Stellungnahme zum BDSG-RegE u.a., A-Drs. 17(4)252 C, S. 2; *GDD*, Stellungnahme zum BDSG-RegE u.a., A-Drs. 17(4)252 B, S. 2; *Thüsing*, Stellungnahme zum BDSG-RegE u.a., A-Drs. 17(4)252 E, S. 1; *Kramer*, Stellungnahme zum BDSG-RegE, A-Drs. 17(4)252 F, S. 3.
248 *Wedde*, Stellungnahme zum BDSG-RegE, A-Drs. 17(4)252 H, S. 13.
249 *DGB*, Stellungnahme zum BDSG-RegE, A-Drs. 17(4)252 A, S. 10; i.E. ebenso *DVD*, Stellungnahme zum BDSG-RegE, A-Drs. 17(4)252 G, S. 9; *NRV*, Stellungnahme zum BDSG-RegE, S. 5 f., abrufbar unter: http://www.nrv-net.de/downloads_stellung/89. pdf; vgl. *HU*, Stellungnahme zum BDSG-RegE, A-Drs. 17(4)259, S. 1. Die *HU* geht davon aus, der Gesetzentwurf räume der Compliance eine Vorrangstellung ein. Auch

Dagegen kritisiert die *Bundesvereinigung der Deutschen Arbeitgeberverbände*, der Regierungsentwurf schränke die notwendigen Bemühungen der Arbeitgeber zur wirkungsvollen Bekämpfung von Korruption und Wirtschaftskriminalität über Gebühr ein.[250] Die Bundesregierung interpretiert den Umstand, dass Kritik an dem Gesetzentwurf sowohl von Arbeitgeber- als auch Arbeitnehmerseite geübt wird, dahingehend, dass ihr ein ausgewogener Gesetzentwurf gelungen sei.[251]

1. Anwendungsbereich

In persönlicher Hinsicht gilt § 32d Abs. 3 BDSG-RegE für Arbeitgeber, die ein Datenscreening mit Beschäftigtendaten durchführen möchten. Arbeitgeber sind nach der neu einzufügenden Begriffsdefinition des § 3 Abs. 13 Nr. 1 und 2 BDSG-RegE öffentliche und nicht-öffentliche Stellen, die Beschäftigte i.S.v. § 3 Abs. 11 BDSG beschäftigen, beschäftigt haben oder dies beabsichtigen. Als Arbeitgeber i.S.d. bereichsspezifischen Beschäftigtendatenschutzes kommen demnach sowohl Unternehmen als auch Behörden und Privatpersonen in Betracht.

Beschäftigtendaten sind nach der Legaldefinition des § 3 Abs. 12 BDSG-RegE personenbezogene Daten von Beschäftigten.[252] Darunter sind personenbezogene Daten zu verstehen, die sich auf Beschäftigte i.S.d. § 3 Abs. 11 BDSG beziehen.[253] Die beiden weiten Begriffe der „personenbezogenen Daten" und „Beschäftigten" werden nach § 3 Abs. 12 BDSG-RegE zum ebenso weiten Begriff der „Beschäftigtendaten" verknüpft. Dadurch wird angesichts des mit der geplanten Regelung des Beschäftigtendatenschutzes verbundenen Schutzzwecks eine große Reichweite

---

Hornung erkennt ein Ungleichgewicht zu Lasten des Beschäftigtendatenschutzes, vgl. *Hornung*, Stellungnahme zum BDSG-RegE u.a., A-Drs. 17(4)252 D, S. 10.
250 *BDA/BDI*, Stellungnahme zum BDSG-RegE u.a., A-Drs. 17(4)252 C, S. 2, 9.
251 Vgl. die Rede des damaligen Bundesministers des Innern, *Thomas de Maizière*, anlässlich der ersten Lesung des Gesetzentwurfs im Bundestag, Plenarprotokoll 17/94 der 94. Sitzung des Deutschen Bundestages v. 25.2.2011, S. 10736; ebenso *Rogall-Grothe*, „Moderner Datenschutz im 21. Jahrhundert – eine Herausforderung für Staat, Wirtschaft und Gesellschaft", Rede anlässlich des Symposiums „Moderner Datenschutz im 21. Jahrhundert" am 4.10.2010 in Berlin, S. 3, abrufbar unter: http://www.bmi.bund.de/SharedDocs/Reden/DE/2010/10/strg_datenschutz.html; vgl. auch *Thüsing/Forst*, RDV 2011, S. 163 (163). Diese Auffassung stößt auf Kritik des DGB, vgl. *DGB*, Stellungnahme zum BDSG-RegE, A-Drs. 17(4)252 A, S. 3.
252 Vgl. BT-Drs. 17/4230, S. 14. Angesichts dieser Begriffsdefinition attestiert *Wybitul* der Bundesregierung zutreffend „feines Gespür für das Offensichtliche", vgl. *Wybitul*, Hdb. Datenschutz, S. 417.
253 *Wybitul*, Hdb. Datenschutz, S. 417.

des Beschäftigtendatenschutzes ermöglicht.[254] Im Falle einer Eingriffsbefugnis des Arbeitgebers fällt im Umkehrschluss jedoch auch die Zahl potentiell Betroffener entsprechend groß aus.

Nach der durch Art. 5 und 6 des BDSG-RegE ebenfalls beabsichtigten Einfügung von § 106 Abs. 5 S. 2 Hs. 2 BBG und der Änderung des § 29 Abs. 2 S. 2 SoldG gilt § 32d Abs. 3 BDSG-RegE auch für Beamte und Soldaten, sowie über die Verweisungsnorm des § 46 DRiG für Richter des Bundes.

Der sachliche Anwendungsbereich des § 32d Abs. 3 BDSG-RegE wird durch dessen Wortlaut sowie durch § 27 Abs. 3 S. 1 BDSG-RegE vorgegeben. Die neu in das Bundesdatenschutzgesetz einzufügenden Vorschriften des zweiten Unterabschnitts gelten gemäß § 27 Abs. 3 S. 1 BDSG-RegE für den Umgang mit Beschäftigtendaten durch den Arbeitgeber *für Zwecke eines Beschäftigungsverhältnisses*.[255] Sollen Beschäftigtendaten dagegen für andere Zwecke genutzt werden, so stellt die Entwurfsbegründung klar, dass dies nicht den §§ 32 bis 32l BDSG-RegE unterliegt, sondern nach den allgemeinen Regelungen, also insbesondere § 28 BDSG zu beurteilen ist.[256] Dies verdeutlicht, dass nicht jedes Datenscreening mit Beschäftigtendaten dem Anwendungsbereich des § 32d Abs. 3 BDSG-RegE unterliegt. Maßgeblich ist vielmehr, ob ein solches für „Zwecke des Beschäftigungsverhältnisses" durchgeführt wird. Worin „Zwecke des Beschäftigungsverhältnisses" liegen, ist weder dem Wortlaut des Gesetzentwurfs zu entnehmen noch ergeben sich aus der Entwurfsbegründung Anhaltspunkte für eine Abgrenzung.[257] Aus der systematischen Stellung des § 32d Abs. 3 BDSG-RegE im zweiten Unterabschnitt wird jedoch ersichtlich, dass ein Datenscreening für die dort genannten Zwecke zu den Zwecken des Beschäftigungsverhältnisses zählt. Insofern wird der sachliche Anwendungsbereich der Norm durch deren Zweckbestimmung konturiert.

Durch § 32d Abs. 3 BDSG-RegE werden Datenscreenings zur Aufdeckung von Straftaten oder anderen schwerwiegenden Pflichtverletzungen durch Beschäftigte im Beschäftigungsverhältnis ermöglicht. Die Begründung des Regierungsentwurfs stellt klar, dass die Vorschrift eine „Grundlage für die Korruptionsbekämpfung und die Durchsetzung von Compliance-Anforderungen darstellt", wobei unter *Compliance* im datenschutzrechtlichen Kontext „die Einhaltung aller relevanten Gesetze, Verordnungen, Richtlinien und Selbstverpflichtungen durch ein Unternehmen als

---

254 Vgl. *Seifert*, in: Simitis, BDSG, § 3 Rn. 279.
255 BT-Drs. 17/4230, S. 14.
256 BT-Drs. 17/4230, S. 14.
257 *Beckschulze/Natzel*, BB 2010, S. 2368 (2368).

Ganzes" zu verstehen ist.[258] Wird ein Datenscreening mit Beschäftigtendaten zu diesen Zwecken durchgeführt, so unterfällt es dem Anwendungsbereich des § 32d Abs. 3 BDSG-RegE.[259]

2. Datenquellen

Dem Arbeitgeber wird es unter den Voraussetzungen des § 32d Abs. 3 S. 1 BDSG-RegE ermöglicht, Beschäftigtendaten mit von ihm geführten Dateien automatisiert abzugleichen. Verwertbare Quelldaten i.S.d. Norm sind demnach einerseits Beschäftigtendaten sowie andererseits vom Arbeitgeber geführte Dateien. Auch wenn die geplante gesetzliche Regelung damit alle Datenabgleiche ermöglicht, die mit diesen Ausgangsdatenbeständen im Rahmen der von § 32d Abs. 3 S. 1 BDSG-RegE erlaubten Zwecke denkbar sind, kommt es den Entwurfsverfassern gerade darauf an, den für Zwecke der Korruptionsbekämpfung bedeutsamen Daten-Doubletten-Abgleich zu erfassen.[260]

---

258 BT-Drs. 17/4230, S. 18. Damit weicht die Compliance-Definition der Entwurfsbegründung von der verbreiteten Begriffsdefinition ab, vgl. hierzu kritisch *Kort*, DB 2011, S. 651 (651); *Kort*, in: Bitburger Gespräche in München, Band 1, S. 45 (45). Dies ist jedoch unschädlich, da die Begriffsbestimmung lediglich der Konturierung der Zweckbestimmung des § 32d Abs. 3 BDSG-RegE im datenschutzrechtlichen Kontext dient. Hierzu bedarf es keiner Erwähnung von Compliance auch als Organisationsmodell.

259 Nicht zu den Zwecken des Beschäftigungsverhältnisses und damit zum Anwendungsbereich des § 32d Abs. 3 BDSG-RegE gehören dagegen die verbreiteten Terrorlistenscreenings mit Beschäftigtendaten zum Zwecke der Erlangung einer AEO-Zertifizierung. Das FG Düsseldorf lehnte es kürzlich ab, Terrorlistenscreenings auf § 32 Abs. 1 S. 1 BDSG zu stützen, da die Beschäftigtendaten im Rahmen dieses Screenings nicht (unmittelbar) für Zwecke des Beschäftigungsverhältnisses genutzt werden. Das Terrorlistenscreening sei nicht zur Durchführung eines Beschäftigungsverhältnisses erforderlich, sondern weil Art. 14k Abs. 1 lit. f. ZK-DVO eine Sicherheitsüberprüfung und regelmäßige Hintergrundüberprüfungen verlange, vgl. hierzu die Entscheidung des FG Düsseldorf v. 1.6.2011 – 4 K 3063/10Z, Entscheidung im Volltext abrufbar unter: http://www.justiz.nrw.de/nrwe/fgs/duesseldorf/j2011/4_K_3063_10_Zurteil20110601.html; sowie *Roeder/Buhr*, BB 2012, S. 193 (194 f.); a.A. BFH v. 19.6.2012 – VII R 43/11; allgemein zum Terrorlistenscreening *Däubler-Gmelin*, DuD 2011, S. 455 (455–460); *Roeder/Buhr*, BB 2011, S. 1333 (1333–1339).

260 Vgl. die Rede des damaligen Bundesministers des Innern, *Thomas de Maizière*, anlässlich der ersten Lesung des Gesetzentwurfs im Bundestag, Plenarprotokoll 17/94 der 94. Sitzung des Deutschen Bundestages v. 25.2.2011, S. 10736.

a. Beschäftigtendaten vs. Geschäftsdaten

Angesichts der Weite des Begriffs der personenbezogenen Daten sowie der Weite des Beschäftigtenbegriffs ergibt sich ein ebenso weiter Begriff der Beschäftigtendaten. Dies führt zu Abgrenzungsschwierigkeiten. In Unternehmen erfolgen vielfältige Analysen von Geschäftsprozessen.[261] Ist ein Geschäftsvorfall in den Unternehmensdatenbanken mit der Personalnummer des zuständigen Sachbearbeiters hinterlegt, so handelt es sich dabei aufgrund der Personenbeziehbarkeit bereits um Beschäftigtendaten i.S.v. § 3 Abs. 12 BDSG-RegE. Daraus ergibt sich die Frage, ob standardmäßige Prüfungen von Geschäftsvorfällen künftig nur noch unter erschwerten Voraussetzungen möglich sein sollen, was letztlich zu Rechtsunsicherheit auf Seiten der Unternehmen führt.[262] Um dem entgegenzuwirken, wurde im Gesetzgebungsverfahren eine Einschränkung des Begriffs der Beschäftigtendaten bzw. die Einführung des Begriffs der Geschäftsdaten angeregt.[263]

Die Abgrenzungsnorm des § 27 Abs. 3 S. 1 BDSG-RegE zeigt, dass der Gesetzentwurf zwischen Beschäftigtendaten, die für Zwecke des Beschäftigungsverhältnisses verarbeitet werden und solchen, deren Verarbeitungszweck außerhalb des Beschäftigungsverhältnisses liegt – mithin geschäftliche Zwecke erfasst –, differenziert.[264] Die Weite des Begriffs der Beschäftigtendaten sowie die Konturlosigkeit des Abgrenzungskriteriums der Zwecke des Beschäftigungsverhältnisses schaffen Rechtsunsicherheit, obgleich deren Beseitigung zu den Zielen des Gesetzentwurfs zählt.[265] Im Interesse einer sicheren Rechtsanwendung ist dieser Konflikt aufzulösen. Die Einführung eines neuen Begriffs der Geschäftsdaten ist hierfür jedoch nicht erforderlich. Die vorhandenen Begriffe der *Beschäftigtendaten* und der *Zwecke des Beschäftigungsverhältnisses* ermöglichen ebenso eine klarere Abgrenzung, wenn diese stärker konturiert werden. Hierfür bietet sich

---

261 *GDD*, Stellungnahme zum BDSG-RegE u.a., A-Drs. 17(4)252 B, S. 8.
262 *GDD*, Stellungnahme zum BDSG-RegE u.a., A-Drs. 17(4)252 B, S. 7 f.
263 *GDD*, Stellungnahme zum BDSG-RegE u.a., A-Drs. 17(4)252 B, S. 3; *DIIR*, Anmerkungen zum BDSG-RegE, A-Drs. 17(4)178, S. 2; *BDA/BDI*, Stellungnahme zum BDSG-RegE u.a., A-Drs. 17(4)252 C, S. 3 f.; sowie bereits zum Referentenentwurf *DIIR*, S. 5, abrufbar unter: http://www.diir.de/fileadmin/fachwissen/downloads/23_08_2010_stellungnahme.pdf; für eine Konkretisierung auch *ULD*, Stellungnahme zum BDSG-RegE, Anm. zu § 3 Abs. 12, abrufbar unter: https://www.datenschutzzentrum.de/arbeitnehmer/20101012-stellungnahme.html; vgl. auch *Kramer*, Stellungnahme zum BDSG-RegE, A-Drs. 17(4)252 F, S. 28 f.
264 *BDA/BDI*, Stellungnahme zum BDSG-RegE u.a., A-Drs. 17(4)252 C, S. 3, 4; *BDA*, Bewertung des BDSG-RegE, A-Drs. 17(4)252 C Anlage, S. 2.
265 BT-Drs. 17/4230, S. 14.

an, den Begriff der *Beschäftigtendaten* nicht seinerseits aus einer Verknüpfung der denkbar weiten Begriffe der *Beschäftigten* und *personenbezogenen Daten* abzuleiten, sondern diesen ebenso mit dem Abgrenzungskriterium der *Zwecke des Beschäftigungsverhältnisses* zu verknüpfen.[266]

b. Herkunft der Beschäftigtendaten

Die Formulierung „mit von ihm geführten Dateien" legt nahe, dass die neben den Beschäftigtendaten zum Abgleich herangezogenen Daten bereits bei dem Arbeitgeber vorhanden sein müssen. Da der Wortlaut des § 32d Abs. 3 S. 1 BDSG-RegE hinsichtlich der Beschäftigtendaten eine vergleichbare Einschränkung nicht enthält, könnte dies eine weite Verarbeitungsbefugnis eröffnen. Der Wortlaut spricht insbesondere nur davon, dass es sich um „Beschäftigtendaten" handeln müsse, stellt aber keinen Bezug zum konkreten Arbeitgeber her, etwa durch die Formulierung „automatisierten Abgleich seiner Beschäftigtendaten". Dagegen verdeutlicht die Begründung des Regierungsentwurfs, dass auch die Beschäftigtendaten bereits beim Arbeitgeber vorhanden sein müssen, wenngleich sie ursprünglich für andere Zwecke erhoben wurden.[267] Aus dem Regelungskontext, den Formulierungen „Arbeitgeber" und „Beschäftigtendaten" sowie dem Erfordernis bereits vorhandener Daten folgt, dass der Arbeitgeber zum Abgleich *seiner Beschäftigtendaten* mit von ihm geführten Dateien ermächtigt wird.

c. Quelldatenerhebung nach § 32d Abs. 3 S. 1 BDSG-RegE?

Wird für das Datenscreening eine Durchführung mit bereits beim Arbeitgeber vorhandenen Datenbeständen vorausgesetzt, so stellt sich die Frage nach der Datenerhebung. Im Gegensatz zu den §§ 32d Abs. 1 Nr. 1, 32d Abs. 1 Nr. 2 Alt. 2, 32d Abs. 2 Nr. 2 und 32d Abs. 5 S. 1 BDSG-RegE, nimmt § 32d Abs. 3 BDSG-RegE auf die maßgeblichen Vorschriften zur Datenerhebung im Beschäftigungsumfeld keinen Bezug. Der Grund hierfür könnte darin liegen, dass § 32d Abs. 3 S. 1 BDSG-RegE

---

266 So sieht es abweichend vom Regelungsmodell des BDSG-RegE § 3 Abs. 12 BDSG-E i.d.F. des Formulierungsvorschlages des *BMI* vor. Dieser lautet: „Beschäftigtendaten sind personenbezogene Daten, die für Zwecke eines früheren, bestehenden oder zukünftigen Beschäftigungsverhältnisses erhoben, verarbeitet oder genutzt werden.", vgl. *BMI*, Formulierungsvorschläge v. 7.9.2011, S. 2, abrufbar unter: http://www.arbrb. de/media/BeschDS_FV.pdf; vgl. auch *GDD*, Stellungnahme zum BDSG-RegE u.a., A-Drs. 17(4)252 B, S. 3.
267 BT-Drs. 17/4230, S. 18.

eine eigene Befugnis zur Erhebung der als Ausgangsbasis des Datenscreenings dienenden Quelldaten enthält.

Die Norm schafft eine Rechtsgrundlage für *automatisierte Datenabgleiche*. Nach der Legaldefinition des § 3 Abs. 2 S. 1 BDSG ist unter „automatisierter Verarbeitung" die Erhebung, Verarbeitung oder Nutzung personenbezogener Daten unter Einsatz von Datenverarbeitungsanlagen zu verstehen. Da das Datenscreening eine spezielle Form der Datenverarbeitung darstellt, die automatisiert erfolgt, deutet dies darauf hin, dass der Begriff des automatisierten Datenabgleichs entgegen der Überschrift des § 32d BDSG-RegE („Datenverarbeitung und -nutzung im Beschäftigungsverhältnis") auch die vorgelagerte Datenerhebung erfasst. Dem widerspricht jedoch, dass die Definition der automatisierten Verarbeitung im Bundesdatenschutzgesetz nicht konsequent angewandt wird. So spricht etwa § 8 Abs. 1 BDSG von der automatisierten Erhebung, Verarbeitung oder Nutzung personenbezogener Daten, obwohl die Erhebung und Nutzung bereits von der Legaldefinition der automatisierten Verarbeitung umfasst wird.[268] Darüber hinaus offenbart auch die Definition des § 3 Abs. 4 BDSG Widersprüche, da sie, anders als § 3 Abs. 2 S. 1 BDSG, die Datenerhebung und -nutzung gerade aus dem Verarbeitungsbegriff ausklammert.[269]

Gegen eine Befugnis zur Datenerhebung im Rahmen des § 32d Abs. 3 S. 1 BDSG-RegE spricht zudem das Regelungskonzept des Regierungsentwurfs. Dieses differenziert ausdrücklich nach den verschiedenen Phasen des Beschäftigungsverhältnisses sowie nach Datenerhebung einerseits und Datenverarbeitung und -nutzung andererseits. Die Datenerhebung richtet sich grundsätzlich nach anderen Normen als die Verarbeitung und Nutzung.[270] Sofern sämtliche Befugnisse von einer Norm umfasst werden sollen, wird dies aus den Spezialnormen der §§ 32g Abs. 1, 32h Abs. 1 S. 1, 32i Abs. 1 S. 1, Abs. 2 S. 1, Abs. 3 S. 1, Abs. 4 S. 2, 32f Abs. 1 S. 1 und 32e Abs. 2 i.V.m. Abs. 5 BDSG-RegE ersichtlich, im Wortlaut zum Ausdruck gebracht. Darüber hinaus ermöglicht § 32d Abs. 3 S. 1 BDSG-RegE zwar einen automatisierten Datenabgleich, setzt aber nicht voraus, dass die bereits beim Arbeitgeber vorhandenen Quelldaten auch unter Einsatz von Datenverarbeitungsanlagen erhoben wurden.[271]

---

268 *Dammann*, in: Simitis, BDSG, § 3 Rn. 78.
269 Vgl. *Dammann*, in: Simitis, BDSG, § 3 Rn. 78, der die Begriffsdefinition des § 3 Abs. 2 S. 1 BDSG aus diesem Grund als „kaum gelungen" bezeichnet und darin einen „redaktionellen Missgriff" sieht.
270 Vgl. §§ 32 und 32c BDSG-RegE sowie §§ 32b und 32d BDSG-RegE.
271 Vgl. im Gegensatz dazu § 3 Abs. 2 S. 1 BDSG.

Im Gegensatz zu den anderen Spezialnormen der §§ 32g Abs. 1, 32h Abs. 1 S. 1, 32i, 32f Abs. 1 S. 1 und 32e Abs. 2 BDSG-RegE schafft § 32d Abs. 3 S. 1 BDSG-RegE keine eigene Befugnis zur Datenerhebung. Sie enthält vielmehr die Befugnis, Daten zu anderen als den ursprünglichen Erhebungszwecken zu verarbeiten. Folglich richtet sich die Erhebung der zum Datenscreening herangezogenen Daten nach den ursprünglichen Erhebungszwecken und damit nach den allgemeinen Regeln der Datenerhebung im Beschäftigungsumfeld.

d. Datenerhebung im Beschäftigungsumfeld

Die allgemeine Vorschrift zur Regelung der Datenverarbeitung und -nutzung im Beschäftigungsverhältnis des § 32d Abs. 1 BDSG-RegE macht deutlich, dass auch sie bereits erhobene Beschäftigtendaten voraussetzt. Die Erhebung muss gemäß § 32d Abs. 1 Nr. 1 BDSG-RegE nach §§ 32, 32a oder 32c BDSG-RegE erfolgt sein, wobei § 32c Abs. 1 S. 1 BDSG-RegE seinerseits auf die spezielleren §§ 32e bis 32i BDSG-RegE verweist.[272] Während die §§ 32 und 32a BDSG-RegE die Datenerhebung vor Begründung eines Beschäftigungsverhältnisses regeln, stellt § 32c BDSG-RegE die zentrale Vorschrift der Datenerhebung im Beschäftigungsverhältnis dar. Nach § 32c Abs. 1 BDSG-RegE ist der Arbeitgeber berechtigt, die für Zwecke des Datenscreenings nutzbaren Stammdaten der Beschäftigten zu erheben, da diese zur arbeits-, steuer- und sozialversicherungsrechtlichen Durchführung des Beschäftigungsverhältnisses erforderlich sind.[273] Bei der Datenerhebung im Beschäftigungsverhältnis nach § 32c Abs. 1 BDSG-RegE ist eine enge Zweckbindung zu beachten.

e. Rechtmäßigkeit der Datenerhebung

Der Arbeitgeber wird durch § 32d Abs. 3 S. 1 BDSG-RegE zur Durchführung eines Datenscreenings mit bereits bei ihm vorhandenen, ursprünglich zu anderen Zwecken erhobenen Daten ermächtigt. Die Frage, ob diese bereits vorhandenen Daten auch rechtmäßig erhoben sein müssen, lässt der Gesetzentwurf unbeantwortet. Auch die Entwurfsbegründung schweigt hierzu. Daraus wird teilweise geschlossen, die verwendeten Daten müssten nur beim Arbeitgeber vorliegen. Woher sie stammten und ob die Erhebung rechtmäßig war, sei dagegen unerheblich.[274] Nach dieser Auffassung

---

272 BT-Drs. 17/4230, S. 17. Die Verweisung des § 32c Abs. 1 S. 1 BDSG-RegE auf § 32e zeigt, dass bereits die Erhebung der für Zwecke des Datenscreenings benötigten Ausgangsdaten nach § 32e Abs. 2 BDSG-RegE heimlich erfolgen kann.
273 *Bierekoven*, CR 2010, S. 203 (205).
274 So *Heinson/Sörup/Wybitul*, CR 2010, S. 751 (754).

könnten auch rechtswidrig erhobene Daten für einen Datenabgleich herangezogen werden. Eine andere Ansicht geht davon aus, § 32d Abs. 3 S. 1 BDSG-RegE enthalte eine Verarbeitungsbefugnis für rechtmäßig erhobene Daten.[275]

Für die erstgenannte Auffassung spricht der Wortlaut des Gesetzentwurfs. Danach schafft § 32d Abs. 3 S. 1 BDSG-RegE eine Befugnis zur Datenverarbeitung und -nutzung im Beschäftigungsverhältnis durch Datenscreening. Die Vorschrift legt bereits erhobene Daten zu Grunde[276], verweist aber anders als die §§ 32d Abs. 1 Nr. 1, 32d Abs. 1 Nr. 2 Alt. 2, 32d Abs. 2 Nr. 2 und 32d Abs. 5 S. 1 BDSG-RegE nicht auf die Vorschriften zur Datenerhebung im Beschäftigungsverhältnis oder vor Begründung eines Beschäftigungsverhältnisses. Dies deutet darauf hin, dass die Rechtmäßigkeit der Datenerhebung für die Verarbeitungsbefugnis aus § 32d Abs. 3 S. 1 BDSG-RegE nicht zu beachten ist.

Dem widerspricht jedoch die Systematik des § 32d BDSG-RegE. Nach § 32d Abs. 1 Nr. 1 BDSG-RegE darf der Arbeitgeber Beschäftigtendaten verarbeiten und nutzen, soweit sie nach § 32, 32a, oder 32c erhoben worden sind. Die ausdrückliche Bezugnahme auf die Erhebungstatbestände sowie der Wortlaut „soweit" verdeutlichen, dass die zu Grunde liegende Datenerhebung rechtmäßig gewesen sein muss. Ebenso setzen die §§ 32d Abs. 1 Nr. 2 und 32d Abs. 2 Nr. 2 BDSG-RegE eine hypothetisch rechtmäßige Datenerhebung voraus, die lediglich faktisch unterbleibt, weil dies aus Praktikabilitätsgesichtspunkten entbehrlich ist bzw. die Daten dem Arbeitgeber bereits anderweitig zur Kenntnis gelangt sind.[277] Schließlich zieht § 32d Abs. 5 BDSG-RegE mit dem Verbot der Anlegung von Persönlichkeitsprofilen eine rote Linie, die durch Verarbeitung und Nutzung rechtmäßig erhobener Daten nicht überschritten werden darf. Die genannten Vorschriften zeigen, dass Beschäftigtendaten im Beschäftigungsverhältnis nicht uneingeschränkt verarbeitet oder genutzt werden dürfen[278], sondern dem jeweiligen Datenumgang eine tatsächlich oder hypothetisch rechtmäßige Erhebung zu Grunde liegen muss. Durch § 32d Abs. 3 BDSG-RegE wird ein Spezialfall der Datenverarbeitung und -nutzung im Beschäftigungsverhältnis geregelt. Der systematische Zusammenhang des § 32d BDSG-RegE spricht dafür, die in allgemeinen Tatbeständen der Datenverarbeitung

---

275 *Vgl. DGB*, Stellungnahme zum BDSG-RegE, A-Drs. 17(4)252 A, S. 9; *DAV*, Stellungnahme zum BDSG-RefE, S. 15, abrufbar unter: http://anwaltverein.de/downloads/stellungnahmen/SN-10/SN-28-210.pdf; in diese Richtung auch *Schmidt/Jakob*, DuD 2011, S. 88 (91).
276 Vgl. BT-Drs. 17/4230, S. 18.
277 BT-Drs. 17/4230, S. 17 f.
278 BT-Drs. 17/4230, S. 18.

und -nutzung nach § 32d Abs. 1 und 2 BDSG-RegE erforderliche Rechtmäßigkeit der Datenerhebung trotz fehlender ausdrücklicher Regelung auch im Spezialfall des § 32d Abs. 3 BDSG-RegE vorauszusetzen.

Dieses Ergebnis wird auch bei einem Vergleich mit der Situation bei manueller Datenanalyse bestätigt. Führt der Arbeitgeber den Datenabgleich manuell durch, unterliegt dies nach § 27 Abs. 3 S. 2 BDSG-RegE ebenfalls dem Anwendungsbereich des bereichsspezifischen Beschäftigtendatenschutzes.[279] Mangels eines automatisierten Abgleichs findet § 32d Abs. 3 BDSG-RegE jedoch keine Anwendung. Die papiergebundene Datenanalyse richtet sich vielmehr nach § 32d Abs. 1 Nr. 2 Alt. 2 BDSG-RegE, wobei eine hypothetisch rechtmäßige Datenerhebung verlangt wird. Da mit einer elektronischen Datenanalyse eine erhöhte Eingriffsintensität verbunden ist[280], muss dieser erst recht eine rechtmäßige Datenerhebung zu Grunde liegen.

Darüber hinaus würde eine Verarbeitungsbefugnis auch für rechtswidrig erhobene Daten ein rechtswidriges Verhalten mit erhöhtem Erkenntnisgewinn belohnen und dadurch einen Gesetzesverstoß perpetuieren.[281] Dies wäre nicht mit dem Schutzauftrag des Gesetzgebers im Hinblick auf die größtmögliche Wahrung des Rechts auf informationelle Selbstbestimmung zu vereinbaren.[282] Schließlich spricht auch die durch § 32d Abs. 3 S. 1 BDSG-RegE eingeräumte Befugnis zur zweckgeänderten Datenverarbeitung dafür, eine Rechtmäßigkeit der Datenerhebung vorauszusetzen, wenn mit der Vorschrift schon eine Abweichung vom Grundsatz der Zweckbindung ermöglicht wird.

Demnach setzt § 32d Abs. 3 S. 1 BDSG-RegE im Interesse eines effektiven Schutzes des Rechts auf informationelle Selbstbestimmung voraus, dass die dem Datenscreening zu Grunde liegende Erhebung der Quelldaten rechtmäßig erfolgte.

3. Datenverwendung

Beschäftigtendaten dürfen nach § 32d Abs. 1 Nr. 2 Alt. 1 BDSG-RegE grundsätzlich nur zu dem Zweck verarbeitet und genutzt werden, zu dessen Erfüllung

---

279 Vgl. BT-Drs. 17/4230, S. 14.
280 Vgl. den Rechtsgedanken des § 6a BDSG; sowie BVerfGE 65, 1 (42). Auch der Mitbestimmungstatbestand des § 87 Abs. 1 Nr. 6 BetrVG bezweckt einen Schutz der Arbeitnehmer vor einer mit technisierter Kontrolle verbundenen erhöhten Gefahr für das Persönlichkeitsrecht, vgl. *Richardi*, in: Richardi, BetrVG, § 87 Rn. 480 f.
281 *Däubler*, Gläserne Belegschaften, Rn. 427.
282 BVerfGE 65, 1 (44).

sie erhoben wurden.[283] Der Zweckbindung liegt der Gedanke zu Grunde, dass dem Betroffenen bekannt sein soll, „wer was wann und bei welcher Gelegenheit über [ihn] weiß".[284] Von diesem Grundsatz der Zweckbindung sieht neben § 32d Abs. 1 Nr. 2 Alt. 2 BDSG-RegE auch § 32d Abs. 3 BDSG-RegE eine Ausnahme vor. Die Vorschrift gestattet die Heranziehung von für andere Zwecke des Beschäftigungsverhältnisses erhobenen Beschäftigtendaten zur Erfüllung der Zwecke des § 32d Abs. 3 BDSG-RegE.[285] Es handelt sich somit bei § 32d Abs. 3 BDSG-RegE um den Fall einer ausnahmsweise gesetzlich gestatteten Zweckänderung.

a. Anforderungen an die Datenbasis

Für den automatisierten Abgleich der Beschäftigtendaten mit anderen Dateien des Arbeitgebers ist aus den vorhandenen Datenbeständen eine Datenbasis zu bilden, die in das Analysesystem eingespeist wird. Aus dem Wortlaut des § 32d Abs. 3 BDSG-RegE ergeben sich für die Bildung der Datenbasis keinerlei Einschränkungen.[286] Auch die Entwurfsbegründung äußert sich hierzu nicht.

Demnach könnte ein Datenabgleich mit sämtlichen beim Arbeitgeber vorhandenen Beschäftigtendaten durchgeführt werden, was eine Vollkontrolle ermöglichen würde. Eine Einschränkung der Datenbasis wäre jedoch dann nötig, wenn der Arbeitgeber bei der Durchführung des Datenscreenings den Grundsatz der Verhältnismäßigkeit zu beachten hätte. In diesem Fall wäre die zum Datenscreening herangezogene Datenbasis auf das für die verfolgten Zwecke erforderliche Maß zu beschränken.[287]

Gegen eine Anwendung des Verhältnismäßigkeitsgrundsatzes spricht zunächst der Wortlaut des § 32d Abs. 3 BDSG-RegE, der dessen Beachtung nicht erwähnt. Der Gesetzentwurf der Bundesregierung sieht den Verhältnismäßigkeitsgrundsatz auch nicht als allgemein zu beachtenden Grundsatz vor. Er wird nach der Regelungssystematik vielmehr in unterschiedlichen sprachlichen

---

283 Zum Grundsatz der Zweckbindung vgl. BVerfGE 65, 1 (46): „Die Verwendung der Daten ist auf den gesetzlich bestimmten Zweck begrenzt."
284 BVerfGE 65, 1 (43); vgl. auch *Roßnagel*, in: Roßnagel, Hdb. Datenschutzrecht, Kap. 3.4 Rn. 71; *Tinnefeld/Petri/Brink*, MMR 2010, S. 727 (727).
285 BT-Drs. 17/4230, S. 18.
286 *Heinson/Sörup/Wybitul*, CR 2010, S. 751 (755); *Wybitul*, Hdb. Datenschutz, S. 472 f.; *Körner*, AuR 2010, S. 416 (419).
287 *Heinson/Sörup/Wybitul*, CR 2010, S. 751 (755); *Wybitul*, Hdb. Datenschutz, S. 472 f.; *Wybitul*, BB 2010, S. 1085 (1085 f.).

Varianten an zahlreichen Stellen des Gesetzentwurfs erwähnt.[288] Auch in § 32d Abs. 1 Nr. 3 BDSG-RegE und § 32d Abs. 2 Nr. 1 BDSG-RegE ist seine Beachtung vorgesehen. Die kasuistische Regelung des Verhältnismäßigkeitsgrundsatzes deutet darauf hin, dass er überall dort im Wortlaut zum Ausdruck kommt, wo er nach dem Willen der Entwurfsverfasser zu beachten ist. Enthält der Wortlaut dagegen wie im Falle des § 32d Abs. 3 BDSG-RegE keinen Hinweis auf den Verhältnismäßigkeitsgrundsatz, so könnte dies bedeuten, dass er bei der Durchführung eines Datenscreenings auch nicht als materielles Kriterium zu beachten ist.[289]

Hierfür spricht, dass ein Datenscreening in einem ersten Schritt nur in anonymisierter oder pseudonymisierter Form zulässig ist. Das Erfordernis der Anonymisierung oder Pseudonymisierung stellt einen Ausschnitt des Verhältnismäßigkeitsgrundsatzes dar, da in der Verarbeitung anonymisierter oder pseudonymisierter Daten ein milderes Mittel liegt, das zu einem geringeren Grundrechtseingriff führt. Darüber hinaus liegt der Regelung des § 32d Abs. 3 BDSG-RegE ein abgestuftes Konzept zu Grunde: Je vager der Anlass, desto geringere Eingriffe sind gestattet. Zeigt sich dagegen ein Verdacht, so dürfen die Beschäftigtendaten auch personalisiert werden. Die in § 32d Abs. 3 S. 1 BDSG-RegE vorgesehene Pflicht, das Datenscreening zunächst mit anonymisierten oder pseudonymisierten Beschäftigtendaten durchzuführen, könnte einen ausreichenden Schutz darstellen. Daneben wäre eine weitere Beachtung der Verhältnismäßigkeit und damit eine Beschränkung der herangezogenen Datenbasis auf das erforderliche Maß nicht nötig.

Für die Beachtung des Verhältnismäßigkeitsgrundsatzes über die im Wortlaut des § 32d Abs. 3 BDSG-RegE enthaltenen Elemente hinaus spricht jedoch dessen Natur. Im Datenschutzrecht treffen grundrechtlich geschützte Rechtspositionen der Arbeitgeber und Arbeitnehmer aufeinander, die im

---

288 So etwa in den §§ 32 Abs. 1 S. 2, 32 Abs. 2 S. 1 i.V.m. 8 Abs. 1 AGG, 32 Abs. 7, 32b Abs. 1, 32c Abs. 1, 32c Abs. 4, 32d Abs. 1 Nr. 3, 32d Abs. 2 Nr. 1, 32e Abs. 2 Nr. 2, 32e Abs. 3, 32f Abs. 1, 32g Abs. 1, 32h Abs. 1, 32h Abs. 3, 32i Abs. 1, 32i Abs. 2, 32i Abs. 3 und 32i Abs. 4 BDSG-RegE, vgl. hierzu die Übersicht bei *BRAK*, Stellungnahme zum BDSG-RegE, Nr. 36/2010, S. 5–7, abrufbar unter: http://www.brak.de/zur-rechtspolitik/stellungnahmen-pdf/stellungnahmen-deutschland/2010/dezember/stellungnahme-der-brak-2010-36.pdf. Die *BRAK* wirft zutreffend die Frage auf, ob mit den zahlreichen unterschiedlichen Formulierungen des Verhältnismäßigkeitsgrundsatzes auch unterschiedliche Beurteilungsmaßstäbe einhergehen (S. 7).
289 *BlnBDI*, Jahresbericht 2010, S. 51, abrufbar unter: http://www.datenschutz-berlin.de/content/veroeffentlichungen/jahresberichte/bericht-10.

Wege der praktischen Konkordanz unter Berücksichtigung des Verhältnismäßigkeitsgrundsatzes zu einem schonenden Ausgleich gebracht werden müssen.[290] Er findet als allgemeiner datenschutzrechtlicher Grundsatz auch dann Anwendung, wenn seine Beachtung nicht ausdrücklich gesetzlich vorgeschrieben ist.[291]

Darüber hinaus wird durch § 32d Abs. 3 BDSG-RegE eine spezielle Befugnis zur Datenverarbeitung im Beschäftigungsverhältnis durch automatisierte Datenabgleiche geschaffen. Enthalten die allgemeinen Tatbestände der Datenverarbeitung und -nutzung im Beschäftigungsverhältnis einen Hinweis auf den Verhältnismäßigkeitsgrundsatz, so ist dieser im Rahmen der speziellen Verarbeitungsbefugnis des § 32d Abs. 3 BDSG-RegE erst recht zu beachten.

Der Bundesrat regt in seiner Stellungnahme zum Gesetzentwurf der Bundesregierung an, den Verhältnismäßigkeitsgrundsatz im Wortlaut des § 32d Abs. 3 BDSG-RegE ausdrücklich zu nennen.[292] Die Bundesregierung hat diesen Änderungsvorschlag jedoch nicht aufgegriffen. Sie weist in ihrer Gegenäußerung zur Stellungnahme des Bundesrates darauf hin, dass eine ausdrückliche Nennung des Verhältnismäßigkeitsgrundsatzes in § 32d Abs. 3 BDSG-RegE entbehrlich sei, weil dieser bereits in § 32d Abs. 1 Nr. 3 BDSG-RegE geregelt sei.[293] Damit gehen auch die Entwurfsverfasser von der Beachtung des Verhältnismäßigkeitsgrundsatzes über die bereits im Wortlaut des § 32d Abs. 3 BDSG-RegE enthaltenen Elemente aus.[294]

---

290 *BRAK*, Stellungnahme zum BDSG-RegE, Nr. 36/2010, S. 5, abrufbar unter: http://www.brak.de/zur-rechtspolitik/stellungnahmen-pdf/stellungnahmen-deutschland/2010/dezember/stellungnahme-der-brak-2010-36.pdf.
291 *GDD*, Stellungnahme zum BDSG-RegE u.a., A-Drs. 17(4)252 B, S. 7.
292 Vgl. BT-Drs. 17/4230, Anlage 3, S. 32. Der Bundesrat schlägt vor, § 32d Abs. 3 S. 1 BDSG-RegE wie folgt zu ergänzen: „[...] durchführen, soweit diese Maßnahme zur Erreichung des Zwecks im Hinblick auf den konkreten Anlass verhältnismäßig ist."
293 BT-Drs. 17/4230, Anlage 4, S. 40.
294 Wenngleich sich dessen Anwendbarkeit auf einen Erst-Recht-Schluss zu § 32d Abs. 1 Nr. 3 BDSG-RegE stützen lässt, ist dies dogmatisch nicht überzeugend. Dagegen spricht neben der ausdrücklichen Erwähnung des Verhältnismäßigkeitsgrundsatzes in den speziellen Verarbeitungsbefugnissen der §§ 32e und 32f-i BDSG-RegE auch die Erwähnung in § 32d Abs. 2 Nr. 1 BDSG-RegE, die entbehrlich wäre, wenn es sich bei § 32d Abs. 1 Nr. 3 BDSG-RegE um einen allgemein im Rahmen der Datenverarbeitung und -nutzung im Beschäftigungsverhältnis zu beachtenden Grundsatz handelte. Auch um Auslegungs- und Abgrenzungsschwierigkeiten zu vermeiden, bietet sich eine „vor die Klammer" gezogene allgemeine Regelung des Verhältnismäßigkeitsgrundsatzes an. Dadurch ließen sich in erheblichem Maße Redundanzen

Dies wirkt sich bei der Durchführung des Datenscreenings in der Gestaltung der Datenbasis aus. Zwar deutet der Wortlaut des § 32d Abs. 3 BDSG-RegE darauf hin, dass sämtliche Beschäftigtendaten des Arbeitgebers mit allen anderen bei ihm vorhandenen Dateien abgeglichen werden dürfen. Die zwingende Beachtung des Verhältnismäßigkeitsgrundsatzes gebietet aber, das jeweils zum Abgleich herangezogene Datenmaterial auf das erforderliche Maß zu beschränken.

b. Abgleich mit anderen Datenbeständen

Die Beschäftigtendaten dürfen nach § 32d Abs. 3 S. 1 BDSG-RegE mit vom Arbeitgeber geführten Dateien abgeglichen werden.[295] Die Formulierung verdeutlicht, dass die Daten ebenso wie die Beschäftigtendaten bereits beim Arbeitgeber vorhanden sein müssen. Da weder der Wortlaut der geplanten Regelung noch die Entwurfsbegründung eine weitere Einschränkung enthält, kommen grundsätzlich alle vom Arbeitgeber geführten Dateien als tauglicher Analysegegenstand in Betracht. Eine Einschränkung ergibt sich lediglich aus dem Aussagegehalt der jeweiligen Datenbestände im Hinblick auf die von § 32d Abs. 3 S. 1 BDSG-RegE erfassten Zwecke.

4. Die Zweckbestimmung des Datenscreenings

Ein automatisierter Datenabgleich darf nach § 32d Abs. 3 S. 1 BDSG-RegE durchgeführt werden, um Straftaten oder andere schwerwiegende Pflichtverletzungen durch Beschäftigte im Beschäftigungsverhältnis aufzudecken. Hierin liegt die von § 32d Abs. 3 BDSG-RegE gestattete Zweckbestimmung eines Datenscreenings mit Beschäftigtendaten. Zu anderen Zwecken darf ein Datenscreening nach § 32d Abs. 3 BDSG-RegE nicht durchgeführt werden. Fraglich ist aber, ob die Zweckbestimmung des § 32d Abs. 3 BDSG-RegE rein repressiv zu verstehen ist, oder ob sie darüber hinaus auch die Verfolgung präventiver Zwecke mittels eines Datenscreenings ermöglicht.

---

vermeiden und Anwenderfreundlichkeit und Verständlichkeit des Gesetzentwurfs erhöhen, vgl. auch *BRAK*, Stellungnahme zum BDSG-RegE, Nr. 36/2010, S. 5, abrufbar unter: http://www.brak.de/zur-rechtspolitik/stellungnahmen-pdf/stellung nahmen-deutschland/2010/dezember/stellungnahme-der-brak-2010-36.pdf. Eine ausdrückliche Regelung im Wortlaut des § 32d Abs. 3 S. 1 BDSG-RegE bevorzugend, *GDD*, Stellungnahme zum BDSG-RegE u.a., A-Drs. 17(4)252 B, S. 7.

295 BT-Drs. 17/4230, S. 18.

a. „Aufdeckung" als repressive Zweckbestimmung?

Der Terminus „zur Aufdeckung" deutet darauf hin, dass die Norm eine bereits begangene Straftat oder Pflichtverletzung voraussetzt, die mit Hilfe eines Datenscreenings aufgedeckt werden soll. Der Wortlaut scheint somit von einer rein repressiven Zweckbestimmung des Datenscreenings auszugehen. Daraus wird teilweise geschlossen, dass präventive Datenscreenings zum Zwecke der Verhinderung von Straftaten oder anderen schwerwiegenden Pflichtverletzungen nach dem Gesetzentwurf ausgeschlossen seien.[296]

Diese Ansicht ist jedoch abzulehnen. Sie widerspricht sowohl dem Wortlaut des § 32d Abs. 3 BDSG-RegE als auch Systematik sowie Sinn und Zweck der Regelung. Darüber hinaus steht der Ansicht die mit dem Gesetzentwurf verfolgte Regelungsabsicht der Bundesregierung entgegen.

Zutreffend ist, dass der Wortlaut „zur Aufdeckung" das Fehlen einer präventiven Zweckbestimmung andeutet. Der durch das Bundesministerium des Innern am 28. Mai 2010 vorgelegte Referentenentwurf eines Gesetzes zur Regelung des Beschäftigtendatenschutzes enthielt zwar keine ausdrückliche Regelung des Datenscreenings. Er sah in § 32d Abs. 3 BDSG-RefE vielmehr eine allgemeine Regelung der Verarbeitung und Nutzung von Beschäftigtendaten zu Compliance-Zwecken vor, um Vertragsverletzungen, Ordnungswidrigkeiten oder Straftaten durch den Beschäftigten im Beschäftigungsverhältnis „zu verhindern oder aufzudecken".[297] Der Wortlaut „zu verhindern" schloss auch präventive Maßnahmen im Vorfeld einer Straftat oder anderen Pflichtverletzung ein. Diese Klarstellung fehlt im Wortlaut des § 32d Abs. 3 BDSG-RegE, da dort nur von der Zweckbestimmung „zur Aufdeckung" die Rede ist, nicht dagegen von „zur Verhinderung oder Aufdeckung".

Nimmt man den Wortlaut ernst und betrachtet ausschließlich repressive Zwecke als von der Norm erfasst, erscheint die Formulierung des § 32d Abs. 3 S. 2 BDSG-RegE jedoch sinnwidrig. Danach dürfen Daten personalisiert werden, wenn sich ein Verdachtsfall ergibt. Der Wortlaut verdeutlicht, dass das

---

296 So *Caspar*, DuD 2011, S. 687 (691); *Heinson/Sörup/Wybitul*, CR 2010, S. 751 (754); *Wybitul*, Hdb. Datenschutz im Unternehmen, S. 472; *Kort*, DB 2011, S. 651 (653); *Kort*, in: Bitburger Gespräche in München, Band 1, S. 45 (59 f.), der den Totalausschluss eines Datenscreenings zu Präventionszwecken als „rechtspolitisch fragwürdig" bezeichnet; zum Ganzen auch *Thüsing/Forst*, RDV 2011, S. 163 (167 f.).

297 *BMI*, Referentenentwurf eines Gesetzes zur Regelung des Beschäftigtendatenschutzes v. 28.5.2010, S. 9, 30, abrufbar unter: http://gesetzgebung.beck.de/sites/gesetzgebung. beck.de/files/referentenentwurf_beschaeftigtendatenschutz.pdf.

Bestehen eines Verdachts, der mit repressiven Maßnahmen einhergeht, keine Voraussetzung für die Durchführung des Datenscreenings ist.[298] Es wird nicht gefordert, dass sich ein bereits bestehender Verdacht durch das Datenscreening erhärtet. Ein solches kann somit auch im Vorfeld eines Verdachts durchgeführt werden.[299] Der Verdacht spielt nach dem Gesetzentwurf der Bundesregierung erst für die Frage eine Rolle, ob die Beschäftigtendaten personalisiert werden dürfen oder nicht. Er stellt jedoch keine Einschreitensvoraussetzung für die Durchführung des Datenscreenings dar. Besteht aber kein Verdacht, dann bewegt sich die Maßnahme im präventiven Bereich.[300] Trotz der Formulierung „zur Aufdeckung" ist die Durchführung eines Datenscreenings nicht auf den repressiven Bereich beschränkt, es kann auch als präventive Maßnahme eingesetzt werden.[301]

Dieses Ergebnis wird durch einen systematischen Vergleich des § 32d Abs. 3 BDSG-RegE mit § 32 Abs. 1 S. 2 BDSG verdeutlicht. Letztere Norm stellt eine Rechtsgrundlage für den Umgang mit personenbezogenen Daten zu repressiven Zwecken im Beschäftigungsverhältnis dar.[302] Die repressive Zielrichtung der Norm bringt bereits die Formulierung „zur Aufdeckung" in § 32 Abs. 1 S. 2 BDSG zum Ausdruck, die im Gegensatz zu § 32d Abs. 3 S. 2 BDSG-RegE auch nicht an anderer Stelle relativiert wird. Sie wird vielmehr durch ein weiteres Erfordernis bestätigt. So setzt § 32 Abs. 1 S. 2 BDSG darüber hinaus auch zu dokumentierende tatsächliche Anhaltspunkte voraus, die den Verdacht begründen, dass eine Straftat begangen wurde. Hierin liegt der entscheidende Unterschied zu den Anforderungen des § 32d Abs. 3 BDSG-RegE.[303] Eine derartige Einschreitensschwelle, die nur repressive Maßnahmen ermöglicht, sieht § 32d Abs. 3 BDSG-RegE anders als § 32e Abs. 2 Nr. 1 BDSG-RegE gerade nicht vor.[304] Auch dies verdeutlicht, dass § 32d Abs. 3 BDSG-RegE Datenscreenings zu präventiven Zwecken ermöglicht.[305]

---

298 Vgl. *DGB*, Stellungnahme zum BDSG-RegE, A-Drs. 17(4)252 A, S. 10; *BDA/BDI*, Stellungnahme zum BDSG-RegE u.a., A-Drs. 17(4)252 C, S. 9; *Kramer*, Stellungnahme zum BDSG-RegE, A-Drs. 17(4)252 F, S. 3.
299 I.E. auch *GDD*, Stellungnahme zum BDSG-RegE u.a., A-Drs. 17(4)252 B, S. 7.
300 *DIIR*, Anmerkungen zum BDSG-RegE, A-Drs. 17(4)178, S. 2.
301 Ebenso *Schneider*, NZG 2010, S. 1201 (1206).
302 *Seifert*, in: Simitis, BDSG, § 32 Rn. 101 f.
303 *Sasse*, ArbRB 2010, S. 309 (310); dies erkennt auch *Viotto*, AuR 2010, S. 422 (423). Dennoch werden präventive Maßnahmen des Arbeitgebers nach ihrer Auffassung nur durch § 32e Abs. 2 BDSG-RegE ermöglicht.
304 *Sasse*, ArbRB 2010, S. 309 (310).
305 Ebenso *Sasse*, ArbRB 2010, S. 309 (310).

Für das Nebeneinander von präventiver und repressiver Zweckbestimmung sprechen weiterhin die unterschiedlichen Anforderungen hinsichtlich der Dokumentation. Während § 32 Abs. 1 S. 2 BDSG eine Dokumentation derjenigen Anhaltspunkte fordert, die den Verdacht einer Straftat begründen, verlangt § 32d Abs. 3 S. 3 BDSG-RegE lediglich die Dokumentation der „näheren Umstände", die den Arbeitgeber zu dem Datenscreening veranlassen. Der Datenabgleich darf somit nicht völlig anlasslos durchgeführt werden. Es müssen Umstände vorliegen, die den Arbeitgeber zu der Durchführung eines Datenscreenings bewegen. Diese Umstände sind zu dokumentieren. Einen Verdacht müssen sie indes nicht begründen.

Auch der Sinn und Zweck des § 32d Abs. 3 BDSG-RegE bestätigt die zusätzlich präventive Zweckbestimmung der Norm. Sie stellt nach der Gesetzesbegründung „eine Grundlage für die Korruptionsbekämpfung und die Durchsetzung von Compliance-Anforderungen" dar.[306] Diesem Zweck wird die Vorschrift nur gerecht, wenn sie auch präventive Maßnahmen der Korruptionsbekämpfung zulässt, da in der Prävention ein wesentlicher Baustein einer jeden Compliance-Architektur liegt.[307]

Nach § 91 Abs. 2 AktG hat der Vorstand geeignete Maßnahmen zu treffen, insbesondere ein Überwachungssystem einzurichten, damit den Fortbestand der Gesellschaft gefährdende Entwicklungen früh erkannt werden. Korruption ist angesichts der damit einhergehenden negativen Folgen von Strafen über Gewinnabschöpfung bis hin zu einem Reputationsverlust, der wiederum zu Gewinneinbußen führen kann, geeignet, den Fortbestand der Gesellschaft zu gefährden. Die Formulierung des § 91 Abs. 2 AktG macht deutlich, dass gerade effektive Präventionsmaßnahmen wichtiger Bestandteil des einzurichtenden Überwachungssystems sind, um eine frühzeitige Erkennung gefährdender Entwicklungen zu gewährleisten. Die konkrete Ausgestaltung des Überwachungssystems liegt dagegen im Ermessen des Vorstands.[308]

Das präventive Datenscreening ist grundsätzlich ein tauglicher Bestandteil des unternehmerischen Überwachungssystems. Somit besteht ein praktisches Bedürfnis für präventive Datenscreenings. Darüber hinaus dürfen durch die Rechtsordnung geforderte Kontrollen nicht an anderer Stelle dadurch erschwert werden, dass die Möglichkeit zur Durchführung effektiver Kontrollen

---

306 BT-Drs. 17/4230, S. 18.
307 *Thüsing*, Arbeitnehmerdatenschutz und Compliance, Rn. 9.
308 *Spindler*, in: MünchKommAktG, § 91 Rn. 17.

eingeschränkt wird.[309] Im Interesse einer effektiven Korruptionsbekämpfung muss ein Datenscreening auch zu präventiven Zwecken möglich sein.[310]

Schließlich entspricht diese Auslegung auch dem Willen der Bundesregierung als Urheberin des Gesetzentwurfs. Der Bundesrat schlägt in seiner Stellungnahme zu dem Gesetzentwurf der Bundesregierung[311] vor, in den Wortlaut des § 32d Abs. 3 S. 1 BDSG-RegE aufzunehmen, dass ein Datenscreening „nur bei Vorliegen von tatsächlichen Anhaltspunkten für das Vorliegen einer Straftat zulässig ist".[312] Darüber hinaus soll eine Personalisierung nach § 32d Abs. 3 S. 2 BDSG-RegE bei einem „konkreten Verdachtsfall" möglich sein.[313] Die Bundesregierung lehnt den Vorschlag des Bundesrates in ihrer Gegenäußerung[314] ab. Sie stellt klar, dass § 32d Abs. 3 BDSG-RegE im Gegensatz zu § 32e BDSG-RegE „eine Kontrolle gerade ohne das Vorliegen eines Verdachts auf eine begangene Straftat zulassen" soll.[315] Diese Auffassung der Bundesregierung bestätigte auch der damalige Bundesinnenminister *de Maizière* anlässlich der ersten Lesung des Gesetzentwurfs der Bundesregierung im Bundestag. Er sagte: „Ein automatischer Datenabgleich ist unter bestimmten Voraussetzungen zur präventiven Korruptionsbekämpfung notwendig. Wir halten das für richtig."[316]

Auch § 32e Abs. 2 BDSG-RegE spricht nicht gegen eine Erfassung präventiver Datenscreenings im Rahmen der Zweckbestimmung des § 32d Abs. 3 BDSG-RegE. Teilweise wird angenommen, präventive Datenscreenings müssten zusätzlich die erschwerten Voraussetzungen des § 32e Abs. 2 BDSG-RegE beachten, da diese Norm präventive Maßnahmen speziell regle.[317] Zwar spricht der Wortlaut des § 32e BDSG-RegE neben „Aufdeckung" auch von „Verhinderung" und deutet damit auf präventive Zwecke hin. Die „Verhinderung" bezieht sich aber auf mit einer Ersttat im Zusammenhang stehende weitere Straftaten. Es wird also das Vorliegen einer Ersttat vorausgesetzt, um sodann

---

309 *AWV*, Stellungnahme zum BDSG-RegE, A-Drs. 17(4)261, S. 4.
310 *AWV*, Stellungnahme zum BDSG-RegE, A-Drs. 17(4)261, S. 4.
311 Vgl. BT-Drs. 17/4230, Anlage 3, S. 26 ff.
312 BT-Drs. 17/4230, Anlage 3, S. 32.
313 BT-Drs. 17/4230, Anlage 3, S. 32.
314 Vgl. BT-Drs. 17/4230, Anlage 4, S. 38 ff.
315 BT-Drs. 17/4230, Anlage 4, S. 40.
316 Plenarprotokoll 17/94 der 94. Sitzung des Deutschen Bundestages v. 25.2.2011, S. 10736.
317 So zu § 32e i.d.F. des RefE v. 28.5.2010 *Weber*, in: Taeger (Hrsg.), Digitale Evolution, S. 39 (52); vgl. zum Ganzen auch *Thüsing/Forst*, RDV 2011, S. 163 (167 f.).

weitere Straftaten verhindern zu dürfen.[318] „Wirkliche" Prävention ohne das Vorliegen einer Ersttat wird dadurch praktisch unmöglich gemacht.[319] Da sich die Befugnis zur Durchführung auch präventiver Datenscreenings bereits aus § 32d Abs. 3 BDSG-RegE ergibt und § 32e Abs. 2 BDSG-RegE keine Prävention im eigentlichen Sinne ermöglicht, sind dessen erschwerte Voraussetzungen für präventive Datenscreenings nicht zusätzlich zu beachten.

Somit sind präventive Datenscreenings auch de lege ferenda weiterhin möglich.[320] Unabhängig von der Frage der rechtlichen Möglichkeit hat jedes Unternehmen aber zu entscheiden, ob es von dieser Ermittlungsmethode auch Gebrauch machen möchte oder aus Rücksicht auf seine partnerschaftliche Unternehmenskultur davon absieht.[321]

---

318 *Kort*, DB 2011, S. 651 (653); *Kort*, in: Bitburger Gespräche in München, Band 1, S. 45 (52 f.); *Beckschulze/Natzel*, BB 2010, S. 2368 (2372).
319 *Thüsing/Forst*, RDV 2011, S. 163 (167); *Kort*, DB 2011, S. 651 (653); *Kort*, in: Bitburger Gespräche in München, Band 1, S. 45 (52 f.); *Beckschulze/Natzel*, BB 2010, S. 2368 (2372); *AWV*, Stellungnahme zum BDSG-RegE, A-Drs. 17(4)261, S. 4.
320 So auch *Schneider*, NZG 2010, S. 1201 (1206); *Sasse*, ArbRB 2010, S. 309 (310); *Krohs/Behling*, ZRFC 2012, S. 28 (36); *Kramer*, Stellungnahme zum BDSG-RegE, A-Drs. 17(4)252 F, S. 30 f.; die Zulassung präventiver Datenscreenings fordernd *BDA/BDI*, Stellungnahme zum BDSG-RegE u.a., A-Drs. 17(4)252 C, S. 2, 9; *DIIR*, Anmerkungen zum BDSG-RegE, A-Drs. 17(4)178, S. 1 f., *Zentraler Kreditausschuss*, Stellungnahme zum BDSG-RegE, A-Drs. 17(4)239, S. 7; *GDV*, Stellungnahme zum BDSG-RegE, A-Drs. 17(4)260, S. 11; *BITKOM*, Stellungnahme zum BDSG-RegE, S. 6, 13, abrufbar unter: http://www.bitkom.org/files/documents/Stellungnahme_RegEntwurf_BDSG_20110224.pdf; sowie bereits zum Referentenentwurf *DIIR*, Stellungnahme zum BDSG-RefE, S. 1 f., abrufbar unter: http://www.diir.de/fileadmin/fachwissen/downloads/23_08_2010_stellungnahme.pdf; a.A. *Caspar*, DuD 2011, S. 687 (691); *Kort*, DB 2011, S. 651 (653); *Kort*, in: Bitburger Gespräche in München, Band 1, S. 45 (59); *Heinson/Sörup/Wybitul*, CR 2010, S. 751 (754); ebenso *Wybitul*, Hdb. Datenschutz, S. 472. *Wybitul* betrachtet § 32d Abs. 3 BDSG-RegE einerseits als Rechtsgrundlage für Datenabgleiche auch zum Zwecke der Korruptionsprävention (S. 471), geht aber andererseits davon aus, dass die Verwendung von Beschäftigtendaten im Rahmen eines Datenabgleichs „wohl auf die Aufdeckung und nicht die Verhinderung von Pflichtverletzungen beschränkt" ist (S. 472).
321 So verzichtet die *Deutsche Telekom* nach eigenem Bekunden mittlerweile vollständig auf präventive Datenscreenings und führt auch repressive Datenscreenings nur auf Grundlage eines konkreten strafrechtlichen Anfangsverdachts durch, vgl. *Deutsche Telekom*, Bericht Datenschutz und Datensicherheit 2010, S. 27, abrufbar unter: http://www.telekom.ag/static/-/46592/3/datenschutzbericht-2010-si; ebenso *Balz*, Weniger könnte mehr sein – Brauchen Arbeitnehmer einen größeren Datenschutz?, in: FAZ Nr. 273 v. 23.11.2011, S. 21. Zur „Bedeutung der Unternehmenskultur für

Angesichts eines widersprüchlichen Wortlauts, der Auslegungsspielräume lässt, setzt sich die umstrittene Frage nach der Möglichkeit präventiver Datenscreenings auch unter der durch den Gesetzentwurf der Bundesregierung angestrebten Rechtslage fort. Das mit dem Gesetzentwurf verfolgte Ziel, mehr Rechtssicherheit im Bereich des Arbeitnehmerdatenschutzes zu schaffen[322], wird jedenfalls im Hinblick auf Datenscreenings verfehlt, solange der Wortlaut auf die Möglichkeit präventiver Datenscreenings hindeutet, diese Frage aber nicht ausdrücklich regelt. Daher sollte der Wortlaut der Norm an dieser Stelle Interpretationsspielräume vermeiden und die Zulässigkeit des Datenscreenings auch zu präventiven Zwecken klar zum Ausdruck bringen.

b. Schwerwiegende Pflichtverletzungen

Datenscreenings dürfen zum Zwecke der Aufdeckung *oder Verhinderung*[323] von Straftaten oder anderen schwerwiegenden Pflichtverletzungen eingesetzt werden. Der Begriff der schwerwiegenden Pflichtverletzung bildet nach dem Wortlaut des § 32d Abs. 3 S. 1 BDSG-RegE den terminologischen Ausgangspunkt. Die ausdrückliche Nennung von Straftaten neben „anderen" schwerwiegenden Pflichtverletzungen deutet darauf hin, dass Straftaten jedenfalls als schwerwiegende Pflichtverletzungen angesehen werden, daneben aber auch schwerwiegende Pflichtverletzungen denkbar sind, die keine Straftaten darstellen. Dem widerspricht jedoch die Entwurfsbegründung. Danach geben die Regelbeispiele der §§ 266, 299 und 331 bis 334 StGB als benannte Fälle schwerwiegender Pflichtverletzungen den entscheidenden Maßstab vor.[324] Andere Straftaten sind dagegen nicht in jedem Fall als schwerwiegende Pflichtverletzungen anzusehen, sondern nur dann, wenn sie in ihrer Gewichtigkeit den Regelbeispielen nahe kommen.[325]

aa. Regelbeispiele

Die Regelbeispiele der §§ 266, 299, 331 bis 334 StGB sollen deutlich machen, dass § 32d Abs. 3 BDSG-RegE eine Grundlage für die Korruptionsbekämpfung

---

die Fraud-Prävention" vgl. *Baetge/Melcher/Schmidt*, in: FS für Hopt, S. 357 (364–370); zum Verhältnis von Compliance und Unternehmensethik vgl. auch *Wieland*, CCZ 2008, S. 15 (15–17); *Rosbach*, CCZ 2008, S. 101 (101–104).
322 BT-Drs. 17/4230, S. 1, 14.
323 S.o., S. 61 ff.
324 BT-Drs. 17/4230, S. 18.
325 BT-Drs. 17/4230, S. 18.

und Durchsetzung von Compliance-Anforderungen darstellt.[326] Auch wenn dem Strafgesetzbuch der Begriff „Korruptionsdelikte" fremd ist, handelt es sich bei den als Regelbeispiel genannten Straftatbeständen um typische Korruptionsstraftaten.[327]

Obgleich § 32d Abs. 3 BDSG-RegE den Unternehmen effektive Korruptionsbekämpfung ermöglichen soll, stellen die Regelbeispiele lediglich eine enge Auswahl denkbarer Korruptionsstraftaten dar. Dies verdeutlichen bereits die echten Amtsdelikte der Vorteilsannahme und Bestechlichkeit nach §§ 331, 332 StGB. Als Täter dieser Sonderdelikte kommen nur Amtsträger und für den öffentlichen Dienst besonders Verpflichtete i.S.v. § 11 Abs. 1 Nr. 2, 4 StGB sowie Richter und Schiedsrichter in Betracht. Die spiegelbildlichen Delikte der Vorteilsgewährung und Bestechung gemäß §§ 333, 334 StGB setzen den entsprechenden Personenkreis als Begünstigte voraus und erweitern diesen zusätzlich um Soldaten der Bundeswehr. Neben den Bestechungsdelikten mit Bezug zum öffentlichen Dienst bestraft § 299 StGB die Bestechlichkeit und Bestechung im geschäftlichen Verkehr.[328] Somit liegen nahezu sämtlichen Regelbeispielen Bestechungsdelikte zu Grunde. Weitere denkbare Korruptionsstraftaten werden innerhalb der Regelbeispiele lediglich durch den Untreuetatbestand des § 266 StGB repräsentiert. Dieser schränkt den Kreis der in Frage kommenden Täter jedoch dahingehend ein, dass in beiden Tatbestandsvarianten eine Vermögensbetreuungspflicht vorliegen muss.

Aus diesem Grund kritisiert der *Zentrale Kreditausschuss*, durch die Fokussierung auf § 266 StGB komme eigentlich nur die Führungsebene eines Unternehmens als Täter in Betracht, da Beschäftigte der darunter liegenden Ebenen oftmals keine Vermögensbetreuungspflicht haben.[329] Er regt daher an, die Regelbeispiele zu streichen, um dadurch den Anwendungsbereich des § 32d Abs. 3 BDSG-RegE für alle Vermögensdelikte und Geldwäschetatbestände zu öffnen.[330] Diesem Vorschlag ist nicht zuzustimmen. Zwar trifft es zu, dass eine Vermögensbetreuungspflicht bei vielen potentiellen Korruptionstätern angesichts deren restriktiver Annahme durch die Rechtsprechung nicht bestehen wird. Daraus folgt aber nicht, dass Straftaten

---

326 BT-Drs. 17/4230, S. 18.
327 *BKA*, Bundeslagebild Korruption 2010, S. 5, abrufbar unter: http://www.bka.de/nn_193376/DE/Publikationen/JahresberichteUndLagebilder/Korruption/korruption__node.html?__nnn=true.
328 Zu arbeitsrechtlichen Korruptionsfolgen vgl. *Kolbe*, NZA 2009, S. 228 (228 ff.).
329 *Zentraler Kreditausschuss*, Stellungnahme zum BDSG-RegE, A-Drs. 17(4)239, S. 7.
330 *Zentraler Kreditausschuss*, Stellungnahme zum BDSG-RegE, A-Drs. 17(4)239, S. 7.

wie Betrug oder Unterschlagung nicht als „andere schwerwiegende Pflichtverletzung" in Betracht kommen. Der Wortlaut „insbesondere" verdeutlicht, dass die Liste der Regelbeispiele in § 32d Abs. 3 S. 1 BDSG-RegE keinen abschließenden Charakter hat.[331] Daneben bleibt Raum auch für andere Vermögensdelikte, solange sie den durch die Regelbeispiele vorgegebenen Maßstab der Erheblichkeit nicht deutlich unterschreiten.

bb. Andere schwerwiegende Pflichtverletzungen

Neben den Regelbeispielen können auch andere Straftaten oder Ordnungswidrigkeiten eine taugliche Grundlage für die Durchführung eines Datenscreenings darstellen, sofern sie in ihrer Gewichtigkeit den Regelbeispielen „nahe kommen".[332] Demnach müssen andere, nicht ausdrücklich genannte Straftaten den Regelbeispielen nicht hinsichtlich des Strafrahmens oder der besonderen Begehungsformen entsprechen. Sie können die Regelbeispiele in ihrer Gewichtigkeit auch unterschreiten, solange sie diesen „nahe kommen". Einfache Pflichtverletzungen und solche von mittlerer Erheblichkeit reichen jedoch nicht aus.[333]

Wann eine Pflichtverletzung von solcher Erheblichkeit ist, dass sie als „schwerwiegende Pflichtverletzung" qualifiziert werden kann, ist umstritten. Teilweise wird vertreten, diese müsse so erheblich sein, dass sie den Arbeitgeber zu einer außerordentlichen Kündigung nach § 626 Abs. 1 BGB berechtigen würde.[334] Nach einer anderen Ansicht sollen dagegen auch unterhalb dieser Grenze schwerwiegende Pflichtverletzungen möglich sein.[335]

Während § 32d Abs. 3 S. 1 BDSG-RegE die inhaltlichen Anforderungen an schwerwiegende Pflichtverletzungen nicht näher konkretisiert, erfordert § 32e Abs. 2 Nr. 1 BDSG-RegE eine solche Erheblichkeit, dass sie den Arbeitgeber zu einer Kündigung aus wichtigem Grund berechtigen würde. Nachdem die §§ 32d Abs. 3 und 32e BDSG-RegE dem Arbeitgeber ein wirksames Instrumentarium zur Korruptionsbekämpfung an die Hand geben sollen, könnte

---

331 *Forst*, NZA 2010, S. 1043 (1046); *Rasmussen-Bonne/Raif*, GWR 2011, S. 80 (82).
332 BT-Drs. 17/4230, S. 18.
333 *Wybitul*, Hdb. Datenschutz, S. 472; *Heinson/Sörup/Wybitul*, CR 2010, S. 751 (755).
334 *Wedde*, Stellungnahme zum BDSG-RegE, A-Drs. 17(4)252 H, S. 14; zum Ganzen auch *Thüsing/Forst*, RDV 2011, S. 163 (167).
335 *Heinson/Sörup/Wybitul*, CR 2010, S. 751 (755); in diese Richtung auch *Viotto*, AuR 2010, S. 422 (423), die darin jedoch einen Beleg für die kritikwürdige Weite des Gesetzentwurfs erkennt.

der Begriff der schwerwiegenden Pflichtverletzung in beiden Vorschriften deckungsgleich auszulegen sein. Dafür spricht auch die Entwurfsbegründung zu § 32e BDSG-RegE, wonach „unter schwerwiegenden Pflichtverletzungen [...] solche zu verstehen [sind], die den Arbeitgeber bei einem Arbeitnehmer zu einer Kündigung aus wichtigem Grund nach § 626 des Bürgerlichen Gesetzbuchs (BGB) berechtigen würden".[336] Die Begründung scheint den Begriff der schwerwiegenden Pflichtverletzungen für die bereichsspezifische Regelung des Beschäftigtendatenschutzes allgemein definieren zu wollen, da sie keine Einschränkung wie etwa „unter schwerwiegenden Pflichtverletzungen *i.S.v. § 32e Abs. 2 Nr. 1* sind solche zu verstehen [...]" enthält.

Dem widerspricht jedoch der Regelungsgegenstand der Vorschriften. Während § 32d Abs. 3 BDSG-RegE eine Befugnis zur Datenverarbeitung und -nutzung durch Datenscreenings schafft, liegt der Schwerpunkt des § 32e BDSG-RegE auf der eingriffsintensiveren Datenerhebung ohne Kenntnis des Beschäftigten.[337] Aufgrund der mit der Heimlichkeit der Datenerhebung einhergehenden größeren Eingriffstiefe sollen Maßnahmen nach § 32e Abs. 2 BDSG-RegE nur unter strengeren Voraussetzungen möglich sein. Demnach konkretisiert § 32e Abs. 2 Nr. 1 BDSG-RegE die Anforderungen an eine schwerwiegende Pflichtverletzung für den Fall der heimlichen Datenerhebung dahingehend, dass sie den Arbeitgeber zu einer Kündigung aus wichtigem Grund berechtigen muss.

Zur Verdeutlichung der für § 32e Abs. 2 Nr. 1 BDSG-RegE erforderlichen höheren Anforderungen hält die Bundesregierung auch an der Formulierung „berechtigen würde" fest.[338] Diese rief Kritik hervor, da sie den Arbeitgeber nach der zweistufigen Prüfung einer Kündigung aus wichtigem Grund gemäß § 626 BGB durch das Bundesarbeitsgericht zu einer unsicheren Prognose zwingt.[339] So muss die Pflichtverletzung nicht nur in einem Sachverhalt liegen, der „an sich" geeignet ist, einen wichtigen Grund darzustellen, es bedarf über die abstrakte Prüfung hinaus auch einer Interessenabwägung im konkreten Einzelfall.[340] Hätte die Bundesregierung entsprechend hohe Anforderungen auch für § 32d Abs. 3 S. 1 BDSG-RegE vorsehen wollen, so wäre dies in der Formulierung zum Ausdruck gebracht worden.[341] Die Formulierung des § 32e Abs. 2 Nr. 1 BDSG-RegE dient

---

336 BT-Drs. 17/4230, S. 18.
337 Vgl. die Gegenäußerung der Bundesregierung, BT-Drs. 17/4230, Anlage 4, S. 40 f.
338 BT-Drs. 17/4230, Anlage 4, S. 41.
339 BAG v. 17.5.1984 – 2 AZR 3/83, NZA 1985, 91; *Wybitul*, Hdb. Datenschutz, S. 482.
340 BAG v. 17.5.1984 – 2 AZR 3/83, NZA 1985, 91; *Wybitul*, Hdb. Datenschutz, S. 482.
341 *Heinson/Sörup/Wybitul*, CR 2010, S. 751 (755).

somit der Erhöhung der Einschreitensvoraussetzungen im Falle heimlicher Datenerhebung.[342] Sie hat keine Bedeutung für die Auslegung der „schwerwiegenden Pflichtverletzung" im Rahmen des § 32d Abs. 3 S. 1 BDSG-RegE.

Darüber hinaus ist die Durchführung eines Datenscreenings nach der hier vertretenen Auffassung auch zu präventiven Zwecken zulässig. In diesem Fall ist eine konkrete Betrachtung aber denknotwendig ausgeschlossen.[343] Da auch die Bundesregierung präventive Datenscreenings ermöglichen möchte, muss der Maßstab des § 626 BGB für die Einordnung eines Verhaltens als „schwerwiegende Pflichtverletzung" i.S.v. § 32d Abs. 3 S. 1 BDSG-RegE außer Betracht bleiben. Der anzulegende Maßstab wird vielmehr durch die Regelbeispiele justiert.

cc. Verletzung arbeitsvertraglicher Pflichten

Die Zweckbestimmung des § 32d Abs. 3 S. 1 BDSG-RegE erfasst Straftaten und andere schwerwiegende Pflichtverletzungen. Damit wird sie gegenüber § 32 Abs. 1 S. 2 BDSG ausgeweitet, wonach ein Datenumgang nur zur Aufdeckung von *Straftaten* möglich ist. Während der Wortlaut des § 32 Abs. 1 S. 2 BDSG keine Ordnungswidrigkeiten erfasst[344], ist auch deren Aufdeckung *oder Verhinderung*[345] im Rahmen des § 32d Abs. 3 S. 1 BDSG-RegE grundsätzlich möglich, soweit sie von ausreichender Erheblichkeit sind. Fraglich ist aber, ob der Terminus „andere schwerwiegende Pflichtverletzungen" auch die Verletzung arbeitsvertraglicher Pflichten erfasst.

Dagegen spricht der Wortlaut der Norm, der Vertragsverletzungen zu Lasten des Arbeitgebers nicht ausdrücklich nennt. Etwas anderes war noch in § 32d Abs. 3 BDSG-RefE vorgesehen. Der Referentenentwurf vom 28. Mai 2010 sah eine Zulässigkeit der Datenverarbeitung vor, um die Begehung von Vertragsverletzungen zu Lasten des Arbeitgebers, Ordnungswidrigkeiten oder Straftaten zu verhindern oder aufzudecken.[346] Vertragsverletzungen zu Lasten des

---

342 Vgl. auch die Formulierungsvorschläge des *BMI*, die in § 32e Abs. 2 Nr. 1 BDSG-E eine Streichung des Passus „die den Arbeitgeber bei einem Arbeitnehmer zu einer Kündigung aus wichtigem Grund berechtigen würde" vorsehen, *BMI*, Formulierungsvorschläge v. 7.9.2011, S. 11, abrufbar unter: http://www.arbrb.de/media/BeschDS_FV.pdf.
343 *Heinson/Sörup/Wybitul*, CR 2010, S. 751 (755).
344 *Seifert*, in: Simitis, BDSG, § 32 Rn. 101; *Zöll*, in: Taeger/Gabel, BDSG, § 32 Rn. 39.
345 Vgl. o., S. 61 ff.
346 *BMI*, Referentenentwurf eines Gesetzes zur Regelung des Beschäftigtendatenschutzes v. 28.5.2010, S. 9, 30, abrufbar unter: http://gesetzgebung.beck.de/sites/gesetzgebung.beck.de/files/referentenentwurf_beschaeftigtendatenschutz.pdf.

Arbeitgebers sollten dabei die Verletzung sämtlicher vertraglicher Haupt- und Nebenpflichten des Beschäftigten erfassen.[347] Nachdem arbeitsvertragliche Pflichtverletzungen im Wortlaut des § 32d Abs. 3 S. 1 BDSG-RegE nicht mehr ausdrücklich als Anknüpfungspunkt genannt werden, kann deren Aufdeckung oder Verhinderung für sich betrachtet nicht mehr Gegenstand eines Datenscreenings sein.[348] Arbeitsvertragliche Pflichtverletzungen werden lediglich dann erfasst, wenn diese gleichzeitig als schwerwiegende Pflichtverletzungen zu qualifizieren sind und damit die im Rahmen des § 32d Abs. 3 S. 1 BDSG-RegE zu fordernde Erheblichkeit aufweisen.

c. Bezug zum Beschäftigungsverhältnis

Die schwerwiegenden Pflichtverletzungen müssen nach § 32d Abs. 3 S. 1 BDSG-RegE durch einen Beschäftigten im Beschäftigungsverhältnis begangen worden sein.[349] Der Wortlaut setzt nicht voraus, dass der Arbeitgeber auch von der schwerwiegenden Pflichtverletzung betroffen wurde. Diese muß aber durch den Beschäftigten begangen worden sein und in einem Zusammenhang mit dem Beschäftigungsverhältnis stehen.[350] Straftaten des Beschäftigten im privaten Bereich reichen hierfür ebensowenig aus wie die Straftaten von Lieferanten gegenüber ihrem Auftraggeber.[351]

d. „Unternehmenspolizei" und Strafverfolgungsmonopol des Staates

Der Gesetzentwurf regelt neben Datenscreenings in den §§ 32f-i BDSG-RegE auch Videoüberwachung, Überwachung durch Ortungssysteme und biometrische Verfahren sowie die Telekommunikationsüberwachung. Bei oberflächlicher Betrachtung handelt es sich hierbei eher um Maßnahmen, die Strafverfolgungsbehörden zur Erfüllung ihrer hoheitlichen Aufgaben zur Verfügung stehen, als um Werkzeuge des Arbeitgebers zur Wahrung seiner Interessen. Aus diesem Grund wird eingewandt, die im Gesetzentwurf der Bundesregierung enthaltenen Regelungen stellten das Strafverfolgungsmonopol des Staates infrage und erhöben

---

347 *BMI*, Referentenentwurf eines Gesetzes zur Regelung des Beschäftigtendatenschutzes v. 28.5.2010, S. 30, abrufbar unter: http://gesetzgebung.beck.de/sites/gesetzgebung.beck.de/files/referentenentwurf_beschaeftigtendatenschutz.pdf.
348 *Sasse*, ArbRB 2010, S. 309 (310).
349 Vgl. auch BT-Drs. 17/4230, S. 18.
350 So zu § 32 Abs. 1 S. 2 BDSG, der die Begehung einer Straftat im Rahmen des Beschäftigungsverhältnisses erfodert, *Seifert*, in: Simitis, BDSG, § 32 Rn. 102.
351 *Seifert*, in: Simitis, BDSG, § 32 Rn. 102.

den Arbeitgeber in den Rang einer Ersatzpolizei oder Ersatzstaatsanwaltschaft, ohne den Beschäftigten im Gegenzug Beschuldigtenrechte einzuräumen oder die Maßnahmen an qualifizierte Eingriffsvoraussetzungen zu knüpfen.[352] Überdies sei die derartig weite Legalisierung unternehmerischer Eigeninitiative nicht erforderlich, da der Arbeitgeber ebenso wie jeder andere Bürger die zuständigen Ermittlungsbehörden informieren könne, sobald der begründete Verdacht einer Straftat vorliege.[353]

Hoheitliche Ermittlungen und unternehmensinterne Untersuchungen verfolgen unterschiedliche Ziele. Gefahrenabwehr und Strafverfolgung fallen in den Zuständigkeitsbereich von Polizei und Justiz.[354] Während staatliche Ermittlungsbehörden dem Gemeinwohl dienen, bezweckt der Arbeitgeber nicht die Durchsetzung eines staatlichen Strafanspruchs, sondern die Abwendung geschäftsschädigender Handlungen, die durch drohende wirtschaftliche Risiken oder Reputationsschäden zu einer Gefahr für das Unternehmen werden können, wenngleich sich auch daraus strafrechtliche Konsequenzen ergeben können.[355] Unternehmen haben ein legitimes Interesse an der Unterbindung schädigenden Verhaltens und der Vermeidung dadurch drohender negativer Folgen.[356] Sie können nicht abwarten, bis Straftaten

---

352 So *DGB*, Stellungnahme zum BDSG-RegE, A-Drs. 17(4)252 A, S. 10; vgl. auch *DVD*, Stellungnahme zum BDSG-RegE u.a., A-Drs. 17(4)252 G, S. 8, 11; *Hjort*, AiB 2010, S. 639 (642); *NRV*, Stellungnahme zum BDSG-RegE, S. 2, 5, abrufbar unter: http://www.nrv-net.de/downloads_stellung/89.pdf; *Körner*, HSI-Gutachten zum BDSG-RegE, S. 4, abrufbar unter: http://www.hugo-sinzheimer-institut.de/fileadmin/user_data_hsi/Dokumente/Gutachten_Arbeitnehmerdatenschutz_HSI.pdf; vgl. auch die Empfehlungen der Ausschüsse, BR-Drs. 535/2/10, S. 5; vgl. hierzu auch *Leutheusser-Schnarrenberger*, in: Bitburger Gespräche in München, Band 1, S. 33 (38).
353 *HU*, Stellungnahme zum BDSG-RegE, A-Drs. 17(4)259, S. 5; vgl. auch *DVD*, Stellungnahme zum BDSG-RegE u.a., A-Drs. 17(4)252 G, S. 11.
354 *Jahn*, CCZ 2011, S. 139 (141); *NRV*, Stellungnahme zum BDSG-RegE, S. 5, abrufbar unter: http://www.nrv-net.de/downloads_stellung/89.pdf; *DVD*, Stellungnahme zum BDSG-RegE u.a., A-Drs. 17(4)252 G, S. 11.
355 *Kramer*, Stellungnahme zum BDSG-RegE, A-Drs. 17(4)252 F, S. 30; *Theile*, StV 2011, S. 381 (381).
356 *Sidhu/v. Saucken/Ruhmannseder*, NJW 2011, S. 881 (882); *Dann/Gastell*, NJW 2008, S. 2945 (2945). Zum umstrittenen Spannungsfeld zwischen internen Ermittlungen und dem Strafverfolgungsmonopol des Staates, vgl. *Wastl*, ZRP 2011, S. 57 (57 f.); *Jahn*, CCZ 2011, S. 139 (141); *Ignor*, CCZ 2011, S. 143 (143 ff.); sowie LG Hamburg v. 15.10.2010 – 608 Qs 18/10, NJW 2011, S. 942 und die Thesen der *BRAK* zum Unternehmensanwalt im Strafrecht, abrufbar unter: http://www.brak.de/zur-rechtspolitik/stellungnahmen-pdf/stellungnahmen-deutschland/2010/november/stellungnahme-der-brak-2010-35.pdf.

durch die Beschäftigten begangen wurden und diese sodann durch staatliche Behörden untersuchen lassen.[357] Sie benötigen vielmehr selbst ein wirkungsvolles Instrumentarium, um gegen potentiell schädigendes Verhalten vorgehen zu können.

5. Verarbeitung der Beschäftigtendaten in anonymisierter oder pseudonymisierter Form

Das Bundesdatenschutzgesetz bezweckt nach § 1 Abs. 1 BDSG, den Einzelnen davor zu schützen, dass er durch den Umgang mit seinen personenbezogenen Daten in seinem Persönlichkeitsrecht beeinträchtigt wird, wobei das Gesetz auch für Unternehmen als nicht-öffentliche Stellen zu beachten ist, § 1 Abs. 2 Nr. 3 BDSG. Der effektivste Datenschutz wird erreicht, wenn ein Umgang mit personenbezogenen Daten unterbleibt.[358] Datenschutz durch „Datenaskese"[359] entspricht in Zeiten der Informationsgesellschaft jedoch nicht den Bedürfnissen. Die Datenverarbeitung ist vielmehr so zu gestalten, dass sie unter größtmöglicher Schonung personenbezogener Daten erfolgt, § 3a S. 1 BDSG.[360]

Dem Grundsatz der Datenvermeidung und Datensparsamkeit kann nach § 3a S. 2 BDSG insbesondere durch Anonymisierung oder Pseudonymisierung personenbezogener Daten Rechnung getragen werden. Damit wird die Notwendigkeit der Verarbeitung auch personenbezogener Daten anerkannt und der Datenschutz auf eine technische Ebene verlagert.[361] Das Gebot der Anonymisierung oder Pseudonymisierung ist bei der Ausgestaltung der jeweiligen Datenverarbeitungsvorgänge zu berücksichtigen.[362] Hierbei handelt es sich aber nicht um ein zwingend zu beachtendes Erfordernis, sondern um eine unverbindliche Zielvorgabe, die unter einem doppelten Vorbehalt steht.[363] So kann die Anonymisierung oder Pseudonymisierung unterbleiben, wenn dies nach dem Verwendungszweck unmöglich wäre oder einen unverhältnismäßigen Aufwand bedeuten würde, § 3a S. 2 BDSG. Demnach sind bisher Zweckmäßigkeitserwägungen dafür entscheidend,

---

357 *GDD*, Stellungnahme zum BDSG-RegE u.a., A-Drs. 17(4)252 B, S. 7.
358 *Roßnagel/Scholz*, MMR 2000, S. 721 (721).
359 Zum Begriff „Datenaskese" vgl. *Bull*, NJW 2006, S. 1617 (1617, 1619).
360 *Thon*, in: FS Arbeitsgemeinschaft Arbeitsrecht im DAV, S. 1373 (1382), der den Grundsatz der Datenvermeidung und Datensparsamkeit prägnant umschreibt mit: „Sowenig personenbezogene Daten wie möglich und so viele personenbezogene Daten wie nötig".
361 Vgl. *Bull*, „Datenschutz durch Technik", NJW 2006, S. 1617 (1619).
362 *Roßnagel/Scholz*, MMR 2000, S. 721 (721 f.).
363 *Gola/Schomerus*, BDSG, § 3a Rn. 2; *Schaffland/Wiltfang*, BDSG, § 3a Rn. 2 f.

ob der Umgang mit personenbezogenen Daten in anonymisierter oder pseudonymisierter Form erfolgt.[364]

Hiervon abweichend sieht § 32d Abs. 3 BDSG-RegE ein zweistufiges System zur Durchführung des elektronischen Datenabgleichs vor. Zunächst hat der Abgleich in anonymisierter oder pseudonymisierter Form zu erfolgen, § 32d Abs. 3 S. 1 BDSG-RegE.[365] Erst wenn sich hierbei ein Verdacht zeigt, dürfen die entsprechenden Daten in der zweiten Ermittlungsstufe nach § 32d Abs. 3 S. 2 BDSG-RegE personalisiert werden.[366] Dem liegt der Gedanke zu Grunde, die Reichweite der möglichen Grundrechtseingriffe von der Art des Verdachts abhängig zu machen. Ist der Verdacht einer schwerwiegenden Pflichtverletzung der Beschäftigten vage und unkonkret, sind dem Arbeitgeber nur Grundrechtseingriffe gestattet, die weniger stark in Rechtspositionen der Beschäftigten eingreifen. Ergibt sich dagegen ein konkreter Verdacht, sind Maßnahmen zulässig, die mit stärkeren Grundrechtseingriffen einhergehen.[367]

Diese Vorgaben sind nicht nur bemerkenswert, weil sie die unverbindliche Zielvorgabe des § 3a S. 2 BDSG zu einer Pflicht erheben, sondern auch, weil sie die einzigen inhaltlichen Vorgaben zur Durchführung des Datenscreenings darstellen. Während § 32d Abs. 3 S. 1 BDSG-RegE Vorgaben zum „*Ob*" des Datenscreenings enthält, bleibt das „*Wie*" der Durchführung weitgehend unklar. Die Vorschrift teilt lediglich mit, dass zunächst anonymisierte oder pseudonymisierte Daten herangezogen werden müssen und wann personalisiert werden darf. Wie dies jeweils zu geschehen hat, bleibt indes unerwähnt.

---

364 *Schaffland/Wiltfang*, BDSG, § 3a Rn. 2 f.
365 *Kort*, DB 2011, S. 651 (653); *Kort*, in: Bitburger Gespräche in München, Band 1, S. 45 (60); *Wedde*, Stellungnahme zum BDSG-RegE, A-Drs. 17(4)252 H, S. 14; *BfDI*, 23. Tätigkeitsbericht 2009–2010, BT-Drs. 17/5200, S. 133.
366 *Wedde*, Stellungnahme zum BDSG-RegE, A-Drs. 17(4)252 H, S. 14; *Leutheusser-Schnarrenberger*, Rechtspolitische Konzepte des Beschäftigtendatenschutzes, Rede bei der Tagung „Angst, Kontrolle, Vertrauen – Datenschutz und Gesellschaft", S. 3, abrufbar unter: http://www.bmj.de/SharedDocs/Reden/DE/2010/20100710_Rechtspolitische_Konzepte_des_Beschaeftigtendatenschutzes.html?nn=1477162; *Leutheusser-Schnarrenberger*, in: Bitburger Gespräche in München, Band 1, S. 33 (41).
367 *Stadler*, „Datenschutz im Jahr 2010", Rede bei der Tagung Codex digitalis, Optimierter Persönlichkeitsschutz – digital und vernetzt, S. 3, abrufbar unter: https://www.datenschutzzentrum.de/sommerakademie/2010/sak10-stadler-datenschutz-im-jahr-2010.pdf.

a. Bezugspunkt

Dem § 32d Abs. 3 S. 1 BDSG-RegE liegt die Vorstellung eines Datenscreenings zu Grunde, bei dem zwei oder mehrere Datenbanken des Arbeitgebers unter zuvor festgelegten Kriterien miteinander abgeglichen werden, wobei in einer Datenbank Beschäftigtendaten enthalten sind. Fraglich ist, auf welche Datenbestände sich das Erfordernis der Anonymisierung oder Pseudonymisierung bezieht. Der Wortlaut des § 32d Abs. 3 S. 1 BDSG-RegE „Abgleich von Beschäftigtendaten in anonymisierter oder pseudonymisierter Form" deutet darauf hin, dass sich das Erfordernis der Anonymisierung oder Pseudonymisierung lediglich auf die zum Zwecke des Datenabgleichs herangezogenen Beschäftigtendaten bezieht. Er könnte aber auch so zu verstehen sein, dass sich die Anonymisierung oder Pseudonymisierung auf die „Durchführung" des Datenabgleichs bezieht, also auch die anderen zum Abgleich herangezogenen Datenbestände erfasst.

Für die letztgenannte Auslegung spricht, dass auch die anderen Datenbestände – wie etwa die Lieferantendatenbank – häufig personenbezogene Daten enthalten werden. Um dem Grundsatz der Datenvermeidung und Datensparsamkeit Rechnung zu tragen, könnten demnach alle zum Abgleich herangezogenen Datenbestände zu anonymisieren oder pseudonymisieren sein, sofern diesen personenbezogene Daten zu Grunde liegen. Entsprechend dem Regelungszweck des Reformvorhabens und der Systematik des neu einzufügenden zweiten Unterabschnitts des BDSG stellt die Begründung des Regierungsentwurfs aber klar, dass sich das Erfordernis der Anonymisierung oder Pseudonymisierung nur auf die Beschäftigtendaten bezieht.[368]

b. Anonymisierung, § 3 Abs. 6 BDSG

Anonymisieren ist nach der Begriffsdefinition des § 3 Abs. 6 BDSG das Verändern personenbezogener Daten derart, dass die Einzelangaben über persönliche oder sachliche Verhältnisse nicht mehr oder nur mit einem unverhältnismäßig großen Aufwand an Zeit, Kosten und Arbeitskraft einer bestimmten oder bestimmbaren natürlichen Person zugeordnet werden können.[369] Ist eine nachträgliche Wiederherstellung des Personenbezugs ausgeschlossen (Alt. 1), so verlieren die anonymisierten Daten ihre Eigenschaft als personenbezogene

---

368 BT-Drs. 17/4230, S. 18.
369 Zur technischen Realisierbarkeit von anonymen Daten vgl. *Schumann*, DuD 2010, S. 709 (710 f.); *Dammann*, in: Simitis, BDSG, § 3 Rn. 204–209; vgl. auch *Geschonneck/Meyer/Scheben*, BB 2011, S. 2677 (2678 f.); *Heinson/Schmidt*, CR 2010, S. 540 (543).

Daten i.S.v. § 3 Abs. 1 BDSG.[370] Sie unterliegen nicht mehr dem Anwendungsbereich des Bundesdatenschutzgesetzes.[371] Umstritten ist dagegen, ob dies auch gilt, wenn eine nachträgliche Wiederherstellung nicht tatsächlich ausgeschlossen, sondern unverhältnismäßig ist (Alt. 2).[372] Der Wortlaut des § 3 Abs. 6 BDSG definiert den Begriff „anonymisieren" durch beide Alternativen. Auch eine theoretisch mögliche, wenngleich unverhältnismäßige Wiederherstellbarkeit des Personenbezuges muss demnach ausreichen. Insofern weist *Dammann* zutreffend darauf hin, dass die gegensätzlichen Begriffe *anonymisiert* und *personenbezogen* einander ausschließen.[373]

aa. Möglichkeit der Personalisierung?

Eine Personalisierung von Daten ist bei erfolgter Anonymisierung denk- und begriffsnotwendig ausgeschlossen.[374] Daher wird dem Gesetzgeber ein Regelungsversehen unterstellt und davon ausgegangen, die Begrifflichkeiten „anonymisieren" und „pseudonymisieren" würden im Kontext des § 32d Abs. 3 S. 1 BDSG-RegE anders genutzt als nach den Legaldefinitionen des Bundesdatenschutzgesetzes.[375] Ein derartiges Unwissen wird man dem Gesetzgeber aber nicht unterstellen können. Auch wenn dies in § 32d Abs. 3 S. 2 BDSG-RegE sprachlich nicht klar zum Ausdruck kommt, bezieht sich die Möglichkeit der Personalisierung den Begriffsdefinitionen der §§ 3 Abs. 6 und 3 Abs. 6a BDSG entsprechend lediglich auf pseudonymisierte Daten. Die Anonymisierung der Beschäftigtendaten hebt deren Personenbezug auf. Ein Datenscreening mit anonymisierten Daten

---

370 *Stiemerling/Hartung*, CR 2012, S. 60 (63); *Gebhardt/Umnuß*, NZA 1995, S. 103 (108 f.); *Roßnagel/Scholz*, MMR 2000, S. 721 (725 f.); *Schaffland/Wiltfang*, BDSG, § 3 Rn. 15.
371 *Stiemerling/Hartung*, CR 2012, S. 60 (63); *Roßnagel/Scholz*, MMR 2000, S. 721 (725 f.); *Schaffland/Wiltfang*, BDSG, § 3 Rn. 15; *Gola/Schomerus*, BDSG, § 3 Rn. 43; *Vogel/Glas*, DB 2009, S. 1747 (1748).
372 Hierzu *Stiemerling/Hartung*, CR 2012, S. 60 (63); *Auernhammer*, BDSG, § 3 Rn. 47.
373 *Dammann*, in: Simitis, BDSG, § 3 Rn. 196.
374 *Heinson/Sörup/Wybitul*, CR 2010, S. 751 (755); *Wybitul*, Hdb. Datenschutz, S. 474; *Kort*, DB 2011, S. 651 (654); *Kort*, in: Bitburger Gespräche in München, Band 1, S. 45 (60); *Schmidt/Jakob*, DuD 2011, S. 88 (92).
375 So geht *Hornung* von einer inkonsistenten Verwendung der Begrifflichkeiten aus, vgl. *Hornung*, Stellungnahme zum BDSG-RegE u.a., A-Drs. 17(4)252 D, S. 11; ebenso auf „gravierende Regelungsschwächen" hinweisend ULD, Stellungnahme zum BDSG-RegE, Anm. zu § 32d Abs. 3, abrufbar unter: https://www.datenschutzzentrum.de/arbeitnehmer/20101012-stellungnahme.html; vgl. auch *Schuler*, DuD 2011, S. 126 (128).

unterliegt nach § 1 Abs. 2 Nr. 3 BDSG nicht dem Anwendungsbereich des Bundesdatenschutzgesetzes. Es kann bereits unter Berücksichtigung des Verhältnismäßigkeitsgrundsatzes und der Zielvorgabe des § 3a BDSG dort durchgeführt werden, wo die damit erzielbaren Ergebnisse ausreichen und es gegenüber einem Screening mit pseudonymisierten Daten ein milderes Mittel darstellt.

bb. Praktikabilität bei Datenscreenings

Bei Datenscreenings zur Aufdeckung oder Verhinderung von Straftaten oder anderen schwerwiegenden Pflichtverletzungen geht es gerade darum, im Verdachtsfall Rückschlüsse auf konkrete Beschäftigte ziehen zu können.[376] Da dies bei anonymisierten Daten ausgeschlossen ist, eignen sich anonymisierte Datenscreenings lediglich im Rahmen einer Risikoanalyse zur Identifizierung korruptionsgefährdeter Bereiche.[377] Trefferfälle weisen in diesem Fall darauf hin, in welchen Unternehmensteilen Anhaltspunkte für Korruption vorliegen. Darüber hinaus liefern anonymisierte Datenscreenings jedoch keine Erkenntnisse.[378] Werden anonymisierte Datenscreenings als Instrument der Gefährdungsanalyse eingesetzt, so kann in den dadurch ermittelten korruptionsgefährdeten Bereichen in einem zweiten Schritt ein pseudonymisiertes Datenscreening durchgeführt werden, um den Anhaltspunkten weiter nachzugehen.

Eine wirksame Maßnahme zur Korruptionsbekämpfung liefert somit nur das pseudonymisierte Datenscreening.[379] Dem damit verbundenen geringeren Schutz der Beschäftigtendaten muss bei der Ausgestaltung der Durchführung des Datenscreenings begegnet werden. Da Datenabgleiche mit anonymisierten Daten angesichts des geringeren Erkenntniswerts für Zwecke der Korruptionsbekämpfung weniger geeignet sind, diese als milderes Mittel aber ohnehin durchgeführt werden können und der Wortlaut des § 32d Abs. 3 S. 2 BDSG-RegE („personalisiert") lediglich pseudonymisierte Screenings im Blick hat, kann auf die deklaratorische

---

376 *Thüsing*, Arbeitnehmerdatenschutz und Compliance, Rn. 154; vgl. auch *Roßnagel/ Scholz*, MMR 2000, S. 721 (724); *Schmidt*, RDV 2009, S. 193 (198 f.).
377 *Heinson*, BB 2010, S. 3084 (3088); *Heinson/Schmidt*, CR 2010, S. 540 (543); *Brink/ Schmidt*, MMR 2010, S. 592 (594); *Tinnefeld/Buchner/Petri*, Datenschutzrecht, S. 185; *Hornung*, Stellungnahme zum BDSG-RegE u.a., A-Drs. 17(4)252 D, S. 12; *GDD*, Stellungnahme zum BDSG-RegE u.a., A-Drs. 17(4)252 B, S. 7 f.
378 Zur verminderten oder aufgehobenen Aussagekraft anonymisierter Datenscreenings vgl. auch *Schmidt/Jakob*, DuD 2011, S. 88 (89).
379 In diese Richtung auch *Heinson*, BB 2010, S. 3084 (3088); *Heinson/Schmidt*, CR 2010, S. 540 (543); *Kock/Francke*, NZA 2009, S. 646 (648); allgemein *Roßnagel/ Scholz*, MMR 2000, S. 721 (724).

Nennung anonymisierter Datenabgleiche im Wortlaut der Regelung verzichtet werden.

c. Pseudonymisierung, § 3 Abs. 6a BDSG

Nach der Begriffsdefinition des § 3 Abs. 6a BDSG ist *pseudonymisieren* das Ersetzen eines Identifikationsmerkmals durch einen Zuordnungsschlüssel zu dem Zweck, die Bestimmung des Betroffenen auszuschließen oder wesentlich zu erschweren.[380] Ziel der Pseudonymisierung ist es, die „unmittelbare Kenntnis der Identität" auszuschließen, indem die Identifikationsmerkmale personenbezogener Daten durch Pseudonyme ersetzt werden.[381] Ohne Kenntnis des in den Pseudonymen liegenden Zuordnungsschlüssels können die Daten keiner konkreten Person zugeordnet werden.[382] Während bei anonymisierten Daten eine Personalisierung begriffsnotwendig ausgeschlossen ist, ermöglicht der Zuordnungsschlüssel bei pseudonymisierten Daten demjenigen die Personalisierung, der über den Zuordnungsschlüssel verfügt.[383]

d. Pseudonymität als reales Szenario?

Das Ziel der Pseudonymisierung besteht nach § 3 Abs. 6a BDSG darin, die Bestimmung des Betroffenen *auszuschließen* oder *wesentlich zu erschweren*. Ist diese Hürde für die datenverarbeitende Stelle nicht gegeben, so liegen keine pseudonymisierten Daten, sondern personenbezogene Daten i.S.v. § 3 Abs. 1 BDSG als Klardaten vor.[384] Der mit einer Pseudonymisierung verbundene stärkere Schutz personenbezogener Daten kann somit nur erreicht werden, wenn die verarbeitende Stelle keinen Zugriff auf den Zuordnungsschlüssel

---

[380] Zur technischen Realisierbarkeit der Pseudonymisierung vgl. *Dammann*, in: Simitis, BDSG, § 3 Rn. 221 f.; sowie zur Umsetzung im Rahmen von Fraud Detection Systemen, *Flegel/Raabe/Wacker*, DuD 2009, S. 735 (740 f.); vgl. auch *Geschonneck/ Meyer/Scheben*, BB 2011, S. 2677 (2678 f.).

[381] *Scholz*, in: Simitis, BDSG, § 3 Rn. 213 f.; *Schaffland/Wiltfang*, BDSG, § 3 Rn. 13; *Kramer*, Stellungnahme zum BDSG-RegE, A-Drs. 17(4)252 F, S. 30 f.; *Geschonneck/ Meyer/Scheben*, BB 2011, S. 2677 (2677 f.).

[382] *Gola/Schomerus*, BDSG, § 3 Rn. 46.

[383] *Scholz*, in: Simitis, BDSG, § 3 Rn. 215; *Stiemerling/Hartung*, CR 2012, S. 60 (63); *Roßnagel/Scholz*, MMR 2000, S. 721 (724); *Geschonneck/Meyer/Scheben*, BB 2011, S. 2677 (2677 f.).

[384] *Heinson/Sörup/Wybitul*, CR 2010, S. 751 (755); *Heinson/Schmidt*, CR 2010, S. 540 (543 f.); *Scholz*, in: Simitis, BDSG, § 3 Rn. 217 f.

hat (Relativität des Personenbezugs), da sie die Personalisierung anderenfalls jederzeit und ohne weiteres vornehmen könnte.[385]

Der Wortlaut des § 32d Abs. 3 BDSG-RegE gewährt dem Arbeitgeber die Befugnis zur Durchführung eines Datenscreenings, sieht aber keine Verfahrensvorschriften für die Anonymisierung oder Pseudonymisierung vor. Führt der Arbeitgeber das Datenscreening selbst durch, kann dadurch keine *wirkliche* Pseudonymität hergestellt werden, da er den zur Reidentifizierung erforderlichen Zuordnungsschlüssel stets selbst in der Hand hielte.[386] Das mit dem Erfordernis der Anonymisierung oder Pseudonymisierung erreichte *Mehr* an Datenschutz droht durch die betriebliche Realität zum Placebo zu werden.[387]

Gerade in kleineren Betrieben ist ein wirksamer Schutz der Beschäftigtendaten durch Anonymisierung oder Pseudonymisierung sonst nur schwerlich realisierbar.[388] Auch der Bundesrat weist in seiner Stellungnahme zum Gesetzentwurf der Bundesregierung darauf hin, dass in kleineren Betrieben mit wenigen Beschäftigten ein wirksam anonymisierter oder pseudonymisierter Abgleich vielfach kaum möglich sei, was zu einer hohen Missbrauchsanfälligkeit der Maßnahme führe.[389] *Heinson* wendet zutreffend ein, auch die Einschaltung eines externen Dienstleisters leiste bereits aufgrund vertraglicher Bindungen und Weisungsmöglichkeiten nicht die erforderliche Gewähr, dass eine Zugriffsmöglichkeit des Arbeitgebers auf die Zuordnungsregeln verlässlich ausgeschlossen sei.[390]

Durch das Fehlen einer Verfahrensregelung zur praktischen Umsetzung der geforderten Anonymität oder Pseudonymität wird der Regierungsentwurf der Schutzpflicht des Gesetzgebers im Hinblick auf das Recht auf informationelle Selbstbestimmung nicht gerecht.[391] Das vorhandene Regelungsdefizit muss in

---

385 *Scholz*, in: Simitis, BDSG, § 3 Rn. 217 f.; *Stiemerling/Hartung*, CR 2012, S. 60 (63); *Heinson/Sörup/Wybitul*, CR 2010, S. 751 (755); *Heinson*, BB 2010, S. 3084 (3088); *Heinson/Schmidt*, CR 2010, S. 540 (543).
386 *Heinson/Sörup/Wybitul*, CR 2010, S. 751 (755); *Körner*, AuR 2010, S. 416 (419); *BRAK*, Stellungnahme zum BDSG-RegE, Nr. 36/2010, S. 20, abrufbar unter: http://www.brak.de/zur-rechtspolitik/stellungnahmen-pdf/stellungnahmen-deutschland/2010/dezember/stellungnahme-der-brak-2010-36.pdf; *DGB*, Stellungnahme zum BDSG-RegE, A-Drs. 17(4)252 A, S. 10.
387 *Scholz*, in: Simitis, BDSG, § 3 Rn. 220b; *Hornung*, Stellungnahme zum BDSG-RegE u.a., A-Drs. 17(4)252 D, S. 11.
388 *HU*, Stellungnahme zum BDSG-RegE, A-Drs. 17(4)259, S. 4.
389 BT-Drs. 17/4230, Anlage 3, S. 32.
390 *Heinson*, BB 2010, S. 3084 (3088); ebenso *Heinson/Sörup/Wybitul*, CR 2010, S. 751 (755).
391 BVerfGE 65, 1 (44).

verfassungskonformer Auslegung des ansonsten unbestimmten Rechtsbegriffs der „Durchführung" beseitigt werden.[392]

Der Schlüssel zur Gewährleistung einer effektiven Pseudonymisierung liegt im wirkungsvollen Schutz der Zuordnungsregeln.[393] Dieser könnte zunächst erreicht werden, wenn die Zuordnungsregeln beim Arbeitgeber verbleiben, während mit der Durchführung des Datenscreenings ein unabhängiger Dritter betraut wird, der weder eine tatsächliche noch rechtliche Zugriffsmöglichkeit auf den Zuordnungsschlüssel hat.[394] Wird ein Datenscreening durch Dritte durchgeführt, so erfolgt dies angesichts der erforderlichen technischen Ausstattung und Sachkunde regelmäßig durch spezialisierte Dienstleister. Selbst eine entsprechende vertragliche Regelung kann mangels einer in der Funktion begründeten Unabhängigkeit der dritten Stelle die nötige Sicherheit vor einem Missbrauch des Zuordnungsschlüssels jedoch nicht gewährleisten.[395]

Darüber hinaus kann angesichts des klaren Wortlauts des § 32d Abs. 3 S. 1 BDSG-RegE sowie der Entwurfsbegründung nicht davon ausgegangen werden, ein Datenscreening könne im Interesse einer effektiven Verschlüsselung der Beschäftigtendaten nur durch die Einschaltung externer Dritter durchgeführt werden, nicht dagegen durch den Arbeitgeber selbst. Es bedarf vielmehr eines Verfahrens, das sowohl bei der Durchführung des Datenscreenings durch den Arbeitgeber als auch bei Einbindung externer Dritter die Zuverlässigkeit der Verschlüsselung sicherstellt.

aa. Verwahrung der Zuordnungsregeln

Unabhängig davon, ob der Arbeitgeber das Datenscreening selbst durchführt oder durch Dritte vornehmen lässt, kann der erforderliche Schutz der Zuordnungsregeln auf organisatorischem Wege nur erreicht werden, wenn sie bei einer unabhängigen

---

392 *Heinson*, BB 2010, S. 3084 (3085).
393 *Scholz*, in: Simitis, BDSG, § 3 Rn. 217b.
394 Vgl. *Hornung*, Stellungnahme zum BDSG-RegE u.a., A-Drs. 17(4)252 D, S. 12; *DGB*, Stellungnahme zum BDSG-RegE, A-Drs. 17(4)252 A, S. 10; *BRAK*, Stellungnahme zum BDSG-RegE, Nr. 36/2010, S. 20, abrufbar unter: http://www.brak.de/zur-rechtspolitik/stellungnahmen-pdf/stellungnahmen-deutschland/2010/dezember/stellungnahme-der-brak-2010-36.pdf; *DGB*, Stellungnahme zum BDSG-RegE, A-Drs. 17(4)252 A, S. 10.
395 *Heinson/Sörup/Wybitul*, CR 2010, S. 751 (755); *Heinson*, BB 2010, S. 3084 (3088); a.A. *Scholz*, in: Simitis, BDSG, § 3 Rn. 217b, der auch vertragliche Vereinbarungen zu den Bedingungen der Aufdeckung des Zuordnungsschlüssels für geeignet hält.

Stelle verwahrt werden.[396] Dies setzt voraus, dass bereits die Pseudonymisierung der Beschäftigtendaten unter der Verantwortung der unabhängigen Stelle erfolgt, da eine effektive Verschlüsselung in einem ersten Schritt voraussetzt, dass die unabhängige Stelle exklusiv über den Zuordnungsschlüssel verfügt. Sie fungiert als alleiniger Verwalter der eine Personalisierung ermöglichenden Zuordnungsregeln und muss sicherstellen, dass diese nur herausgegeben werden, wenn ein Verdacht i.S.v. § 32d Abs. 3 S. 2 BDSG-RegE vorliegt und auch nur, soweit sie den jeweiligen Verdachtsfall betreffen.[397] Als unabhängige Instanz zur Verwahrung der Zuordnungsregeln kommen der Betriebsrat, der betriebliche Datenschutzbeauftragte[398] oder ein externer Ombudsmann in Betracht.[399]

1) Durch den Betriebsrat

Zu den Aufgaben des Betriebsrats gehört nach § 75 Abs. 2 S. 1 BetrVG der Schutz der Persönlichkeitsrechte der im Betrieb beschäftigten Arbeitnehmer. Somit kommt der Betriebsrat im Hinblick auf seinen Aufgabenbereich als Verwahrer der Zuordnungsregeln in Frage. Auch das Mitbestimmungsrecht aus § 87 Abs. 1 Nr. 6 BetrVG verdeutlicht den Bezug technischer Kontrolleinrichtungen zum Aufgaben- und Einflussbereich des Betriebsrats. Die Unabhängigkeit des Betriebsrats folgt aus dem Grundsatz der Ehrenamtlichkeit des § 37 Abs. 1 BetrVG. Sie wird durch die Schutzbestimmungen des § 78 S. 1 und 2 BetrVG ergänzt und strafrechtlich durch § 119 Abs. 1 Nr. 2 BetrVG abgesichert.

2) Durch den Datenschutzbeauftragten

In nicht mitbestimmten Betrieben sowie anstelle einer Verwahrung beim Betriebsrat ist auch eine Verwaltung des Zuordnungsschlüssels durch den betrieblichen Datenschutzbeauftragten denkbar.[400] Diesem kommt im System der datenschutzrechtlichen Selbstkontrolle[401] nach § 4g Abs. 1 S. 1 BDSG die Aufgabe zu, auf

---

396 *Heinson/Sörup/Wybitul*, CR 2010, S. 751 (755); *Heinson*, BB 2010, S. 3084 (3088); *Heinson/Schmidt*, CR 2010, S. 540 (543 f.); *Scholz*, in: Simitis, BDSG, § 3 Rn. 220b; *Hornung*, Stellungnahme zum BDSG-RegE u.a., A-Drs. 17(4)252 D, S. 12.
397 *Heinson/Sörup/Wybitul*, CR 2010, S. 751 (755); *Heinson*, BB 2010, S. 3084 (3088); *Hornung*, Stellungnahme zum BDSG-RegE u.a., A-Drs. 17(4)252 D, S. 12.
398 *Heinson/Sörup/Wybitul*, CR 2010, S. 751 (755).
399 Vgl. hierzu auch *Scholz*, in: Simitis, BDSG, § 3 Rn. 220b, der von der Verwaltung der Zuordnungsregeln bei einer „unabhängigen vertrauenswürdigen Instanz" spricht.
400 *Heinson/Sörup/Wybitul*, CR 2010, S. 751 (755).
401 Hierzu *Roßnagel*, in: Roßnagel, Hdb. Datenschutzrecht, Kap. 3.6 Rn. 2.

eine Einhaltung der Datenschutzvorschriften hinzuwirken.[402] Kriterien für das Vorliegen einer unabhängigen Instanz sind nach *Scholz* Weisungsunabhängigkeit sowie räumliche, organisatorische und personelle Trennung vom Datenverwender.[403] Der Datenschutzbeauftragte ist auf seinem Fachgebiet weisungsfrei, § 4f Abs. 3 S. 2 BDSG. Zwar schränkt § 4f Abs. 3 S. 2 BDSG seine Unabhängigkeit ein. Da eine Verwahrung der Zuordnungsregeln aber sein Fachgebiet betrifft, wird die erforderliche Unabhängigkeit durch § 4f Abs. 3 S. 2 BDSG gewährleistet. Auch die räumliche und organisatorische Identität (§ 4f Abs. 3 S. 2 BDSG) spricht nicht dagegen, den Datenschutzbeauftragten als zur Verwahrung der Zuordnungsregeln geeignete unabhängige Stelle anzusehen.

3) Durch einen Ombudsmann

Anstelle einer Verwahrung beim Betriebsrat oder dem Datenschutzbeauftragten können die Zuordnungsregeln auch bei einem externen und unabhängigen Ombudsmann hinterlegt werden, der nicht in das organisatorische Gefüge des Arbeitgebers eingebettet ist.[404] Hierfür kann auf einen gegebenenfalls im Rahmen eines Systems zur präventiven Korruptionsbekämpfung vorhandenen Ombudsmann zurückgegriffen werden[405] oder es wird ein „Datenschutz-Ombudsmann" etabliert. Zwar ist ein Ombudsmann auch externer Dienstleister, der vertraglich an den Arbeitgeber als Auftraggeber gebunden ist.[406] Da der Ombudsmann aber nicht gleichzeitig das Datenscreening durchführt und somit Zugriff auf die personalisierten Daten hat, spricht in diesem Fall nichts dagegen, die gebotene Unabhängigkeit im Wege der vertraglichen Gestaltung zu erreichen.[407]

bb. Löschung der Zuordnungsregeln

Mangels einer gesetzlichen Regelung zur Pseudonymisierung von Beschäftigtendaten im Zuge von Datenscreenings fehlt auch eine gesetzliche Regelung

---

402 *Simitis* sieht hierin das „Kernstück seiner Unabhängigkeit", vgl. *Simitis*, in: Simitis, BDSG, § 4f Rn. 121.
403 *Scholz*, in: Simitis, BDSG, § 3 Rn. 220b.
404 Zum Ombudsmann in der Korruptionsprävention, *de Boer*, in: Görling/Inderst/Bannenberg, Compliance, S. 316 ff.; *Fritz*, in: Maschmann (Hrsg.), Corporate Compliance und Arbeitsrecht, S. 129–131.
405 Ein solcher ist in Großkonzernen häufig vorhanden, vgl. *Moosmayer*, Compliance, S. 56 ff.
406 *Moosmayer*, Compliance, S. 58.
407 *Scholz*, in: Simitis, BDSG, § 3 Rn. 217b; *Moosmayer*, Compliance, S. 58.

zur Löschung der Zuordnungsregeln, wenn diese für den damit verbundenen Zweck nicht mehr benötigt werden. Pseudonyme versetzen den Kenner der Zuordnungsregel in die Lage, pseudonymisierte personenbezogene Daten zu personalisieren.[408] Sie sind für sich betrachtet jedoch keine personenbezogenen Daten i.S.v. § 3 Abs. 1 BDSG. Somit findet auch die Löschungspflicht aus § 35 Abs. 2 S. 2 BDSG auf sie keine Anwendung. Dennoch besteht keine zu schließende Regelungslücke. Die Zuordnungsregeln stellen lediglich in Kombination mit den pseudonymisierten Ausgangsdaten eine Gefahr für das Recht auf informationelle Selbstbestimmung der Beschäftigten dar. Sind die Ausgangsdaten zu löschen, so ist der Fortbestand der Zuordnungsregeln unschädlich. Folglich ist die Regelung einer eigenständigen Löschungspflicht der Zuordnungsregeln entbehrlich.

e. Wahlrecht des Arbeitgebers

Sasse vertritt die Auffassung, es sei zunächst lediglich ein anonymisierter Datenabgleich zulässig.[409] Ein derartiger Datenabgleich sei auch sinnvoll, da hierdurch häufig die Entdeckung von Auffälligkeiten ermöglicht werde und mit seiner Hilfe Indikatoren für mögliche Manipulationen oder Unregelmäßigkeiten gefunden werden könnten.[410] Dem Wortlaut des § 32d Abs. 3 BDSG-RegE ist jedoch nicht zu entnehmen, dass dieser ein abgestuftes System vorsieht, in dem zunächst ein anonymisierter Datenabgleich durchgeführt werden muss. Der Wortlaut „oder" zeigt deutlich, dass die Durchführung eines Datenabgleichs mit Klardaten in einem ersten Schritt untersagt ist. Wie die geforderte Verschlüsselung hergestellt wird, liegt jedoch im Ermessen des Arbeitgebers. Er kann einerseits die Möglichkeit zur Anonymisierung der Beschäftigtendaten wählen und dadurch einen geringeren Erkenntniswert im Trefferfall in Kauf nehmen. Andererseits kann er auch zu einer Pseudonymisierung der Daten greifen und sich die Möglichkeit bewahren, im Trefferfall einen Personenbezug herzustellen.[411]

---

408 *Scholz*, in: Simitis, BDSG, § 3 Rn. 215.
409 *Sasse*, ArbRB 2010, S. 309 (310); in diese Richtung auch der Vorschlag der *GDD*, Stellungnahme zum BDSG-RegE u.a., A-Drs. 17(4)252 B, S. 8.
410 *Salvenmoser/Hauschka*, NJW 2010, S. 331 (332).
411 Hiervon abweichend sehen die Formulierungsvorschläge des *BMI* in § 32d Abs. 3 BDSG-E ein grundsätzlich abgestuftes System vor. Danach hat der Abgleich zunächst in anonymisierter Form zu erfolgen. Zeigt sich ein Verdachtsfall, so darf im erforderlichen Umfang ein pseudonymisiertes Screening erfolgen. Die an sich vorgesehene Abstufung wird jedoch unter einen Vorbehalt gestellt und

f. Verstoß gegen § 6a BDSG

Einer Durchführung des Datenscreenings mit pseudonymisierten Daten könnte jedoch § 6a S. 1 BDSG entgegenstehen.[412] Dies ist dann der Fall, wenn das Datenscreening für den Betroffenen nachteilige Entscheidungen zur Folge hat, die ausschließlich auf Grund einer automatisierten Verarbeitung personenbezogener Daten ergehen. Zwar stellt ein Datenscreening unter Einbeziehung von Beschäftigtendaten eine automatisierte Verarbeitung personenbezogener Daten dar. Die hierdurch gewonnenen Erkenntnisse sind jedoch nicht geeignet, potentielle Straftaten oder andere schwerwiegende Pflichtverletzungen abschließend aufzuklären. Sie liefern lediglich Verdachtsfälle (§ 32d Abs. 3 S. 2 BDSG-RegE), die in einem weiteren Schritt näher untersucht werden müssen. Aus den generierten Trefferfällen ergeben sich keine unmittelbaren Folgen für die Betroffenen. Der Wortlaut des § 32d Abs. 3 S. 2 BDSG-RegE zeigt, dass Daten in Verdachtsfällen zunächst personalisiert werden müssen. Bereits dieser Prozessschritt erfordert das Dazwischentreten einer natürlichen Person, da die Personalisierung nicht durch das EDV-System autonom durchgeführt wird, § 6a Abs. 1 S. 2 BDSG. Auch die Datenauswertung und Veranlassung weiterer Schritte, die zu nachteiligen Folgen für die Betroffenen führen können, erfolgt durch natürliche Personen. Ein Verstoß der Regelung des Datenscreenings gegen § 6a Abs. 1 S. 1 BDSG scheidet somit unabhängig von den Ausnahmen des § 6a Abs. 2 BDSG mangels einer ausschließlich auf eine automatisierte Verarbeitung gestützten Entscheidung aus.

6. Verfahrensvoraussetzungen als Regelungsdefizit

Das Datenscreening ist mit Beschäftigtendaten in anonymisierter oder pseudonymisierter Form durchzuführen. Darüber hinaus enthält § 32d Abs. 3 S. 1 BDSG-RegE keine weiteren Verfahrensvorgaben. Die Vorschrift schweigt insbesondere dazu, unter welchen Voraussetzungen die Ermittlungsmethode des Datenscreenings herangezogen werden darf.

---

dadurch letztlich überflüssig. So hat das Screening in der ersten Stufe „soweit möglich" in anonymisierter Form zu erfolgen, vgl. *BMI*, Formulierungsvorschläge v. 7.9.2011, S. 10, abrufbar unter: http://www.arbrb.de/media/BeschDS_FV.pdf.
412 So *HU*, Stellungnahme zum BDSG-RegE, A-Drs. 17(4)259, S. 4.

a. Fehlen normierter Anlassschwellen

Im Gegensatz zu § 32 Abs. 1 S. 2 BDSG setzt § 32d Abs. 3 S. 1 BDSG-RegE für das Einschreiten nicht voraus, dass verdachtsbegründende tatsächliche Anhaltspunkte vorliegen. Demnach steht die Durchführung eines Datenscreenings grundsätzlich im Ermessen des Arbeitgebers.[413]

Das Fehlen normierter Anlassschwellen ist einer der wesentlichen Kritikpunkte an der Regelung.[414] Es wird eingewandt, die Vorschrift sei zu unbestimmt[415], begründe ein hohes Missbrauchspotential[416] und ermögliche Datenscreenings „ins Blaue" hinein, was die Gefahr der schrankenlosen Ausforschung der Beschäftigten begründe.[417] *Heinson* führt mit Blick auf die Rechtsprechung des Bundesverfassungsgerichts zur Rasterfahndung[418] aus, verdachtslose Datenabgleiche zur Verdachtsgenerierung seien grundsätzlich unzulässig. Es bedürfe vielmehr eines konkreten Verdachts einer Rechtsverletzung.[419] *Körner* verweist auf das Grundrecht auf Vertraulichkeit und Integrität informationstechnischer Systeme[420] und

---

413 *Wedde*, Stellungnahme zum BDSG-RegE, A-Drs. 17(4)252 H, S. 14.
414 Vgl. *Caspar*, DuD 2011, S. 687 (691); *Rasmussen-Bonne/Raif*, GWR 2011, S. 80 (82); *Tinnefeld/Petri/Brink*, MMR 2010, S. 727 (731); *Heinson*, BB 2010, S. 3084 (3087), der § 32 Abs. 3 BDSG-RegE aus diesem Grund als verfassungsrechtlich „hoch problematisch" ansieht; vgl. auch *DGB*, Stellungnahme zum BDSG-RegE, A-Drs. 17(4)252 A, S. 3, 9 f.; *Hornung*, Stellungnahme zum BDSG-RegE u.a., A-Drs. 17(4)252 D, S. 11; sowie bereits zu § 32d Abs. 3 BDSG-RefE *Weber*, in: Taeger (Hrsg.), Digitale Evolution, S. 39 (51 f.); *Wedde*, Stellungnahme zum BDSG-RegE, A-Drs. 17(4)252 H, S. 14; kritisch auch *BfDI*, 23. Tätigkeitsbericht 2009–2010, BT-Drs. 17/5200, S. 133; *NRV*, Stellungnahme zum BDSG-RegE, S. 1, 2, 5 f., abrufbar unter: http://www.nrv-net.de/downloads_stellung/89.pdf.
415 *NRV*, Stellungnahme zum BDSG-RegE, S. 1, abrufbar unter: http://www.nrv-net.de/downloads_stellung/89.pdf.
416 *Rasmussen-Bonne/Raif*, GWR 2011, S. 80 (82).
417 *Heinson*, BB 2010, S. 3084 (3087).
418 BVerfGE 115, 320 (354, 361).
419 *Heinson*, BB 2010, S. 3084 (3087); so auch *Viotto*, AuR 2010, S. 422 (423); *Rasmussen-Bonne/Raif*, GWR 2011, S. 80 (80); vgl. auch *TI*, Stellungnahme zum BDSG-RefE, abrufbar unter: http://www.transparency.de/fileadmin/pdfs/Themen/Hinweisgebersysteme/Stellungnahme%20von%20Transparency%20Deutschland%20zum%20Entwurf%20des....pdf.
420 Das *BVerfG* hat dieses Grundrecht in seiner Entscheidung zur „Online-Überwachung" v. 27.2.2008 anerkannt, vgl. BVerfGE 120, 274.

legt dar, dass dieses einem heimlichen Datenscreening zu Präventionszwecken entgegenstehe.[421]

Auch der Bundesrat regt in seiner Stellungnahme zum Gesetzentwuf der Bundesregierung die Aufnahme einer Anlassschwelle in Form von „tatsächlichen Anhaltspunkten für das Vorliegen einer Straftat" an.[422]

Dem ist nicht zuzustimmen. Auch wenn der Wortlaut des § 32d Abs. 3 S. 1 BDSG-RegE keine ausdrückliche Anlassschwelle vorsieht, verdeutlicht § 32d Abs. 3 S. 3 BDSG-RegE, dass Datenscreenings nicht völlig anlasslos und damit „ins Blaue hinein" durchgeführt werden dürfen. Es müssen vielmehr zu dokumentierende Umstände vorliegen, die den Arbeitgeber zum Handeln veranlassen. Zutreffend ist, dass es sich hierbei um eine niedrige Anlassschwelle handelt. Nur auf diese Weise kann das Anliegen der Entwurfsverfasser, auch präventive Datenabgleiche zu ermöglichen, verwirklicht werden.[423] Würde die Berechtigung zur Durchführung von Datenscreenings an das Bestehen eines konkreten Verdachts geknüpft, so ließe sich die präventive Zielrichtung des Datenscreenings nicht erreichen. Sie setzt gerade voraus, dass ein konkreter Verdacht noch nicht vorliegt. Der damit verbundenen erhöhten Grundrechtsgefährdung begegnet § 32d Abs. 3 S. 1 BDSG-RegE, indem in einem ersten Schritt nur verschlüsselte Screenings gestattet werden. Wird das Verfahren der Verschlüsselung – anders als von § 32d Abs. 3 BDSG-RegE vorgesehen – sicher ausgestaltet, so erweist sich auch die Befürchtung, die einbezogenen Beschäftigten würden unter einen Generalverdacht gestellt, als unbegründet. Darüber hinaus gebietet der Grundsatz der Verhältnismäßigkeit die Beschränkung der Datenbasis auf das erforderliche Maß. Dies bewirkt in Verbindung mit den anlassstiftenden „Umständen" eine Beschränkung des Umfangs des Datenscreenings.

---

421 *Körner*, HSI-Gutachten zum BDSG-RegE, S. 11 f., abrufbar unter: http://www.hugo-sinzheimer-institut.de/fileadmin/user_data_hsi/Dokumente/Gutachten_Arbeitnehmerdatenschutz_HSI.pdf; in diese Richtung auch *Wedde*, AuR 2009, S. 373 (376).
422 BT-Drs. 17/4230, Anlage 3, S. 32. Die Fraktion der *SPD* fordert die Bundesregierung auf, den automatisierten Datenabgleich vom Vorliegen „vorab zu dokumentierende[r] tatsächliche[r] Anhaltspunkte für den Verdacht einer bereits begangenen Straftat" abhängig zu machen, BT-Drs. 17/7176, S. 3. Auch der Gesetzentwurf der Fraktion *Bündnis 90/Die Grünen* macht die Zulässigkeit eines Screening-Verfahrens nach § 11 Abs. 1 BDatG davon abhängig, dass verdachtsbegründende konkrete Anhaltspunkte vorliegen, BT-Drs. 17/4853, S. 9, 25.
423 Vgl. o., S. 61 ff.; sowie die Rede des damaligen Bundesministers des Innern, *Thomas de Maizière*, anlässlich der ersten Lesung des Gesetzentwurfs im Bundestag, Plenarprotokoll 17/94 der 94. Sitzung des Deutschen Bundestages v. 25.2.2011, S. 10736.

Schließlich kann auch ein Vergleich mit der Rechtsprechung des Bundesverfassungsgerichts zur präventivpolizeilichen Rasterfahndung nicht zu einem anderen Ergebnis führen. Zunächst weist *Thüsing* zutreffend darauf hin, dass die grundrechtskonkretisierende Rechtsprechung des Bundesverfassungsgerichts nicht 1:1 auf die Situation des Arbeitnehmerdatenschutzes übertragbar sei, da der Arbeitnehmer seine Daten gegenüber dem Arbeitgeber i.d.R. freiwillig preisgebe und es dort anders als im Verhältnis zu Hoheitsträgern auch an einem Über- und Unterordnungsverhältnis fehle.[424] Darüber hinaus muss berücksichtigt werden, dass zwischen präventivpolizeilicher Rasterfahndung und dem Datenscreening des Arbeitgebers grundlegende Unterschiede bestehen, die eine unterschiedliche Behandlung rechtfertigen. So greift der Arbeitgeber zur Durchführung des Datenscreenings auf einen bereits bei ihm vorhandenen – wenn auch zu anderen Zwecken erhobenen – Datenbestand zurück. Hoheitsträgern werden dagegen sowohl im Rahmen präventiver als auch repressiver Rasterfahndung stärkere Eingriffsbefugnisse gewährt, da diese sowohl zur Erhebung des Quelldatenbestandes als auch zu dessen anschließender Verarbeitung (Rasterung) ermächtigt werden.[425] Mit der kombinierten Befugnis zur Erhebung und Verarbeitung der Quelldaten ist ein stärkerer Eingriff in das Recht auf informationelle Selbstbestimmung verbunden.[426] Dessen Rechtfertigung setzt strengere Anforderungen an die Anlassschwelle voraus.

Auch das Grundrecht auf Vertraulichkeit und Integrität in informationstechnischen Systemen gebietet keine Korrektur der Anlassschwelle für Datenscreenings, da es in diesem Fall nicht einschlägig ist. Zwar entfaltet das Grundrecht auch im Privatrechtsverkehr seine schützende Wirkung. Wird aber wie im Falle des Datenscreenings von § 32d Abs. 3 S. 1 BDSG-RegE vorgesehen, lediglich auf bereits beim Arbeitgeber vorhandene Datenbestände zugegriffen, so ist das Grundrecht nicht berührt, da sich die im heimlichen Zugriff auf informationstechnische Systeme schon bei der Datenerhebung bestehende Gefahr hier nicht realisiert.[427]

---

424 *Thüsing*, Arbeitnehmerdatenschutz und Compliance, Rn. 93.
425 Vgl. nur Art. 44 Abs. 1 und 4 BayPAG sowie § 98a Abs. 1 und 2 StPO.
426 BVerfGE 120, 378 (398); BVerfGE 115, 320 (348, 351); vgl. hierzu auch *Welsing*, Rasterfahndung, S. 409–411.
427 A.A. *Körner*, HSI-Gutachten zum BDSG-RegE, S. 11 f., abrufbar unter: http://www.hugo-sinzheimer-institut.de/fileadmin/user_data_hsi/Dokumente/Gutachten_Arbeitnehmerdatenschutz_HSI.pdf; in diese Richtung auch *Wedde*, AuR 2009, S. 373 (376).

In der – wenn auch zweckgeänderten – Verwendung eigener Datenbestände liegt keine Infiltration eines informationstechnischen Systems.

b. Notwendigkeit eines Korrektivs

Die niedrige Anlassschwelle des § 32d Abs. 3 S. 1 BDSG-RegE ist erforderlich, um die ebenfalls beabsichtigten präventiven Datenscreenings zu ermöglichen. Es bedarf demnach keines Korrektivs im Sinne einer auf verdachtsbegründenden Tatsachen beruhenden Anlassschwelle. Auch die in den Formulierungsvorschlägen des *Bundesministeriums des Innern* enthaltene Formulierung des § 32d Abs. 3 S.1 BDSG-E „[...] bei einer aufgrund einer zu dokumentierenden Risikoanalyse erkannten konkreten Gefahr [...]"[428] bietet keinen größeren Schutz. Dennoch muss berücksichtigt werden, dass ein Datenscreening verdachtslose Eingriffe zulässt und überdies durch eine Ausnahme vom Grundsatz der Zweckbindung ermöglicht wird.[429] Diesen Umständen muss Rechnung getragen werden, indem die Anforderungen an das zu beachtende Verfahren unter Beibehaltung der niedrigen Anlassschwelle restriktiv gestaltet werden.

7. Vorabkontrolle durch betrieblichen Datenschutzbeauftragten

Das deutsche Datenschutz-Kontrollsystem ist zweistufig aufgebaut.[430] Neben einer Fremdkontrolle durch staatliche Aufsichtsbehörden wird die Beachtung des Datenschutzes in einer ersten Stufe durch Elemente der betrieblichen Selbstkontrolle gewährleistet.[431] Sofern der Arbeitgeber zur Bestellung eines Datenschutzbeauftragten verpflichtet ist[432], kommt diesem eine zentrale Rolle im Rahmen der

---

428 vgl. *BMI*, Formulierungsvorschläge v. 7.9.2011, S. 10, abrufbar unter: http://www.arbrb.de/media/BeschDS_FV.pdf.
429 Für die präventivpolizeiliche Rasterfahndung *Welsing*, Rasterfahndung, S. 411.
430 *Simitis*, in: Simitis, BDSG, § 4f Rn. 2.
431 *Simitis*, in: Simitis, BDSG, § 4f Rn. 2, 6; *Gola/Wronka*, Hdb. Arbeitnehmerdatenschutz, Rn. 1393 f.; *Gola/Schomerus*, BDSG, § 4f Rn. 1.
432 Eine Bestellpflicht besteht gemäß § 4f Abs. 1 S. 4 BDSG, wenn mindestens zehn Personen ständig mit der automatisierten Verarbeitung personenbezogener Daten beschäftigt sind, vgl. *Simitis*, in: Simitis, BDSG, § 4f Rn. 16; *Gola/Wronka*, Hdb. Arbeitnehmerdatenschutz, Rn. 1412–1419. Unabhängig von dieser Personenzahl besteht nach § 4f Abs. 1 S. 6 BDSG auch immer dann eine Bestellpflicht, wenn automatisierte Verarbeitungen vorgenommen werden, die einer Vorabkontrolle unterliegen. Nach derzeitigem Entwurfsstand der geplanten Datenschutz-Grundverordnung soll eine Pflicht zur Bestellung eines Datenschutzbeauftragten für

betrieblichen Selbstkontrolle zu.[433] Seine Aufgabe besteht nach § 4g Abs. 1 S. 1 BDSG darin, auf die Beachtung der Vorschriften über den Datenschutz im Unternehmen hinzuwirken.[434]
Darüber hinaus unterliegen automatisierte Verarbeitungen gemäß § 4d Abs. 5 S. 1 und Abs. 6 BDSG der Vorabkontrolle des Datenschutzbeauftragten, soweit diese besondere Risiken für die Rechte und Freiheiten der Betroffenen aufweisen.[435] Die Vorabkontrolle führt zu einer präventiven Rechtmäßigkeitsüberprüfung besonders risikobehafteter Datenverarbeitungen.[436] Sie beruht einerseits auf den in Art. 20 RL 95/46/EG enthaltenen Vorgaben der Europäischen Datenschutzrichtlinie, andererseits stellt

---

Unternehmen dagegen nur noch bestehen, wenn diese mindestens 250 Mitarbeiter beschäftigen oder deren „Kerntätigkeit" eine kontinuierliche und systematische Beobachtung von Betroffenen erfordert, Art. 35 Abs. 1 lit. b) und c) DS-GVO-E. Der *BfDI* geht davon aus, dass im Umsetzungsfalle nur noch 0,3 Prozent der deutschen Unternehmen zur Bestellung eines Datenschutzbeauftragten verpflichtet wären, vgl. *BfDI*, EU-Datenschutz-Paket, abrufbar unter: http://www.bfdi.bund. de/DE/Oeffentlichkeitsarbeit/Pressemitteilungen/2012/02_EUDatenschutzPaket. html?nn=408920. Damit wäre eine Schwächung der betrieblichen Selbstkontrolle verbunden, obgleich sich die Parallelität aus betrieblicher Selbstkontrolle und staatlicher Fremdkontrolle in Deutschland bewährt hat, vgl. *Hornung*, ZD 2012, S. 99 (100); *Wybitul/Rauer*, ZD 2012, S. 160 (163); *Eckhardt*, CR 2012, S. 195 (201); sowie *GDD*, Entwurf einer EU-Verordnung zum Datenschutz, abrufbar unter: https://www.gdd.de/nachrichten/news/entwurf-einer-eu-verordnung-zum-datenschutz-schwachung-des-prinzips-der-betrieblichen-selbstkontrolle. Dies würde eine Schutzlücke nach sich ziehen, die bereits aus Kapazitätsgründen nicht durch ein „Mehr" an staatlicher Fremdkontrolle kompensiert werden könnte.

433 *Petri*, DuD 2005, S. 334 (337); *Eckhardt*, CR 2012, S. 195 (201). In Deutschland wurde erst kürzlich die Unabhängigkeit des betrieblichen Datenschutzbeauftragten durch die Einführung eines Sonderkündigungsschutzes nach § 4f Abs. 3 S. 5 BDSG gestärkt, vgl. hierzu *Schwab/Ehrhard*, NZA 2009, S. 1118 (1118–1120); *Lindhorst*, Sanktionsdefizite, S. 128. Die geplante Datenschutz-Grundverordnung würde diese Entwicklung konterkarieren, da sie die Bestellung des Datenschutzbeauftragten nach Art. 35 Abs. 7 S. 1 DS-GVO-E an Amtszeiten knüpft, die auf zwei Jahre befristet werden könnten. Kritisch hierzu *GDD*, Entwurf einer EU-Verordnung zum Datenschutz, abrufbar unter: https://www.gdd.de/nachrichten/news/entwurf-einer-eu-verordnung-zum-datenschutz-schwachung-des-prinzips-der-betrieblichen-selbstkontrolle.
434 Die aus dieser Aufgabe resultierenden Pflichten werden durch § 4g Abs. 1 S. 4 BDSG konkretisiert.
435 Hierzu umfassend *Klug*, RDV 2001, S. 12 (12–20).
436 *Petri*, in: Simitis: BDSG, § 4d Rn. 1, 37; *Klug*, RDV 2001, S. 12 (14).

sie eine im „Volkszählungsurteil" geforderte organisatorische und verfahrensrechtliche Vorkehrung[437] zum Schutz des Rechts auf informationelle Selbstbestimmung dar.[438]

a. Anwendbarkeit des § 4d Abs. 5 BDSG

Auch bei einem Datenscreening könnte es sich um eine besonders risikobehaftete Datenverarbeitung handeln, die der Vorabkontrolle des betrieblichen Datenschutzbeauftragten unterliegt. Fraglich ist aber, ob § 4d Abs. 5 BDSG in diesem Fall auch anwendbar ist. Im Gegensatz zu § 32e Abs. 5 S. 4 BDSG-RegE sieht § 32d Abs. 3 BDSG-RegE die Durchführung einer Vorabkontrolle nicht ausdrücklich vor. Daraus könnte der Schluss gezogen werden, die Entwurfsverfasser gingen im Falle des Datenscreenings nicht von der Notwendigkeit einer vorherigen Rechtmäßigkeitskontrolle durch den betrieblichen Datenschutzbeauftragten aus, da sie es anderenfalls wie in § 32e Abs. 5 S. 4 BDSG-RegE durch die Aufnahme eines Verweises klargestellt hätten.[439] Diese Schlussfolgerung ist aber unzutreffend. Aus der Begründung des Regierungsentwurfs wird ersichtlich, dass § 32e Abs. 5 S. 4 BDSG-RegE eine deklaratorische Rechtsgrundverweisung darstellen soll.[440] Angesichts der klarstellenden Wirkung der Verweisung kann aus deren Fehlen im Wortlaut des § 32d Abs. 3 BDSG-RegE nicht geschlossen werden, eine Vorabkontrolle sei bei der Durchführung eines Datenscreenings nicht vorgesehen.[441] Ob eine Vorabkontrolle durchzuführen ist, richtet sich vielmehr unmittelbar nach dem Maßstab des § 4d Abs. 5 BDSG.[442]

b. Voraussetzungen des § 4d Abs. 5 BDSG

Eine Vorabkontrolle hat nach § 4d Abs. 5 S. 1 BDSG zu erfolgen, wenn die automatisierte Verarbeitung mit besonderen Risiken für die Rechte der Betroffenen verbunden ist. Unter einer automatisierten Verarbeitung ist die Erhebung, Verarbeitung oder Nutzung personenbezogener Daten unter Einsatz von

---

437 BVerfGE 65, 1 (44).
438 *Petri*, in: Simitis: BDSG, § 4d Rn. 32.
439 *Wybitul*, Hdb. Datenschutz, S. 476.
440 BT-Drs. 17/4230, S. 19.
441 I.E. ebenso *Wybitul*, Hdb. Datenschutz, S. 476.
442 Dagegen gehen die Formulierungsvorschläge des *BMI* davon aus, die Verweisung des § 32e Abs. 5 S. 4 BDSG-RegE stelle eine Rechtsfolgenverweisung dar, da die Norm anderenfalls unanwendbar wäre, vgl. *BMI*, Formulierungsvorschläge v. 7.9.2011, S. 13, abrufbar unter: http://www.arbrb.de/media/BeschDS_FV.pdf. Auch dann bliebe im Falle eines Datenscreenings jedoch die allgemeine Norm des § 4d Abs. 5 BDSG anwendbar, vgl. *Wybitul*, Hdb. Datenschutz, S. 476.

Datenverarbeitungsanlagen zu verstehen, § 3 Abs. 2 BDSG. Das EDV-gestützte Datenscreening nach § 32d Abs. 3 BDSG-RegE stellt eine automatisierte Verarbeitung dar. Zwei Regelbeispiele für besonders risikoträchtige Verarbeitungen enthält § 4d Abs. 5 S. 2 BDSG. Darüber hinaus ergeben sich Anhaltspunkte für besondere Risiken bei der Datenverarbeitung aus Erwägungsgrund 53 der Europäischen Datenschutzrichtlinie.[443] Danach sind Kriterien für besondere Risiken insbesondere Art, Tragweite und Zweckbestimmung der Verarbeitung, oder die Verwendung einer neuen Technologie.

Im Falle eines Datenscreenings ergeben sich besondere Risiken zunächst aus der Art der Datenverarbeitung, da diese aufgrund der Befugnis zur Zurückstellung der Unterrichtung nach § 32d Abs. 3 S. 4 BDSG-RegE i.d.R. heimlich erfolgt. Daneben führt die potentiell große Streubreite des Datenscreenings sowie die Verarbeitung eines umfangreichen Datenbestandes auch zu einer großen Tragweite auf Seiten der Betroffenen. Darüber hinaus schafft § 32d Abs. 3 S. 1 BDSG-RegE eine Befugnis zur zweckgeänderten Datenverarbeitung. Die Daten dürfen also im Rahmen des Datenscreenings zu anderen als den ursprünglichen Erhebungszwecken verarbeitet werden. Diese Ausnahme vom Grundsatz der Zweckbindung ist mit besonderen Risiken für die Betroffenen verbunden, da sie die Verwendung ihrer Daten nicht mehr überblicken können. Dem steht auch die Unterrichtungspflicht aus § 32d Abs. 3 S. 4 BDSG-RegE nicht entgegen, da sie lediglich die nachträgliche Herstellung von Transparenz gewährleistet, den Beschäftigten aber keine Rechtmäßigkeitskontrolle vor der Durchführung des Datenscreenings ermöglicht.

Schließlich spricht auch das komplexe technologische Verfahren des Datenscreenings für eine Risikogeneigtheit der Verarbeitung.[444] Darüber hinaus ist die Notwendigkeit einer generellen Vorabkontrolle vor der Durchführung von Datenscreenings sachlich angemessen. Werden mit der hier vertretenen Auffassung auch präventive Datenscreenings für zulässig erachtet, so stellt die Vorabkontrolle ein notwendiges, aber auch ausreichendes Korrektiv dar, um der für präventive Zwecke erforderlichen niedrigen Anlassschwelle zu begegnen.

Die Durchführung eines Datenscreenings ist folglich mit besonderen Risiken für die Betroffenen verbunden. Sie unterliegt der Vorabkontrolle, unabhängig davon, ob im Einzelfall auch ein Regelbeispiel des § 4d Abs. 5 S. 2 BDSG

---

443 *Petri*, in: Simitis, BDSG, § 4d Rn. 35; *Klug*, RDV 2001, S. 12 (13).
444 Zum Ganzen *Petri*, in: Simitis, BDSG, § 4d Rn. 35.

verwirklicht wird.[445] Die Vorabkontrolle[446] hat vor Beginn des Datenscreenings zu erfolgen, da sie nur so ihrem Zweck, eine präventive Rechtmäßigkeitsüberprüfung zu gewährleisten, genügen kann.[447] Zwar könnte man davon ausgehen, eine besondere Gefährdung liege erst dann vor, wenn die Daten in Verdachtsfällen personalisiert werden, da erst hierdurch der Personenbezug sichtbar gemacht wird. Auch wenn sich eine besondere Gefahr für die Rechte der Beschäftigten erst mit der Personalisierung ergibt und vorher allenfalls geringfügig in ihre Rechte eingegriffen wurde, so ist diese Gefahr im Datenscreening an sich als automatischem Verfahren angelegt, was eine Rechtmäßigkeitsüberprüfung vor dessen Durchführung erforderlich macht.

Da die Durchführung eines Datenscreenings der Vorabkontrolle unterliegt, resultiert daraus nach § 4f Abs. 1 S. 6 BDSG auch eine Pflicht des Arbeitgebers zur Bestellung eines Datenschutzbeauftragten, selbst wenn im Einzelfall nicht mindestens zehn Personen ständig mit der automatisierten Verarbeitung personenbezogener Daten beschäftigt sind, § 4f Abs. 1 S. 4 BDSG.[448]

---

445 Ebenso *Wybitul*, Hdb. Datenschutz, S. 476, der davon ausgeht, Datenabgleiche nach § 32d Abs. 3 BDSG-RegE unterlägen in aller Regel einer Vorabkontrolle; *Junker/Knigge/Pischel/Reinhart*, in: Rechtsanwalts-Hdb., § 48 Rn. 110; *Hornung*, Stellungnahme zum BDSG-RegE u.a., A-Drs. 17(4)252 D, S. 12; *Petri*, in: Simitis, BDSG, § 4d Rn. 34; *ULD*, Stellungnahme zum BDSG-RegE, Anm. zu § 32d Abs. 3 a.E., abrufbar unter: https://www.datenschutzzentrum.de/arbeitnehmer/20101012-stellungnahme.html. Auch der Gesetzentwurf der Fraktion *Bündnis 90/Die Grünen* geht davon aus, dass ein Datenscreening generell der Vorabkontrolle unterliegt. Das Datenscreening wird daher nach § 29 Abs. 1 S. 2 Nr. 4 BDatG als Regelbeispiel für die Pflicht zur Durchführung einer Vorabkontrolle erfasst. A.A. offenbar *Kock/Francke*, NZA 2009, S. 646 (650) und *Kock/Francke*, ArbRB 2009, S. 110 (112), die im Falle eines Datenscreenings lediglich von einer auf § 4f Abs. 5 BDSG und § 4g Abs. 1 Nr. 1 BDSG gestützten Pflicht zur frühzeitigen Unterrichtung des Datenschutzbeauftragten ausgehen. Auch die Formulierungsvorschläge des *BMI* gehen nicht von einer generellen Pflicht zur Vorabkontrolle bei der Durchführung von Datenscreenings aus, da sie in § 32d Abs. 3 S. 5 BDSG-E lediglich eine „Beteiligung" des Datenschutzbeauftragten vorsehen, während die automatisierten Datenverarbeitungsverfahren der §§ 32g Abs. 1, 32h Abs. 1 und 32i Abs. 1 BDSG-E ausdrücklich auf § 4d Abs. 5 BDSG verweisen, vgl. *BMI*, Formulierungsvorschläge v. 7.9.2011, S. 10, 12, abrufbar unter: http://www.arbrb.de/media/BeschDS_FV.pdf.
446 Zur Frage, ob es sich dabei um eine Rechtmäßigkeitsvoraussetzung handelt, vgl. *Klug*, RDV 2001, S. 12 (18); *Petri*, in: Simitis, BDSG, § 4d Rn. 40–42.
447 *Klug*, RDV 2001, S. 12 (14).
448 Ein Verstoß gegen die Bestellpflicht ist nach § 43 Abs. 1 Nr. 2 BDSG bußgeldbewehrt.

8. Personalisierung bei Verdachtsfall

Zeigt sich ein Verdachtsfall, dürfen die Daten gemäß § 32d Abs. 3 S. 2 BDSG-RegE personalisiert werden. Nach dem zweistufigen System des § 32d Abs. 3 BDSG-RegE findet eine Zuordnung der gewonnenen Daten zu bestimmten Beschäftigten nicht statt, wenn der Datenabgleich keine Auffälligkeiten ergibt. Nur wenn bei dem Datenscreening ein Verdachtsfall auftritt, der eine weitere Untersuchung erfordert, darf der Personenbezug sichtbar gemacht werden.[449] Die Anforderungen an den zur Personalisierung der betreffenden Daten berechtigenden Verdacht werden indes nicht präzisiert.[450]

a. Personalisierung als Datenerhebung?

Zur Konkretisierung der Anforderungen an einen Verdacht i.S.v. § 32d Abs. 3 S. 2 BDSG-RegE kommt eine Heranziehung des § 32e Abs. 2 Nr. 1 BDSG-RegE in Betracht. Führt das Datenscreening entgegen dem Wortlaut sowie der Überschrift[451] und Systematik des § 32d BDSG-RegE auch zu einer Daten*erhebung* und erfolgt diese obendrein heimlich, so sind die zusätzlichen Voraussetzungen des § 32e Abs. 2 BDSG-RegE zu beachten.

Unter „Erheben" ist nach § 3 Abs. 3 BDSG das Beschaffen von Daten über den Betroffenen zu verstehen. Erforderlich ist ein aktives, zielgerichtetes Handeln, das auf dem Willen der handelnden Person beruht.[452] Nicht unter „Erheben" fällt dagegen das Heraussuchen von Daten aus bereits vorhandenem Datenmaterial.[453] Hiermit sind die Vorgänge beim Datenscreening aber nicht zu vergleichen. Wie *Simitis* zutreffend ausführt, sind Daten „eine prinzipiell offene Informationsquelle, deren Ertrag [...] gerade mit Hilfe eines systematischen Data Mining fortwährend neu bestimmt werden kann".[454]

Ziel des Datenscreenings ist es, durch den Abgleich von vorhandenen Datenbeständen nach strukturierten Kriterien Anomalien zu ermitteln.[455] Im Falle des

---

449 *GDD*, Stellungnahme zum BDSG-RegE u.a., A-Drs. 17(4)252 B, S. 8; *DVD*, Stellungnahme zum BDSG-RegE, A-Drs. 17(4)252 G, S. 8.
450 *Körner*, AuR 2010, S. 416 (419); *Hjort*, AiB 2010, S. 639 (642); *DGB*, Stellungnahme zum BDSG-RegE, A-Drs. 17(4)252 A, S. 10; ebenso *Wedde*, Stellungnahme zum BDSG-RegE, A-Drs. 17(4)252 H, S. 14.
451 „*Datenverarbeitung und Nutzung* im Beschäftigungsverhältnis".
452 *Dammann*, in: Simitis, BDSG, § 3 Rn. 102.
453 *Dammann*, in: Simitis, BDSG, § 3 Rn. 102.
454 *Simitis*, in: Simitis, BDSG, Einl. Rn. 111.
455 *Salvenmoser/Hauschka*, NJW 2010, S. 331 (332).

Daten-Doubletten-Abgleichs liegen Auffälligkeiten vor, wenn Stammdaten von Beschäftigten und Lieferanten übereinstimmen, da dies mit erhöhter Wahrscheinlichkeit auf unlautere Vorgänge hindeutet.[456] Auch wenn sämtliche zum Datenscreening herangezogenen Datenbestände bereits beim Arbeitgeber vorlagen, war eine mögliche Datenübereinstimmung oder sonstige Anomalie nicht erkennbar, wenn die Datenbestände nicht miteinander in Bezug gesetzt wurden. Das Datenscreening dient dazu, im Wege einer zweckgeänderten Datenverarbeitung aus bereits vorhandenen Datenbeständen völlig neue, bislang unbekannte Erkenntnisse herauszufiltern und führt dadurch zu einem gesteigerten Informationsgehalt. Es macht Erkenntnisse sichtbar, die in den Ausgangsdatenbeständen bereits angelegt, bisher aber unsichtbar waren. Im zielgerechten „Heben" dieses Erkenntnisgewinns durch den Arbeitgeber mittels eines Datenscreenings liegt das willensgetragene Beschaffen neuer Daten und damit das „*Erheben*" (§ 3 Abs. 3 BDSG) von Daten über den Betroffenen.

Demnach stellt das Datenscreening nicht nur eine besondere Form der Datenverarbeitung dar, sondern es kann auch zur Erhebung neuer Beschäftigtendaten führen.[457] Maßgeblicher Zeitpunkt für die „*Erhebung*" ist die Personalisierung der Beschäftigtendaten im Falle eines Verdachts, da die gewonnenen Daten hierdurch einem konkreten Beschäftigten zugeordnet werden.

Auch die Regelungen der präventiven und repressiven Rasterfahndung zeigen, dass durch die Rasterfahndung über die herangezogenen Ausgangsdatenbestände hinaus neue Daten gewonnen werden. So sieht Art. 44 Abs. 6 S. 1 BayPAG[458] eine Löschungspflicht nicht nur für die übermittelten Daten, sondern auch für die „im Zusammenhang mit der Maßnahme zusätzlich angefallenen Daten" vor. Ebenso sind nach § 101 Abs. 8 StPO i.V.m. §§ 101 Abs. 1, 98a StPO personenbezogene Daten unverzüglich zu löschen, die im Zuge einer

---

456 *Kock/Francke*, NZA 2009, S. 646 (646 f.); *Kock/Francke*, ArbRB 2009, S. 110 (110 f.); *Bierekoven*, CR 2010, S. 203 (203).
457 In diese Richtung auch *Thüsing/Forst*, die den *heimlichen* Datenabgleich nur unter den einschränkenden Voraussetzungen des § 32e Abs. 2 BDSG-RegE für möglich halten, *Thüsing/Forst*, RDV 2011, S. 163 (168). A.A. *Heldmann*, DB 2010, S. 1235 (1238).
458 Vergleichbare Regelungen enthalten § 40 Abs. 4 PolG BW, § 47 Abs. 3 S. 1 ASOG Bln, § 46 Abs. 3 S. 1 BbgPolG, § 36i Abs. 4 S. 2 BremPolG, § 23 Abs. 3 S. 1 HmbPolDVG, § 26 Abs. 3 S. 1 HSOG, § 44 Abs. 3 S. 1 SOG MV, § 31 Abs. 3 S. 1 PolG NRW, § 38 Abs. 4 S. 1 POG RP, § 37 Abs. 3 S.1 SPolG, § 47 Abs. 3 S. 2 SächsPolG, § 31 Abs. 3 S. 1 SOG LSA, § 195a Abs. 4 S. 1 LVwG SH, § 44 Abs. 3 S. 1 ThürPAG.

repressiven Rasterfahndung erlangt wurden. Die Vorschrift meint damit Daten, die durch die spezielle Ermittlungsmaßnahme der Rasterfahndung neu erlangt wurden, da sich die Löschungspflicht für verwendete Ausgangsdaten bereits aus § 98b Abs. 3 S. 2 StPO ergibt.[459] Die Erhebung neuer Daten wird bei der Rasterfahndung erst im Rahmen der Datenlöschung relevant, da die Rechtsgrundlagen jeweils sowohl Befugnisse zur Erhebung der Ausgangsdaten als auch zu deren Verarbeitung (Rasterung) schaffen, die Datenerhebung folglich bereits im Verfahren der Rasterfahndung angelegt ist.[460]

Da durch die Personalisierung nach § 32d Abs. 3 S. 2 BDSG-RegE neue Beschäftigtendaten erhoben werden und dies im Regelfall des Datenscreenings ohne Kenntnis der Beschäftigten geschieht, werden die Anforderungen an den Verdacht durch § 32e Abs. 2 Nr. 1 BDSG-RegE konkretisiert. Danach muss ein auf Tatsachen gestützter Verdacht einer Straftat oder anderen schwerwiegenden Pflichtverletzung des Beschäftigten im Beschäftigungsverhältnis bestehen.[461] Führt das Datenscreening zu einem Trefferfall, so liegen tatsächliche Anhaltspunkte für schwerwiegende Pflichtverletzungen eines Beschäftigten vor.

b. Umfang der zulässigen Personalisierung

Im Trefferfall dürfen die Daten personalisiert werden. Aus § 32d Abs. 3 S. 2 BDSG-RegE ergeben sich jedoch keine Anhaltspunkte für das Verfahren und den Umfang der zulässigen Personalisierung. Erfolgt diese heimlich, so werden die Anforderungen durch § 32e Abs. 2 Nr. 2 BDSG-RegE konkretisiert. Danach dürfen die Beschäftigtendaten nur personalisiert werden, soweit sie zur Aufdeckung der Straftat oder anderen schwerwiegenden Pflichtverletzung erforderlich sind.[462] Nur in diesem Umfang darf der Personenbezug aufgedeckt werden.

Die Personalisierung erfolgt durch Anwendung des Zuordnungsschlüssels. Damit das durch eine Verschlüsselung der Beschäftigtendaten erreichte *Mehr* an

---

459 *Meyer-Goßner*, StPO, § 98b Rn. 6 f.; § 101 Rn. 27.
460 Vgl. *Welsing*, Rasterfahndung, S. 169; *Bull*, in: FS für Selmer, S. 29 (36).
461 Vgl. auch *Beckschulze/Natzel*, BB 2010, S. 2368 (2372), die im Rahmen des § 32d Abs. 3 S. 2 BDSG-RegE einen „konkreten Verdacht" fordern, ohne diesen jedoch auf § 32e Abs. 2 BDSG-RegE zu stützen.
462 Anders als für die Durchführung des Datenscreenings ist es für die Personalisierung unschädlich, dass § 32e Abs. 2 BDSG-RegE keine „wirkliche" Prävention ermöglicht, sondern von einer begangenen Ersttat ausgeht, da mit dem Auftreten eines Verdachtsfalles der präventive Bereich verlassen wird.

Datenschutz nicht relativiert wird[463], darf die unabhängige Stelle den Zuordnungsschlüssel nur in Verdachtsfällen herausgeben und auch nur, soweit dies zur Identifizierung der Verdachtsfälle erforderlich ist.[464] Da das Datenscreening selbst keine endgültige Klärung leisten kann, sondern lediglich Verdachtsfälle sichtbar macht, muss diesen im Wege weiterer Untersuchungen nachgegangen werden. Hierfür sind die Vorgaben des § 32e Abs. 5 BDSG-RegE zu beachten.

9. Dokumentationspflicht

Der Arbeitgeber wird durch § 32d Abs. 3 S. 3 BDSG-RegE verpflichtet, „die näheren Umstände", die ihn zur Durchführung eines Datenscreenings veranlassen, zu dokumentieren. Die Dokumentationspflicht bezieht sich im Gegensatz zu § 32 Abs. 1 S. 2 BDSG und § 32e Abs. 5 S. 2 BDSG-RegE nicht auf verdachtsbegründende tatsächliche Anhaltspunkte, da ein Datenscreening auch präventiv, ohne das Vorliegen eines konkreten Verdachts möglich sein soll.[465] Der systematische Zusammenhang mit § 32d Abs. 3 S. 2 BDSG-RegE sowie die gegenüber § 32e Abs. 5 S. 2 BDSG-RegE und § 32 Abs. 1 S. 2 BDSG abweichende Formulierung zeigen, dass „die näheren Umstände" noch keinen Verdachtsgrad erreicht haben müssen.[466] Der Wortlaut „die näheren Umstände" verdeutlicht jedoch auch, dass ein Datenscreening nicht völlig anlasslos und damit „ins Blaue hinein" durchgeführt werden darf. Es müssen vielmehr Gründe vorliegen, die den Arbeitgeber zur Durchführung des Datenscreenings bewogen haben.[467] Diese Gründe sind zu

---

463 Vgl. hierzu *Körner*, AuR 2010, S. 416 (419); *Tinnefeld/Petri/Brink*, MMR 2010, S. 727 (731).
464 *Heinson*, BB 2010, S. 3084 (3088); *Hornung*, Stellungnahme zum BDSG-RegE u.a., A-Drs. 17(4)252 D, S. 12. Die Einbindung einer unabhängigen Stelle in den Prozess der Pseudonymisierung und Personalisierung gewährleistet einen stärkeren Schutz der Beschäftigtendaten und ist damit geeignet, den Forderungen nach Verfahrensgarantien für die Personalisierung von Trefferfällen Rechnung zu tragen, vgl. *ULD*, Stellungnahme zum BDSG-RegE, Anm. zu § 32d Abs. 3 a.E., abrufbar unter: https://www.datenschutzzentrum.de/arbeitnehmer/20101012-stellungnahme.html.
465 Aus diesem Grund kann der Dokumentationspflicht des § 32d Abs. 3 S. 3 BDSG-RegE anders als im Falle des § 32 Abs. 1 S. 2 BDSG auch nicht entgegengehalten werden, sie führe zu einer Perpetuierung unbegründeter Verdachtsmomente, vgl. *Deutsch/Diller*, DB 2009, S. 1462 (1464); *Schmidt*, RDV 2009, S. 193 (197).
466 *Wybitul*, Hdb. Datenschutz, S. 476.
467 *Wybitul*, Hdb. Datenschutz, S. 476.

dokumentieren. Sie können sich etwa aus einer Risikoanalyse ergeben, die auf gefährdete Bereiche im Unternehmen hindeutet.[468]

a. Anforderungen an Dokumentation

Wie der Dokumentationspflicht nachzukommen ist, wird in § 32d Abs. 3 S. 3 BDSG-RegE nicht konkretisiert. Die Anforderungen müssen daher aus dem Zweck der Dokumentation und der Gesetzessystematik ermittelt werden. Die Dokumentation dient als Nachweis der Motivation des Arbeitgebers für die Durchführung eines Datenscreenings im Falle einer nachträglichen Rechtmäßigkeitskontrolle sowie als Berechtigungsnachweis gegenüber den betroffenen Beschäftigten.[469]

Nachdem § 32d Abs. 3 S. 3 BDSG-RegE für die Dokumentation keine zu beachtende Form vorsieht, liegt es grundsätzlich im Ermessen des Arbeitgebers, wie er seine Dokumentationspflicht erfüllt. Eine Dokumentation setzt voraus, dass etwas dergestalt festgehalten und aufbewahrt wird, dass es bei einer eventuellen späteren Überprüfung jederzeit abgerufen und zur Kontrolle herangezogen werden kann.[470] Dies erfordert zwar nicht die Wahrung der Schriftform, aber eine schriftliche Fixierung, die auch in elektronischer Form erfolgen kann.[471] Darüber hinaus weist die Entwurfsbegründung im Fall der Dokumentationspflichten aus § 32e Abs. 5 S. 2 und 3 BDSG-RegE ausdrücklich darauf hin, dass die Dokumentation schriftlich zu erfolgen hat.[472]

Zur Wahrung der Dokumentationspflicht sind inhaltlich keine hohen Anforderungen an die Dokumentation zu stellen. Dies ergibt sich daraus, dass deren Beachtung nicht durch einen Bußgeldtatbestand abgesichert wird. Der Zweck der Dokumentation zeigt aber, dass der Arbeitgeber ein eigenes Interesse daran hat, seiner Pflicht sorgfältig nachzukommen. Je gründlicher er die tragenden Erwägungen dokumentiert, die ihn zur Durchführung des Datenscreenings veranlassen, desto eher kann er im Falle einer nachträglichen Überprüfung die Rechtmäßigkeit seines Vorgehens nachweisen.[473]

---

468 *GDD*, Stellungnahme zum BDSG-RegE u.a., A-Drs. 17(4)252 B, S. 7.
469 *Tinnefeld/Petri/Brink*, MMR 2010, S. 727 (732); *Wybitul*, Hdb. Datenschutz, S. 476; *Zöll*, in: Taeger/Gabel, BDSG, § 32 Rn. 45; *Gola/Schomerus*, BDSG, § 32 Rn. 28.
470 *Wedde*, in: Däubler/Klebe/Wedde/Weichert, BDSG, § 32 Rn. 127; *Wybitul*, Hdb. Datenschutz, S. 476.
471 ErfK/*Wank*, § 32 BDSG Rn. 30; *Wedde*, in: Däubler/Klebe/Wedde/Weichert, BDSG, § 32 Rn. 127; so auch *Wybitul*, Hdb. Datenschutz, S. 476, der eine schriftliche oder elektronische Abfassung der Dokumentation empfiehlt.
472 BT-Drs. 17/4230, S. 19.
473 *Wybitul*, Hdb. Datenschutz, S. 476.

b. Maßgeblicher Zeitpunkt

Auch der maßgebliche Zeitpunkt der Dokumentation wird in § 32d Abs. 3 S. 3 BDSG-RegE nicht ausdrücklich angesprochen. Fraglich ist daher, ob die Dokumentation im Vorfeld des Datenscreenings zu erfolgen hat, oder auch noch nach dessen Durchführung vorgenommen werden kann.

Gegen eine Dokumentationspflicht vor Durchführung des Datenscreenings spricht der Wortlaut des § 32e Abs. 5 S. 2 und 3 BDSG-RegE, wonach die im Falle des § 32e Abs. 2 BDSG-RegE erforderlichen, verdachtsbegründenden Tatsachen vor der Datenerhebung zu dokumentieren sind und die näheren Umstände der Datenerhebung unverzüglich danach.[474] Hätten die Entwurfsverfasser eine Dokumentation vor Durchführung des Datenscreenings beabsichtigt, wäre dies im Wortlaut des § 32d Abs. 3 S. 3 BDSG-RegE ebenfalls klar zum Ausdruck gebracht worden.

Auch wenn dies nicht der Fall ist, deutet der Wortlaut des § 32d Abs. 3 S. 3 BDSG-RegE doch darauf hin, dass die Beweggründe für die Durchführung des Datenscreenings im Vorfeld der Maßnahme zu dokumentieren sind.[475]

Ebenso spricht ein systematischer Vergleich mit § 32e Abs. 5 S. 2 BDSG-RegE für eine Dokumentationspflicht im Vorfeld des Datenscreenings. Während das Vorliegen verdachtsbegründender Tatsachen die Anlassschwelle für eine Datenerhebung nach § 32e Abs. 2 BDSG-RegE darstellt, enthält der Wortlaut des § 32d Abs. 3 S. 1 BDSG-RegE keine Anlassschwelle für die Durchführung des Datenscreenings. Die Dokumentationspflicht des § 32d Abs. 3 S. 3 BDSG-RegE zeigt jedoch, dass ein Datenscreening nicht konturlos möglich ist. Vielmehr muss das Vorliegen von „Umständen" im Vorfeld des Datenscreenings den Arbeitgeber zu dessen Durchführung veranlasst haben. Die erforderlichen „Umstände" wirken sich somit als – wenn auch niedrige – Anlassschwelle aus. Somit sind sie ebenso wie die „den Verdacht begründenden Tatsachen" im Falle des § 32e Abs. 5 S. 2 BDSG-RegE vorab zu dokumentieren.

Schließlich spricht auch der Zweck der Dokumentation, einer Rechtmäßigkeitsüberprüfung zu dienen, für eine Dokumentation im Vorfeld des Datenscreenings. Die Umstände, die den Arbeitgeber zur Durchführung eines Datenscreenings veranlassen, müssen im Vorfeld vorliegen und dürfen sich nicht erst im Zuge des Datenscreenings ergeben. Da es auch im Rahmen einer Rechtmäßigkeitsüberprüfung

---

474 BT-Drs. 17/4230, S. 19.
475 Vgl. den Wortlaut des § 32d Abs. 3 S. 3 BDSG-RegE: „[…] die ihn zu einem Abgleich nach Satz 1 *veranlassen* […]".

auf die Motivation des Arbeitgebers im Vorfeld des Datenscreenings ankommt, muss die Dokumentation auch zu diesem Zeitpunkt erfolgen, um nicht Gefahr zu laufen, dass Umstände in die Dokumentation einfließen, die sich erst aus dem Datenscreening ergeben.[476]

Somit hat die Dokumentation der näheren Umstände vorab zu erfolgen, wenngleich an eine Verletzung der Dokumentationspflicht, insbesondere durch verspätete Dokumentation, keine unmittelbaren Rechtsfolgen geknüpft sind.[477] Sie kann aber zu einer Minderung des Beweiswertes der Dokumentation führen.

10. Unterrichtungspflicht

Das Bundesverfassungsgericht hat im „Volkszählungsurteil" klargestellt, dass es zur Absicherung des Rechts auf informationelle Selbstbestimmung verfahrensrechtlicher Schutzvorkehrungen bedarf.[478] Als solche sieht es Aufklärungs-, Auskunfts- und Löschungspflichten an.[479] Eine Aufklärungspflicht stellt auch die datenschutzrechtliche Benachrichtigungspflicht des § 33 BDSG dar.[480] Für die Unterrichtungspflicht aus § 32d Abs. 3 S. 4 BDSG-RegE kann nichts anderes gelten, da sie dem gleichen Zweck dient. Sowohl Benachrichtigungs- als auch Unterrichtungspflichten haben zur Aufgabe, die erforderliche Transparenz der Datenverarbeitung zu gewährleisten.[481] Denn nur wer Kenntnis von einer Datenverarbeitung hat, wird in die Lage versetzt, eine nachträgliche Rechtmäßigkeitskontrolle herbeizuführen und etwaige Rechte auf Löschung,

---

476 Die Pflicht zur Vorab-Dokumentation entspricht der Forderung des *BlnBDI*, vgl. *BlnBDI*, Jahresbericht 2010, abrufbar unter: http://www.datenschutz-berlin.de/content/veroeffentlichungen/jahresberichte/bericht-10.
477 Die Bundesregierung geht hinsichtlich der Dokumentationspflicht aus § 32d Abs. 3 S. 3 BDSG-RegE von einer jährlichen Fallzahl von 17.790 aus, woraus der Wirtschaft voraussichtlich Kosten in Höhe von 477.000 Euro entstehen werden, vgl. BT-Drs. 17/4230, S. 13.
478 BVerfGE 65, 1 (46).
479 BVerfGE 65, 1 (46).
480 Vgl. *Dix*, in: Simitis, BDSG, § 33 Rn. 2; *Bergmann/Möhrle/Herb*, BDSG, § 33 Rn. 10.
481 Für die Benachrichtigungspflicht des § 33 BDSG *Roßnagel*, in: Roßnagel, Hdb. Datenschutzrecht, Kap. 3.4 Rn. 51; *Däubler*, in: Däubler/Klebe/Wedde/Weichert, BDSG, § 33 Rn. 1; *Bergmann/Möhrle/Herb*, BDSG, § 33 Rn. 9; *Wohlgemuth*, Datenschutz für Arbeitnehmer, Rn. 538. Für die Unterrichtungspflicht aus § 32d Abs. 3 S. 4 BDSG-RegE vgl. BT-Drs. 17/4230, S. 18.

Berichtigung oder Genugtuung geltend zu machen.[482] Den Transparenzpflichten kommt im System des Selbstdatenschutzes[483] überragende Bedeutung zu, da nur durch Information des Betroffenen effektiver Rechtsschutz gewährleistet werden kann.[484] Ohne Transparenz würde die betroffene Person dagegen „faktisch rechtlos gestellt".[485]

Wird ein Datenscreening durchgeführt, so sind die Beschäftigten nach § 32d Abs. 3 S. 4 BDSG-RegE über Inhalt, Umfang und Zweck des automatisierten Abgleichs zu unterrichten, sobald der Zweck durch die Unterrichtung nicht mehr gefährdet wird.[486]

Der Wortlaut des § 32d Abs. 3 S. 4 BDSG-RegE orientiert sich nicht an § 33 BDSG als zentraler Regelung der Benachrichtigungspflichten im Bundesdatenschutzgesetz. Zwar lässt § 33 Abs. 2 S. 1 Nr. 7b BDSG die Benachrichtigungspflicht im Falle einer erheblichen Gefährdung von Geschäftszwecken entfallen.

---

482 *Tinnefeld/Petri/Brink*, MMR 2010, S. 727 (732); *Roßnagel*, in: Roßnagel, Hdb. Datenschutzrecht, Kap. 3.4 Rn. 50; *Gola/Schomerus*, BDSG, § 33 Rn. 20; *Meents*, in: Taeger/Gabel, BDSG, § 33 Rn. 3; *Bergmann/Möhrle/Herb*, BDSG, § 33 Rn. 9; vgl. auch BVerfG v. 12.10.2011 – 2 BvR 236/08, 2 BvR 237/08 und 2 BvR 422/08, NJW 2012, S. 833 (838); BVerfGE 125, 260 (334 f.); BVerfGE 120, 351 (361); BVerfGE 109, 279 (363); BVerfGE 100, 313 (361).

483 Hierzu *Dix*, in: Simitis, BDSG, § 33 Rn. 2; *Roßnagel*, in: Roßnagel, Hdb. Datenschutzrecht, Kap. 3.4 Rn. 49.

484 BVerfG v. 12.10.2011 – 2 BvR 236/08, 2 BvR 237/08 und 2 BvR 422/08, NJW 2012, S. 833 (838); BVerfGE 125, 260 (334 f.); BVerfGE 120, 351 (361); BVerfGE 109, 279 (363); BVerfGE 100, 313 (361).

485 So *Roßnagel*, in: Roßnagel, Hdb. Datenschutzrecht, Kap. 3.4 Rn. 50 a.E.

486 Eine ähnliche Formulierung der Unterrichtungspflicht findet sich in § 32e Abs. 5 S. 5 BDSG-RegE. Der Gesetzentwurf der Bundesregierung sieht in der bereichsspezifischen Regelung des Beschäftigtendatenschutzes insgesamt 18 neu einzuführende Benachrichtigungspflichten für Arbeitgeber vor, vgl. BT-Drs. 17/4230, S. 2, 12 f. Die Bundesregierung beziffert die im Zuge der Einführung der Benachrichtigungspflichten entstehenden einmaligen Umstellungskosten für die Wirtschaft auf 10,3 Mio. Euro sowie die fortlaufenden jährlichen Kosten auf 9,49 Mio. Euro, vgl. BT-Drs. 17/4230, S. 12–14. Der Nationale Normenkontrollrat hat die durch Informationspflichten entstehenden Bürokratiekosten nicht beanstandet, regt aber eine Evaluation der Informationspflichten zwei Jahre nach Inkrafttreten des Gesetzes an, vgl. BT-Drs. 17/4230, S. 25. Den Unternehmen entstünde durch die geplante Vielzahl neuer Benachrichtigungspflichten ein erheblicher bürokratischer Aufwand. Angesichts der Bedeutung von Transparenz bei der Datenverarbeitung als verfahrensrechtlicher Schutzvorkehrung des Rechts auf informationelle Selbstbestimmung ist die damit verbundene Belastung der Unternehmen hinzunehmen.

Hieran knüpft § 32d Abs. 3 S. 4 BDSG-RegE aber nicht an, da es dort um eine zeitliche Verschiebung, nicht aber um ein vollständiges Entfallen der Benachrichtigungspflicht geht.

Die Norm greift vielmehr die Formulierung der im Zusammenhang mit Maßnahmen präventiver oder repressiver Rasterfahndung bestehenden Unterrichtungspflichten auf.[487] So sieht etwa Art. 44 Abs. 5 S. 1 BayPAG im Falle der präventiv-polizeilichen Rasterfahndung eine Benachrichtigung vor, sobald dies ohne Gefährdung des Untersuchungszwecks der Maßnahme geschehen kann.[488] Im Falle der repressiven Rasterfahndung nach § 98a StPO hat gemäß § 101 Abs. 5 S. 1 i.V.m. Abs. 1 StPO ebenso eine Benachrichtigung zu erfolgen, sobald dies ohne Gefährdung des Untersuchungszwecks möglich ist.[489]

a. Zuständigkeit und Form

Die Frage, wer für die Unterrichtung der Beschäftigten zuständig ist, wird von § 32d Abs. 3 S. 4 BDSG-RegE nicht ausdrücklich beantwortet. Die Unterrichtungspflicht könnte einerseits den Arbeitgeber treffen. Sofern der Arbeitgeber das Datenscreening durchführt, liegt es nahe, dass diesem auch die Pflicht zur Unterrichtung der Beschäftigten obliegt. Andererseits zeigt § 32d Abs. 4 S. 1 BDSG-RegE, dass eine Durchführung des Datenscreenings durch Dritte im Auftrag des Arbeitgebers ebenso möglich ist. Sieht man die Benachrichtigungspflicht als Kehrseite der Durchführung des Datenscreenings an, so könnte sie auch Dritte treffen.

Für eine Unterrichtung durch den Arbeitgeber spricht der systematische Zusammenhang von § 32d Abs. 3 S. 3 und 4 BDSG-RegE. Die Dokumentationspflicht trifft nach § 32d Abs. 3 S. 3 BDSG-RegE den Arbeitgeber. Dokumentations- und Unterrichtungspflicht stellen gemeinsam verfahrensrechtliche Schutzvorkehrungen dar, die dem Transparenzgebot Rechnung tragen[490] und zur Wahrung des Rechts auf informationelle Selbstbestimmung verfassungsrechtlich geboten sind.[491] Da beide Pflichten dem gleichen

---

487 *DVD*, Stellungnahme zum BDSG-RegE u.a., A-Drs. 17(4)252 G, S. 8.
488 Vergleichbare Benachrichtigungspflichten enthalten § 40 Abs. 5 Nr. 1 PolG BW, § 46 Abs. 5 S. 1 BbgPolG, § 23 Abs. 5 HmbPolDVG, § 26 Abs. 5 S. 1 HSOG, § 31 Abs. 5 S. 1 PolG NRW, § 31 Abs. 5 S. 1 SOG LSA und § 195a Abs. 5 S. 1 LVwG SH.
489 Zur Verfassungskonformität des § 101 Abs. 4–6 StPO vgl. BVerfG v. 12.10.2011 – 2 BvR 236/08, 2 BvR 237/08 und 2 BvR 422/08, NJW 2012, S. 833 (838–840).
490 BT-Drs. 17/4230, S. 18.
491 *Däubler*, in: Däubler/Klebe/Wedde/Weichert, BDSG, § 33 Rn. 1; *Gola/Schomerus*, BDSG, § 33 Rn. 1 f., § 43 Rn. 12.

Schutzzweck dienen, sind sie im Zusammenhang zu betrachten. Somit könnte die Unterrichtungspflicht ebenso wie die Dokumentationspflicht dem Arbeitgeber obliegen. Dafür spricht auch die Begründung des Gesetzentwurfs, die sowohl die Dokumentations- als auch die Unterrichtungspflicht als Pflichten des Arbeitgebers ansieht.[492] Ebenso regelt § 32i Abs. 2 S. 3 BDSG-RegE die Unterrichtung ausdrücklich als Pflicht des Arbeitgebers. Dies wird auch durch einen Vergleich mit § 33 Abs. 1 BDSG bestätigt. Im Regelungsbereich des § 33 Abs. 1 BDSG trifft die Benachrichtigungspflicht die „verantwortliche Stelle" i.S.v. § 27 Abs. 1 BDSG.[493] Darunter sind nach der Begriffsdefinition des § 3 Abs. 7 BDSG Personen oder Stellen zu verstehen, die personenbezogene Daten für sich selbst erheben, verarbeiten oder nutzen oder dies durch andere im Auftrag vornehmen lassen. Nach § 27 Abs. 3 BDSG-RegE wird der Umgang mit Beschäftigtendaten durch den Arbeitgeber insbesondere in dem im Anschluss an § 31 BDSG neu einzufügenden „zweiten Unterabschnitt" speziell geregelt. Im Bereich der Verarbeitung von Beschäftigtendaten wird der Arbeitgeber damit zur „verantwortlichen Stelle". Darüber hinaus zeigt § 3 Abs. 7 BDSG, dass die Unterrichtungspflicht auch im Falle der Auftragsdatenverarbeitung bei dem Arbeitgeber als „Herr der Daten"[494] verbleibt.

Da der Arbeitgeber das Datenscreening veranlasst und es mit Daten aus dessen Datenbeständen durchgeführt wird, ist es sachgerecht, die Unterrichtungspflicht als originäre Pflicht des Arbeitgebers anzusehen. Daraus folgt aber nicht, dass er dieser Pflicht nur selbst oder durch eigene Mitarbeiter nachkommen kann. Im Falle der Auftragsdatenverarbeitung kann der Arbeitgeber auch den Auftragnehmer mit der Unterrichtung der Beschäftigten betrauen.[495]

Die Unterrichtungspflicht des § 32d Abs. 3 S. 4 BDSG-RegE sieht kein Formerfordernis vor. Es liegt somit im Ermessen des Arbeitgebers, welche Form er für die Unterrichtung der Beschäftigten wählt.[496] Die Unterrichtung könnte grundsätzlich auch mündlich erfolgen.[497] Eine Verletzung der Unterrichtungspflicht ist jedoch durch § 43 Abs. 1 Nr. 7c BDSG-RegE bußgeldbewehrt. Insofern empfiehlt

---

492 BT-Drs. 17/4230, S. 18.
493 Vgl. auch § 33 Abs. 2 S. 2 BDSG.
494 So *Däubler*, in: Däubler/Klebe/Wedde/Weichert, BDSG, § 33 Rn. 10.
495 *Däubler*, in: Däubler/Klebe/Wedde/Weichert, BDSG, § 33 Rn. 11.
496 *Gola/Schomerus*, BDSG, § 33 Rn. 18; *Meents*, in: Taeger/Gabel, BDSG, § 33 Rn. 19.
497 *Dix*, in: Simitis, BDSG, § 33 Rn. 34; *Gola/Schomerus*, BDSG, § 33 Rn. 18.

sich bereits aus Gründen der besseren Beweisbarkeit eine schriftliche Unterrichtung der Beschäftigten.[498]

b. Maßgeblicher Zeitpunkt

Die Unterrichtung hat zu erfolgen, sobald der Zweck des Datenscreenings durch die Unterrichtung nicht mehr gefährdet wird, § 32d Abs. 3 S. 4 BDSG-RegE.[499] Der Terminus „sobald" bringt zum Ausdruck, dass für die Unterrichtung der frühestmögliche Zeitpunkt gewählt werden muss. Sie darf nur zurückgestellt werden, solange die Erreichung des Untersuchungszwecks gefährdet ist. Dies verdeutlicht, dass es sich bei einem Datenscreening nicht um eine gänzlich heimliche Maßnahme handelt. Wird es nicht „offen"[500] durchgeführt, ist es vielmehr temporär heimlich, solange der Pflicht zur Unterrichtung aufgrund deren berechtigter Zurückstellung nicht nachgekommen wird.

Für die Rechtzeitigkeit einer Unterrichtung der Beschäftigten kommt es maßgeblich darauf an, wann eine Gefährdung des Untersuchungszwecks ausgeschlossen werden kann. Die Wahl des richtigen Zeitpunktes der Unterrichtung ist von großer Bedeutung, da bereits eine verspätete Unterrichtung die Bußgeldpflicht des § 43 Abs. 1 Nr. 7c BDSG-RegE auslöst.[501]

Der Zweck des Datenscreenings besteht nach § 32d Abs. 3 S. 1 BDSG-RegE in der Aufdeckung von Straftaten oder anderen schwerwiegenden Pflichtverletzungen durch Beschäftigte im Beschäftigungsverhältnis. Darüber hinaus erfasst die erlaubte Zweckbestimmung aber auch deren *Verhinderung*, was sich

---

498 *Bergmann/Möhrle/Herb*, BDSG, § 33 Rn. 31; *Däubler*, in: Däubler/Klebe/Wedde/Weichert, BDSG, § 33 Rn. 16; *Gola/Schomerus*, BDSG, § 33 Rn. 18; *Dix*, in: Simitis, BDSG, § 33 Rn. 35; *Meents*, in: Taeger/Gabel, BDSG, § 33 Rn. 19.

499 Einschränkungen der Unterrichtungspflicht müssen „[…] klar und für den Bürger erkennbar [sein] und damit dem rechtsstaatlichen Gebot der Normenklarheit [entsprechen].", BVerfGE 65, 1 (44); vgl. auch *Bergmann/Möhrle/Herb*, BDSG, § 33 Rn. 10. Die vergleichbare Ausgestaltung der strafprozessualen Benachrichtigungspflicht des § 101 Abs. 5 S. 1 StPO, die gemäß § 101 Abs. 1 StPO auch für repressive Rasterfahndungen nach § 98a StPO Anwendung findet, hat das BVerfG nicht beanstandet, vgl. BVerfG v. 12.10.2011 – 2 BvR 236/08, 2 BvR 237/08 und 2 BvR 422/08, NJW 2012, S. 833 (839 f.).

500 D.h. mit Kenntis der Beschäftigten.

501 Während sich in den der Bußgeldpflicht aus § 43 Abs. 1 Nr. 4a oder Nr. 7b BDSG zu Grunde liegenden Fällen dem Gesetz klar entnehmen lässt, wann eine Rechtzeitigkeit nicht mehr vorliegt, verbleibt im Falle des § 32d Abs. 3 S. 4 BDSG-RegE angesichts der Formulierung „[…] sobald der Zweck durch die Unterrichtung nicht mehr gefährdet wird" Auslegungsspielraum.

aus dem systematischen Zusammenhang mit § 32d Abs. 3 S. 2 BDSG-RegE, dem Regelungszweck sowie der Entstehungsgeschichte des Gesetzentwurfs ergibt.[502] Fraglich ist, nach welchen Kriterien eine Gefährdung des Untersuchungszwecks zu bestimmen ist.

aa. Subjektive Bestimmung

Denkbar wäre zunächst, von einer Einschätzungsprärogative des Arbeitgebers auszugehen. Dieser könnte nach seinen subjektiven Maßstäben darüber befinden, wann eine Gefährdung des Untersuchungszwecks ausgeschlossen werden kann. In der Regel wird der Arbeitgeber hierfür den spätestmöglichen Zeitpunkt wählen. Die Unterrichtungspflicht bezweckt jedoch, die Transparenz des Datenscreenings zu gewährleisten. Hierfür müssen strenge Maßstäbe gelten, da § 32d Abs. 3 S. 1 BDSG-RegE den Arbeitgeber zu einer zweckgeänderten Datenverarbeitung ermächtigt, die Daten also zu einem anderen als dem ursprünglichen Erhebungszweck verarbeitet werden dürfen. Darüber hinaus wird die gebotene Transparenz nach § 32d Abs. 3 S. 4 BDSG-RegE bereits unter Berücksichtigung des Untersuchungszwecks zeitlich nach hinten verlagert, da das Datenscreening zunächst heimlich durchgeführt werden kann. Überließe man dem Arbeitgeber die Bestimmung des Unterrichtungszeitpunktes nach subjektiven Kriterien, so drohte das verfassungsrechtlich verbürgte Transparenzgebot[503] unterlaufen zu werden. Auch die bußgeldbewehrte nicht rechtzeitige Unterrichtung nach § 43 Abs. 1 Nr. 7c BDSG-RegE ließe sich nur schwer nachweisen. Im Übrigen drohten dann Abgrenzungsschwierigkeiten zwischen nicht rechtzeitiger und unterbliebener Unterrichtung. Daher ist die Unterrichtungspflicht nicht zur zeitlichen Disposition des Arbeitgebers zu stellen. Der Zeitpunkt der Unterrichtung ist vielmehr nach objektiven und im Hinblick auf den Bußgeldtatbestand nachprüfbaren Kriterien zu bemessen, die sich am Zweck des Datenscreenings orientieren.

bb. Objektive Bestimmung

Auch nach objektiven Maßstäben kommen jedoch mehrere Anknüpfungspunkte für eine Gefährdung des Untersuchungszwecks in Betracht. Bei einem weiten Begriffsverständnis wäre eine solche denkbar, solange eine Unterrichtung die Effektivität der Ermittlungsmaßnahme an sich, also auch bei potentiellen

---

502 Vgl. o., S. 61 ff.
503 BVerfGE 65, 1 (46).

zukünftigen Einsätzen gefährden könnte.⁵⁰⁴ Dieser Gedanke liegt § 101 Abs. 5 S. 1 StPO zu Grunde, wonach die Benachrichtigung über den Einsatz eines verdeckten Ermittlers auch unter Berücksichtigung der Möglichkeit des weiteren Einsatzes des verdeckten Ermittlers zurückgestellt werden darf.⁵⁰⁵ Dieser weiten Auslegung steht jedoch bereits der Wortlaut des § 32d Abs. 3 S. 4 BDSG-RegE entgegen, wonach sich der zu sichernde Zweck nach dem konkreten Datenscreening im Einzelfall richtet, nicht dagegen nach der allgemeinen Ermittlungsmethode.⁵⁰⁶ Auch der Zweck der Unterrichtungspflicht, dem Transparenzgebot zur Durchsetzung zu verhelfen, widerspricht dieser Auslegung. Im Gegensatz zu den Vorschriften der präventiven und repressiven Rasterfahndung enthält § 32d Abs. 3 S. 4 BDSG-RegE auch keine zeitliche Grenze für die Zurückstellung der Unterrichtung.⁵⁰⁷ Somit wäre eine zeitliche Zurückstellung der Unterrichtung entgegen dem Wortlaut „sobald" und der Sanktionsnorm des § 43 Abs. 1 Nr. 7c BDSG-RegE unbegrenzt möglich. Eine Gefährdung des Untersuchungszwecks kann daher nicht mit einer Gefährdung der Effektivität bei zukünftigen Anwendungsfällen gleichgesetzt werden. Maßgeblich ist vielmehr der Untersuchungszweck des konkret durchgeführten Datenscreenings.⁵⁰⁸

Bei restriktiver Auslegung könnte man davon ausgehen, der Untersuchungszweck sei bereits dann nicht mehr gefährdet, nachdem die nötigen Daten aus ihren Quellen in ein Analysesystem kopiert wurden.⁵⁰⁹ Dafür spricht, dass die Daten mit der Einspeisung in das Analysesystem dem manipulativen Eingriff Dritter in den Quelldatenbestand entzogen sind, das Datenscreening also in der Folge auf gesicherter Datengrundlage ungehindert ablaufen kann. Zwar begründet § 43 Abs. 1 Nr. 7c BDSG-RegE eine Bußgeldpflicht

---

504 *DVD*, Stellungnahme zum BDSG-RegE, A-Drs. 17(4)252 G, S. 8.
505 Vgl. BVerfG v. 12.10.2011 – 2 BvR 236/08, 2 BvR 237/08 und 2 BvR 422/08, NJW 2012, S. 833 (840). Das BVerfG hält diesen Zurückstellungsgrund für „hinreichend gewichtig, um eine gesetzliche Beschränkung der Benachrichtigungspflicht zu rechtfertigen".
506 „[…] über Inhalt, Umfang und *Zweck des* automatisierten Abgleichs zu unterrichten, sobald *der Zweck* […]", § 32d Abs. 3 S. 4 BDSG-RegE.
507 Dagegen ist für die Zurückstellung der Benachrichtigung nach § 101 Abs. 6 S. 1 StPO und Art. 44 Abs. 5 S. 3 BayPAG eine gerichtliche Überprüfung nach 12 bzw. 24 Monaten vorgesehen.
508 Vgl. zur gebotenen engen Auslegung des Begriffs der „Gefährdung des Untersuchungszwecks" im Rahmen der repressiven Rasterfahndung *Wolter*, in: SK-StPO, § 101 Rn. 29.
509 So *Heinson/Sörup/Wybitul*, CR 2010, S. 751 (755).

bei nicht rechtzeitiger Unterrichtung. Daraus kann aber nicht abgeleitet werden, dass der Unterrichtungszeitpunkt aus Gründen der Haftungsvermeidung unnatürlich nach vorne verlegt werden sollte. Treten bei der Durchführung des Datenscreenings technische Probleme auf, die es erforderlich machen, die zu überprüfenden Datenbestände erneut aus der Personaldatenbank zu extrahieren, so zeigt dieser – hypothetische – Fall, dass nach Abschluss des Kopiervorgangs und Einspeisung der Daten in das Analysesystem eine Gefährdung des Untersuchungszwecks nicht bereits mit Sicherheit ausgeschlossen werden kann. Eine verbleibende Unsicherheit hinsichtlich der Erreichung des Untersuchungszwecks wird dem Arbeitgeber aber nicht zugemutet. Folglich kommt die Dateneinspeisung in das Analysesystem als Anknüpfungszeitpunkt für die Unterrichtungspflicht nicht in Betracht. Dies wird auch durch einen Vergleich mit § 101 Abs. 5 S. 1 i.V.m. Abs. 1 StPO bestätigt, der eine Benachrichtigung verlangt, sobald dies ohne Gefährdung des Untersuchungszwecks möglich ist. Eine Unterrichtung kommt danach nicht in Betracht, solange noch zu erwarten steht, dass mit der Rasterfahndung nach § 98a StPO Beweismittel aufgefunden werden können.[510] Auch hier wird die Benachrichtigungspflicht nicht bereits mit der Aussonderung der Daten bei der speichernden Stelle und der Einspeisung in das Analysesystem ausgelöst. Eine Gefährdung des Untersuchungszwecks ist jedenfalls dann ausgeschlossen, wenn die Ergebnisse des Datenscreenings vorliegen, Trefferfälle personalisiert und auf dieser Grundlage weitere Ermittlungen zur Erhärtung oder Entkräftung des nun bestehenden Verdachts durchgeführt werden.[511]

Das Datenscreening kann aus umfangreichen Datenbeständen, die bei manueller Prüfung nicht mehr handhabbar wären, nach festgelegten Kriterien Anomalien ermitteln. Die Ergebnisse des Datenscreenings liefern aber keine Beweise für Rechtsverstöße der Beschäftigten, sie identifizieren vielmehr Abweichungen von zu erwartenden Ergebnissen.[512] Derartige Abweichungen können auf Regelverstößen oder kriminellen Verhaltensweisen der Beschäftigten beruhen.[513] Sie können aber auch plausible andere Ursachen haben, die zwar bei regelkonformem Verhalten mit geringerer Wahrscheinlichkeit zu erwarten waren, aber auch nicht vollständig ausgeschlossen werden können. Daher müssen die im Zuge des Datenscreenings ermittelten Trefferfälle in einem zweiten Ermittlungsschritt

---

510 *Meyer-Goßner*, StPO, § 101 Rn. 19; *Wolter*, in: SK-StPO, § 101 Rn. 29.
511 *Heinson/Sörup/Wybitul*, CR 2010, S. 751 (755).
512 Vgl. o., S. 4 f.
513 *Joussen*, in: Schmidt (Hrsg.), Jahrbuch des Arbeitsrechts, Band 47, S. 69 (80).

dahingehend untersucht werden, ob sich die den Trefferfällen zu Grunde liegende Annahme bestätigt, oder das auffällige Ergebnis auf anderen, nicht zu beanstandenden Gründen beruht. Bestätigt sich bei diesen Untersuchungen der mit Hilfe des Datenscreenings gewonnene Verdacht, können auf Grund dieser zusätzlichen Erkenntnisse arbeits- oder strafrechtliche Maßnahmen ergriffen werden.

Eine Zurückstellung der Unterrichtung bis zur endgültigen Aufklärung der Straftat ist mit § 32d Abs. 3 S. 4 BDSG-RegE aber nicht zu vereinbaren. Der Regelung des § 32d Abs. 3 BDSG-RegE liegt keine zweistufige Ermittlungsmethode dergestalt zu Grunde, dass die mit Hilfe des Datenscreenings gewonnenen Erkenntnisse in einem weiteren Ermittlungsschritt erhärtet oder entkräftet werden. Die Norm hat mit der technischen Ermittlungsmaßnahme des automatisierten Datenabgleichs vielmehr nur die erste Ermittlungsstufe zum Gegenstand. Ihr Zweck liegt nach § 32d Abs. 3 S. 1 BDSG-RegE in der „Aufdeckung" von Straftaten oder anderen schwerwiegenden Pflichtverletzungen sowie in deren Verhinderung. In beiden Fällen dient das Datenscreening dem Auffinden von Verdachtsfällen, § 32d Abs. 3 S. 2 BDSG-RegE. Die endgültige „Aufklärung" potentieller Straftaten oder anderer schwerwiegender Pflichtverletzungen wird vom Zweck der Norm nicht erfasst.[514] Auch die Ausdehnung des Unterrichtungszeitpunktes dahingehend, dass zunächst den durch Trefferfälle entstandenen Verdachtsmomenten nachgegangen wird, um diese zu erhärten oder zu entkräften, ist zur Sicherung des Untersuchungszwecks nicht erforderlich und wird von § 32d Abs. 3 S. 4 BDSG-RegE nicht gedeckt.[515] Darüber hinaus kommt es selbst für die Zurückstellung der Benachrichtigungspflicht im Zuge einer repressiven Rasterfahndung nicht auf die weitere oder endgültige Aufklärung einer Straftat an, sondern auf die Eignung der Rasterfahndung zur Beweisgewinnung.[516] Im Falle des Datenscreenings ist die Eignung zur Verdachtsgewinnung mit dessen Abschluss beendet.

Folglich ist für den Zeitpunkt der Unterrichtung maßgeblich auf den Abschluss des Datenscreenings abzustellen. Dieses ist abgeschlossen, wenn die damit gewonnenen Erkenntnisse in Form von personalisierten Trefferfällen vorliegen. Ergeben sich Trefferfälle und wurden die betroffenen Daten personalisiert, so ist der im Auffinden von Verdachtsfällen bestehende Zweck der Maßnahme mit Sicherheit nicht mehr gefährdet. Sobald die generierten Trefferfälle konkreten Beschäftigten zugeordnet werden können, wird die

---

514 *Heinson/Sörup/Wybitul*, CR 2010, S. 751 (755).
515 So zutreffend *Heinson/Sörup/Wybitul*, CR 2010, S. 751 (755).
516 *Meyer-Goßner*, StPO, § 101 Rn. 19; *Wolter*, in: SK-StPO, § 101 Rn. 29.

Unterrichtungspflicht des § 32d Abs. 3 S. 4 BDSG-RegE ausgelöst.[517] Ihr ist dann unverzüglich im Sinne von § 121 BGB nachzukommen.[518] Dieser Zeitpunkt ist auch im Hinblick auf den Bußgeldtatbestand des § 43 Abs. 1 Nr. 7c BDSG-RegE sachgerecht. Er gewährleistet einerseits, dass die Beschäftigten frühzeitig über die erfolgte Datenverarbeitung unterrichtet werden. Andererseits gesteht er dem Arbeitgeber die nötige Zeit zu, um die Erreichung des Untersuchungszwecks zu sichern, wenn die verspätete Unterrichtung schon eine Bußgeldpflicht auslösen kann.

Somit entsteht die Unterrichtungspflicht, sobald die positiven Ergebnisse des Datenscreenings in Form von personalisierten Trefferfällen vorliegen, auf deren Grundlage zur Erhärtung oder Entkräftung des entstandenen Verdachts sodann weitere Untersuchungshandlungen durchgeführt werden.

c. *Zu unterrichtender Personenkreis*

Adressat der Benachrichtigung über den Datenabgleich sind nach § 32d Abs. 3 S. 4 BDSG-RegE „die Beschäftigten". Fraglich ist, wie weit dieser in Bezug genommene Personenkreis zu ziehen ist.

Nach dem denkbar weitesten Begriffsverständnis sind unter „die Beschäftigten" alle Beschäftigten des Arbeitgebers zu verstehen. Die Herstellung umfassender Transparenz unabhängig von einer individuellen Betroffenheit spräche zwar für eine offene Unternehmenskultur und könnte zu einer Erhöhung der Akzeptanz von Ermittlungsmaßnahmen wie dem Datenscreening beitragen.[519] Aus datenschutzrechtlicher Sicht ist sie aber nicht geboten, da eine derart weit gefasste Unterrichtungspflicht den Zweck des Transparenzgebotes überdehnen würde. Dieses fordert nicht die Information aller Beschäftigten eines Unternehmens, sondern der von einer Datenverarbeitung betroffenen Personen. Das Bundesverfassungsgericht hat im „Volkszählungsurteil" den „Schutz des Einzelnen gegen unbegrenzte Erhebung, Speicherung, Verwendung und Weitergabe seiner persönlichen Daten" gewährleistet.[520] Den Schutz des „Einzelnen" vor einer Beeinträchtigung seines Persönlichkeitsrechts durch den Umgang mit seinen personenbezogenen Daten

---

517 I.E. auch *DVD*, Stellungnahme zum BDSG-RegE, A-Drs. 17(4)252 G, S. 8.
518 *Däubler*, in: Däubler/Klebe/Wedde/Weichert, BDSG, § 33 Rn. 15; *Gola/Schomerus*, BDSG, § 33 Rn. 15.
519 Dagegen geht der *GDV* davon aus, eine umfassende Information könne die Zwecke des Abgleichs gefährden und außerdem den Betriebsfrieden erheblich stören, vgl. *GDV*, Stellungnahme zum BDSG-RegE, A-Drs. 17(4)260, S. 12.
520 BVerfGE 65, 1 (1).

bezweckt auch das Bundesdatenschutzgesetz, wobei der geschützte „Einzelne" nach § 1 Abs. 1 BDSG i.V.m. § 3 Abs. 1 BDSG der von der Datenverarbeitung „Betroffene" ist.[521] Demnach bezweckt das Bundesdatenschutzgesetz keinen Schutz der Allgemeinheit, sondern den Schutz von der Datenverarbeitung individuell „Betroffener". Aus diesem Grund ist nach der datenschutzrechtlichen Benachrichtigungspflicht des § 33 Abs. 1 BDSG auch der „Betroffene" über den Datenumgang zu informieren.[522] Nichts anderes kann für die Unterrichtungspflicht des § 32d Abs. 3 S. 4 BDSG-RegE gelten. Somit sind unter dem Wortlaut „die Beschäftigten" die von einem Datenabgleich „betroffenen Beschäftigten" zu verstehen.[523] Hierfür spricht auch ein Vergleich mit der Unterrichtungspflicht im Anschluss an repressive Ermittlungsmaßnahmen in der StPO. Nach § 101 Abs. 4 S. 1 Nr. 1 i.V.m. § 101 Abs. 1 StPO sind von einer repressiven Rasterfahndung i.S.v. § 98a StPO die „betroffenen Personen" zu benachrichtigen.

Auch der Begriff der „betroffenen Beschäftigten" ist jedoch auslegungsbedürftig. Einerseits könnten darunter alle Beschäftigten verstanden werden, deren Daten aus der Personaldatenbank ausgesondert und in den elektronischen Datenabgleich einbezogen wurden. Andererseits könnte er unter Zugrundelegung eines engeren Begriffsverständnisses diejenigen Beschäftigten erfassen, deren Daten einen Trefferfall aufweisen und sodann personalisiert wurden.[524]

Für die erstgenannte Auslegung spricht die dadurch erreichte erhöhte Transparenz bei der Durchführung von Datenscreenings. Dieses Begriffsverständnis würde allerdings das schützende Erfordernis der Pseudonymisierung konterkarieren, da die in den Datenabgleich einbezogenen Personen dann bereits zum Zwecke der Benachrichtigung individualisiert werden müssten. Sofern die Beschäftigtendaten in Nicht-Trefferfällen wieder aus dem Suchlauf ausgeschieden werden, ist damit allenfalls ein geringer Eingriff in das Recht auf informationelle Selbstbestimmung verbunden.[525] Wird der Betroffene von einer Maßnahme aber nur unerheblich betroffen, so kann eine Benachrichtigung nach der Rechtsprechung des Bundesverfassungsgerichts unterbleiben.[526] Bestünde dagegen auch in diesem Fall eine

---

521 *Dammann*, in: Simitis, BDSG, § 3 Rn. 40.
522 *Gola/Schomerus*, BDSG, § 33 Rn. 24; *Däubler*, in: Däubler/Klebe/Wedde/Weichert, BDSG, § 33 Rn. 12; *Bergmann/Möhrle/Herb*, BDSG, § 33 Rn. 19.
523 *Tinnefeld/Petri/Brink*, MMR 2010, S. 727 (731).
524 *BDA/BDI*, Stellungnahme zum BDSG-RegE u.a., A-Drs. 17(4)252 C, S. 9; *DVD*, Stellungnahme zum BDSG-RegE u.a., A-Drs. 17(4)252 G, S. 8.
525 BVerfGE 120, 378 (399).
526 BVerfG v. 12.10.2011 – 2 BvR 236/08, 2 BvR 237/08 und 2 BvR 422/08, NJW 2012, S. 833 (839); BVerfGE 125, 260 (337).

Unterrichtungspflicht, so könnten die Beschäftigtendaten nicht aus dem Suchlauf ausgeschieden werden, sondern müssten zum Zwecke der Unterrichtung weiter verarbeitet werden.[527] Hierdurch würde der mit dem Datenscreening verbundene Grundrechtseingriff unnötig verstärkt.[528]

Für ein enges Begriffsverständnis spricht der Eingriffscharakter des Datenscreenings. Dieser ist dort besonders hoch, wo Daten durch Personalisierung einer Person zugeordnet und als Grundlage für weitere Untersuchungen genutzt werden. Dieser Gedanke liegt auch § 101 Abs. 4 S. 1 Nr. 1 StPO zu Grunde, wonach die durch Einbeziehung ihrer personenbezogenen Daten in die Rasterfahndung betroffenen Personen, gegen die nach Auswertung der Daten durch diese veranlasst weitere Ermittlungen geführt wurden, zu benachrichtigen sind.[529] Nicht zu benachrichtigen sind dagegen diejenigen Personen, gegen die sich nach der Datenauswertung kein Tatverdacht ergeben hat, da die Rasterfahndung bei diesen allenfalls zu geringen Grundrechtsbeeinträchtigungen führte.[530] Ebenso sind nach Art. 44 Abs. 5 S. 1 BayPAG nur diejenigen Personen zu benachrichtigen, gegen die nach Abschluss der Rasterfahndung weitere polizeiliche Maßnahmen durchgeführt werden.

Die Unterrichtungspflicht des § 32d Abs. 3 S. 4 BDSG-RegE bezieht sich demnach auf Beschäftigte, deren Daten im Anschluss an einen Trefferfall zum Zwecke der weiteren Aufklärung personalisiert wurden.[531]

d. Gegenstand der Unterrichtung

Die Unterrichtung durch den Arbeitgeber muss nach § 32d Abs. 3 S. 4 BDSG-RegE Inhalt, Umfang und Zweck des Datenscreenings umfassen. Inhaltlich ist zunächst mitzuteilen, dass ein Datenscreening mit den Daten des Beschäftigten durchgeführt wurde.[532] Weiterhin ist darüber zu informieren, welche Bestandteile der Beschäftigtendaten zum Datenscreening herangezogen wurden und nach welchen

---

527 Vgl. zur Parallelproblematik bei der polizeilichen Rasterfahndung *Berner/Köhler/Käß*, BayPAG, Art. 44 Rn. 13; *Welsing*, Rasterfahndung, S. 412 f.; *Bull*, in: FS für Selmer, S. 29 (37).
528 BVerfG v. 12.10.2011 – 2 BvR 236/08, 2 BvR 237/08 und 2 BvR 422/08, NJW 2012, S. 833 (839); BVerfGE 125, 260 (337); BVerfGE 109, 279 (365); vgl. auch *Berner/Köhler/Käß*, BayPAG, Art. 44 Rn. 13; *Bull*, in: FS für Selmer, S. 29 (37).
529 *Meyer-Goßner*, StPO, § 101 Rn. 7.
530 *Meyer-Goßner*, StPO, § 101 Rn. 7.
531 Ebenso *GDV*, Stellungnahme zum BDSG-RegE, A-Drs. 17(4)260, S. 12; *BDA/BDI*, Stellungnahme zum BDSG-RegE u.a., A-Drs. 17(4)252 C, S. 9.
532 Zur präventiven Rasterfahndung *Berner/Köhler/Käß*, PAG, Art. 44 Rn. 13.

Merkmalen ein Abgleich mit anderen Datenbeständen erfolgte.[533] Hinsichtlich des Umfangs des Datenscreenings ist eine Aussage zum einbezogenen Personenkreis erforderlich.[534] Nicht mitgeteilt werden muss dagegen, dass die Daten des Beschäftigten aufgrund eines Trefferfalles personalisiert wurden. Dieser Umstand löst zwar die Unterrichtungspflicht aus, er ist jedoch nicht mitteilungspflichtig, da er lediglich eine *Folge* des Datenscreenings darstellt, die sich aus Umfang und Inhalt des Datenscreenings ergibt.

Der gemäß § 32d Abs. 3 S. 1 BDSG-RegE zulässige Zweck des Datenscreenings besteht nach der hier vertretenen Auffassung in der Aufdeckung und Verhinderung von Straftaten oder anderen schwerwiegenden Pflichtverletzungen durch Beschäftigte im Beschäftigungsverhältnis. Die Nennung dieses allgemeinen Zwecks könnte demnach bereits ausreichen, um der Unterrichtungspflicht zu genügen. Der allgemeine Zweck läge jedoch sämtlichen nach Maßgabe des § 32d Abs. 3 S. 1 BDSG-RegE durchgeführten Datenscreenings zu Grunde. Gegen einen derart geringen Informationswert spricht der Wortlaut des § 32d Abs. 3 S. 4 BDSG-RegE[535], der das konkret durchgeführte Datenscreening ins Auge fasst. Auch die Pflicht zur Mitteilung des Inhalts und Umfangs zeigt, dass sich die Unterrichtung an der konkreten Maßnahme zu orientieren hat, da Inhalt und Umfang des Datenscreenings in jedem Einzelfall unterschiedlich ausfallen können. Darüber hinaus spricht die Pflicht zur Unterrichtung über den Inhalt des Datenscreenings dafür, auch den damit beabsichtigten Erkenntnisgewinn mitzuteilen. Dem steht auch eine dadurch möglicherweise bewirkte Gefährdung des Untersuchungszwecks nicht entgegen, da die Unterrichtung solange zurückgestellt werden kann, wie die Erreichung des mit dem Datenscreening verbundenen Zwecks noch nicht gesichert ist.

e. Folgen einer Verletzung der Unterrichtungspflicht

Wird ein Datenscreening unter Verstoß gegen die Unterrichtungspflicht aus § 32d Abs. 3 S. 4 BDSG-RegE durchgeführt, stellt sich zunächst die Frage, ob sich dies auf die Rechtmäßigkeit des Datenscreenings auswirkt. Das wäre der Fall, wenn es sich bei der Unterrichtung um eine Rechtmäßigkeitsvoraussetzung des

---

533 Zur repressiven Rasterfahndung *Meyer-Goßner*, StPO, § 101 Rn. 15.
534 Zur Pflicht, den Umfang einer repressiven Maßnahme offenzulegen, BVerfG v. 11.7.2007 – 2 BvR 543/06, NJW 2007, S. 2753 (2757).
535 „[…] über Inhalt, Umfang und *Zweck des* automatisierten Abgleichs zu unterrichten […]", § 32d Abs. 3 S. 4 BDSG-RegE.

Datenscreenings handelt.⁵³⁶ Die Unterrichtungspflicht stellt keine materielle Voraussetzung für die Durchführung des Datenscreenings dar, sondern eine formelle Anforderung an das bei Datenscreenings zu beachtende Verfahren. Sie trägt den Anforderungen des Transparenzgebotes Rechnung.⁵³⁷ Dieses möchte von der Datenverarbeitung betroffene Bürger in die Lage versetzen, zu überblicken, „[...] wer was wann und bei welcher Gelegenheit über sie weiß".⁵³⁸ Das Transparenzgebot geht aber nicht so weit, dass es intransparenten Datenverarbeitungen die Rechtmäßigkeit absprechen würde. Die Absicherung des Transparenzgebotes wird vielmehr dadurch erreicht, dass Verstöße als Ordnungswidrigkeiten nach § 43 Abs. 1 BDSG geahndet werden können.⁵³⁹ Hierbei handelt es sich um eine notwendige, aber auch ausreichende Sanktion zur Gewährleistung der gebotenen Transparenz bei Datenverarbeitungsvorgängen. Auch Verstöße gegen die Unterrichtungspflicht aus § 32d Abs. 3 S. 4 BDSG-RegE sind gemäß § 43 Abs. 1 Nr. 7c BDSG-RegE bußgeldbewehrt. Eine weitergehende Rechtswidrigkeit des Datenscreenings als solchem wird durch einen Verstoß gegen die Unterrichtungspflicht dagegen nicht bewirkt.

aa. Tatbestand des § 43 Abs. 1 Nr. 7c BDSG-RegE

Nach § 43 Abs. 1 Nr. 7c BDSG-RegE handelt ordnungswidrig, wer den Beschäftigten nicht, nicht rechtzeitig, nicht vollständig oder nicht richtig unterrichtet.⁵⁴⁰ Während die Formulierung der Unterrichtungspflicht Fragen offen

---

536 Die Benachrichtigungspflicht des § 33 BDSG ohne Begründung als Rechtmäßigkeitsvoraussetzung verneinend, *Gola/Schomerus*, BDSG, § 33 Rn. 44; ebenso *Gola/Wronka*, Hdb. Arbeitnehmerdatenschutz, Rn. 338; a.A. für den Fall der Direkterhebung *Dix*, in: Simitis, BDSG, § 33 Rn. 43.
537 BT-Drs. 17/4230, S. 18; vgl. auch *Gola/Schomerus*, BDSG, § 33 Rn. 1; *Gola/Wronka*, Hdb. Arbeitnehmerdatenschutz, Rn. 320.
538 BVerfGE 65, 1 (43).
539 Nach § 43 Abs. 1 Nr. 8 BDSG kann ein Verstoß gegen die Benachrichtigungspflicht aus § 33 Abs. 1 BDSG als Ordnungswidrigkeit geahndet werden. Weitere Sanktionsmöglichkeiten für Verstöße gegen Unterrichtungspflichten sieht § 43 Abs. 1 BDSG in Nr. 3 und Nr. 7 vor.
540 Ein Verstoß gegen die Benachrichtigungspflicht des § 33 Abs. 1 BDSG liegt nach § 43 Abs. 1 Nr. 8 BDSG vor, wenn der Betroffene nicht, nicht richtig oder nicht vollständig benachrichtigt wurde. Darüber hinaus soll der Bußgeldtatbestand nach Auffassung von *Dix* auch verwirklicht werden, wenn die Benachrichtigung schuldhaft verzögert wurde, da eine verspätete Benachrichtigung keine „richtige Benachrichtigung" sei, vgl. *Dix*, in: Simitis, BDSG, § 33 Rn. 43; a.A. *Schaffland/Wiltfang*, BDSG, § 33 Rn. 33.

lässt, zeigt der geplante Bußgeldtatbestand eine breite Differenzierung. Die Beschäftigten werden nicht unterrichtet, wenn die Unterrichtung vollständig unterbleibt. Dies betrifft auch Fälle, in denen die Unterrichtung aufgrund fehlender Rechtskenntnisse ausbleibt, da die Einholung von Rechtsrat zumutbar war und somit das Unterbleiben der Unterrichtung auf Fahrlässigkeit beruht. Die Unterrichtung ist nicht rechtzeitig, wenn sie nicht ohne schuldhaftes Zögern (§ 121 Abs. 1 S. 1 BGB) erfolgte, nachdem eine Gefährdung des Untersuchungszwecks ausgeschlossen werden konnte. Eine Unterrichtung durch den Arbeitgeber ist nicht vollständig, wenn sie sich nicht zu jeder Kategorie des § 32d Abs. 3 S. 4 BDSG-RegE äußert. Somit muss der Arbeitgeber sowohl zu Inhalt als auch zu Umfang und Zweck des Datenscreenings Angaben machen, um sich keiner Haftungsgefahr auszusetzen. Sofern dies geschieht, ist der Nachweis einer nicht vollständigen Unterrichtung nur schwer zu führen. Das Merkmal „nicht richtig" ist einerseits Oberbegriff der Unterrichtungsfehler, da auch eine unterbliebene, verspätete oder unvollständige Unterrichtung keine „richtige" Unterrichtung darstellt.[541] Andererseits hat das Merkmal eigenständige Bedeutung, wenn eine Unterrichtung zwar rechtzeitig erfolgt ist, diese aber inhaltlich fehlerhaft ist, obgleich sie sich zu Inhalt, Umfang und Zweck des Datenscreenings äußert.

bb. Rechtsfolge des § 43 Abs. 1 Nr. 7c BDSG-RegE

Eine vorsätzliche oder fahrlässige Verletzung der Unterrichtungspflicht aus § 32d Abs. 3 S. 4 BDSG-RegE kann nach § 43 Abs. 1 Nr. 7c BDSG-RegE i.V.m. § 43 Abs. 3 S. 1 BDSG mit einer Geldbuße von bis zu 50.000 Euro geahndet werden. Innerhalb dieses Rahmens verfügt die zuständige Behörde über einen breiten Ermessensspielraum.[542] Die Höhe des zu verhängenden Bußgeldes orientiert sich an der Schwere des Verstoßes und den Umständen des Einzelfalles.[543] Reicht der Bußgeldrahmen nicht aus, um den durch die Ordnungswidrigkeit erlangten wirtschaftlichen Vorteil des Täters zu übersteigen, kann der vorgegebene Rahmen auch überschritten werden, § 43 Abs. 3 S. 3, 2 BDSG.

---

541 So zutreffend zu § 33 BDSG *Dix*, in: Simitis, BDSG, § 33 Rn. 43.
542 *Gola/Schomerus*, BDSG, § 43 Rn. 29; zur Ahndungspraxis der Aufsichtsbehörden vgl. *Holländer*, RDV 2009, S. 215 (215 f.).
543 *Gola/Schomerus*, BDSG, § 43 Rn. 29. Für die Ahndung von Ordnungswidrigkeiten sind in den Bundesländern verschiedene Behörden zuständig, vgl. *Gola/Schomerus*, BDSG, § 43 Rn. 31.

Hinsichtlich der Höhe des zu verhängenden Bußgeldes ist der Wortlaut des § 43 Abs. 1 Nr. 7c BDSG-RegE auslegungsbedürftig. Danach handelt ordnungswidrig, wer „*den* Beschäftigten" nicht richtig unterrichtet. Der Wortlaut legt nahe, dass die Verletzung der Unterrichtungspflicht gegenüber jedem zu unterrichtenden Beschäftigten eigenständig bußgeldbewehrt ist. Auch wenn ein Datenscreening in einem Großkonzern unter größtmöglicher Einschränkung des einbezogenen Personenkreises durchgeführt wird, können daraus Unterrichtungspflichten gegenüber mehreren Hundert Personen resultieren.[544] Die Unterrichtung wird in der Regel einheitlich erfolgen, so dass sie im Falle einer Verletzung der Unterrichtungspflicht auch gegenüber allen zu benachrichtigenden Personen verletzt wird. Wäre jede Pflichtverletzung gegenüber einem zu benachrichtigenden Beschäftigten für sich genommen bußgeldbewehrt, ergäben sich daraus beträchtliche Haftungsrisiken. Der individualisierte Terminus „*den* Beschäftigten" in § 43 Abs. 1 Nr. 7c BDSG-RegE ist für den Fall der Unterrichtungspflicht in Folge eines Datenscreenings jedoch nicht wörtlich zu verstehen. Die Regelung des § 43 Abs. 1 Nr. 7c BDSG-RegE enthält einen gemeinsamen Bußgeldtatbestand für Verletzungen der Unterrichtungspflichten aus den §§ 32d Abs. 3 S. 4, 32e Abs. 5 S. 5 und 32i Abs. 2 S. 3 BDSG-RegE. Während von einem Datenscreening nach § 32d Abs. 3 S. 4 BDSG-RegE „*die* Beschäftigten" in Kenntnis zu setzen sind, hat der Arbeitgeber in den Fällen der §§ 32e Abs. 5 S. 5 und 32i Abs. 2 S. 3 BDSG-RegE „*den* Beschäftigten" zu unterrichten. Die nicht deckungsgleichen Begrifflichkeiten resultieren aus der Reichweite der jeweils zu Grunde liegenden Ermittlungsmaßnahmen. Zwar kann ein Datenscreening auch punktuell eingesetzt werden. Seine Stärken und damit auch sein üblicher Anwendungsbereich bestehen aber in der Nutzung gegenüber einer großen, aber größtmöglich eingeschränkten Anzahl an Beschäftigten. Die Nutzung von Inhaltsdaten der Telekommunikation nach § 32i Abs. 2 BDSG-RegE sowie der Datenumgang nach § 32e Abs. 5 i.V.m. Abs. 2 BDSG-RegE beziehen sich dagegen bereits nach ihrer Zielrichtung punktuell auf einzelne Beschäftigte. Hieran knüpft der Bußgeldtatbestand des § 43 Abs. 1 Nr. 7c BDSG-RegE an. Im Hinblick auf Datenscreenings ist diese Formulierung nicht korrekt. Sie muss dahingehend ausgelegt werden, dass ordnungswidrig handelt, wer entgegen § 32d Abs. 3 S. 4 BDSG-RegE „*die* (betroffenen) Beschäftigten"

---

544 Für die Unterrichtungspflicht des Arbeitgebers bei einem automatisierten Datenabgleich nach § 32d Abs. 3 S. 4 BDSG-RegE geht die Bundesregierung von einer jährlichen Fallzahl von 17.790 aus. Für die Erfüllung der Unterrichtungspflicht werden bei einer solchen Fallzahl Kosten in Höhe von 40.000 Euro prognostiziert, vgl. BT-Drs. 17/4230, S. 13.

nicht, nicht richtig, nicht vollständig oder nicht rechtzeitig unterrichtet. Somit kann der Bußgeldtatbestand bei einer Verletzung der Unterrichtungspflicht gegenüber einer größeren Anzahl an Beschäftigten einheitlich verwirklicht werden.

11. Löschungspflicht

Neben der Dokumentations- und Unterrichtungspflicht ist auch die Löschungspflicht Bestandteil des verfahrensrechtlichen Instrumentariums zur Absicherung des Rechts auf informationelle Selbstbestimmung.[545] Anders als Unterrichtungs- oder Benachrichtigungspflichten dient die Löschungspflicht nicht nur der Herstellung von Transparenz, sie ermöglicht dem Betroffenen vielmehr ein Eingreifen in den Prozess der Datenverarbeitung.[546] Durch die Unterrichtung über einen Datenumgang werden die Betroffenen in die Lage versetzt, ihren Anspruch auf Datenlöschung geltend zu machen. Nach der Begriffsdefinition des § 3 Abs. 4 S. 2 Nr. 5 BDSG versteht man unter *Löschen* das Unkenntlichmachen gespeicherter personenbezogener Daten. Die zentrale Regelung der datenschutzrechtlichen Löschungspflichten findet sich in § 35 Abs. 2 BDSG.

a. Regelungslücke im Bereich des § 32d BDSG-RegE?

Für die geplante Vorschrift zum Datenscreening in § 32d Abs. 3 BDSG-RegE ist eine spezielle Löschungspflicht ebensowenig vorgesehen wie für die Regelung der Datenverarbeitung und -nutzung im Beschäftigungsverhältnis in § 32d BDSG-RegE insgesamt. Damit unterscheidet sich das Datenscreening von den geplanten Regelungen anderer investigativer Maßnahmen. So sehen die §§ 32e Abs. 6, 32f Abs. 3, 32g Abs. 3 und 32h Abs. 2 BDSG-RegE spezielle Löschungspflichten für die jeweiligen Maßnahmen vor. Auch ein § 32b Abs. 3 BDSG-RegE entsprechender Verweis auf die allgemeine Löschungspflicht des § 35 Abs. 2 S. 2 BDSG findet sich in § 32d BDSG-RegE nicht. Angesichts des Fehlens sowohl einer vergleichbaren speziellen Löschungspflicht nicht mehr benötigter Beschäftigtendaten als auch eines Verweises auf die allgemeine Löschungspflicht enthält das Konzept des § 32d BDSG-RegE im Vergleich zu anderen Befugnisnormen des Beschäftigtendatenschutzes eine Regelungslücke. Aus diesem Grund schlägt der *Deutsche Richterbund* die ergänzende

---

545 *Dix*, in: Simitis, BDSG, § 35 Rn. 2.
546 *Dix*, in: Simitis, BDSG, § 35 Rn. 2.

Anfügung eines Absatzes 6 vor, der eine spezielle Löschungspflicht zum Gegenstand hat.[547]

b. Bedürfnis für eine gesetzliche Regelung?

Die Gemeinsamkeit der speziellen Löschungspflichten aus §§ 32e Abs. 6, 32f Abs. 3, 32g Abs. 3 und 32h Abs. 2 BDSG-RegE besteht darin, dass die jeweils zu Grunde liegenden Vorschriften auch Rechtsgrundlagen für die Daten*erhebung* schaffen. In diesen Fällen hält die Bundesregierung demnach die Anordnung einer korrespondierenden speziellen Löschungspflicht für erforderlich. Demgegenüber regelt § 32d BDSG-RegE ausweislich seiner Überschrift und des Wortlauts in § 32d Abs. 1 BDSG-RegE die Daten*verarbeitung* und *-nutzung* im Beschäftigungsverhältnis. Ebenso auf die Datenverarbeitung und -nutzung – allerdings vor Begründung eines Beschäftigungsverhältnisses – beschränkt ist § 32b BDSG-RegE. Die Vorschrift sieht in § 32b Abs. 3 BDSG-RegE eine Löschungspflicht für Beschäftigtendaten unter Verweis auf § 35 Abs. 2 S. 2 BDSG für den Fall vor, dass ein Beschäftigungsverhältnis nicht begründet wird. Hierbei handelt es sich nach der Entwurfsbegründung um einen rein deklaratorischen Verweis.[548]

Dem § 32d Abs. 3 BDSG-RegE liegt die Vorstellung eines Datenscreenings zu Grunde, das auf bereits beim Arbeitgeber vorhandene und zu anderen Zwecken erhobene Beschäftigtendaten zurückgreift. Die Beschäftigtendaten werden primär zur arbeits-, steuer- und sozialversicherungsrechtlichen Durchführung des Beschäftigungsverhältnisses erhoben.[549] Diese Zwecke sind an den Bestand des Beschäftigungsverhältnisses geknüpft und bestehen auch nach Durchführung des Datenscreenings fort. Insoweit ist die Anordnung einer speziellen Löschungspflicht für die zum Datenscreening herangezogenen Daten nicht sinnvoll. Allerdings entstehen durch den automatisierten Abgleich bereits vorhandener Beschäftigtendaten mit anderen Datenbeständen des Arbeitgebers neue Daten, für die eine Löschungspflicht erforderlich ist.

---

547 *DRB*, Stellungnahme zum BDSG-RegE, Nr. 51/10, November 2010, Punkt 15., abrufbar unter: http://www.drb.de/cms/index.php?id=684. Der *DRB* regt die Ergänzung des § 32d BDSG-RegE um einen Absatz 6 mit folgendem Wortlaut an: „Steht fest, dass Beschäftigtendaten nicht mehr benötigt werden, sind sie zu löschen, es sei denn, der Beschäftigte willigt in die weitere Speicherung ein."
548 BT-Drs. 17/4230, S. 17.
549 *Bierekoven*, CR 2010, S. 203 (205).

Als Vorschrift aus dem – dann – dritten Unterabschnitt des Bundesdatenschutzgesetzes[550] findet die allgemeine datenschutzrechtliche Löschungspflicht des § 35 Abs. 2 S. 2 BDSG nach § 27 Abs. 3 S. 1 BDSG-RegE auch im Falle des § 32d Abs. 3 BDSG-RegE Anwendung. Da § 32b Abs. 3 BDSG-RegE lediglich einen deklaratorischen Verweis enthält, ist es unschädlich, dass § 32d BDSG-RegE nicht seinerseits auf die allgemeine Löschungspflicht verweist. Diese käme lediglich dann nicht zur Anwendung, wenn sie durch eine andere spezielle Löschungspflicht verdrängt würde.

aa. Anwendbarkeit des § 32e Abs. 6 S. 1 BDSG-RegE

Beinhaltet das Datenscreening nicht nur die *Verarbeitung* und *Nutzung* von Beschäftigtendaten, sondern auch eine *Erhebung* neuer Beschäftigtendaten[551], so müsste dies nach der Systematik der §§ 32e Abs. 6, 32f Abs. 3, 32g Abs. 3 und 32h Abs. 2 BDSG-RegE an sich mit der Schaffung einer speziellen Löschungspflicht einhergehen. Führt die Personalisierung von Daten im Falle eines Verdachts nach § 32d Abs. 3 S. 2 BDSG-RegE aber zu einer Erhebung neuer Beschäftigtendaten, sind dafür die zusätzlichen Voraussetzungen des § 32e Abs. 2 BDSG-RegE zu beachten, da die Datenerhebung im Regelfall des Datenscreenings ohne Kenntnis des Beschäftigten und damit heimlich erfolgt.[552] Für diesen Fall der heimlichen Datenerhebung ergibt sich aus § 32e Abs. 6 S. 1 BDSG-RegE eine spezielle Löschungspflicht.[553] Nach § 32e Abs. 6 S. 1 BDSG-RegE sind die ohne Kenntnis des Beschäftigten erhobenen Daten unverzüglich zu löschen, wenn sie zur Erreichung des Zwecks nicht mehr erforderlich sind oder schutzwürdige Interessen des Beschäftigten einer weiteren Speicherung entgegenstehen.[554] Der zu erreichende Zweck besteht dann nicht mehr nur in der Verdachtsgewinnung mit

---

550 BT-Drs. 17/4230, S. 5.
551 S. o., S. 94 ff.
552 In diese Richtung auch *Thüsing/Forst*, die den *heimlichen* Datenabgleich nur unter den einschränkenden Voraussetzungen des § 32e Abs. 2 BDSG-RegE für möglich halten, *Thüsing/Forst*, RDV 2011, S. 163 (168).
553 BT-Drs. 17/4230, S. 19.
554 Nach den Formulierungsvorschlägen des *BMI* soll die Löschungspflicht aus § 32e Abs. 6 S. 1 BDSG-E bestehen, wenn die Kenntnis der Daten für die Erfüllung des Zwecks der Speicherung nicht mehr erforderlich ist. Dies würde gegenüber § 32e Abs. 6 S. 1 BDSG-RegE eine sinnvolle Korrektur darstellen, da auf die dort vorgesehene Alternative der Interessenabwägung verzichtet würde, vgl. *BMI*, Formulierungsvorschläge v. 7.9.2011, S. 12, abrufbar unter: http://www.arbrb.de/media/BeschDS_FV.pdf.

Hilfe des Datenscreenings[555], sondern in der weiteren Aufklärung der im Zuge des Datenscreenings gewonnenen Verdachtsfälle.

Zeigt sich bei einer weitergehenden Untersuchung der personalisierten Daten, dass der Trefferfall auf weniger wahrscheinlichen, aber doch plausiblen Gründen beruht, so sind diese neu erhobenen Daten unverzüglich i.S.v. § 121 BGB zu löschen, da ihre weitere Speicherung zur Erreichung des Zwecks nicht mehr erforderlich ist. Erhärtet sich bei der weiteren Untersuchung dagegen der durch den Trefferfall entstandene Verdacht, dürfen die entsprechenden Beschäftigtendaten gespeichert werden, bis sie zur Aufdeckung der Straftat oder anderen schwerwiegenden Pflichtverletzungen (§ 32e Abs. 2 BDSG-RegE) nicht mehr benötigt werden. Die Gesetzesbegründung stellt klar, dass auch ein möglicherweise folgendes arbeitsgerichtliches Verfahren zum Zweck der Speicherung zählen kann.[556] Die Löschungspflicht setzt dann mit dem rechtskräftigen Abschluss des Verfahrens ein.

Dieses Ergebnis wird wiederum durch die dem § 32e Abs. 6 BDSG-RegE zu Grunde liegenden Regelungen der präventiven und repressiven Rasterfahndung bestätigt. Nach Art. 44 Abs. 6 S. 1 BayPAG[557] sind die Daten zu löschen, soweit sie zur Verfolgung von Straftaten nicht mehr erforderlich sind. Ebenso sieht § 101 Abs. 8 StPO i.V.m. §§ 101 Abs. 1, 98a StPO die unverzügliche Löschung von personenbezogenen Daten vor, die zweifelsfrei nicht mehr für Zwecke der Strafverfolgung benötigt werden.[558]

Der Grund der Datenspeicherung und die Löschung sind nach § 32e Abs. 6 S. 2 BDSG-RegE zu dokumentieren. Darüber hinaus enthalten § 32e Abs. 6 S. 3 und 4 BDSG-RegE eine Zweckbindung hinsichtlich der Verwendung der Dokumentation sowie eine Frist zur Löschung der Dokumentation.[559] Der Grund der Datenspeicherung variiert je nach Verfahrensstand. Zunächst liegt er im Auftreten eines Verdachtsfalles im Zuge des Datenscreenings, der gezielter Klärung bedarf. Führen weitere Untersuchungen zu einer Erhärtung des Verdachts und kommt es in der Folge zu arbeitsrechtlichen Konsequenzen, so liegt der Grund der weiteren

---

555 Dieser Zweck ist für die Auslösung der Unterrichtungspflicht maßgeblich.
556 BT-Drs. 17/4230, S. 19.
557 Vergleichbare Regelungen enthalten § 40 Abs. 4 PolG BW, § 47 Abs. 3 S. 1 ASOG Bln, § 46 Abs. 3 S. 1 BbgPolG, § 36i Abs. 4 S. 2 BremPolG, § 23 Abs. 3 S. 1 HmbPolDVG, § 26 Abs. 3 S. 1 HSOG, § 44 Abs. 3 S. 1 SOG MV, § 31 Abs. 3 S. 1 PolG NRW, § 38 Abs. 4 S. 1 POG RP, § 37 Abs. 3 S.1 SPolG, § 47 Abs. 3 S. 2 SächsPolG, § 31 Abs. 3 S. 1 SOG LSA, § 195a Abs. 4 S. 1 LVwG SH, § 44 Abs. 3 S. 1 ThürPAG.
558 *Meyer-Goßner*, StPO, § 101 Rn. 27.
559 BT-Drs. 17/4230, S. 19.

Speicherung in der Abwicklung des Arbeitsverhältnisses bzw. in der Durchführung eines arbeitsgerichtlichen Verfahrens. An dieser Stelle zeigt sich jedoch ein Regelungsdefizit zwischen § 32e Abs. 6 S. 2 BDSG-RegE und § 32e Abs. 6 S. 4 BDSG-RegE. Letzterer verlangt die Löschung der angefertigten Dokumentation spätestens am Ende des Kalenderjahres, das dem Jahr der Dokumentation folgt. Es sind jedoch Fälle denkbar, in denen der Grund für die Speicherung der Daten fortbesteht, nachdem die Dokumentation zu löschen war.[560] Solange aber der Grund der Speicherung fortbesteht, bleibt auch der Zweck der Dokumentation, nämlich eine Verwendung für Zwecke der Datenschutzkontrolle, bestehen, § 32e Abs. 6 S. 3 BDSG-RegE. Aus diesem Grund sollte der Gesetzgeber die Dokumentationspflicht in § 32e Abs. 6 S. 2 BDSG-RegE auf die Löschung nicht mehr benötigter Daten beschränken, so wie dies auch in Art. 44 Abs. 6 S. 2 BayPAG und § 101 Abs. 7 S. 2 StPO vorgesehen ist.

Die Dokumentationspflicht hinsichtlich der Datenlöschung darf indes nicht so verstanden werden, dass sie die Löschung *ad absurdum* führe, weil die Dokumentation zum Nachweis der gelöschten Daten auch diese enthalten müsse.[561] Es geht vielmehr darum, die Datenlöschung aktenkundig zu machen, ohne dadurch Rückschlüsse auf den Inhalt der gelöschten Daten zuzulassen. Hierzu bedarf es Angaben zu Art und Umfang der gelöschten Daten und dem zu Grunde liegenden Datenscreening, nicht aber inhaltlicher Angaben, die über eine allgemeine Form hinausgehen und dadurch die gelöschten Daten ganz oder in Teilen abbilden.[562]

bb. Anwendungsbereich des § 35 Abs. 2 S. 2 BDSG

Zwar enthält § 32d Abs. 3 BDSG-RegE keine spezielle Löschungspflicht. Die Normierung einer solchen ist aber nicht erforderlich. Im Regelfall des heimlichen Datenscreenings findet § 32e Abs. 6 BDSG-RegE Anwendung, wenn mit der Personalisierung von Beschäftigtendaten im Verdachtsfall neue Beschäftigtendaten heimlich erhoben werden.

Ein Rückgriff auf die allgemeine Löschungspflicht des § 35 Abs. 2 S. 2 BDSG ist daneben nur erforderlich, wenn mangels Personalisierung keine neuen Beschäftigtendaten heimlich erhoben werden. Dies betrifft Nicht-Trefferfälle, die keine Anhaltspunkte für weitere Untersuchungen liefern. Nach § 35 Abs. 2 S. 2 Nr. 3 BDSG sind personenbezogene Daten, die für eigene Zwecke verarbeitet

---

560 Dies ist etwa der Fall, wenn ein arbeitsgerichtliches Verfahren innerhalb der Frist des § 32e Abs. 6 S. 4 BDSG-RegE noch nicht rechtskräftig abgeschlossen wurde.
561 Mit diesem Einwand *Thüsing*, NZA 2011, S. 16 (16 f.).
562 Vgl. *Meyer-Goßner*, StPO, § 101 Rn. 28 a.E.

werden, zu löschen, „sobald ihre Kenntnis für die Erfüllung des Zwecks der Speicherung nicht mehr erforderlich ist".

Das Verfahren des Datenscreenings ist demnach so zu gestalten, dass Nicht-Trefferfälle unverzüglich (§ 121 Abs. 1 S. 1 BGB) gelöscht werden. Zwar ist dieser Zeitpunkt nicht ausdrücklich gesetzlich geregelt. Der Wortlaut „sobald" sowie der Schutzzweck der Löschungspflicht gebieten aber eine unverzügliche Datenlöschung, wenn deren weitere Speicherung nicht mehr erforderlich ist.[563]

Daneben richtet sich die Löschung der erhobenen Daten nach § 35 Abs. 2 S. 2 BDSG, wenn das Datenscreening mit Kenntnis der Beschäftigten – also *offen* – durchgeführt wird, da in diesem Fall die spezielle Löschungspflicht des § 32e Abs. 6 S. 1 BDSG keine Anwendung findet.[564]

12. Datenabgleich durch den Arbeitgeber oder Dritte

Liegen die Voraussetzungen des § 32d Abs. 3 S. 1 BDSG-RegE vor, so wird der Arbeitgeber ermächtigt, Beschäftigtendaten mit anderen bei ihm vorhandenen Datenbeständen automatisiert abzugleichen. Die Norm schafft somit eine Verarbeitungsbefugnis für den Arbeitgeber, die dieser selbst oder durch eigene Mitarbeiter wahrnehmen kann. Häufig wird sich der Arbeitgeber hierfür jedoch der Unterstützung externer Dienstleister bedienen, da etwa Forensic Consultants über spezifische Expertise bei der Durchführung von Datenscreenings verfügen oder Softwarelösungen bereithalten, die den jeweiligen Stand des gesetzlich Zulässigen abbilden.[565] Werden Beschäftigtendaten an Dritte übermittelt, so sieht § 32d Abs. 4 S. 1 BDSG-RegE eine strenge Zweckbindung vor.[566] Danach darf der Dritte die übermittelten Daten nur für den Zweck verarbeiten, zu dessen Erfüllung sie ihm übermittelt wurden.

a. Übermittlung

Nach der Begriffsdefinition des § 3 Abs. 4 Nr. 3a BDSG ist Übermitteln „das Bekanntgeben gespeicherter oder durch Datenverarbeitung gewonnener personenbezogener Daten an einen Dritten in der Weise, dass die Daten an den

---

563 *Dix*, in: Simitis, BDSG, § 35 Rn. 24.
564 Vgl. auch *Thüsing/Forst*, RDV 2011, S. 163 (168), die in § 32d Abs. 3 BDSG-RegE einen Fall des offenen Datenabgleichs sehen.
565 *Heinson/Sörup/Wybitul*, CR 2010, S. 751 (755); *Heinson*, BB 2010, S. 3084 (3088); *Heinson/Schmidt*, CR 2010, S. 540 (542).
566 BT-Drs. 17/4230, S. 18.

Dritten weitergegeben werden". *Dritter* ist wiederum gemäß § 3 Abs. 8 S. 2 BDSG jeder außerhalb der verantwortlichen Stelle, wobei Auftragsdatenverarbeiter nach § 3 Abs. 8 S. 3 BDSG ausgenommen werden, obgleich es sich bei diesen auch um externe Stellen handelt.[567] Unter einer *verantwortlichen Stelle* ist schließlich jede Person oder Stelle zu verstehen, die personenbezogene Daten für sich selbst erhebt, verarbeitet oder nutzt oder dies durch andere im Auftrag vornehmen lässt, § 3 Abs. 7 BDSG.

Aus dem Zusammenspiel der Begrifflichkeiten wird die „Privilegierung der Auftragsdatenverarbeitung" ersichtlich.[568] Auftragnehmer sind nicht als *Dritte*, sondern als Teil der *verantwortlichen Stelle* anzusehen.[569] Da Auftraggeber und Auftragnehmer als rechtliche Einheit betrachtet werden, stellt eine Datenweitergabe in diesem Verhältnis keine *Übermittlung* im Sinne des § 3 Abs. 4 Nr. 3a BDSG dar.[570] Sie bedarf keiner eigenen Rechtsgrundlage, sondern ist vielmehr möglich, soweit der Auftraggeber selbst zum Datenumgang befugt ist.[571]

aa. Auftragsdatenverarbeitung, § 11 BDSG

Die Auftragsdatenverarbeitung nach § 11 BDSG ist dadurch gekennzeichnet, dass der Auftragnehmer im Verhältnis zum Auftraggeber eine reine „Hilfsfunktion" erfüllt, der Auftraggeber im Außenverhältnis aber für den Datenumgang des Auftragnehmers verantwortlich bleibt.[572] Aus § 11 Abs. 3 S. 1 BDSG wird ersichtlich, dass es für die Abgrenzung von Auftragsdatenverarbeitung und Funktionsübertragung maßgeblich auf die Weisungsabhängigkeit ankommt. Ist der Auftragnehmer weisungsabhängig und hat keine eigene Gestaltungsfreiheit hinsichtlich der Datenverarbeitung, so liegt eine Auftragsdatenverarbeitung i.S.v. § 11 BDSG vor.[573]

---

567 *Dammann*, in: Simitis, BDSG, § 3 Rn. 230 f.
568 *Petri*, in: Simitis, BDSG, § 11 Rn. 43.
569 *Elbel*, RDV 2010, S. 203 (203); *Gabel*, in: Taeger/Gabel, BDSG, § 11 Rn. 2.
570 *Petri*, in: Simitis, BDSG, § 11 Rn. 43; *Gabel*, in: Taeger/Gabel, BDSG, § 11 Rn. 2.
571 *Petri*, in: Simitis, BDSG, § 11 Rn. 43; *Vogel/Glas*, DB 2009, S. 1747 (1748).
572 *Gabel*, in: Taeger/Gabel, BDSG, § 11 Rn. 14; *Petri*, in: Simitis, BDSG, § 11 Rn. 22, 1; *Seifert*, in: Simitis, BDSG, § 32 Rn. 113; *Kort*, DB 2011, S. 651 (654); *Vogel/Glas*, DB 2009, S. 1747 (1748).
573 *Kock/Francke*, NZA 2009, S. 646 (651); *Vogel/Glas*, DB 2009, S. 1747 (1748); *Gola/Wronka*, Hdb. Arbeitnehmerdatenschutz, Rn. 997 f.; *Gola/Schomerus*, BDSG, § 11 Rn. 3; *Thüsing*, Arbeitnehmerdatenschutz und Compliance, Rn. 418. Zu den weiteren Abgrenzungskriterien der Komplexität des ausgelagerten Verfahrens, der diesbezüglichen Sachkunde des Auftraggebers und dessen tatsächlichen

bb. Funktionsübertragung, § 3 Abs. 8 S. 2 BDSG

Wird eine andere Stelle dagegen nicht als Auftragnehmer unter den Voraussetzungen des § 11 BDSG für die verantwortliche Stelle bei der Datenverarbeitung tätig, so handelt es sich um eine Funktionsübertragung, § 3 Abs. 8 S. 2 BDSG.[574] In diesem Fall ist der Dienstleister als *Dritter* i.S.v. § 3 Abs. 8 S. 2 BDSG anzusehen, mit der Folge, dass eine Datenweitergabe der verantwortlichen Stelle an ihn eine Übermittlung gemäß § 3 Abs. 4 Nr. 3a BDSG darstellt.[575]

b. Rechtsgrundlage

Nach § 321 Abs. 2 BDSG-RegE gelten die Vorschriften des neu einzufügenden zweiten Unterabschnitts für Dritte i.S.v. § 3 Abs. 8 S. 2 BDSG entsprechend, die für den Arbeitgeber beim Umgang mit Beschäftigtendaten tätig werden.[576] Der Dritte ist demnach selbst für die Beachtung der Vorschriften des Beschäftigtendatenschutzes verantwortlich. Für die Übermittlung personenbezogener Daten an einen Dritten bedarf es einer Rechtsgrundlage.[577] Fraglich ist, nach welcher Vorschrift Beschäftigtendaten zum Zwecke der Durchführung eines Datenscreenings an Dritte übermittelt werden können.

aa. § 32d Abs. 4 S. 1 BDSG-RegE

Eine Übermittlungsbefugnis könnte sich zunächst aus § 32d Abs. 4 S. 1 BDSG-RegE ergeben. Die Vorschrift setzt zwar die Möglichkeit voraus, dass sich der Arbeitgeber zur Bewältigung seiner Datenverarbeitungsvorgänge der Unterstützung Dritter bedient, hat für diesen Fall aber nur die Anordnung einer Zweckbindung

---

Einwirkungsmöglichkeiten auf den Auftragnehmer *Elbel*, RDV 2010, S. 203 (209); sowie *Gola/Wronka*, Hdb. Arbeitnehmerdatenschutz, Rn. 998 f. Ein Auftrag ist nach § 11 Abs. 2 S. 2 BDSG schriftlich zu erteilen. Verstöße des Auftraggebers gegen die Anforderungen an eine Auftragsdatenverarbeitung aus § 11 Abs. 2 S. 2 BDSG und § 11 Abs. 2 S. 4 BDSG sind nach § 43 Abs. 1 Nr. 2b BDSG bußgeldbewehrt, vgl. hierzu *Holländer*, RDV 2009, S. 215 (217).

574 *Kock/Francke*, NZA 2009, S. 646 (651); *Elbel*, RDV 2010, S. 203 (203); *Kort*, MMR 2011, 294 (297).
575 *Elbel*, RDV 2010, S. 203 (203).
576 BT-Drs. 17/4230, S. 22. Die Gesetzesbegründung stellt klar, dass für Auftragsdatenverarbeiter weiterhin § 11 BDSG gilt, vgl. hierzu auch *Beckschulze/Natzel*, BB 2010, S. 2368 (2374).
577 *Elbel*, RDV 2010, S. 203 (203); *Kock/Francke*, NZA 2009, S. 646 (650).

zum Gegenstand.[578] Eine eigene Befugnis zur Datenübermittlung kann § 32d Abs. 4 S. 1 BDSG-RegE dagegen nicht entnommen werden.

bb. § 28 Abs. 2 Nr. 2b BDSG

Nachdem der Gesetzentwurf der Bundesregierung die Übermittlung von Beschäftigtendaten an Dritte lediglich in § 32d Abs. 4 BDSG-RegE anspricht, daneben aber an keiner Stelle eine Befugnis zur Datenübermittlung schafft, könnte die allgemeine Vorschrift des § 28 Abs. 2 Nr. 2b BDSG herangezogen werden.[579] Unabhängig davon, ob ein Datenscreening nach § 32d Abs. 3 BDSG-RegE die Voraussetzungen des § 28 Abs. 2 Nr. 2b BDSG erfüllt, ist diese Vorschrift jedoch nicht anwendbar.

Der Umgang mit Beschäftigtendaten für Zwecke eines Beschäftigungsverhältnisses wird durch die neu einzufügenden Vorschriften des zweiten Unterabschnitts speziell geregelt, § 27 Abs. 3 S. 1 BDSG-RegE. Dies gilt gemäß § 32l Abs. 2 BDSG-RegE auch für den Datenumgang durch Dritte, die für den Arbeitgeber tätig werden. Die Entwurfsbegründung zu § 32d Abs. 4 BDSG-RegE stellt klar, dass das Verarbeiten oder Nutzen von Beschäftigtendaten für Zwecke außerhalb des Beschäftigungsverhältnisses auch nach Vorschriften außerhalb des zweiten Unterabschnitts zu beurteilen ist, was insbesondere für *zweckändernde Übermittlungen* gilt.[580] Darüber hinaus zeigt die Begründung des Regierungsentwurfs zu § 27 Abs. 3 BDSG-RegE, dass „Übermittlungen von Beschäftigtendaten für außerhalb des Beschäftigungsverhältnisses bestehende Zwecke […] u.a. nach § 28 zu beurteilen [sind]".[581] Demnach regelt der zweite Unterabschnitt auch die Datenübermittlung an Dritte speziell, wenn diese Zwecken des Beschäftigungsverhältnisses dient.[582]

Zwar enthält § 32d Abs. 3 BDSG-RegE eine gesetzlich vorgesehene *Zweckänderung bei der Datenverarbeitung* und -nutzung. Aus der Begründung des Regierungsentwurfs, wonach „für andere Zwecke des Beschäftigungsverhältnisses" erhobene Beschäftigtendaten für das Datenscreening genutzt

---

578 BT-Drs. 17/4230, S. 18; vgl. auch *Kort*, DB 2011, S. 651 (654); *Kort*, in: Bitburger Gespräche in München, Band 1, S. 45 (61).
579 *Kort*, DB 2011, S. 651 (654); *Kort*, in: Bitburger Gespräche in München, Band 1, S. 45 (61).
580 BT-Drs. 17/4230, S. 18.
581 BT-Drs. 17/4230, S. 14.
582 Vgl. auch *Wybitul*, Hdb. Datenschutz, S. 477; *DVD*, Stellungnahme zum BDSG-RegE, A-Drs. 17(4)252 G, S. 9.

werden dürfen[583], folgt aber, dass es sich auch bei dem Datenscreening nach § 32d Abs. 3 S. 1 BDSG-RegE um einen Zweck des Beschäftigungsverhältnisses handelt, wenngleich um einen anderen als den ursprünglichen Erhebungszweck. Demnach unterfällt auch die Übermittlung von Beschäftigtendaten an Dritte zur Durchführung eines Datenscreenings den Zwecken des Beschäftigungsverhältnisses. Sie stellt keine *zweckändernde Übermittlung* der Beschäftigtendaten dar. Somit ist auch die Datenübermittlung an Dritte für Zwecke des Beschäftigungsverhältnisses nach den Vorschriften des zweiten Unterabschnitts zu beurteilen, obgleich diese hierzu keine ausdrückliche Regelung enthalten, sie vielmehr nur in § 32d Abs. 4 BDSG-RegE als selbstverständlich voraussetzen.

cc. § 32d Abs. 3 BDSG-RegE

Bedient sich der Arbeitgeber Dritter für die Durchführung des Datenscreenings, so könnte sich die Befugnis zur Übermittlung der hierfür benötigten Beschäftigtendaten aus der Verarbeitungsbefugnis des § 32d Abs. 3 S. 1 BDSG-RegE ergeben. Dagegen spricht neben dem Wortlaut „der Arbeitgeber" des § 32d Abs. 3 S. 1 BDSG-RegE auch die Entwurfsbegründung, die ebenfalls nur die Möglichkeit der Durchführung eines Datenscreenings durch den Arbeitgeber anspricht.[584] Für eine aus der Verarbeitungsbefugnis abzuleitende Übermittlungsbefugnis spricht die Begriffsdefinition des § 3 Abs. 4 BDSG, wonach die Verarbeitung personenbezogener Daten auch die Übermittlung umfasst.

Darüber hinaus zeigt die systematische Stellung des § 32d Abs. 4 BDSG-RegE, dass sich die dort angeordnete Zweckbindung auf die allgemeinen und speziellen Befugnisse zur Datenverarbeitung und -nutzung im Beschäftigungsverhältnis aus § 32d Abs. 1 bis 3 BDSG-RegE bezieht. Setzt § 32d Abs. 4 S. 1 BDSG-RegE eine Übermittlungsbefugnis voraus, so muss sich diese aus der jeweils einschlägigen der in Bezug genommenen Verarbeitungsbefugnisse des § 32d Abs. 1 bis 3 BDSG-RegE ergeben. Dies ist auch sachgerecht, denn die zur Durchführung eines Beschäftigungsverhältnisses anfallende Datenverarbeitung ist typischerweise eine Tätigkeit, zu deren Ausführung der Arbeitgeber Dienste Dritter in Anspruch nimmt. Insofern ist die Absicht der Entwurfsverfasser erkennbar, die Zweckbindung der Datenübermittlung dort zu regeln, wo Dritte regelmäßig in Datenverarbeitungsvorgänge eingebunden werden. Dem steht jedoch entgegen, dass Arbeitgeber auch bei der Datenverarbeitung und -nutzung vor Begründung

---

583 BT-Drs. 17/4230, S. 18.
584 BT-Drs. 17/4230, S. 18.

eines Beschäftigungsverhältnisses häufig Dritte einbeziehen, § 32b BDSG-RegE hierzu aber keine Regelung enthält. Dieses Regelungsdefizit wurde indes erkannt. Die Formulierungsvorschläge des *BMI* sehen daher vor, der Stellungnahme des Bundesrates entsprechend[585], § 32b BDSG-RegE in einem Absatz 4 um eine mit § 32d Abs. 4 BDSG-RegE inhaltsgleiche Regelung zu ergänzen.[586] Zur Begründung wird ausgeführt: „Da eine Datenübermittlung vom Arbeitgeber an Dritte auch vor Begründung eines Beschäftigungsverhältnisses *im Rahmen des § 32b BDSG-E möglich ist,* besteht in diesem Fall ebenfalls das Bedürfnis, die Zweckbindung der Beschäftigtendaten auf das Beschäftigungsverhältnis zu beschränken."[587] Nachdem auch der Wortlaut des § 32b BDSG-RegE keine ausdrückliche Befugnis zur Datenübermittlung an Dritte schafft, ist die Übermittlungsbefugnis in diesem Fall ebenso aus den Verarbeitungsbefugnissen des § 32b BDSG-RegE herauszulesen.

Folglich ist die Befugnis, Beschäftigtendaten zur Durchführung eines Datenscreenings an Dritte zu übermitteln, implizit in der speziellen Verarbeitungsbefugnis des § 32d Abs. 3 S. 1 BDSG-RegE enthalten.[588] Werden die Daten an Dritte übermittelt, so sieht § 32d Abs. 4 S. 1 BDSG-RegE hierfür eine strenge Zweckbindung vor, worauf der Arbeitgeber den Dritten auch hinzuweisen hat, § 32d Abs. 4 S. 2 BDSG-RegE.[589]

c. Rechtswidrige Datennutzung durch Dritte

Wer als Dritter die übermittelten, zweckgebundenen Daten entgegen § 28 Abs. 5 S. 1 BDSG für andere Zwecke nutzt, handelt gemäß § 43 Abs. 2 Nr. 5 BDSG ordnungswidrig. Ein Verstoß gegen § 28 Abs. 5 S. 1 BDSG kann nach § 43 Abs. 2 Nr. 5 i.V.m. Abs. 3 S. 1 BDSG mit einer Geldbuße von bis zu 300.000 Euro geahndet werden. Der Bußgeldtatbestand dient der Absicherung des Zweckbindungsprinzips bei der Einbeziehung Dritter in die Datenverarbeitung.[590] Dies verdeutlicht

---

585 BT-Drs. 17/4230, Anlage 3, S. 32.
586 Vgl. *BMI*, Formulierungsvorschläge v. 7.9.2011, S. 8, abrufbar unter: http://www.arbrb.de/media/BeschDS_FV.pdf.
587 *BMI*, Formulierungsvorschläge v. 7.9.2011, S. 8, abrufbar unter: http://www.arbrb.de/media/BeschDS_FV.pdf.
588 In diese Richtung auch *Tinnefeld/Petri/Brink*, MMR 2010, S. 727 (734).
589 Der Gesetzentwurf der Bundesregierung geht für die Hinweispflicht des Arbeitgebers auf die Zweckbindung übermittelter Daten von einer jährlichen Fallzahl von 2.500.000 aus, woraus der Wirtschaft voraussichtlich Belastungen in Höhe von knapp 6,3 Mio. Euro entstehen werden, vgl. BT-Drs. 17/4230, S. 13. Dies verdeutlicht die praktische Bedeutung der Einbeziehung Dritter in Datenverarbeitungsvorgänge des Arbeitgebers.
590 *Gola/Schomerus*, BDSG, § 43 Rn. 24; *Ehmann*, in: Simitis, BDSG, § 43 Rn. 72.

zum einen, dass der Gesetzgeber in der Datenverarbeitung durch Dritte ein erhöhtes Missbrauchspotential sieht. Zum anderen möchte der Gesetzgeber die Einhaltung der Zweckbindung nicht allein der Selbstkontrolle der datenverarbeitenden Stelle überlassen. Er sieht vielmehr eine spürbare Sanktion als Abschreckung vor, um einer Beachtung der Zweckbindung Nachdruck zu verleihen.[591]

Für die Zweckbindung bei der Verarbeitung und Nutzung von Beschäftigtendaten durch Dritte trifft § 32d Abs. 4 BDSG-RegE eine gegenüber § 28 Abs. 5 BDSG spezielle Regelung, § 27 Abs. 3 S. 1 BDSG-RegE.[592] Ihr liegt eine strenge Zweckbindung zu Grunde, da sie im Gegensatz zu § 28 Abs. 5 S. 2 BDSG keine Ausnahmen von der Zweckbindung vorsieht. Dennoch wird ein Abweichen von den Vorgaben des § 32d Abs. 4 BDSG-RegE nicht bußgeldbewehrt. Die nach dem Gesetzentwurf der Bundesregierung in § 43 Abs. 1 BDSG einzufügenden Nummern 7c bis 7g greifen einen Verstoß gegen den Zweckbindungsgrundsatz des § 32d Abs. 4 BDSG-RegE nicht als Bußgeldtatbestand auf.[593]

Wird dem Arbeitgeber bei der Verarbeitung oder Nutzung von Beschäftigtendaten eine Arbeitsteilung durch Einbeziehung Dritter ermöglicht, so muss auch gewährleistet sein, dass die hierfür vorgesehenen Regeln eingehalten werden. Sieht das Gesetz zur Beachtung der Zweckbindung aus § 28 Abs. 5 S. 1 BDSG die Absicherung durch einen Bußgeldtatbestand vor, so besteht dieses Bedürfnis für die in § 32d Abs. 4 S. 1 BDSG-RegE vorgesehene strenge Zweckbindung erst recht. Die strenge Zweckbindung gewährleistet das Recht auf informationelle Selbstbestimmung bei der Datenverarbeitung durch Dritte in größtmöglicher Weise. Ohne Absicherung durch ein wirkungsvolles Sanktionsinstrumentarium wird eine Missachtung der strengen Zweckbindung aber gefahrlos möglich, was zu einer Entwertung des dadurch bezweckten erhöhten Schutzniveaus führt.

Nachdem die neu einzufügenden Regelungen des § 43 Abs. 1 Nr. 7c bis 7g BDSG-RegE keinen entsprechenden Bußgeldtatbestand schaffen, bestünde bei der Umsetzung des Gesetzentwurfs der Bundesregierung an dieser Stelle eine Regelungslücke, die ein Sanktionsdefizit nach sich zieht. Der Umstand, dass ein Verstoß gegen § 28 Abs. 5 S. 1 BDSG mit einem hohen Bußgeld nach § 43 Abs. 2 Nr. 5 i.V.m. § 43 Abs. 3 S. 1 BDSG geahndet werden kann, für einen Verstoß gegen § 32d Abs. 4 S. 1 BDSG-RegE aber nicht einmal der niedrigere Bußgeldrahmen

---

591 *Ehmann*, in: Simitis, BDSG, § 43 Rn. 72.
592 *Wybitul*, Hdb. Datenschutz, S. 477.
593 Vgl. BT-Drs. 17/4230, S. 10.

des § 43 Abs. 1 i.V.m. § 43 Abs. 3 S. 2 BDSG vorgesehen ist[594], verdeutlicht, dass die Bundesregierung diese Problematik – bisher – nicht bedacht hat. Im Umsetzungsfall läge eine planwidrige Regelungslücke vor.

Denkbar wäre, diese Lücke durch eine analoge Anwendung des § 43 Abs. 2 Nr. 5 BDSG zu schließen, da der Fall des § 28 Abs. 5 S. 1 BDSG dem des § 32d Abs. 4 S. 1 BDSG-RegE vergleichbar ist. Dies wäre jedoch nicht mit dem Analogieverbot zu vereinbaren.[595] Nach dem in Art. 103 Abs. 2 GG, § 1 StGB und Art. 7 Abs. 1 EMRK niedergelegten Grundsatz „*nulla poena sine lege*" kann eine Tat nur bestraft werden, wenn die Strafbarkeit gesetzlich bestimmt war, bevor die Tat begangen wurde.[596] Anderenfalls wäre für den Einzelnen nicht klar erkennbar, was verboten ist und welche Sanktion im Falle der Zuwiderhandlung droht. Daraus folgt, dass die Strafbegründung im Wege der Analogie untersagt ist.[597] Das Analogieverbot gilt auch im Ordnungswidrigkeitenrecht, da eine Handlung nur dann als Ordnungswidrigkeit geahndet werden kann, wenn sie zuvor bereits „gesetzlich bestimmt" war, § 3 OWiG. Darüber hinaus können die in § 43 Abs. 2 BDSG bezeichneten vorsätzlichen Handlungen unter den zusätzlichen Voraussetzungen des § 44 Abs. 1 BDSG auch strafrechtlich sanktioniert werden. Eine analoge Anwendung des § 43 Abs. 2 Nr. 5 BDSG würde daher unter den Voraussetzungen des § 44 Abs. 1 BDSG einen neuen Straftatbestand schaffen, was gegen das Analogieverbot verstieße.

Da eine Sanktionsmöglichkeit weder ordnungswidrigkeitenrechtlich noch strafrechtlich durch Analogie begründet werden kann, ist der Gesetzgeber gefordert, zur Schließung der nach derzeitigem Stand des Regierungsentwurfs bestehenden Regelungslücke im weiteren Verlauf des Gesetzgebungsverfahrens eine Sanktionsmöglichkeit für die Missachtung der Zweckbindung nach § 32d Abs. 4 S. 1 BDSG-RegE zu schaffen.[598]

---

594 Der Bußgeldrahmen des § 43 Abs. 1 Nr. 4 i.V.m. Abs. 3 S. 1 BDSG kommt aber für Verstöße gegen die Ausnahmen von der Zweckbindung nach § 28 Abs. 5 S. 2 BDSG zur Anwendung.
595 *Bergmann/Möhrle/Herb*, BDSG, § 43 Rn. 8.
596 BVerfGE 25, 269 (285); BVerfGE 14, 174 (185).
597 BVerfGE 14, 174 (185); 25, 269 (285); 73, 206 (235).
598 Auch die Formulierungsvorschläge des *BMI* sehen hierzu keine Regelung vor, vgl. *BMI*, Formulierungsvorschläge v. 7.9.2011, abrufbar unter: http://www.arbrb. de/media/BeschDS_FV.pdf.

13. Verbleibender Anwendungsbereich von § 28 Abs. 1 Nr. 2 BDSG

Die Reichweite des § 32d Abs. 3 BDSG-RegE wird durch den Wortlaut der Norm sowie den Anwendungsbereich (§ 27 Abs. 3 S. 1 BDSG-RegE) bestimmt. Die geplante Regelung soll eine spezielle Rechtsgrundlage für Datenscreenings mit Beschäftigtendaten zu Zwecken der Korruptionsbekämpfung schaffen. Zu diesen Zwecken werden Datenscreenings mit Beschäftigtendaten von der Vorschrift abschließend erfasst, da anderenfalls die hierfür vorgesehenen Voraussetzungen umgangen würden. Demnach kommt es nicht in Betracht, Datenscreenings zur Aufdeckung isolierter arbeitsvertraglicher Pflichtverletzungen, die von der Zweckbestimmung des § 32d Abs. 3 S. 1 BDSG-RegE nicht erfasst werden, auf die allgemeinen datenschutzrechtlichen Vorschriften zu stützen.

Soll ein Datenscreening dagegen mit Beschäftigtendaten zu außerhalb des Beschäftigungsverhältnisses liegenden Zwecken oder mit anderen als Beschäftigtendaten durchgeführt werden, so ist zur Rechtfertigung des Datenumgangs auf die allgemeinen Regeln, insbesondere auf § 28 BDSG, zurückzugreifen[599].

III. Ergebnis

Die geplante gesetzliche Regelung des Datenscreenings in § 32d Abs. 3 BDSG-RegE ist grundsätzlich geeignet, um die widerstreitenden Interessen von Arbeitgebern und Beschäftigten auszugleichen. Die Schwächen der Regelung liegen zunächst darin, dass sie präventive Datenscreenings ermöglicht, dies im Wortlaut aber missverständlich zum Ausdruck bringt. Im Interesse wirkungsvoller Korruptionsbekämpfung ist die Möglichkeit zur Durchführung präventiver Datenscreenings für Arbeitgeber unverzichtbar. Im Gegenzug müssen jedoch die Interessen der Beschäftigten stärker Berücksichtigung finden. So sieht die geplante gesetzliche Regelung zwar eine datenschutzfreundliche Durchführung des Datenscreenings mit anonymisierten oder pseudonymisierten Beschäftigtendaten vor. Mangels konkreter Vorgaben, wie die Verschlüsselung erreicht werden soll, droht das schützende Erfordernis jedoch ausgehöhlt zu werden. Auch das Verfahren der Personalisierung ist nicht näher ausgestaltet. Eine Schutzlücke ergibt sich dadurch jedoch nicht, da in der Personalisierung zugleich eine Erhebung neuer Beschäftigtendaten liegt. Erfolgt diese – wie im Regelfall des Datenscreenings – heimlich, so sind die konkretisierenden Voraussetzungen des § 32e Abs. 2 BDSG-RegE zu beachten. Darüber hinaus

---

[599] BT-Drs. 17/4230, S. 14; *Schmidt/Jakob*, DuD 2011, S. 88 (92).

muss das Datenscreening als generell gefährdendes automatisiertes Verfahren der Vorabkontrolle des betrieblichen Datenschutzbeauftragten unterliegen. Werden diese Anforderungen erfüllt, so lässt sich eine effektive Methode der Korruptionsbekämpfung mit verbessertem Schutz der Beschäftigten verbinden. Hierbei wird der Beschäftigtendatenschutz auf Verfahrensebene gestärkt. Eine – vielfach geforderte – restriktive Gestaltung der Anwendungsvoraussetzungen des Datenscreenings kommt dagegen nicht in Betracht, da sie die Praxistauglichkeit der gerade im präventiven Bereich wirkungsvollen Methode des Datenscreenings zu stark einschränken würde.

Kapitel 3
Einbindung des Betriebsrats und betriebliche Regelungsmöglichkeiten

A. Einbindung des Betriebsrats

Wird ein Datenscreening durchgeführt, so richtet sich dessen Rechtmäßigkeit nicht nur nach den datenschutzrechtlichen Voraussetzungen. Die Einhaltung des Datenschutzrechts wird auch auf kollektiver Ebene insbesondere durch die zwingende Mitbestimmung nach § 87 BetrVG abgesichert. Dies setzt einen Kollektivbezug des Datenscreenings voraus.[600] Ein solcher besteht nach der Rechtsprechung des *BAG*, wenn eine Maßnahme des Arbeitgebers kollektive Interessen der Arbeitnehmer des Betriebes berührt.[601] Nicht der Mitbestimmungspflicht unterliegen folglich Maßnahmen, die sich lediglich auf einzelne Arbeitnehmer beziehen.[602] Dies ist bei einem Datenscreening indes nicht der Fall. Der Wortlaut des § 32d Abs. 3 S. 1 BDSG-RegE „durch Beschäftigte" verdeutlicht, dass die Maßnahme potentiell einen größeren Personenkreis betrifft. Soll eine Überwachungsmaßnahme dagegen lediglich Individualbezug aufweisen, wird dies im Wortlaut des Gesetzentwurfs zum Ausdruck gebracht.[603] Selbst eine verhältnismäßige Einschränkung des in ein Datenscreening einbezogenen Personenkreises führt nicht dazu, dass die Maßnahme ihren Kollektivbezug verliert. Es handelt sich vielmehr auch unter Berücksichtigung des Verhältnismäßigkeitsgrundsatzes um ein Massenverfahren, das erst im Verdachtsfall einen Bezug zum individuellen Arbeitsverhältnis herstellt. Somit liegt eine kollektive Maßnahme vor.

---

600 Hierzu *Thüsing*, Arbeitnehmerdatenschutz und Compliance, Rn. 531 f.
601 BAG v. 10.10.2006 – 1 ABR 68/05, AP BetrVG 1972 § 80 Nr. 68; vgl. hierzu *Thüsing*, Arbeitnehmerdatenschutz und Compliance, Rn. 531 f.; *Fitting*, BetrVG, § 87 Rn. 16.
602 *Thüsing*, Arbeitnehmerdatenschutz und Compliance, Rn. 531 f.; *Fitting*, BetrVG, § 87 Rn. 17.
603 Vgl. den Wortlaut der §§ 32g Abs. 1 BDSG-RegE „des Beschäftigten", 32h Abs. 1 BDSG-RegE „eines Beschäftigten", 32i Abs. 1 BDSG-RegE „dem Beschäftigten" sowie 32e Abs. 2 „des Beschäftigten" und „der Beschäftigte" (Nr. 1).

I. Recht auf Unterrichtung

Zu den Aufgaben des Betriebsrats gehört es nach § 80 Abs. 1 Nr. 1 BetrVG, die Einhaltung der zugunsten der Arbeitnehmer geltenden Gesetze zu überwachen. Hierzu zählt auch die Überwachung der Einhaltung des Bundesdatenschutzgesetzes durch den Arbeitgeber.[604] In mitbestimmten Betrieben wird der Betriebsrat dadurch neben dem Datenschutzbeauftragten zum „Hüter des BDSG im Betrieb".[605] Dieser Aufgabe kann der Betriebsrat nur wirkungsvoll nachkommen, wenn er über die erforderlichen Informationen verfügt.[606] Daher gewährt ihm § 80 Abs. 2 S. 1 BetrVG ein Recht auf umfangreiche Unterrichtung. Beim Umgang mit Beschäftigtendaten ist der Betriebsrat insbesondere über deren Speicherung, die Verarbeitungszwecke sowie über Maßnahmen zum Schutz der Beschäftigtendaten zu unterrichten.[607]

II. Mitbestimmungstatbestände

Die geplante gesetzliche Regelung des Beschäftigtendatenschutzes stellt in § 32l Abs. 3 BDSG-RegE klar, dass die Rechte der Interessenvertretungen der Beschäftigten von den neu einzufügenden Vorschriften nicht berührt werden.[608] Demnach bleiben insbesondere die Mitbestimmungsrechte des Betriebsrats umfassend gewährleistet.[609] Auch die Durchführung eines Datenscreenings gemäß § 32d Abs. 3 BDSG-RegE unterliegt der Mitbestimmungspflicht, wenn ein Mitbestimmungstatbestand einschlägig ist.

1. Die Aufgabenzuweisung des § 75 Abs. 2 BetrVG

Nach § 75 Abs. 2 S. 1 BetrVG sind sowohl Arbeitgeber als auch Betriebsrat dazu verpflichtet, die freie Entfaltung der Persönlichkeit der Arbeitnehmer zu

---

604 *Kort*, RDV 2012, S. 8 (14); *Kort*, NZA 2011, S. 1319 (1321); *Zimmer/Heymann*, BB 2010, S. 1853 (1855); *Dzida/Schütt*, ArbRB 2012, S. 21 (21); *Gola/Wronka*, Hdb. Arbeitnehmerdatenschutz, Rn. 1592 f.; *Däubler*, Gläserne Belegschaften, Rn. 630; *Franzen*, RdA 2010, S. 257 (261); *Wybitul*, ZD 2012, S. 1 (2); *Seifert*, in: Simitis, BDSG, § 32 Rn. 150; *Fitting*, BetrVG, § 80 Rn. 7.
605 *Kort*, RdA 1992, S. 378 (383); ähnlich auch *Franzen*, RdA 2010, S. 257 (262).
606 *Gola/Wronka*, Hdb. Arbeitnehmerdatenschutz, Rn. 1624.
607 *Dzida/Schütt*, ArbRB 2012, S. 21 (21).
608 Die Regelung entspricht nahezu wortgleich dem bisherigen § 32 Abs. 3 BDSG, vgl. hierzu *Seifert*, in: Simitis, BDSG, § 32 Rn. 145.
609 BT-Drs. 17/4230, S. 22.

schützen und zu fördern. Durch die Bindung der Betriebsparteien an § 75 Abs. 2 S. 1 BetrVG wird der grundrechtlich gewährleistete Persönlichkeitsschutz der Arbeitnehmer auch auf zivilrechtlicher Ebene zur Geltung gebracht.[610] Die Vorgabe des § 75 Abs. 2 BetrVG setzt dem Betriebsrat bei der Ausübung seiner Beteiligungsrechte Grenzen.[611] Ein eigenes Mitbestimmungsrecht kann aus der in der Aufgabenzuweisung enthaltenen Förderpflicht indes nicht hergeleitet werden.[612] Die enumerative Aufzählung des § 87 BetrVG ist insoweit abschließend.[613]

2. Ordnungsverhalten im Betrieb, § 87 Abs. 1 Nr. 1 BetrVG

In Fragen der Ordnung des Betriebes und des Verhaltens der Arbeitnehmer im Betrieb hat der Betriebsrat nach § 87 Abs. 1 Nr. 1 BetrVG mitzubestimmen. Der Mitbestimmungstatbestand betrifft das Zusammenleben und Zusammenwirken der Arbeitnehmer im Betrieb, mithin die soziale Ordnung.[614] Während das betriebliche Ordnungsverhalten der Arbeitnehmer der Mitbestimmung unterliegt, ist das Arbeitsverhalten nach ständiger Rechtsprechung des *BAG* mitbestimmungsfrei.[615] Dieses betrifft das zur Erfüllung ihrer Arbeitspflicht gegenüber dem Arbeitgeber an den Tag gelegte Verhalten der Arbeitnehmer.[616] Maßnahmen des Arbeitgebers beziehen sich auf das Arbeitsverhalten, wenn sie die Arbeitspflicht der Arbeitnehmer unmittelbar konkretisieren.[617] Auch Kontrollmaßnahmen des Arbeitgebers sind nur dann mitbestimmungspflichtig,

---

610 *Wiese*, ZfA 2006, S. 631 (649); *Wiese*, in: FS für Kreutz, S. 499 (503).
611 ErfK/*Kania*, § 75 BetrVG Rn. 9.
612 BAG v. 28.5.2002 – 1 ABR 32/01, NZA 2003, S. 166 (169); *Fitting*, BetrVG, § 75 Rn. 169; ErfK/*Kania*, § 75 BetrVG Rn. 10; *Gola/Wronka*, Hdb. Arbeitnehmerdatenschutz, Rn. 1585; *Kort*, RdA 1992, S. 378 (382).
613 *Kort*, RdA 1992, S. 378 (382).
614 BAG v. 24.3.1981 – 1 ABR 32/78, AP BetrVG 1972 § 87 Arbeitssicherheit Nr. 2; BAG v. 1.12.1992 – 1 AZR 260/92, AP BetrVG 1972 § 87 Ordnung des Betriebes Nr. 20; ErfK/*Kania*, § 87 BetrVG Rn. 18; *Diller*, BB 2009, S. 438 (438); *Kock/Francke*, NZA 2009, S. 646 (649).
615 Vgl. BAG v. 24.3.1981 – 1 ABR 32/78, AP BetrVG 1972 § 87 Arbeitssicherheit Nr. 2; BAG v. 1.12.1992 – 1 AZR 260/92, AP BetrVG 1972 § 87 Ordnung des Betriebes Nr. 20; BAG v. 8.11.1994 – 1 ABR 22/94, AP BetrVG 1972 § 87 Ordnung des Betriebes Nr. 24.
616 *Zimmer/Heymann*, BB 2010, S. 1853 (1854).
617 BAG v. 24.3.1981 – 1 ABR 32/78, AP BetrVG 1972 § 87 Arbeitssicherheit Nr. 2; BAG v. 1.12.1992 – 1 AZR 260/92, AP BetrVG 1972 § 87 Ordnung des Betriebes Nr. 20; BAG v. 8.11.1994 – 1 ABR 22/94, AP BetrVG 1972 § 87 Ordnung des Betriebes Nr. 24.

wenn sie der Durchsetzung des auf konkreten Verhaltensanweisungen beruhenden Ordnungsverhaltens dienen.[618]

Wird ein Datenscreening nach § 32d Abs. 3 BDSG-RegE durchgeführt, bezweckt es die Aufdeckung oder Verhinderung von Straftaten oder anderen schwerwiegenden Pflichtverletzungen der Beschäftigten im Beschäftigungsverhältnis. Ein Datenscreening dient nicht der Kontrolle, ob Verhaltensanweisungen des Arbeitgebers von den Arbeitnehmern befolgt werden.[619] Vielmehr soll das Auffinden von Trefferfällen Rückschlüsse darauf ermöglichen, ob sich Arbeitnehmer bei der Erbringung ihrer arbeitsvertraglich geschuldeten Leistung im Rahmen ihrer vertraglichen Pflichten bewegt haben.[620] Das Datenscreening betrifft somit ausschließlich das Arbeitsverhalten der Arbeitnehmer, nicht dagegen das nach § 87 Abs. 1 Nr. 1 BetrVG mitbestimmungspflichtige Ordnungsverhalten. Folglich ist das Mitbestimmungsrecht aus § 87 Abs. 1 Nr. 1 BetrVG bei der Durchführung eines Datenscreenings nicht zu beachten.[621]

3. Überwachung mittels technischer Einrichtungen, § 87 Abs. 1 Nr. 6 BetrVG

Ein zwingendes Mitbestimmungsrecht des Betriebsrats besteht nach § 87 Abs. 1 Nr. 6 BetrVG bei der Einführung und Anwendung von technischen Einrichtungen, die zur Überwachung von Verhalten und Leistung der Mitarbeiter bestimmt sind. Die Vorschrift bezweckt den Schutz der Arbeitnehmer vor den mit technischen Überwachungsmaßnahmen verbundenen besonderen Gefahren für deren Persönlichkeitsrecht.[622] Sie ist eine logische Konsequenz aus der Aufgabenzuweisung

---

618 ErfK/*Kania*, § 87 BetrVG Rn. 19 f.; *Diller*, BB 2009, S. 438 (438).
619 *Diller*, BB 2009, S. 438 (438); *Kock/Francke*, NZA 2009, S. 646 (649).
620 *Kock/Francke*, NZA 2009, S. 646 (649); *Heldmann*, DB 2010, S. 1235 (1238); *Löwisch*, DB 2009, S. 2782 (2786).
621 *Kock/Francke*, NZA 2009, S. 646 (649); *Diller*, BB 2009, S. 438 (438); *Heldmann*, DB 2010, S. 1235 (1238); ErfK/*Kania*, § 87 BetrVG Rn. 21; in diese Richtung auch ArbG Dessau-Roßlau v. 17.6.2009 – 1 BV 1/09, BeckRS 2009, 69201, im Volltext abrufbar unter: http://www.sachsen-anhalt.de/fileadmin/Elementbibliothek/Bibliothek_Politik_und_Verwaltung/Bibliothek_MJ/lag/Entscheidungen/1_BV_1-09_Beschluss_ArbG_Dessau-Roßlau_vom_17-06-2009.pdf; a.A. *Winteler*, in: Taeger/Wiebe (Hrsg.), Inside the Cloud, S. 469 (474); andeutungsweise auch *Steinkühler*, BB 2009, S. 1294 (1294).
622 *Fitting*, BetrVG, § 87 Rn. 215; *Richardi*, in: Richardi, BetrVG, § 87 Rn. 480 f.; *Joussen*, in: Jahrbuch des Arbeitsrechts 2010, S. 77; *Ehmann*, in: FS für Wiese, S. 99 (114 f.); *Ehmann*, NZA-Beilage 1/1985, S. 2 (6).

des § 75 Abs. 2 S. 1 BetrVG und steht damit in engem Zusammenhang.[623] Das Mitbestimmungsrecht gewährleistet dort eine „kollektivrechtliche Verstärkung" des Persönlichkeitsschutzes der Beschäftigten, wo dieser durch die Auswirkungen technischer Überwachungsmaßnahmen besonders gefährdet ist.[624]

a. Datenscreening als technische Einrichtung

Der Mitbestimmungstatbestand des § 87 Abs. 1 Nr. 6 BetrVG setzt zunächst voraus, dass es sich bei dem Datenscreening um eine technische Einrichtung handelt. An das Vorliegen einer technischen Einrichtung sind keine hohen Anforderungen zu stellen.[625] Dem Schutzzweck des § 87 Abs. 1 Nr. 6 BetrVG entsprechend kommt dem Merkmal die Funktion zu, eine Abgrenzung zu manuellen Kontrollen zu leisten, bei denen sich das technischen Überwachungsmaßnahmen innewohnende Risiko gerade nicht realisiert.[626] Das Datenscreening basiert auf einer EDV-gestützten Methode zum Abgleich von Massendaten, das bei manueller Durchführung allenfalls stichprobenhaft zu bewältigen wäre. In der technischen Durchführung realisiert sich gegenüber einem manuellen Vorgehen ein deutlich erhöhtes Kontrollpotential. Zur effektiven Durchführung eines Datenscreenings bedarf es einer speziellen Analysesoftware. In diese werden zuvor aus Unternehmensdatenbanken extrahierte Datensätze eingespeist und in Verbindung mit Hardware zur Anwendung gebracht.[627] Somit liegt der Methode des Datenscreenings eine Kombination aus Hard- und Software zu Grunde, die eine technische Einrichtung i.S.v. § 87 Abs. 1 Nr. 6 BetrVG darstellt.[628]

---

623 *Ehmann*, NZA 1993, S. 241 (244); *Fitting*, BetrVG, § 87 Rn. 215; *Thüsing*, Arbeitnehmerdatenschutz und Compliance, Rn. 535; *Trittin/Fischer*, NZA 2009, S. 343 (343).
624 *Fitting*, BetrVG, § 87 Rn. 215; vgl. auch *Simitis*, NJW 1985, S. 401 (403) sowie *Wiese*, Ruprecht-Karls-Universität Heidelberg (Hrsg.), Technologischer Fortschritt als Rechtsproblem, S. 47 (52), der von einer „kollektivrechtliche[n] Ergänzung des individuellen Persönlichkeitsschutzes" spricht.
625 *Richardi*, in: Richardi, BetrVG, § 87 Rn. 484; *Fitting*, BetrVG, § 87 Rn. 224.
626 *Thüsing*, Arbeitnehmerdatenschutz und Compliance, Rn. 540; *Richardi*, in: Richardi, BetrVG, § 87 Rn. 484; *Fitting*, BetrVG, § 87 Rn. 215.
627 *Müller-Bonanni*, AnwBl 2010, S. 651 (654); *Heldmann*, DB 2010, S. 1235 (1238); *Kock/Francke*, NZA 2009, S. 646 (649); *Steinkühler*, BB 2009, S. 1294 (1294).
628 *Kock/Francke*, NZA 2009, S. 646 (649); *Heinson/Schmidt*, CR 2010, S. 540 (544); *Müller-Bonanni*, AnwBl 2010, S. 651 (654); *Heldmann*, DB 2010, S. 1235 (1238); *Fitting*, BetrVG, § 87 Rn. 243; *Steinkühler/Raif*, AuA 2009, S. 213 (215); so auch ArbG Dessau-Roßlau v. 17.6.2009 – 1 BV 1/09, BeckRS 2009, 69201; a.A. *Diller*, BB 2009, S. 438 (438), der isoliert auf Computer-Hardware abstellt und deren Eigenschaft als technische Einrichtung verneint. Zur Kombination von Hard- und Software

b. Überwachungsbegriff

Das Datenscreening muss dazu bestimmt sein, Verhalten oder Leistung der Arbeitnehmer zu überwachen. Der Überwachungsbegriff umfasst verschiedene Phasen des Datenumgangs.[629] Er erstreckt sich nach der Rechtsprechung des *BAG* neben der Datenerhebung auch auf die Datenauswertung.[630] Eine solche liegt insbesondere vor, wenn Daten programmgemäß miteinander in Beziehung gesetzt werden, um dadurch neue Erkenntnisse zu generieren.[631] Bei einem Datenscreening werden Beschäftigtendaten mit anderen Datenbeständen des Unternehmens – in der Regel der Lieferantendatenbank – in Beziehung gesetzt und nach zuvor festgelegten Kriterien abgeglichen. Unabhängig davon, ob das Datenscreening zu einer Erhebung neuer Daten führt, unterfällt die zielgerichtete und EDV-gestützte Auswertung von Massendaten dem Überwachungsbegriff i.S.v. § 87 Abs. 1 Nr. 6 BetrVG, da sie bislang unbekannte Übereinstimmungen in den Datenbeständen aufdecken kann und somit neue Erkenntnisse liefert.

Die „Bestimmung" zur Überwachung ist nach der ständigen Rechtsprechung des *BAG* weit zu verstehen. Danach kommt es nicht darauf an, welche Ziele der Arbeitgeber mit der Überwachung verfolgt. Entscheidend ist allein, ob die technische Einrichtung zur Überwachung objektiv geeignet ist.[632] Dies ist der Fall, wenn sie eine eigenständige Kontrollwirkung hat.[633] Nach Auffassung von *Diller* fehlt es bei der Durchführung eines Datenscreenings an einer technischen Einrichtung, die kraft ihrer technischen Natur selbst schon eine „eigenständige Kontrollwirkung"

---

als Bezugsobjekt des Mitbestimmungstatbestandes vgl. auch *Thüsing*, Arbeitnehmerdatenschutz und Compliance, Rn. 542; ErfK/*Kania*, § 87 BetrVG Rn. 55; *Steinkühler*, BB 2009, S. 1294 (1294) und *Gola/Wronka*, Hdb. Arbeitnehmerdatenschutz, Rn. 1770.

629 Vgl. hierzu; *Fitting*, BetrVG, § 87 Rn. 217; ErfK/*Kania*, § 87 BetrVG Rn. 48 f.; *Richardi*, in: Richardi, BetrVG, § 87 Rn. 489 f.; *Thüsing*, Arbeitnehmerdatenschutz und Compliance, Rn. 543–545.

630 BAG v. 14.9.1984 – 1 ABR 23/82, AP BetrVG 1972 § 87 Überwachung Nr. 9.

631 *Fitting*, BetrVG, § 87 Rn. 241; ErfK/*Kania*, § 87 BetrVG Rn. 49; *Steinkühler*, BB 2009, S. 1294 (1294).

632 Vgl. BAG v. 6.12.1983 – 1 ABR 43/81, AP BetrVG 1972 § 87 Überwachung Nr. 7; hierzu auch *Simitis*, NJW 1985, S. 401 (403); *Fitting*, BetrVG, § 87 Rn. 226; *Richardi*, in: Richardi, BetrVG, § 87 Rn. 501; ErfK/*Kania*, § 87 BetrVG Rn. 55; *Däubler*, Gläserne Belegschaften, Rn. 756; *Düwell*, in: Bitburger Gespräche in München, Band 1, S. 97.

633 BAG v. 6.12.1983 – 1 ABR 43/81, AP BetrVG 1972 § 87 Überwachung Nr. 7; *Fitting*, BetrVG, § 87 Rn. 227; ErfK/*Kania*, § 87 BetrVG Rn. 57.

entfalte.[634] Zutreffend ist, dass ein Datenscreening – anders als eine Videokamera – nicht greifbar ist. Es wird durch eine Kombination aus spezifischer Analysesoftware und Hardware ermöglicht, die bei isolierter Betrachtung keine eigenständige Kontrolle leisten können. Beide sind in ihrer Wirkungsweise voneinander abhängig und erst im Zusammenwirken in der Lage, ihr Analysepotential zu entfalten. Zu betrachten ist jedoch nicht jede Komponente für sich, sondern das hinter einem Datenscreening stehende kombinierte System. Werden die zu analysierenden Datenbestände in die Analysesoftware integriert und diese sodann mittels Hardware angewendet, so erbringt das System eine „eigenständige Kontrollwirkung", indem es neue Aussagen in Form von Datenübereinstimmungen ermittelt.[635] Zwar liefern diese Trefferfälle noch keine endgültige Aussage über ein mögliches Fehlverhalten der Arbeitnehmer. Dem durch Trefferfälle entstandenen Verdacht muss vielmehr durch weitere Untersuchungen nachgegangen werden. Angesichts des mit einem Datenscreening verbundenen Erkenntnisgewinns ändert der Aussagegehalt der Erkenntnisse nichts daran, dass eine automatisierte Datenanalyse bereits eine eigenständige Kontrollwirkung entfaltet.[636]

c. Verhalten und Leistung der Arbeitnehmer

Der Mitbestimmungstatbestand des § 87 Abs. 1 Nr. 6 BetrVG enthält insofern eine Einschränkung, als nicht jede Überwachung mit einer technischen Einrichtung die Mitbestimmungspflicht auslöst, sondern nur eine solche, die sich auf Verhalten und Leistung der Arbeitnehmer bezieht.[637] Das Verhalten der Arbeitnehmer betrifft jedes individuell steuerbare Tun oder Unterlassen.[638] Ein Verhaltens- oder Leistungsbezug lässt sich jedoch nicht allen Beschäftigtendaten entnehmen.[639] Für ein Datenscreening werden üblicherweise Lieferantendaten

---

634 *Diller*, BB 2009, S. 438 (438); ebenso ArbG Dessau-Roßlau v. 17.6.2009 – 1 BV 1/09, BeckRS 2009, 69201; ablehnend *Steinkühler*, BB 2009, S. 1294 (1294); *Thüsing*, Arbeitnehmerdatenschutz und Compliance, Rn. 546.
635 *Kock/Francke*, NZA 2009, S. 646 (649); *Steinkühler*, BB 2009, S. 1294 (1294); *Fitting*, BetrVG, § 87 Rn. 243; *Thüsing*, Arbeitnehmerdatenschutz und Compliance, Rn. 546.
636 *Kock/Francke*, NZA 2009, S. 646 (649).
637 *Däubler*, Gläserne Belegschaften, Rn. 732; *Thüsing*, Arbeitnehmerdatenschutz und Compliance, Rn. 553; ErfK/*Kania*, § 87 BetrVG Rn. 50.
638 BAG v. 11.3.1986 – 1 ABR 12/84, AP BetrVG 1972 § 87 Überwachung Nr. 14; *Richardi*, in: Richardi, BetrVG, § 87 Rn. 494; ErfK/*Kania*, § 87 BetrVG Rn. 50; *Däubler*, Gläserne Belegschaften, Rn. 734.
639 *Thüsing*, Arbeitnehmerdatenschutz und Compliance, Rn. 554; *Kort*, NZA 2011, S. 1319 (1321); ErfK/*Kania*, § 87 BetrVG Rn. 51; *Richardi*, in: Richardi, BetrVG, § 87 Rn. 495.

mit Stammdaten der Beschäftigten wie Name, Anschrift und Kontonummer abgeglichen.[640] Diese lassen für sich betrachtet keine Rückschlüsse auf Verhalten oder Leistung der Beschäftigten zu.[641] Werden sie jedoch mit Stammdaten der Lieferanten verknüpft, dann führen sie über ihren ursprünglichen Aussagegehalt hinaus zu einem völlig neuen Erkenntnisgewinn. Übereinstimmungen der Beschäftigten- und Lieferantenstammdaten deuten auf Scheingeschäfte hin, da Beschäftigte üblicherweise nicht zugleich in einer Lieferantenbeziehung zum Arbeitgeber stehen.[642] Somit liefern auch Stammdaten in Verknüpfung mit anderen Datenbeständen Erkenntnisse, die Rückschlüsse auf Verhalten oder Leistung der Arbeitnehmer zulassen.[643]

Keine Aussagen über Verhalten und Leistung der Arbeitnehmer können selbst durch eine Verknüpfung mit anderen Daten dagegen anonymisierten Stammdaten entnommen werden, die keinem konkreten Arbeitnehmer zugeordnet werden können.[644] Datenscreenings mit anonymisierten Daten sind somit nicht nach

---

640 *Kock/Francke*, NZA 2009, S. 646 (646 f.).
641 *Thüsing*, Arbeitnehmerdatenschutz und Compliance, Rn. 554; *Kock/Francke*, NZA 2009, S. 646 (649); *Kock/Francke*, ArbRB 2009, S. 110 (112); *Kort*, NZA 2011, S. 1319 (1321); *Kort*, RDV 2012, S. 8 (15); *Vogt*, NJOZ 2009, S. 4206 (4214); ErfK/*Kania*, § 87 BetrVG Rn. 51; *Fitting*, BetrVG, § 87 Rn. 222. Zur Unterscheidung nach Datenarten vgl. *Gebhardt/Umnuß*, NZA 1995, S. 103 (107). *Löwisch* scheint das Bestehen eines Mitbestimmungsrechts aus § 87 Abs. 1 Nr. 6 BetrVG im Falle eines zu Zwecken der Korruptionsbekämpfung erfolgenden Datenscreenings abzulehnen, da die herangezogenen Daten keine Verhaltens- oder Leistungsdaten seien, vgl. *Löwisch*, DB 2009, S. 2782 (2786).
642 *Kock/Francke*, NZA 2009, S. 646 (649, 647); *Kock/Francke*, ArbRB 2009, S. 110 (112); ErfK/*Kania*, § 87 BetrVG Rn. 51; *Winteler*, in: Taeger/Wiebe (Hrsg.), Inside the Cloud, S. 474.
643 *Kock/Francke*, NZA 2009, S. 646 (649); *Kock/Francke*, ArbRB 2009, S. 110 (112); ErfK/*Kania*, § 87 BetrVG Rn. 51; *Vogt*, NJOZ 2009, S. 4206 (4214); *Winteler*, in: Taeger/Wiebe (Hrsg.), Inside the Cloud, S. 474. Dies entspricht auch der Rechtsprechung des *BAG*, wonach es entscheidend nicht auf den Charakter der Ausgangsdaten ankommt, sondern auf deren Aussagegehalt nach Verknüpfung mit anderen Datenbeständen, vgl. BAG v. 11.3.1986 – 1 ABR 12/84, AP BetrVG 1972 § 87 Überwachung Nr. 14; hierzu *Thüsing*, Arbeitnehmerdatenschutz und Compliance, Rn. 555. Auch das *BVerfG* weist im „Volkszählungsurteil" darauf hin, dass „[...] es unter den Bedingungen der automatischen Datenverarbeitung kein „belangloses" Datum mehr [gibt]". Dabei könne nicht allein auf die Art der Daten abgestellt werden. Entscheidend sei ihre Nutzbarkeit und Verwendungsmöglichkeit, vgl. BVerfGE 65, 1 (45).
644 ErfK/*Kania*, § 87 BetrVG Rn. 53; *Kock/Francke*, NZA 2009, S. 646 (649); *Kock/Francke*, ArbRB 2009, S. 110 (112); *Kort*, NZA 2011, S. 1319 (1322); *Fitting*, BetrVG, § 87 Rn. 243; *Gebhardt/Umnuß*, NZA 1995, S. 103 (106 f.).

§ 87 Abs. 1 Nr. 6 BetrVG mitbestimmungspflichtig. Wird das Datenscreening dagegen wie im Regelfall mit pseudonymisierten Daten durchgeführt, um im Trefferfall die Identität der betroffenen Beschäftigten aufdecken zu können, so unterliegt dessen Durchführung der Mitbestimmungspflicht. Die Pseudonymisierung dient der größtmöglichen Sicherheit des Verfahrens, ermöglicht aber im Verdachtsfall unter Anwendung des Zuordnungsschlüssels die Personalisierung der betreffenden Daten. Es bleibt somit im Trefferfall möglich, einen konkreten Personenbezug herzustellen und sodann Rückschlüsse auf Verhalten oder Leistung der betreffenden Beschäftigten zu ziehen.[645]

Wird ein Datenscreening mittels einer technischen Einrichtung zur Anwendung gebracht, so ist es dazu bestimmt, Verhalten und Leistung der Mitarbeiter zu überwachen.[646] Es unterliegt nach § 87 Abs. 1 Nr. 6 BetrVG der zwingenden Mitbestimmung des Betriebsrats. Kommt eine Einigung zwischen den Betriebsparteien nicht zustande, kann der Betriebsrat nach § 87 Abs. 2 S. 1 BetrVG die Einigungsstelle anrufen.

III. Zuständigkeit des Betriebsrats

Die Zuständigkeit des Betriebsrats bestimmt sich nach dem Subsidiaritätsprinzip.[647] Dieses ist in den Zuständigkeitsregelungen der §§ 50 Abs. 1 S. 1 und 58 Abs. 1 S. 1 BetrVG niedergelegt.[648] Danach ist grundsätzlich der Einzelbetriebsrat zuständig. Eine Zuständigkeit des Gesamtbetriebsrats ergibt sich nur für die Behandlung von Angelegenheiten, die das Gesamtunternehmen oder mehrere Betriebe betreffen und nicht innerhalb der einzelnen Betriebe geregelt werden können, § 50 Abs. 1 S. 1 BetrVG. Desgleichen ist der Konzernbetriebsrat zuständig, wenn eine Zuständigkeit der sachnäheren Betriebsräte nicht besteht, § 58 Abs. 1 S. 1

---

645 *Kock/Francke*, NZA 2009, S. 646 (649).
646 *Kock/Francke*, NZA 2009, S. 646 (649); *Kock/Francke*, ArbRB 2009, S. 110 (112); *Heinson/Schmidt*, CR 2010, S. 540 (544); *Winteler*, in: Taeger/Wiebe (Hrsg.), Inside the Cloud, S. 474; *Steinkühler*, BB 2009, S. 1294 (1294); *Steinkühler/Raif*, AuA 2009, S. 213 (215); *Müller-Bonanni*, AnwBl 2010, S. 651 (653 f.); *Heldmann*, DB 2010, S. 1235 (1238); *Vogt*, NJOZ 2009, S. 4206 (4218); *Wybitul/Böhm*, RdA 2011, S. 362 (365 f.); *Fitting*, BetrVG, § 87 Rn. 243; ErfK/*Kania*, § 87 BetrVG Rn. 55; a.A. *Diller*, BB 2009, S. 438 (438 f.); ebenso ablehnend ArbG Dessau-Roßlau v. 17.6.2009 – 1 BV 1/09, BeckRS 2009, 69201.
647 *Joost*, in: MünchArbR, Band 2, § 227 Rn. 45.
648 *Kort*, NZA 2011, S. 1319 (1323); *Kort*, RDV 2012, S. 8 (17).

BetrVG.[649] Für die Zuständigkeit des Konzernbetriebsrats kommt es maßgeblich darauf an, ob der angestrebte Zweck einer Maßnahme nur einheitlich auf Konzernebene erreicht werden kann.[650]

Im Hinblick auf die Durchführung eines Datenscreenings zu Compliance-Zwecken hat das *ArbG Dessau-Roßlau* in einem Konzernumfeld den Konzernbetriebsrat für zuständig gehalten.[651] Dieser Entscheidung ist zuzustimmen. Die negativen Folgen von Korruption und Compliance-Verstößen machen nicht an Unternehmensgrenzen halt, sie wirken sich vielmehr auch auf den Konzern aus. Daher wird die Korruptionsbekämpfung üblicherweise auf Konzernebene gesteuert und im Wege einer einheitlichen Abwehrstrategie konzernweit ausgerollt. Werden in Umsetzung dieser Strategie Kontrollmaßnahmen ergriffen, so müssen sie auch konzernweit einheitlich anwendbar sein. Unterschiedliche Anforderungen an Datenscreenings in den verschiedenen Unternehmen eines Konzerns würden effektive Korruptionsbekämpfung erschweren und überdies die Frage aufwerfen, wie abweichende Schutzstandards zu rechtfertigen sind. Somit besteht ein Bedürfnis für eine konzerneinheitliche Regelung des Datenscreenings. Diese fällt in Konzernen in den Zuständigkeitsbereich des Konzernbetriebsrats.[652]

IV. Rechtsfolgen bei der Verletzung von Mitbestimmungsrechten

Der Mitbestimmungstatbestand des § 87 Abs. 1 Nr. 6 BetrVG dient dem Persönlichkeitsschutz der Arbeitnehmer.[653] Er soll gewährleisten, dass Eingriffe in Persönlichkeitsrechte der Arbeitnehmer durch technische Überwachungseinrichtungen nur erfolgen, wenn der Betriebsrat gleichberechtigt mitbestimmt.[654] Diese

---

649 Zur Zuständigkeitsverteilung der Betriebsräte BAG v. 14.11.2006 – 1 ABR 4/06, AP § 87 BetrVG 1972 Überwachung Nr. 43; BAG v. 20.12.1995 – 7 ABR 8/95, AP BetrVG 1972 § 58 Nr. 1.
650 *Kort*, NZA 2011, S. 1319 (1323); *Kort*, RDV 2012, S. 8 (17); *Kock/Francke*, NZA 2009, S. 646 (649); *Joost*, in: MünchArbR, Band 2, § 227 Rn. 47.
651 ArbG Dessau-Roßlau v. 17.6.2009 – 1 BV 1/09, BeckRS 2009, 69201; hierzu auch *Kort*, NZA 2011, S. 1319 (1323 f.); *Kort*, RDV 2012, S. 8 (17).
652 Zum Ganzen *Kock/Francke*, NZA 2009, S. 646 (649 f.); *Kort*, NZA 2011, S. 1319 (1323 f.); *Kort*, RDV 2012, S. 8 (17).
653 *Richardi*, in: Richardi, BetrVG, § 87 Rn. 480.
654 BAG v. 9.9.1975 – 1 ABR 20/74, AP BetrVG 1972 § 87 Überwachung Nr. 2; *Richardi*, in: Richardi, BetrVG, § 87 Rn. 480.

Schutzwirkung kann sich jedoch dann nicht entfalten, wenn der Arbeitgeber Maßnahmen unter Missachtung des zwingenden Mitbestimmungsrechts des Betriebsrats durchführt. Daher ist die Beachtung der Mitbestimmungsordnung durch ein kollektivrechtliches Sanktionssystem abgesichert.

1. Unterlassungsanspruch des Betriebsrats

Führt der Arbeitgeber ein Datenscreening unter Verletzung der Mitbestimmungspflicht aus § 87 Abs. 1 Nr. 6 BetrVG durch, so kann dem Betriebsrat ein in die Zukunft gerichteter und im Wege eines Zwangsverfahrens durchsetzbarer Unterlassungsanspruch nach § 23 Abs. 3 S. 1 BetrVG zustehen.[655] Dieser kommt dann in Betracht, wenn der Arbeitgeber in grober Weise gegen seine Pflichten aus dem Betriebsverfassungsgesetz verstößt.[656] Zur Beseitigung eines mitbestimmungswidrigen Zustandes besteht daneben ein nicht den Voraussetzungen des § 23 Abs. 3 BetrVG unterliegender allgemeiner betriebsverfassungsrechtlicher Unterlassungsanspruch, den die Rechtsprechung aus einer Verletzung der Mitbestimmungsregelung des § 87 Abs. 1 BetrVG ableitet.[657]

2. Beweisverwertungsverbot

Führt der Arbeitgeber ein Datenscreening unter Verstoß gegen das Mitbestimmungsrecht des Betriebsrats aus § 87 Abs. 1 Nr. 6 BetrVG durch, so stellt sich die Frage, ob hierdurch erlangte Beweismittel in einem Individualprozess gegen den Arbeitnehmer verwertbar sind. Ein prozessuales Verwertungsverbot für mitbestimmungswidrig erlangte Beweismittel resultiert weder aus dem BetrVG noch aus der ZPO oder dem ArbGG.[658]

---

655 *Thüsing*, in: Richardi, BetrVG, § 23 Rn. 74; *Maschmann*, in: Dölling, Korruptionsprävention, S. 102.
656 Zur vergleichbaren Situation der mitbestimmungswidrigen Videoüberwachung, *Byers*, Videoüberwachung, S. 195 f.
657 BAG v. 3.5.1994 – 1 ABR 24/93, AP BetrVG 1972 § 23 Nr. 23; BAG v. 27.1.2004 – 1 ABR 7/03, AP BetrVG 1972 § 87 Nr. 40; BAG v. 3.5.2006 – 1 ABR 14/05, AP BetrVG 1972 § 87 Nr. 119; vgl. hierzu auch ArbG Dessau-Roßlau v. 17.6.2009 – 1 BV 1/09, BeckRS 2009, 69201; *Fitting*, BetrVG, § 87 Rn. 596; ErfK/*Kania*, § 87 BetrVG Rn. 138; *Thüsing*, in: Richardi, BetrVG, § 23 Rn. 81; *Thüsing*, Arbeitnehmerdatenschutz und Compliance, Rn. 571; *Maschmann*, in: Dölling, Korruptionsprävention, S. 102.
658 BAG v. 13.12.2007 – 2 AZR 537/06, AP BGB § 626 Nr. 210; *Kock/Franke*, ArbRB 2009, S. 110, (112 f.); *Dzida/Grau*, NZA 2010, S. 1201 (1202); *Maschmann*, in: Maschmann (Hrsg.), Corporate Compliance und Arbeitsrecht, S. 149 (159).

Für eine Ausstrahlungswirkung mitbestimmungswidrigen Handelns auch auf individualrechtlicher Ebene spricht die „Theorie der Wirksamkeitsvoraussetzung".[659] Diese verhilft dem Mitbestimmungsrecht des Betriebsrats aus § 87 BetrVG zur effektiven Durchsetzung, indem sie davon ausgeht, dass mitbestimmungswidrige Maßnahmen auch auf individualrechtlicher Ebene durchschlagen.[660] Ihr liegt der Gedanke zu Grunde, dass der Arbeitgeber aus einer Verletzung von Mitbestimmungsrechten auch gegenüber Dritten keine Vorteile herleiten soll.[661] Danach könnten aus einem mitbestimmungswidrig durchgeführten Datenscreening gewonnene Erkenntnisse in Verfahren gegen einzelne Arbeitnehmer generell nicht verwertet werden.[662]

Nach einer anderen Ansicht wird ein formaler Verstoß gegen Mitbestimmungsvorschriften bereits kollektivrechtlich ausreichend sanktioniert. Einer zusätzlichen Sanktion in Form eines individualrechtlichen Beweisverwertungsverbots bedürfe es daneben nicht.[663] Dieser Ansicht hat sich auch das *BAG* angeschlossen.[664] Der Senat weist darauf hin, dass sich aus der „Theorie der Wirksamkeitsvoraussetzung" kein generelles Verwertungsverbot für mitbestimmungswidrig erlangte Informationen ergebe, da zwischen den betriebsverfassungsrechtlichen Rechtsfolgen und kündigungsrechtlichen Auswirkungen zu unterscheiden sei.[665] Die Mitbestimmungsordnung werde durch kollektivrechtliche Sanktionen wie § 23 Abs. 3 BetrVG und dem allgemeinen betriebsverfassungsrechtlichen Unterlassungsanspruch ausreichend abgesichert. Einer darüber hinausgehenden Sanktion im Individualprozess bedürfe es dagegen nicht. Ein Beweisverwertungsverbot kann sich im Einzelfall nur dann ergeben, wenn in der mitbestimmungswidrigen Maßnahme

---

659 *Fischer*, BB 1999, S. 154 (155); hierzu auch *Fitting*, BetrVG, § 87 Rn. 607; ErfK/*Kania*, § 87 BetrVG Rn. 136; *Lunk*, NZA 2009, S. 457 (462).
660 BAG v. 3.12.1991 – GS 2/90, AP BetrVG 1972 § 87 Lohngestaltung Nr. 51; *Fischer*, BB 1999, S. 154 (155); ErfK/*Kania*, § 87 BetrVG Rn. 136.
661 BAG v. 3.12.1991 – GS 2/90, AP BetrVG 1972 § 87 Lohngestaltung Nr. 51; ErfK/*Kania*, § 87 BetrVG Rn. 136; *Däubler*, Gläserne Belegschaften, Rn. 838c; *Höld*, Arbeitnehmerüberwachung, S. 492 f.
662 *Fischer*, BB 1999, S. 154 (155); *Däubler*, Gläserne Belegschaften, Rn. 838c.
663 *Grosjean*, DB 2003, S. 2650 (2653 f.); hierzu auch *Schlewing*, NZA 2004, S. 1071 (1072); *Altenburg/Leister*, NJW 2006, S. 469 (471).
664 BAG v. 13.12.2007 – 2 AZR 537/06, AP BGB § 626 Nr. 210.
665 BAG v. 13.12.2007 – 2 AZR 537/06, AP BGB § 626 Nr. 210; hierzu auch *Lunk*, NZA 2009, S. 457 (463); *Fitting*, BetrVG, § 87 Rn. 607.

gleichzeitig eine Verletzung des Persönlichkeitsrechts des individuellen Arbeitnehmers liegt.[666]

Die Entscheidung des *BAG* verdient Zustimmung. Sie trägt dem Umstand Rechnung, dass Beweisverwertungsverbote aus einer Abwägung grundrechtlich geschützter Rechtspositionen resultieren.[667] Die Arbeitnehmer werden durch ihr Recht auf informationelle Selbstbestimmung vor unverhältnismäßigen Überwachungsmaßnahmen des Arbeitgebers geschützt. Daneben vermittelt § 87 Abs. 1 Nr. 6 BetrVG den Persönlichkeitsschutz der Arbeitnehmer auf kollektiver Ebene.[668] Wird der Mitbestimmungstatbestand missachtet, liegt darin zwar ein Verstoß gegen die betriebsverfassungsrechtliche Kompetenzverteilung, nicht aber gleichzeitig auch ein Verstoß gegen die Persönlichkeitsrechte der Arbeitnehmer.[669] Auch bei einer Missachtung des kollektivrechtlichen Persönlichkeitsschutzes werden die Arbeitnehmer nicht schutzlos gestellt, da sich im Individualprozess ein Beweisverwertungsverbot aus einer Verletzung *ihres* insoweit maßgeblichen Persönlichkeitsrechts ergeben kann. Eine mitbestimmungswidrige Informationserlangung reicht für sich betrachtet dagegen nicht aus, um ein Beweisverwertungsverbot auf individualrechtlicher Ebene zu begründen.

B. Betriebliche Regelungsmöglichkeiten

Die Durchführung eines Datenscreenings unterliegt nach § 87 Abs. 1 Nr. 6 BetrVG der zwingenden Mitbestimmung des Betriebsrats. Aus diesem Grund liegt es nahe, hierfür eine betriebliche Regelung in Gestalt einer Betriebsvereinbarung herbeizuführen.[670] Diese ist ein Gestaltungsinstrument, mit dem der Betriebsrat sein Mitbestimmungsrecht ausüben kann.[671] Der Abschluss einer Betriebsvereinbarung ermöglicht einen privatautonomen Interessenausgleich

---

666 Zum Ganzen BAG v. 13.12.2007 – 2 AZR 537/06, AP BGB § 626 Nr. 210; sowie umfassend *Lunk*, NZA 2009, S. 457 (463) und *Dzida/Grau*, NZA 2010, S. 1201 (1204 f.).
667 *Bergwitz*, NZA 2012, S. 353 (354).
668 *Lunk*, NZA 2009, S. 457 (463 f.).
669 *Lunk*, NZA 2009, S. 457 (463 f.).
670 *Kort*, NZA 2011, S. 1319 (1322).
671 *Büllesbach*, in: Roßnagel, Hdb. Datenschutzrecht, Kap. 6.1 Rn. 89. Zur Üblichkeit einer Betriebsvereinbarung als datenschutzrechtlichem Regelungsinstrument, vgl. *Thüsing*, Arbeitnehmerdatenschutz und Compliance, Rn. 100; *Kort*, RDV 2012, S. 8 (15).

zwischen den Betriebsparteien.⁶⁷² Darüber hinaus kann sie auch einen datenschutzrechtlichen Erlaubnistatbestand darstellen.⁶⁷³

I. Betriebsvereinbarung als Rechtsgrundlage für Datenscreenings

In Rechtsprechung und Literatur ist überwiegend anerkannt, dass der normative Teil von Betriebsvereinbarungen eine „andere Rechtsvorschrift" i.S.v. § 4 Abs. 1 BDSG darstellt.⁶⁷⁴ Nach dem Verbot mit Erlaubnisvorbehalt des § 4 Abs. 1 BDSG ist ein Umgang mit personenbezogenen Daten zulässig, soweit das Bundesdatenschutzgesetz oder eine andere Rechtsvorschrift dies erlaubt oder der Betroffene eingewilligt hat. Eine „andere Rechtsvorschrift" ist eine materielle Rechtsnorm mit unmittelbarer Außenwirkung.⁶⁷⁵ Der normative Charakter der Betriebsvereinbarung ergibt sich aus § 77 Abs. 4 S. 1 BetrVG.⁶⁷⁶ Somit kann ein Umgang mit Beschäftigtendaten auf eine Betriebsvereinbarung als Rechtsgrundlage gestützt werden. Auch ein Datenscreening ist tauglicher Regelungsgegenstand.⁶⁷⁷

---

672 *Buchner*, in: FS für H. Buchner, S. 153 (162); *Eich*, NZA 2010, S. 1389 (1393); zu den Grundlagen betrieblicher Rechtssetzung vgl. *Franzen*, NZA-Beilage 3/2006, S. 107 (108); a.A. *Richardi*, in FS für Kreutz, S. 379 (385 f.), der die Betriebsvereinbarung „als Rechtsinstitut gesetzlich gestalteter Betriebsautonomie" ansieht.
673 *Kort*, NZA 2011, S. 1319 (1322); *Büllesbach*, in: Roßnagel, Hdb. Datenschutzrecht, Kap. 6.1 Rn. 89.
674 Vgl. BAG v. 27.5.1986 – 1 ABR 48/84, AP BetrVG 1972 § 87 Überwachung Nr. 15; *Wohlgemuth*, Datenschutz für Arbeitnehmer, Rn. 212; *Auernhammer*, BDSG, § 4 Rn. 6; *Gola*, RDV 2002, S. 109 (116); *Gola/Schomerus*, BDSG, § 4 Rn. 10; *Gola/Wronka*, Hdb. Arbeitnehmerdatenschutz, Rn. 242; *Sokol*, in: Simitis, BDSG, § 4 Rn. 11; *Kort*, RdA 1992, S. 378 (382 f.); *Kort*, NZA 2011, S. 1319 (1322); *Däubler*, Gläserne Belegschaften, Rn. 785; *Thüsing*, Arbeitnehmerdatenschutz und Compliance, Rn. 102; *Fitting*, BetrVG, § 83 Rn. 29; *Buchner*, in: FS für H. Buchner, S. 153 (161); a.A. *Seifert*, in: Simitis, BDSG, § 32 Rn. 167.
675 *Sokol*, in: Simitis, BDSG, § 4 Rn. 9; *Erfurth*, DB 2011, S. 1275 (1275).
676 *Gola/Schomerus*, BDSG, § 4 Rn. 10; *Gola/Wronka*, Hdb. Arbeitnehmerdatenschutz, Rn. 242; *Sokol*, in: Simitis, BDSG, § 4 Rn. 11; *Sassenberg/Bamberg*, DuD 2006, S. 226 (227).
677 So hat die *Deutsche Bahn* als Reaktion auf mehrere rechtswidrige Datenscreenings und das in diesem Zusammenhang verhängte Rekordbußgeld des *BlnBDI* eine Konzernbetriebsvereinbarung zum Beschäftigtendatenschutz erarbeitet, vgl. *Deutsche Bahn*, KBV BDS v. 24.11.2010, abrufbar unter: http://www.recht.verdi.de/beschaeftigtendatenschutz/data/Konzernbetriebsvereinbarung.pdf. Diese wird angesichts ihrer Ausgewogenheit als

Umstritten ist jedoch, ob die Betriebsparteien durch Betriebsvereinbarung auch das gesetzliche Schutzniveau des Bundesdatenschutzgesetzes absenken dürfen.

Das *BAG* hat im Jahr 1986 in einer vereinzelt gebliebenen Entscheidung klargestellt, dass mit einer Betriebsvereinbarung auch datenschutzrechtliche Schutzstandards unterschritten werden können. Die Betriebsvereinbarung sei nicht darauf beschränkt, unbestimmte Rechtsbegriffe zu konkretisieren oder das datenschutzrechtlich vorgesehene Schutzniveau zu verbessern. Sie könne den Datenschutz der Arbeitnehmer vielmehr auch abweichend vom Bundesdatenschutzgesetz regeln. Das *BAG* gewährt den Betriebsparteien jedoch keine grenzenlose Befugnis zur Unterschreitung des gesetzlichen Schutzstandards, da sie sich „an grundgesetzlichen Wertungen, zwingendem Gesetzesrecht und den sich aus allgemeinen Grundsätzen des Arbeitsrechts ergebenden Beschränkungen" zu halten haben.[678]

Gegen eine negative Abweichungsmöglichkeit der Betriebsparteien wird vorgebracht, der gesetzliche Schutz des Bundesdatenschutzgesetzes stehe nicht zur Disposition der Betriebspartner.[679] Darüber hinaus werde eine Absenkung des gesetzlichen Schutzniveaus der Schutzfunktion einer Betriebsvereinbarung – die soziale und wirtschaftliche Unterlegenheit des Arbeitnehmers zu kompensieren – nicht gerecht.[680] Für eine Möglichkeit zur Unterschreitung des Bundesdatenschutzgesetzes spricht dagegen der Wortlaut des § 4 Abs. 1 BDSG, der ohne Einschränkungen zu benennen von einer Gleichrangigkeit der Erlaubnistatbestände aus „anderen Rechtsvorschriften" und derjenigen des Bundesdatenschutzgesetzes ausgeht.[681] Entgegen diesem klaren Wortlaut führt die erstgenannte Ansicht im Ergebnis dazu, dass die Betriebsvereinbarung neben den gesetzlichen

---

vorbildliche Regelung angesehen, vgl. Protokoll 17/40 der 40. Sitzung des Innenausschusses v. 23.5.2011, S. 50.

678 Zum Ganzen BAG v. 27.5.1986 – 1 ABR 48/84, AP BetrVG 1972 § 87 Überwachung Nr. 15. *Tinnefeld* bezeichnet diese Entscheidung als „Sündenfall", vgl. *Tinnefeld*, ZD 1/2011, VI.

679 *Kort*, RdA 1992, 378 (383); *Kort*, MMR 2011, S. 294 (298). Kritisch zur Unterschreitung des gesetzlichen Schutzstandards durch Betriebsvereinbarung auch *Bergmann/ Möhrle/Herb*, BDSG, § 4 Rn. 25 f.; *Brandt*, DuD 2010, S. 213 (214 f.); *Tinnefeld/ Petri/Brink*, MMR 2011, S. 427 (428); *Sokol*, in: Simitis, BDSG, § 4 Rn. 16 f., der eine negative Abweichungsbefugnis lediglich für gesetzliche Spezialnormen anerkennt, nicht dagegen für Betriebsvereinbarungen als untergesetzliche Normen.

680 Vgl. *Erfurth*, DB 2011, S. 1275 (1276).

681 *Thüsing*, Arbeitnehmerdatenschutz und Compliance, Rn. 105; *Erfurth*, DB 2011, S. 1275 (1276).

Erlaubnistatbeständen als Rechtsgrundlage keine eigenständige Bedeutung hätte.[682] Darüber hinaus besteht kein Bedürfnis für eine Einschränkung des Gestaltungsspielraums der Betriebsparteien, da dieser ohnehin nur im Rahmen ihrer Regelungskompetenz besteht und durch § 75 Abs. 2 BetrVG begrenzt wird.[683]

Somit kann das Schutzniveau des Bundesdatenschutzgesetzes innerhalb dieser Grenzen auch durch Betriebsvereinbarung abgesenkt werden. *Thüsing* formuliert dies treffend derart, dass Betriebsvereinbarungen um das Schutzniveau des Bundesdatenschutzgesetzes oszillieren können.[684] Es könne in einigen Bereichen übererfüllt und in einigen Bereichen untererfüllt werden, solange die wesentliche Linie des § 75 Abs. 2 BetrVG gewahrt sei.[685]

II. Günstigkeitsprinzip

Das Günstigkeitsprinzip ist in § 4 Abs. 3 TVG niedergelegt.[686] Obgleich es in § 77 Abs. 4 BetrVG nicht ausdrücklich erwähnt wird, gilt es als „allgemeines arbeitsrechtliches Prinzip" auch im Verhältnis von Betriebsvereinbarung und Individualvertrag.[687] Es bewirkt als Kollisionsregel den Vorrang günstigerer arbeitsvertraglicher Regelungen vor Regelungen durch Betriebsvereinbarung.[688] Somit sind trotz der unmittelbaren Wirkung einer Betriebsvereinbarung (§ 77 Abs. 4 S. 1 BetrVG) Abweichungen zu Gunsten der Arbeitnehmer möglich.[689]

Fraglich ist, wie sich das Günstigkeitsprinzip datenschutzrechtlich auswirkt. Das *BAG* zog das Günstigkeitsprinzip zur Begründung der negativen

---

682 *Kort*, RDV 2012, S. 8 (15).
683 *Franzen*, RdA 2010, S. 257 (260); *Kort*, MMR 2011, S. 294 (298); *Kort*, NZA 2011, S. 1319 (1322 f.); *Kort*, RDV 2012, S. 8 (15); *Erfurth*, DB 2011, S. 1275 (1276); *Sassenberg/Bamberg*, DuD 2006, S. 226 (227); *Wybitul*, ZRFC 2011, S. 134 (135).
684 So *Thüsing*, Protokoll 17/40 der 40. Sitzung des Innenausschusses v. 23.5.2011, S. 28.
685 *Thüsing*, Protokoll 17/40 der 40. Sitzung des Innenausschusses v. 23.5.2011, S. 28.
686 *Rieble/Klumpp*, in: MünchArbR, Band 2, § 183 Rn. 1.
687 BAG v. 16.9.1986 – GS 1/82, AP BetrVG 1972 § 77 Nr. 17; *Rieble/Klumpp*, in: MünchArbR, Band 2, § 183 Rn. 6; *Linsenmaier*, RdA 2008, S. 1 (9); *Eich*, NZA 2010, S. 1389 (1393); *Franzen*, NZA-Beilage 3/2006, S. 107 (113); ErfK/*Kania*, § 77 BetrVG Rn. 6.
688 *Rieble/Klumpp*, in: MünchArbR, Band 2, § 183 Rn. 6 f.; *Linsenmaier*, RdA 2008, S. 1 (9); ErfK/*Kania*, § 77 BetrVG Rn. 6.
689 *Franzen*, NZA-Beilage 3/2006, S. 107 (113); *Mengel*, Compliance und Arbeitsrecht, Rn. 53.

Abweichungsbefugnis durch Betriebsvereinbarung heran.[690] Es weist darauf hin, dass sich die Möglichkeit einer Verbesserung des Arbeitnehmerdatenschutzes bereits aus dem Günstigkeitsprinzip ergebe, es insoweit keiner ausdrücklichen gesetzlichen Regelung bedurft hätte.[691] Demnach wäre es überflüssig, neben Erlaubnistatbeständen des Bundesdatenschutzgesetzes nach § 4 Abs. 1 BDSG auch „andere Rechtsvorschriften" als Erlaubnistatbestand anzuerkennen, wenn diese nur eine Verbesserung des gesetzlichen Schutzniveaus zuließen.[692]

Andere lehnen eine Unterschreitung des gesetzlichen Schutzstandards durch kollektive Vereinbarungen ab und wollen im Wege einer „wertenden Gesamtbetrachtung" ermitteln, ob diese ein dem Gesetz entsprechendes Schutzniveau aufweisen.[693] Diese Art von „kollektiven Günstigkeitsvergleich" lehnt *Kort* jedoch zutreffend ab, da das Recht auf informationelle Selbstbestimmung als Individualgrundrecht einem kollektiven Günstigkeitsvergleich nicht zugänglich sei.[694]

Im Hinblick auf die Durchführung eines Datenscreenings kann sich das Günstigkeitsprinzip nur auswirken, wenn hierzu eine arbeitsvertragliche Regelung mit den individuellen Arbeitnehmern besteht, die diesen im Verhältnis zur Betriebsvereinbarung eine günstigere Rechtsposition einräumt.[695] Eine individualvertragliche Regelung des Datenscreenings liegt jedoch fern, da es sich hierbei um eine Maßnahme mit kollektiver Wirkung handelt. Auch eine individuelle Einwilligung in die Durchführung eines Datenscreenings kommt nach derzeitiger Rechtslage aus Praktikabilitätsgründen nicht als Rechtsgrundlage in Betracht. Darüber hinaus soll die Einwilligungsmöglichkeit im Beschäftigtendatenschutz nach dem Gesetzentwurf der Bundesregierung weitgehend beschränkt werden. Sie soll selbst dann nicht mehr als Rechtsgrundlage herangezogen werden können, wenn der dadurch legitimierte Datenumgang ausschließlich günstige Folgen für den jeweiligen Arbeitnehmer hat.[696] Da arbeitsvertragliche Vereinbarungen zur Durchführung von

---

690 BAG v. 27.5.1986 – 1 ABR 48/84, AP BetrVG 1972 § 87 Überwachung Nr. 15.
691 BAG v. 27.5.1986 – 1 ABR 48/84, AP BetrVG 1972 § 87 Überwachung Nr. 15; hierzu auch *Thüsing*, Arbeitnehmerdatenschutz und Compliance, Rn. 105; *Erfurth*, DB 2011, S. 1275 (1276); *Franzen*, RdA 2010, S. 257 (259).
692 *Erfurth*, DB 2011, S. 1275 (1276 f.); *Thüsing*, Arbeitnehmerdatenschutz und Compliance, Rn. 105.
693 Vgl. *Tinnefeld/Petri/Brink*, MMR 2011, S. 427 (428); ebenso *Tinnefeld*, ZD 1/2011, VI.
694 So *Kort*, RDV 2012, S. 8 (16).
695 *Wybitul/Böhm*, RdA 2011, S. 362 (367).
696 *Tinnefeld/Petri/Brink*, MMR 2011, S. 427 (428); *Franzen*, RdA 2010, S. 257 (259).

Datenscreenings regelmäßig ausscheiden, findet ein Günstigkeitsvergleich nicht statt.[697]

III. Beschränkung der Regelungsmacht nach § 32l Abs. 5 BDSG-RegE

Der Gesetzentwurf der Bundesregierung stellt in § 4 Abs. 1 S. 2 BDSG-RegE klar, dass es sich bei Betriebsvereinbarungen um „andere Rechtsvorschriften" i.S.v. § 4 Abs. 1 S. 1 BDSG-RegE handelt. Die Entwurfsbegründung weist darauf hin, dass dadurch die herrschende Rechtsauffassung in Rechtsprechung und Literatur ausdrücklich gesetzlich geregelt werde.[698] Mit der Klarstellung erfolge weder eine Einschränkung noch eine Erweiterung der Möglichkeiten und Grenzen, durch Betriebsvereinbarung […] abweichende Regelungen zu treffen, gegenüber der jetzigen durch die Rechtsprechung geprägten Rechtslage.[699] Hat die geplante gesetzliche Regelung zum Ziel, die derzeitige Rechtslage unverändert abzubilden und hierbei insbesondere die Rechtsprechung des *BAG* im Blick, so bestünde für die Betriebsparteien die Möglichkeit, das Schutzniveau des Bundesdatenschutzgesetzes moderat zu unterschreiten, weiterhin fort.

Die Regelungsmacht der Betriebsparteien wird jedoch durch § 32l Abs. 5 BDSG-RegE in Frage gestellt. Danach darf von den Vorschriften des neu einzufügenden zweiten Unterabschnitts nicht zu Ungunsten der Beschäftigten abgewichen werden. Nimmt man den Wortlaut des § 32l Abs. 5 BDSG-RegE ernst, so dürfte auch eine Betriebsvereinbarung das Schutzniveau der bereichsspezifischen Regelung des Beschäftigtendatenschutzes nicht absenken.[700] Dies hätte zur Folge, dass die Betriebsvereinbarung entgegen dem klaren Wortlaut des § 4 Abs. 1 S. 2 BDSG-RegE nicht mehr als eigenständige Rechtsgrundlage zur Regelung eines Umgangs mit Beschäftigtendaten für Zwecke des Beschäftigungsverhältnisses zur Verfügung steht.[701] Fraglich ist, wie dieser Regelungswiderspruch aufzulösen ist.

---

697 *Wybitul/Böhm*, RdA 2011, S. 362 (367).
698 BT-Drs. 17/4230, S. 14.
699 BT-Drs. 17/4230, S. 14.
700 *Thüsing*, NZA 2011, S. 16 (18); *Thüsing*, Stellungnahme zum BDSG-RegE u.a., A-Drs. 17(4)252 E, S. 6; *Kort*, NZA 2011, S. 1319 (1322); *Bausewein*, Einwilligung und Betriebsvereinbarung, S. 115 f.
701 *Thüsing*, NZA 2011, S. 16 (18); *Thüsing*, Stellungnahme zum BDSG-RegE u.a., A-Drs. 17(4)252 E, S. 6; *Kort*, MMR 2011, S. 294 (298); *Erfurth*, DB 2011, S. 1275

Denkbar ist zunächst, mit dem Wortlaut des § 321 Abs. 5 BDSG-RegE davon auszugehen, dass die geplante Regelung des Beschäftigtendatenschutzes einen Mindeststandard darstellt, der auch durch Betriebsvereinbarung nicht abgesenkt werden darf.[702] Hierfür spricht der mit einem starren Schutzniveau einhergehende verbesserte Schutz der Beschäftigten.[703] Diese Ansicht hat zur Folge, dass durch Betriebsvereinbarungen nur noch eine Konkretisierung unbestimmter Rechtsbegriffe erfolgen könnte.[704] Die Entwurfsbegründung zu § 321 Abs. 5 BDSG-RegE ist jedoch nicht frei von Widersprüchen. Sie bestätigt einerseits das Verbot, den gesetzlichen Datenschutzstandard zu unterschreiten und eröffnet lediglich die Möglichkeit, gesetzliche Regelungen durch Betriebsvereinbarungen zu konkretisieren.[705] Andererseits weist sie diesen im Hinblick auf betriebliche Besonderheiten die Aufgabe zu, „Alternativen" zu gestalten.[706] Der Wortsinn legt nahe, dass eine Wahlmöglichkeit bestehen muss.[707] Entweder wird der Datenumgang auf einen gesetzlichen Erlaubnistatbestand gestützt oder auf eine Betriebsvereinbarung. Kann diese lediglich das gesetzliche Schutzniveau abbilden, übererfüllen oder konkretisieren, so handelt es sich nicht um eine „echte Alternative". Die vorgesehene Möglichkeit der Betriebsparteien, Alternativen zu gestalten, liefe ins Leere. Ein Hinweis darauf wäre neben der Konkretisierungsfunktion entbehrlich. Soll der Hinweis dagegen mit Leben gefüllt werden, so muss den Betriebsparteien die Möglichkeit verbleiben, im Rahmen ihrer Regelungskompetenz und unter Beachtung des Schutzauftrags aus § 75 Abs. 2 BetrVG „echte Alternativen" zu gestalten.[708] Somit deutet die Entwurfsbegründung zu

---

(1278); *DAV*, Stellungnahme zum BDSG-RegE, S. 5, abrufbar unter: http://anwaltverein. de/downloads/stellungnahmen/SN-10/SN-62-2010.pdf; *BDA/BDI*, Stellungnahme zum BDSG-RegE u.a., A-Drs. 17(4)252 C, S. 4.

702 So *Körner*, HSI-Gutachten zum BDSG-RegE, S. 13 f., abrufbar unter: http://www.hugo-sinzheimer-institut.de/fileadmin/user_data_hsi/Dokumente/Gutachten_Arbeitnehmerdatenschutz_HSI.pdf; in diesem Sinne auch *Tinnefeld/Petri/Brink*, MMR 2010, S. 727 (729).

703 Die Entwurfsbegründung spricht davon, das Vorhaben werde auch langfristig zu einer größeren Rechtssicherheit und einem besseren Schutz der personenbezogenen Daten von Beschäftigten im Beschäftigungsverhältnis führen, vgl. BT-Drs. 17/4230, S. 14.

704 *Körner*, HSI-Gutachten zum BDSG-RegE, S. 14, abrufbar unter: http://www.hugo-sinzheimer-institut.de/fileadmin/user_data_hsi/Dokumente/Gutachten_Arbeitnehmerdatenschutz_HSI.pdf.

705 BT-Drs. 17/4230, S. 22.

706 BT-Drs. 17/4230, S. 22.

707 *Erfurth*, DB 2011, S. 1275 (1278); *Wybitul*, ZRFC 2011, S. 134 (137).

708 *Wybitul*, ZRFC 2011, S. 134 (137); in diese Richtung auch *Erfurth*, DB 2011, S. 1275 (1278 f.).

§ 321 Abs. 5 BDSG-RegE darauf hin, dass der Wortlaut der Regelung nicht uneingeschränkt Geltung beansprucht.

Für eine Befugnis, den gesetzlichen Schutzstandard durch Betriebsvereinbarungen unterschreiten zu können, spricht indes der Wortlaut des § 4 Abs. 1 S. 1 BDSG-RegE.[709] Danach wird die Betriebsvereinbarung ausdrücklich als „andere Rechtsvorschrift" i.S.v. § 4 Abs. 1 S. 1 BDSG-RegE anerkannt. Stellt die Betriebsvereinbarung einen eigenständigen Erlaubnistatbestand dar, so muss sie für sich betrachtet geeignet sein, einen Umgang mit Beschäftigtendaten zu rechtfertigen.[710] Sie ist nicht ihrerseits an den Voraussetzungen des Bundesdatenschutzgesetzes zu messen.[711] Dies folgt bereits aus dem Wortlaut „oder" des § 4 Abs. 1 S. 1 BDSG-RegE, der zum Ausdruck bringt, dass die genannten Erlaubnistatbestände gleichwertig nebeneinander stehen.[712] Darüber hinaus weist *Thüsing* zutreffend darauf hin, dass auch gesetzliche Spezialnormen nicht am Maßstab des Bundesdatenschutzgesetzes überprüft werden.[713] Gleiches muss für die Betriebsvereinbarung als „andere Rechtsvorschrift" gelten.[714] Hierdurch werden die Arbeitnehmer auch nicht schutzlos gestellt, da eine Absenkung des gesetzlichen Schutzniveaus durch die Betriebsparteien nicht grenzenlos möglich ist.[715] Eine Absenkung kann sich

---

709 Eine Abweichungsmöglichkeit durch Betriebsvereinbarungen befürworten *Kort*, MMR 2011, S. 294 (298 f.); *Kort*, NZA 2011, S. 1319 (1322 f.); *Kort*, in: Bitburger Gespräche in München, Band 1, S. 45 (70 f.); *Thüsing*, NZA 2011, S. 16 (18); *Thüsing*, Stellungnahme zum BDSG-RegE u.a., A-Drs. 17(4)252 E, S. 6; *Wybitul*, ZRFC 2011, S. 134 (136–138); *Erfurth*, DB 2011, S. 1275 (1278 f.); *Beckschulze/Natzel*, BB 2010, S. 2368 (2368 f.); *GDD*, Stellungnahme zum BDSG-RegE u.a., A-Drs. 17(4)252 B, S. 3 f.
710 *Thüsing*, NZA 2011, S. 16 (18); *Thüsing*, Stellungnahme zum BDSG-RegE u.a., A-Drs. 17(4)252 E, S. 6; *Gola/Schomerus*, BDSG, § 4 Rn. 7.
711 *Thüsing*, NZA 2011, S. 16 (18); *Thüsing*, Stellungnahme zum BDSG-RegE u.a., A-Drs. 17(4)252 E, S. 6; *Gola/Schomerus*, BDSG, § 4 Rn. 7.
712 *Wybitul*, ZRFC 2011, S. 134 (136); *Thüsing*, Arbeitnehmerdatenschutz und Compliance, Rn. 105.
713 *Thüsing*, NZA 2011, S. 16 (18); *Thüsing*, Stellungnahme zum BDSG-RegE u.a., A-Drs. 17(4)252 E, S. 6; a.A. *Sokol*, in Simitis, BDSG, § 4 Rn. 16 f., der zwischen gesetzlichen Spezialnormen und untergesetzlichen Normen unterscheidet. Letztere sollen nicht geeignet sein, das Schutzniveau des Bundesdatenschutzgesetzes abzusenken.
714 *Thüsing*, NZA 2011, S. 16 (18); *Thüsing*, Stellungnahme zum BDSG-RegE u.a., A-Drs. 17(4)252 E, S. 6. Der Wortlaut „soweit" des § 4 Abs. 1 BDSG deutet darauf hin, dass sich der Umfang der rechtfertigenden Wirkung aus dem jeweiligen Erlaubnistatbestand ergeben muss.
715 *Thüsing/Forst*, RDV 2011, S. 163 (164).

vielmehr nur im Rahmen der Regelungskompetenz der Betriebsparteien und des Schutzauftrags aus § 75 Abs. 2 BetrVG bewegen.[716] Dies entspricht der bisherigen herrschenden Ansicht in Rechtsprechung und Literatur, die nach der Entwurfsbegründung in § 4 Abs. 1 S. 2 BDSG-RegE gesetzlich niedergelegt werden soll.[717]

Weiterhin besteht ein praktisches Bedürfnis für die Erhaltung der Betriebsvereinbarung als vollwertigem Erlaubnistatbestand im Beschäftigtendatenschutz.[718] Der Gesetzentwurf nimmt Beschäftigten in weitreichendem Umfang die Möglichkeit, ihr Recht auf informationelle Selbstbestimmung durch Einwilligung auszuüben.[719] Schränkt er daneben die bewährte Rechtssetzungsbefugnis der Betriebsparteien ein, so würde der datenschutzrechtliche Dreiklang der Erlaubnistatbestände im Bereich des Beschäftigtendatenschutzes zu einem Einklang führen, der lediglich gesetzliche Erlaubnistatbestände unbeschränkt erfasst und daneben nur punktuell durch Einwilligung erweitert werden kann.[720] Dies ist aus zweierlei Gründen bedenklich: Zum einen ist die umfangreiche kasuistische Regelung des Beschäftigtendatenschutzes im Gesetzentwurf der Bundesregierung trotz behaupteter Technikneutralität[721] nicht geeignet, mit der Schnelllebigkeit der technischen Entwicklung Schritt zu halten.[722] Durch neue technische Möglichkeiten drohen somit bereits in naher Zukunft gesetzliche Schutzlücken,

---

716 *Thüsing*, NZA 2011, S. 16 (18); *Thüsing*, Stellungnahme zum BDSG-RegE u.a., A-Drs. 17(4)252 E, S. 6; *Wybitul*, ZRFC 2011, S. 134 (135); *Wybitul*, Hdb. Datenschutz, S. 524; *Gola/Wronka*, Hdb. Arbeitnehmerdatenschutz, Rn. 1843 f.; *Kort*, NZA 2011, S. 1322 f.; *Kock/Francke*, NZA 2009, S. 646 (647); *Linsenmaier*, RdA 2008, S. 1 (8).
717 BT-Drs. 17/4230, S. 14.
718 *Wybitul*, ZRFC 2011, S. 134 (138); *Beckschulze/Natzel*, BB 2010, S. 2368 (2369); *GDD*, Stellungnahme zum BDSG-RegE u.a., A-Drs. 17(4)252 B, S. 4; *BDA/BDI*, Stellungnahme zum BDSG-RegE u.a., A-Drs. 17(4)252 C, S. 4; vgl. auch *Freisfeld*, Wettlauf mit der Kommissarin, in: FAZ Nr. 69 v. 21.3.2012, S. 21.
719 *GDD*, Stellungnahme zum BDSG-RegE u.a., A-Drs. 17(4)252 B, S. 4.
720 *Thüsing* spricht insoweit von einer „Entmündigung von Betriebsrat und Arbeitnehmer", vgl. *Thüsing*, NZA 2011, S. 16 (20).
721 So die Entwurfsbegründung, vgl. BT-Drs. 17/4230, S. 14. Andererseits zeichnen sich die Erlaubnistatbestände des Gesetzentwurfs gerade nicht durch generalklauselartige Regelungen aus, die geeignet sind, auch zukünftige technische Entwicklungen zu erfassen. Vielmehr werden aktuell genutzte technische Verfahren wie das Datenscreening, die Videoüberwachung, der Einsatz von Ortungssystemen oder biometrischen Verfahren ausdrücklich geregelt.
722 *Körner*, HSI-Gutachten zum BDSG-RegE, S. 6, abrufbar unter: http://www.hugo-sinzheimer-institut.de/fileadmin/user_data_hsi/Dokumente/Gutachten_Arbeitnehmerdatenschutz_HSI.pdf.

die nicht durch andere Erlaubnistatbestände kompensiert werden könnten. Darüber hinaus hat die Betriebsvereinbarung als kollektives Gestaltungsmittel große praktische Bedeutung. Sie schafft einerseits dort Rechtssicherheit, wo gesetzliche Regelungen nicht vorhanden sind.[723] Andererseits gibt sie den Betriebsparteien die Möglichkeit, passgenaue Lösungen für die jeweilige betriebliche Realität zu gestalten.[724] Das Bedürfnis für praxisgerechte Regelungen besteht auch unter dem Regierungsentwurf fort, da dieser trotz seines Umfangs und seiner Regelungstiefe nicht allen in der betrieblichen Praxis bedeutsamen Situationen Rechnung tragen kann.[725]

Ein sachliches Bedürfnis für eine Beschränkung der Rechtssetzungsbefugnis der Betriebsparteien ist dagegen nicht zu erkennen. Während sich bei einer Einwilligung Arbeitgeber und individueller Arbeitnehmer gegenüberstehen, was angesichts des in diesem Verhältnis vorherrschenden Machtungleichgewichts die Frage der Freiwilligkeit einer Einwilligung aufwirft, ist die Situation beim Abschluss einer Betriebsvereinbarung nicht zu vergleichen.[726] Hier stehen sich Arbeitgeber und Betriebsrat als gleichberechtigte Betriebspartner gegenüber.[727] Ein Machtungleichgewicht steht in diesem Verhältnis nicht zu befürchten. Vielmehr spricht auch ein sachliches Bedürfnis für die Beibehaltung einer uneingeschränkten Rechtssetzungsbefugnis der Betriebsparteien, da diese an den Bedürfnissen des Betriebes „näher dran" sind als der Gesetzgeber.[728] Der größeren Nähe zu den betrieblichen Regelungsmaterien trägt die Betriebsvereinbarung als Gestaltungsmittel dadurch Rechnung, dass sie den Betriebsparteien im gemeinsamen Zusammenwirken privatautonome Rechtssetzung ermöglicht.[729] Angesichts der Gleichwertigkeit der Betriebsparteien kommt eine Einschränkung der Privatautonomie in diesem Verhältnis nicht in Frage, zumal Betriebsvereinbarungen der gerichtlichen Kontrolle offen stehen.[730]

---

723 *Beckschulze/Natzel*, BB 2010, S. 2368 (2369).
724 *Wybitul*, ZRFC 2011, S. 134 (138); *Thüsing*, NZA 2011, S. 16 (18); *Forst*, NZA 2010, S. 1043 (1044); *BDA/BDI*, Stellungnahme zum BDSG-RegE u.a., A-Drs. 17(4)252 C, S. 4; *GDV*, Stellungnahme zum BDSG-RegE, A-Drs. 17(4)260, S. 3.
725 *GDD*, Stellungnahme zum BDSG-RegE u.a., A-Drs. 17(4)252 B, S. 3.
726 *Buchner*, in: FS für H. Buchner, S. 153 (162).
727 *Buchner*, in: FS für H. Buchner, S. 153 (162); *Eich*, NZA 2010, S. 1389 (1390 f.).
728 *Wybitul*, ZRFC 2011, S. 134 (138).
729 *Eich*, NZA 2010, S. 1389 (1389 f.).
730 BAG v. 12.12.2006 – 1 AZR 96/06, AP BetrVG 1972 § 77 Nr. 94.

Einer Einschränkung stünde auch § 321 Abs. 3 BDSG-RegE entgegen.[731] Die Regelung stellt klar, dass die Rechte der Interessenvertretungen „unberührt bleiben". Die Entwurfsbegründung erläutert hierzu, die Ausübung der Rechte der Interessenvertretungen bliebe umfassend geschützt.[732] Eine Möglichkeit des Betriebsrats zur Ausübung seiner Mitbestimmungsrechte besteht aber gerade im Abschluss von Betriebsvereinbarungen.[733] Sie bleiben folglich nur dann unberührt, wenn das Gestaltungsinstrument der Betriebsvereinbarung einschränkungslos erhalten bleibt.

Wird die Wirkung einer Betriebsvereinbarung als eigenständiger Rechtsgrundlage im Bereich des Beschäftigtendatenschutzes beschnitten, so führt dies entgegen dem Wortlaut des § 4 Abs. 1 S. 2 BDSG-RegE dazu, dass ihr Status als „andere Rechtsvorschrift" aberkannt wird.[734] Hätte die Bundesregierung eine Beschränkung der Gestaltungsmöglichkeiten der Betriebsparteien angestrebt, dann wäre eine nahe liegende Möglichkeit gewesen, die Betriebsvereinbarung nicht als „andere Rechtsvorschrift" anzuerkennen. Indem der Regierungsentwurf aber ohne Not und gerade in der Regelung des Beschäftigtendatenschutzes diese Klarstellung trifft und gleichzeitig erklärt, die bestehende Rechtslage abbilden zu wollen, kann dieses Regelungsziel nicht an anderer Stelle faktisch entwertet werden.

Schließlich spricht auch eine wertende Betrachtung für den Erhalt der Betriebsvereinbarung als vollwertiger „anderer Rechtsvorschrift" i.S.v. § 4 Abs. 1 S. 1 BDSG-RegE. Eine Beschränkung des zulässigen Regelungsumfangs einer Betriebsvereinbarung hätte zur Folge, dass Unterschreitungen des gesetzlichen Schutzniveaus in den durch Rechtsprechung und Literatur gezogenen Grenzen weiterhin dort möglich wären, wo ein Umgang mit Beschäftigtendaten für außerhalb des Beschäftigungsverhältnisses liegende Zwecke erfolgt. In diesem Fall wäre § 321 Abs. 5 BDSG-RegE nach § 27 Abs. 3 S. 1 BDSG-RegE nicht anwendbar.[735] Bei der Verarbeitung von Beschäftigtendaten für andere als Zwecke des Beschäftigungsverhältnisses besteht jedoch kein geringeres Schutzbedürfnis.

---

731 *Wybitul*, ZRFC 2011, S. 134 (138); *Thüsing/Forst*, RDV 2011, S. 163 (164); *Forst*, NZA 2010, S. 1043 (1047).
732 BT-Drs. 17/4230, S. 22.
733 *Büllesbach*, in: Roßnagel, Hdb. Datenschutzrecht, Kap. 6.1 Rn. 89; *Gola/Wronka*, Hdb. Arbeitnehmerdatenschutz, Rn. 1841 f.; *Richardi*, in: Richardi, BetrVG, § 87 Rn. 527 f.
734 *Thüsing*, Stellungnahme zum BDSG-RegE u.a., A-Drs. 17(4)252 E, S. 6; i.E. ebenso *Kort*, MMR 2011, S. 294 (298).
735 *GDD*, Stellungnahme zum BDSG-RegE u.a., A-Drs. 17(4)252 B, S. 4. Die *GDD* weist darüber hinaus zutreffend darauf hin, dass sich bei einer Beschränkung der

Nach alledem ist der Wortlaut des § 4 Abs. 1 S. 2 BDSG-RegE ernst zu nehmen. Eine Betriebsvereinbarung stellt eine vollwertige „andere Rechtsvorschrift" dar. Durch sie können datenschutzrechtliche Anforderungen nicht nur konkretisiert oder übererfüllt, sondern auch moderat unterschritten werden, solange die Betriebsparteien ihre Regelungskompetenz nicht überschreiten und die Grenze des § 75 Abs. 2 BetrVG beachten.[736] Der Selbstregulierung durch die Betriebsparteien gebührt der Vorzug gegenüber einer gesetzlichen Überregulierung.

Im Interesse größerer Rechtssicherheit sollte der Gesetzgeber den im derzeitigen Stand des Regierungsentwurfs bestehenden Widerspruch zwischen § 4 Abs. 1 S. 2 BDSG-RegE und § 32l Abs. 5 BDSG-RegE beseitigen. Soll dagegen eine Beschränkung der Gestaltungsmöglichkeiten durch Betriebsvereinbarung erreicht werden, so schlägt *Thüsing* vor, mittels einer Negativliste Fälle zu benennen, in denen zu Ungunsten der Beschäftigten nicht durch Betriebsvereinbarung vom Schutzniveau des Bundesdatenschutzgesetzes abgewichen werden kann.[737] Genau diesen Weg scheint die Regierungskoalition einschlagen zu wollen. Insoweit enthalten die Formulierungsvorschläge des *Bundesministeriums des Innern* eine Negativliste, die entweder zentral in § 32l Abs. 5 BDSG-E oder in den betreffenden Vorschriften geregelt werden soll.[738] Danach darf nicht zu Ungunsten der Beschäftigten von § 32d Abs. 3 BDSG-E abgewichen werden. Im Übrigen sollen auch negative Abweichungen durch Tarifverträge, Betriebs- oder Dienstvereinbarungen sowie Vereinbarungen nach § 28 SprAuG zulässig sein.[739] Käme die Negativliste der Formulierungsvorschläge zur Umsetzung, so verbliebe im Rahmen von Datenscreenings lediglich die Möglichkeit, das Verfahren in den Grenzen des § 32d Abs. 3 BDSG-RegE durch Betriebsvereinbarungen zu gestalten und unbestimmte Rechtsbegriffe auszufüllen.

Regelungsmacht der Betriebsparteien die Frage stellt, ob bestehende Betriebsvereinbarungen damit ihre Gültigkeit verlieren oder Bestandsschutz genießen.
736 *Kort*, NZA 2011, S. 1319 (1322 f.); *Kort*, RDV 2012, S. 8 (16); *Thüsing*, Stellungnahme zum BDSG-RegE u.a., A-Drs. 17(4)252 E, S. 6. Angesichts des Schutzauftrags aus § 75 Abs. 2 BetrVG sind Unterschreitungen ohnehin selten denkbar, vgl. *Kock/Francke*, NZA 2009, S. 646 (647); *Gola/Schomerus*, BDSG, § 4 Rn. 10; *GDD*, Stellungnahme zum BDSG-RegE u.a., A-Drs. 17(4)252 B, S. 3.
737 *Thüsing*, Stellungnahme zum BDSG-RegE u.a., A-Drs. 17(4)252 E, S. 6.
738 Vgl. *BMI*, Formulierungsvorschläge v. 7.9.2011, S. 19; abrufbar unter: http://www.arbrb.de/media/BeschDS_FV.pdf.
739 Vgl. *BMI*, Formulierungsvorschläge v. 7.9.2011, S. 19; abrufbar unter: http://www.arbrb.de/media/BeschDS_FV.pdf.

IV. Interessenausgleich durch Betriebsvereinbarung

Angesichts der verbleibenden Rechtsunsicherheit und der drohenden Beschränkung der negativen Abweichungsbefugnis durch kollektive Regelungen im Falle von Datenscreenings käme im Umsetzungsfall lediglich eine Konkretisierung des § 32d Abs. 3 BDSG-RegE durch Betriebsvereinbarung in Betracht. Auch der Konkretisierungsfunktion kommt jedoch große Bedeutung zu, da die Rechtmäßigkeit des Datenscreenings von den Umständen des Einzelfalles abhängt, insbesondere von der Ausgestaltung und Durchführung der Maßnahme.[740] Für eine Konkretisierung des gesetzlichen Erlaubnistatbestandes bieten sich auch einige Ansatzpunkte, da der Wortlaut der Regelung in wichtigen Fragen vage bleibt oder keinerlei Aussage trifft.

So kommt hinsichtlich des Anlasses eines Datenscreenings eine Konkretisierung der Frage in Betracht, wann „Umstände" vorliegen, die den Arbeitgeber zur Durchführung eines Datenscreenings veranlassen und wie diese festgestellt werden. Auch das nähere Vorgehen bei der Durchführung eines Datenscreenings ist ausfüllungsbedürftig. Zu regeln ist insbesondere das Verfahren der Pseudonymisierung von Beschäftigtendaten und deren Personalisierung im Falle eines Verdachts. Gestaltungsbedürftig ist hierbei die Einbeziehung eines unabhängigen Dritten zur effektiven Pseudonymisierung der Beschäftigtendaten, die Verwahrung und Herausgabe des Zuordnungsschlüssels in einem Trefferfall sowie die Feststellung eines Verdachts. Schließlich ist auch eine Konkretisierung des die Unterrichtungspflicht auslösenden Zeitpunkts sowie der Löschung nicht mehr benötigter Daten denkbar.

Der Abschluss einer Betriebsvereinbarung zur Regelung der Durchführung von Datenscreenings kann neben der Konkretisierung gesetzlicher Regelungen auch dazu beitragen, die Akzeptanz der Maßnahme im Unternehmen zu erhöhen.[741] Die Betriebsvereinbarung wird zwischen gleichberechtigten Betriebspartnern geschlossen und leistet dadurch die Gewähr, dass die Interessen der Arbeitnehmer am Schutz ihrer Persönlichkeitsrechte angemessen repräsentiert waren und Berücksichtigung fanden.[742]

---

740 *Franzen*, RdA 2010, S. 257 (262).
741 *Heinson*, BB 2010, S. 3084 (3090); *Eich*, NZA 2010, S. 1389 (1390 f.); *Wybitul/Böhm*, RdA 2011, S. 362 (362); *Vogt*, NJOZ 2009, S. 4206 (4209).
742 *Eich*, NZA 2010, S. 1389 (1390 f.).

C. Tarifvertrag als Regelungsinstrument

Der normative Teil eines Tarifvertrages gilt zwischen den beidseits Tarifgebundenen nach § 4 Abs. 1 S. 1 TVG unmittelbar und zwingend. Aufgrund der Wirkung als zwingende Rechtsnorm ist allgemein anerkannt, dass der normative Teil eines Tarifvertrages eine „andere Rechtsvorschrift" i.S.v. § 4 Abs. 1 BDSG darstellt.[743] Der Gesetzentwurf der Bundesregierung beabsichtigt, in § 4 Abs. 1 S. 2 BDSG-RegE klarzustellen, dass auch Betriebs- und Dienstvereinbarungen als andere Rechtsvorschriften anzusehen sind.[744] Tarifverträge werden in dieser Klarstellung nicht erwähnt.[745] Auch weist § 321 Abs. 3 BDSG-RegE wie bislang § 32 Abs. 3 BDSG lediglich darauf hin, dass die Rechte der Interessenvertretungen der Beschäftigten unberührt bleiben. Daraus kann angesichts der in Art. 9 Abs. 3 GG garantierten Tarifautonomie aber nicht der Schluss gezogen werden, der Beschäftigtendatenschutz sei einer Regelung durch die Tarifvertragsparteien nicht zugänglich.[746] Tarifverträge stellen auch weiterhin eine „andere Rechtsvorschrift" i.S.v. § 4 Abs. 1 S. 1 BDSG-RegE dar.

Aus § 27 Abs. 3 S. 1 BDSG-RegE wird ersichtlich, dass ein Datenscreening nach § 32d Abs. 3 BDSG-RegE zu den Zwecken des Beschäftigungsverhältnisses

---

743 Vgl. nur BAG v. 27.5.1986 – 1 ABR 48/84, AP BetrVG 1972 § 87 Überwachung Nr. 15; *Buchner*, in: FS für H. Buchner, S. 153 (161); *Gola/Schomerus*, BDSG, § 4 Rn. 10; *Taeger*, in: Taeger/Gabel, BDSG, § 4 Rn. 34; *Sokol*, in: Simitis, BDSG, § 4 Rn. 11; *Sassenberg/Bamberg*, DuD 2006, S. 226 (227). Zwar können auch Tarifverträge eine „andere Rechtsvorschrift" i.S.v. § 4 Abs. 1 BDSG sein. Ihre normative Wirkung führt aber nicht dazu, dass sie selbst Rechtsvorschriften des Bundes werden, mit der Folge, dass das Bundesdatenschutzgesetz nach der Subsidiaritätsklausel des § 1 Abs. 3 S. 1 BDSG nicht anwendbar wäre, vgl. *Dix*, in: Simitis, BDSG, § 1 Rn. 166; *Sokol*, in: Simitis, BDSG, § 4 Rn. 8; *Gola/Schomerus*, BDSG, § 1 Rn. 23; *Mester*, Arbeitnehmerdatenschutz, S. 82 f.
744 BT-Drs. 17/4230, S. 14.
745 Dieses Regelungsdefizit wurde erkannt. Die Formulierungsvorschläge des *BMI* sehen vor, in § 4 Abs. 1 S. 2 BDSG-E auch Tarifverträge und Vereinbarungen nach § 28 Abs. 2 SprAuG als „andere Rechtsvorschriften" ausdrücklich anzuerkennen, vgl. *BMI*, Formulierungsvorschläge v. 7.9.2011, S. 3; abrufbar unter: http://www.arbrb. de/media/BeschDS_FV.pdf. Auch der Bundesrat regte in seiner Stellungnahme zum Gesetzentwurf der Bundesregierung an, aus Klarstellungsgründen Tarifverträge ausdrücklich in den Wortlaut des geplanten § 4 Abs. 1 S. 2 BDSG-RegE aufzunehmen, vgl. BT-Drs. 17/4230, Anlage 3, S. 28; sowie die Gegenäußerung der Bundesregierung, BT-Drs. 17/4230, Anlage 4, S. 38.
746 *Seifert*, in: Simitis, BDSG, § 32 Rn. 187.

zählt. Die systematische Stellung des § 32d Abs. 3 BDSG-RegE zeigt, dass ein Datenscreening Fragen des Inhalts eines Arbeitsverhältnisses betrifft, die grundsätzlich Gegenstand tarifvertraglicher Regelungen sein können, § 1 Abs. 1 TVG.[747] Dennoch kommt ein Tarifvertrag als Rechtsgrundlage für Datenscreenings nicht in Betracht. Der Arbeitgeber reagiert mit der Durchführung eines Datenscreenings auf die jeweilige Gefährdungssituation in seinem Unternehmen. Aus diesem muss sich ein Anlass für die Durchführung eines Datenscreenings ergeben, wenngleich hierfür nur niedrige Anforderungen gelten. Sodann muss die Ausgangsdatenbasis unter Berücksichtigung des Verhältnismäßigkeitsgrundsatzes eingeschränkt und ein Verfahren zur Anonymisierung oder Pseudonymisierung bzw. Personalisierung der Beschäftigtendaten definiert werden. Dies verdeutlicht, dass es bei der Gestaltung einer Regelung des Datenscreenings maßgeblich auf die konkrete betriebliche Situation ankommt. Eine die Grenzen des jeweiligen Unternehmens oder Konzerns überschreitende Rechtssetzung durch die Tarifvertragsparteien kann diese Umstände nicht ausreichend berücksichtigen.[748] Somit scheidet eine flächentarifvertragliche Regelung des Datenscreenings aus.[749] Denkbar erscheint allenfalls eine Regelung durch Haustarifvertrag, doch auch dieser kann keinen rechtssicheren Erlaubnistatbestand für die Durchführung von Datenscreenings schaffen, da er seine Wirkung nur zwischen den beidseits Tarifgebundenen entfaltet, § 4 Abs. 1 S. 1 TVG.[750] Insofern zeigt sich in Bezug auf Datenscreenings deutlich, dass Betriebspartner aufgrund der größeren Nähe zu betrieblichen Vorgängen „sachgerechten Lösungen oft näher [stehen] als Tarifpartner".[751]

D. Ergebnis

Die Durchführung eines Datenscreenings unterliegt nach § 87 Abs. 1 Nr. 6 BetrVG der Mitbestimmungspflicht. Diese kann durch den Abschluss einer Betriebsvereinbarung zwischen Arbeitgeber und Betriebsrat ausgeübt werden.

---

747 *Seifert*, in: Simitis, BDSG, § 32 Rn. 187.
748 *Böhm*, Non-Compliance und Arbeitsrecht, S. 189 f.
749 Zur Aufklärung von Compliance-Verstößen allgemein *Böhm*, Non-Compliance und Arbeitsrecht, S. 189 f.
750 Vgl. *Rieble/Klumpp*, in: MünchArbR, Band 2, § 177 Rn. 5.
751 *Rüthers*, Vom Wert der Sozialpartnerschaft, in: FAZ Nr. 5 v. 7.1.2011, S. 12. Zu bislang lediglich in Einzelfällen durch Tarifvertrag erfolgten Regelungen von Themen mit Bezug zum Beschäftigtendatenschutz, vgl. *Seifert*, in: Simitis, BDSG, § 32 Rn. 188.

Hierbei kann grundsätzlich – auch unter der geplanten Rechtslage – das Schutzniveau des Bundesdatenschutzgesetzes in engen Grenzen abgesenkt werden. Zwar kann auch ein Datenscreening tauglicher Regelungsgegenstand einer Betriebsvereinbarung sein. Angesichts des widersprüchlichen Wortlauts des Gesetzentwurfs, der daraus resultierenden Rechtsunsicherheit und der Erwägungen, das Datenscreening in eine Negativliste aufzunehmen, kommt lediglich eine Konkretisierung des § 32d Abs. 3 BDSG-RegE durch Betriebsvereinbarung in Betracht.

Kapitel 4
Rechtsfolgen bei rechtswidrigem Datenscreening

A. Bußgeld- und Strafbestimmungen

Der Sinn und Zweck der Bußgeld- und Straftatbestände des Bundesdatenschutzgesetzes besteht darin, dessen Durchsetzung Nachdruck zu verleihen.[752] Zwar liegt in der Bußgeldbewehrung von Datenschutzverstößen kein Allheilmittel.[753] Ohne ein wirkungsvolles Sanktionsinstrumentarium wäre eine Missachtung datenschutzrechtlicher Regelungen aber gefahrlos möglich. Daher bedarf es bereits aus Gründen der Abschreckung eines Sanktionsrahmens, der verdeutlicht, dass die Einhaltung datenschutzrechtlicher Vorschriften ernst genommen werden muss. Unabhängig von einer tatsächlichen Verfolgung und Ahndung von Datenschutzverstößen kann dies zu einer datenschutzfreundlichen Unternehmenskultur beitragen.[754]

---

752 *Bergmann/Möhrle/Herb*, BDSG, § 43 Rn. 6, § 44 Rn. 4. Vgl. zur bislang äußerst restriktiven Sanktionspraxis der Datenschutzaufsichtsbehörden, *Holländer*, RDV 2009, S. 215 (215 f.); *Lindhorst*, Sanktionsdefizite, S. 40 f., sowie *Ehmann*, in: Simitis, BDSG, § 43 Rn. 87, der darauf hinweist, dass „weitaus mehr Verstöße vorkommen, als geahndet werden". Im Zuge einiger schwerwiegender Datenschutzverstöße in den Jahren 2008 und 2009 wurde jedoch in Einzelfällen von der zurückhaltenden Sanktionspraxis abgewichen. So verhängte der *BlnBDI* im Jahr 2009 das höchste bislang von einer deutschen Datenschutzaufsichtsbehörde festgesetzte Bußgeld in Höhe von 1.123.503,50 Euro gegen die Deutsche Bahn AG. Mit dem Bußgeld wurden insbesondere mehrere anlasslose und heimliche Datenscreenings in den Jahren 2002–2005 geahndet, vgl. *BlnBDI*, Pressemitteilung v. 23.10.2009, abrufbar unter: http://www.datenschutz-berlin.de/content/nachrichten/pressemitteilungen/deutsche-bahn-ag-akzeptiert-hohe-geldbusse-und-will-kuenftig-vorbild-im-datenschutz-sein; sowie *BlnBDI*, Jahresbericht 2009, S. 138 f., abrufbar unter: http://www.datenschutz-berlin.de/content/veroeffentlichungen/jahresberichte/bericht-09. Zu diesem und weiteren Ausnahmefällen mit Bußgeldern in sechsstelliger Höhe vgl. *Ehmann*, in: Simitis, BDSG, § 43 Rn. 84.
753 *Tinnefeld/Petri/Brink*, MMR 2010, S. 727 (735). Dennoch wurde das Bundesdatenschutzgesetz erst im Jahr 2009 im Zuge der BDSG-Novellen I–III um 12 zusätzliche Bußgeldtatbestände ergänzt. *Holländer* spricht in diesem Zusammenhang von einem „wahren sanktionsrechtlichen Aufrüstungseifer" des Gesetzgebers, vgl. *Holländer*, RDV 2009, S. 215 (216).
754 *Holländer*, RDV 2009, S. 215 (216); *Petri*, DuD 2005, S. 334 (336).

I. Ordnungswidrigkeiten

Das Bundesdatenschutzgesetz enthält in § 43 BDSG zahlreiche Bußgeldtatbestände, wobei § 43 Abs. 1 BDSG Verstöße gegen Verfahrensvorschriften betrifft und § 43 Abs. 2 BDSG Verstöße gegen materielle Vorschriften zum Gegenstand hat.[755] Der Gesetzentwurf der Bundesregierung sieht vor, § 43 Abs. 1 BDSG mit den zusätzlichen Nummern 7c bis 7g um die „erforderlichen Bußgeldvorschriften" zu ergänzen.[756] Dies impliziert, dass nach Auffassung der Entwurfsverfasser darüber hinaus keine weiteren Bußgeldtatbestände erforderlich sind, um die Beachtung des immerhin 13 Vorschriften umfassenden Regelwerks des Beschäftigtendatenschutzes zu gewährleisten. Die Gemeinsamkeit der neu einzufügenden Nummern 7c bis 7g besteht darin, dass sie ausschließlich Verstöße gegen Transparenzpflichten sanktionieren, nicht aber die Missachtung materieller Verstöße gegen Datenschutzrecht.

1. Verstoß gegen § 32d Abs. 3 BDSG-RegE

Künftig soll nach § 43 Abs. 1 Nr. 7c BDSG-RegE ordnungswidrig handeln, wer entgegen § 32d Abs. 3 S. 4 BDSG-RegE den Beschäftigten nicht, nicht richtig, nicht vollständig oder nicht rechtzeitig über die Durchführung eines Datenscreenings unterrichtet.[757] Im datenschutzrechtlichen System des Selbstdatenschutzes müssen die Beschäftigten in die Lage versetzt werden, ihre Rechte auszuüben und eine nachträgliche Rechtmäßigkeitskontrolle des Datenscreenings anzustrengen.[758] Da dies nur bei Kenntnis eines Umgangs mit ihren Beschäftigtendaten möglich ist, muss die Herstellung der hierfür erforderlichen Transparenz der Datenverarbeitung bußgeldrechtlich abgesichert werden.[759]

Neben einem Verstoß gegen die Unterrichtungspflicht aus § 32d Abs. 3 S. 4 BDSG-RegE sehen die geplanten Bußgeldtatbestände jedoch keine Sanktionierung materiell-rechtlicher Verstöße gegen Vorschriften des Beschäftigtendatenschutzes im Allgemeinen und gegen die Vorgaben des § 32d Abs. 3 BDSG im Besonderen vor. Wird eine Verletzung der Unterrichtungspflicht aus § 32d Abs. 3 S. 4 BDSG-RegE bußgeldbewehrt, die Durchführung eines Datenscreenings unter

---

755 *Bergmann/Möhrle/Herb*, BDSG, § 43 Rn. 6; *Holländer*, RDV 2009, S. 215 (216); *Gola/Schomerus*, BDSG, § 43 Rn. 4, 16.
756 BT-Drs. 17/4230, S. 23.
757 Vgl. hierzu o., S. 112 f.
758 *Tinnefeld/Petri/Brink*, MMR 2010, S. 727 (735).
759 *Lindhorst*, Sanktionsdefizite, S. 30.

Missachtung der dafür vorgesehenen materiellen Voraussetzungen aber sanktionslos gelassen, so deutet dies auf einen Wertungswiderspruch hin.[760] Durch den Gesetzentwurf der Bundesregierung sollen einerseits Beschäftigte wirksam vor Bespitzelungen geschützt und andererseits Arbeitgeber mit für Zwecke der Korruptionsbekämpfung erforderlichen Eingriffsbefugnissen ausgestattet werden.[761] Die hierdurch zum Ausdruck kommende beabsichtigte Ausgewogenheit der Regelung setzt aber voraus, dass den Arbeitgebern die benötigten Eingriffsbefugnisse nicht sanktionslos gewährt werden. Es muss vielmehr sichergestellt sein, dass Verstöße gegen § 32d Abs. 3 BDSG-RegE nicht risikolos möglich sind.

Ein Sanktionsdefizit besteht allerdings trotz einer fehlenden speziellen und ausdrücklichen Regelung nicht, wenn ein Verstoß gegen materielle Vorgaben des § 32d Abs. 3 BDSG-RegE auch nach bereits vorhandenen Bußgeldtatbeständen sanktioniert werden kann. In Betracht kommt § 43 Abs. 2 Nr. 1 BDSG. Danach handelt ordnungswidrig, wer unbefugt personenbezogene Daten, die nicht allgemein zugänglich sind, erhebt oder verarbeitet. Bei den zum Datenscreening herangezogenen Beschäftigtendaten handelt es sich nach § 3 Abs. 12 BDSG-RegE um personenbezogene Daten der Beschäftigten. Der Arbeitgeber hat diese zur Durchführung des jeweiligen Beschäftigungsverhältnisses erhoben. Sie sind als Bestandteil der Personaldatenbank des Arbeitgebers nicht allgemein zugänglich. Die Durchführung eines Datenscreenings stellt einen Spezialfall der Datenverarbeitung dar. Werden Beschäftigtendaten im Verdachtsfall personalisiert, so liegt darin nach der hier vertretenen Auffassung eine Erhebung neuer Beschäftigtendaten. Eine Datenerhebung oder -verarbeitung ist „unbefugt", wenn sie weder auf einen Erlaubnistatbestand des Bundesdatenschutzgesetzes gestützt werden kann noch nach anderen Rechtsvorschriften erlaubt ist.[762] Beachtet der Arbeitgeber nicht die inhaltlichen Vorgaben des § 32d Abs. 3 BDSG-RegE oder im Falle der Personalisierung von Trefferfällen die zusätzlichen Voraussetzungen des § 32e Abs. 2 BDSG-RegE, so ist sein Datenumgang nicht durch einen gesetzlichen Erlaubnistatbestand gedeckt und damit unbefugt. Somit kann ein Verstoß gegen materielle Vorgaben bei der Durchführung eines Datenscreenings nach

---

760 *Tinnefeld/Petri/Brink*, MMR 2010, S. 727 (735); *Caspar*, DuD 2011, S. 687 (691); kritisch zu den geplanten Bußgeldtatbeständen auch *DGB*, Stellungnahme zum BDSG-RegE, A-Drs. 17(4)252 A, S. 15; *NRV*, Stellungnahme zum BDSG-RegE, S. 9, abrufbar unter: http://www.nrv-net.de/downloads_stellung/89.pdf.
761 BT-Drs. 17/4230, S. 12.
762 Vgl. *Schaffland/Wiltfang*, BDSG, § 43 Rn. 36; *Klebe*, in: Däubler/Klebe/Wedde/Weichert, BDSG, § 43 Rn. 15; *Wybitul*, Hdb. Datenschutz, S. 523; *Mackenthun*, in: Taeger/Gabel, BDSG, § 44 Rn. 6.

§ 43 Abs. 2 Nr. 1 BDSG geahndet werden.[763] Die bußgeldbewehrte Absicherung lediglich formaler Vorgaben des Beschäftigtendatenschutzes in § 43 Abs. 1 Nr. 7c-7g BDSG-RegE hätte im Falle eines Datenscreenings unter Verstoß gegen materielle Regelungen kein Sanktionsdefizit zur Folge.

Gleichwohl kann nicht bestritten werden, dass eine spezielle Regelung zur Sanktionierung von Verstößen gegen materielle Vorschriften des Beschäftigtendatenschutzes – wenn auch in allgemeiner Form – bereits aus Gründen der Rechtsklarheit zur Abschreckung von Datenmissbrauch rechtspolitisch sinnvoll wäre.[764]

2. Sanktionsmöglichkeiten

Die Sanktionsmöglichkeiten bei Datenschutzverstößen wurden erst im Jahr 2009 im Zuge der BDSG-Novelle II erweitert.[765] So wurde die Höchstsumme für Verstöße gegen Verfahrensvorschriften nach § 43 Abs.1 i.V.m. § 43 Abs. 3 S. 1 BDSG auf den Betrag von 50.000 Euro verdoppelt. Die Maximalsummen für Verstöße gegen materielles Datenschutzrecht wurden von zuvor 250.000 Euro auf 300.000 Euro angehoben, § 43 Abs. 2 i.V.m. § 43 Abs. 3 S. 1 BDSG.[766] Während die Maximalbeträge vor der Reform nicht überschritten werden konnten, können nun im Einzelfall auch darüber hinausgehende Bußgelder verhängt werden, in erster Linie, um durch Datenschutzverstöße erlangte wirtschaftliche Vorteile abzuschöpfen, § 43 Abs. 3 S. 2, 3 BDSG.[767] Ein Verstoß gegen materielle Vorgaben des § 32d Abs. 3 BDSG kann nach

---

763 In diese Richtung *Zöll*, in: Taeger/Gabel, BDSG, § 32 Rn. 51; *Seifert*, in: Simitis, BDSG, § 32 Rn. 195; *Kock/Francke*, NZA 2009, S. 646 (651); *Kock/Francke*, ArbRB 2009, S. 110 (112); *Heldmann*, DB 2010, S. 1235 (1237); *Junker/Knigge/Pischel/ Reinhart*, in: Rechtsanwalts-Hdb., § 48 Rn. 108; a.A. *Tinnefeld/Petri/Brink*, MMR 2010, S. 727 (735); *Caspar*, DuD 2011, S. 687 (691).
764 Vgl. *Caspar*, DuD 2011, S. 687 (691), der die abschreckende Wirkung einer möglichen Sanktionierung für erforderlich hält, um den Arbeitgeber zu rechtskonformem Verhalten anzuhalten. Gleichwohl sehen auch die Formulierungsvorschläge des *BMI* keine Ergänzung des Bußgeldkataloges um Vorschriften vor, die materiell-rechtliche Verstöße gegen Vorschriften des Beschäftigtendatenschutzes sanktionieren, vgl. *BMI*, Formulierungsvorschläge v. 7.9.2011, abrufbar unter: http://www.arbrb.de/media/ BeschDS_FV.pdf.
765 Vgl. BT-Drs. 16/12011, S. 35 f.
766 BT-Drs. 16/12011, S. 35 f. Die Bemessung der Bußgeldhöhe richtet sich nach § 17 Abs. 3 OWiG.
767 BT-Drs. 16/12011, S. 36.

§ 43 Abs. 2 Nr. 1 i.V.m. § 43 Abs. 3 S. 1 BDSG mit einem Bußgeld von bis zu 300.000 Euro geahndet werden.[768]

Die geplante Datenschutz-Grundverordnung sieht nach ihrem derzeitigen Entwurfsstand eine weitere Verschärfung des Sanktionsrahmens vor. So sollen nach Art. 79 Abs. 6 DS-GVO-E künftig Bußgelder gegen Unternehmen in Höhe von bis zu zwei Prozent des Jahresumsatzes verhängt werden können, was insbesondere für Großkonzerne zu erheblichen Haftungsrisiken führt.[769] Die weitere Ausweitung des Sanktionsrahmens ist ein geeignetes Mittel, um der Beachtung des Datenschutzes auch im betrieblichen Umfeld Nachdruck zu verleihen. Hierdurch könnte insbesondere das bestehende Ungleichgewicht zwischen Korruptionssanktionen oder Kartellstrafen und Datenschutzverstößen[770] korrigiert und der Datenschutz auch im Sinne der präventiven Haftungsvermeidung zu einem vollwertigen Compliance-Thema werden.

II. Strafrechtliche Folgen

Schwerwiegende Verstöße gegen datenschutzrechtliche Regelungen können darüber hinaus strafrechtliche Folgen nach sich ziehen. Auch ein vorsätzlicher Verstoß gegen die materiellen Vorgaben des § 32d Abs. 3 BDSG-RegE kann nach § 43 Abs. 2 Nr. 1 BDSG unter den zusätzlichen Voraussetzungen des § 44 Abs. 1

---

768 Dagegen sieht der Gesetzentwurf der Fraktion *Bündnis 90/Die Grünen* in § 35 Abs. 1 Nr. 7 BDatG einen eigenen Bußgeldtatbestand für die Vornahme eines „Raster-Abgleichs von Beschäftigtendaten" unter Verstoß gegen § 11 BDatG vor. Dieser unterliegt nach § 35 Abs. 3 BDatG jedoch dem niedrigen Sanktionsrahmen des § 43 Abs. 1 BDSG. Zwar enthält § 35 Abs. 2 Nr. 1 BDatG auch einen § 43 Abs. 2 Nr. 1 BDSG entsprechenden Bußgeldtatbestand. Angesichts der ausdrücklichen Nennung des Datenscreenings in § 35 Abs. 1 Nr. 7 BDatG ist aber davon auszugehen, dass dieser Bußgeldtatbestand Verstöße gegen § 11 BDatG speziell regelt und daher abschließend erfasst, vgl. BT-Drs. 17/4853, S. 14, 35. Zur Zuständigkeit für die Ahndung datenschutzrechtlicher Ordnungswidrigkeiten vgl. *Bergmann/Möhrle/Herb*, BDSG, § 43 Rn. 116.
769 *Wybitul/Fladung*, BB 2012, S. 509 (513); *Wybitul/Rauer*, ZD 2012, S. 160 (163).
770 Das bisher höchste von einer deutschen Datenschutzaufsichtsbehörde festgesetzte Bußgeld in Höhe von 1.123.503,50 Euro verhängte der *BlnBDI* als Reaktion auf mehrere rechtswidrige Datenscreenings gegen die Deutsche Bahn AG, vgl. *BlnBDI*, Pressemitteilung v. 23.10.2009, abrufbar unter: http://www.datenschutz-berlin.de/content/nachrichten/pressemitteilungen/deutsche-bahn-ag-akzeptiert-hohe-geldbusse-und-will-kuenftig-vorbild-im-datenschutz-sein.

BDSG strafbar sein.⁷⁷¹ Wer eine in § 43 Abs. 2 BDSG bezeichnete Ordnungswidrigkeit vorsätzlich begeht, macht sich nach § 44 Abs. 1 BDSG strafbar, sofern eines der dort genannten Qualifikationsmerkmale verwirklicht wurde.⁷⁷² Dies ist der Fall, wenn die Handlung gegen Entgelt, in Bereicherungs- oder Schädigungsabsicht vorgenommen wurde. Die Strafbarkeit ist eine Reaktion auf die den Qualifikationsmerkmalen innewohnende erhöhte kriminelle Energie.⁷⁷³ Die Tat wird gemäß § 44 Abs. 2 S. 1 BDSG nur auf Antrag verfolgt, der überdies nicht durch ein besonderes öffentliches Interesse an der Strafverfolgung ersetzt werden kann.⁷⁷⁴ Angesichts der hohen Voraussetzungen der Strafbarkeit hat die Norm jedoch praktisch nahezu keine Bedeutung und wird auch in Fällen rechtswidriger Datenscreenings regelmäßig nicht einschlägig sein.⁷⁷⁵

Daneben wird das Recht auf informationelle Selbstbestimmung strafrechtlich durch die §§ 201 ff. StGB abgesichert. Werden bei einem Datenscreening die Grenzen des Erlaubten überschritten, so kommen insbesondere Strafbarkeiten nach § 202a Abs. 1 StGB oder § 206 StGB in Betracht, wenn der Arbeitgeber unter Verletzung von § 202a Abs. 1 StGB erhobene Daten oder Inhaltsdaten der Telekommunikation unter Verletzung des Fernmeldegeheimnisses nach § 206 StGB heranzieht.⁷⁷⁶

---

771 In diese Richtung *Zöll*, in: Taeger/Gabel, BDSG, § 32 Rn. 51; *Seifert*, in: Simitis, BDSG, § 32 Rn. 195; *Kock/Francke*, NZA 2009, S. 646 (651); *Kock/Francke*, ArbRB 2009, S. 110 (112); *Heldmann*, DB 2010, S. 1235 (1237); a.A. *Tinnefeld/Petri/Brink*, MMR 2010, S. 727 (735); *Caspar*, DuD 2011, S. 687 (691).
772 Vgl. hierzu *Wybitul/Reuling*, CR 2010, S. 829 (829–832); *Ehmann*, in: Simitis, BDSG, § 44 Rn. 1–13; *Mackenthun*, in: Taeger/Gabel, BDSG, § 44 Rn. 1.
773 *Ehmann*, in: Simitis, BDSG, § 44 Rn. 1.
774 Das Erfordernis eines Strafantrags versetzt die betroffenen Beschäftigten in die gleiche Zwangslage, die gegen eine Möglichkeit der freiwilligen Einwilligung im Beschäftigungsverhältnis vorgebracht wird, vgl. *Weichert*, NStZ 1999, S. 490 (492).
775 *Kock/Francke*, NZA 2009, S. 646 (651); *Thüsing*, Arbeitnehmerdatenschutz und Compliance, Rn. 524; *Forst*, AuR 2010 S. 106 (111); *Ehmann*, in: Simitis, BDSG, § 44 Rn. 4; vgl. auch *Weichert*, NStZ 1999, S. 490 (492 f.), der im Datenschutzstrafrecht einen „zahnlosen Tiger" sieht, der sich nicht nur im Nebenstrafrecht, sondern im strafrechtlichen Abseits bewege. Dagegen gehen *Wybitul/Reuling* angesichts einer zunehmenden Datenschutz-Sensibilität insbesondere bei Beschäftigten von einer steigenden Bedeutung der Strafnorm aus, *Wybitul/Reuling*, CR 2010, S. 829 (829). Für einen Bedeutungsanstieg spricht eine junge Entscheidung des LG Lüneburg zur Strafbarkeit privater Ermittlungen nach § 44 Abs. 1 i.V.m. § 43 Abs. 2 Nr. 1 und 3 BDSG, vgl. LG Lüneburg v. 28.3.2011 – 26 Qs 45/11, NJW 2011, S. 2225.
776 Wegen eines Verstoßes gegen das Fernmeldegeheimnis bei internen Untersuchungen unter anderem mittels Datenscreenings wurde etwa der ehemalige Leiter Konzernsicherheit der Deutschen Telekom AG zu einer dreieinhalbjährigen Freiheitsstrafe

B. Schadensersatz- und Unterlassungsansprüche

Im Umsetzungsfall können sich aus einem Verstoß gegen die Regelungen des Gesetzentwurfs der Bundesregierung Schadensersatz- und Unterlassungsansprüche der Beschäftigten gegen den Arbeitgeber ergeben. Erleidet der Beschäftigte in Folge der rechtswidrigen Durchführung eines Datenscreenings einen materiellen Schaden, so kommt ein Schadensersatzanspruch aus § 7 S. 1 BDSG in Betracht. Danach ist der Arbeitgeber als verantwortliche Stelle zum Schadensersatz verpflichtet, wenn dem Beschäftigten durch einen unzulässigen Umgang mit seinen personenbezogenen Daten ein Schaden entsteht, es sei denn, der Arbeitgeber kann sich nach § 7 S. 2 BDSG exkulpieren.[777] Auch wenn der Arbeitgeber den Datenabgleich im Wege der Auftragsdatenverarbeitung vornehmen lässt, bleibt er nach § 11 Abs. 1 S. 2 BDSG dennoch verantwortliche Stelle i.S.v. § 7 S. 1 BDSG.[778] Unzulässig ist jeder rechtswidrige Umgang mit personenbezogenen Daten.[779] Wird ein Datenscreening rechtswidrig, also unter Verstoß gegen die dafür vorgesehenen materiellen Regelungen durchgeführt, so steht dem Beschäftigten ein Schadensersatzanspruch aus § 7 S. 1 BDSG zu, wenn ihm dadurch kausal veranlasst und nachweisbar ein materieller Schaden entstanden ist.[780] Weiterhin kommen vertragliche Schadensersatzansprüche aus § 280 Abs. 1 BGB i.V.m. § 241 Abs. 2 BGB und deliktische Schadensersatzansprüche aus § 823 Abs. 1 BGB bei einer Verletzung des Allgemeinen Persönlichkeitsrechts, sowie aus § 823 Abs. 2 BGB i.V.m. § 32 BDSG bzw. im Umsetzungsfall § 32d Abs. 3 BDSG-RegE in Betracht.[781]

Wird ein Datenscreening rechtswidrig durchgeführt, haben die Beschäftigten darüber hinaus Anspruch auf Unterlassung zukünftiger rechtswidriger

---

verurteilt, vgl. *Michalke*, StV 2011, S. 245 (247); *Berndt*, Abhören ist gefährlich, in: SZ Nr. 16 v. 21.1.2011, S. 18. Zur Beachtung des Fernmeldegeheimnisses bei der Mitarbeiterkontrolle vgl. *Löwisch*, DB 2009, S. 2782 (2782 f.).
777 *Gola/Schomerus*, BDSG, § 7 Rn. 9; *Mester*, Arbeitnehmerdatenschutz, S. 189 f.
778 *Thüsing*, Arbeitnehmerdatenschutz und Compliance, Rn. 507; *Forst*, AuR 2010, S. 106 (108).
779 *Simitis*, in: Simitis, BDSG, § 7 Rn. 19.
780 Vgl. *Oberwetter*, NZA 2009, S. 1120 (1121); *Gola/Schomerus*, BDSG, § 7 Rn. 12; *Bergmann/Möhrle/Herb*, BDSG, § 7 Rn. 11; *Schaffland/Wiltfang*, BDSG, § 7 Rn. 9; *Simitis*, in: Simitis, BDSG, § 7 Rn. 30, 32; *Beckschulze/Natzel*, BB 2010, S. 2368 (2375); *Mester*, Arbeitnehmerdatenschutz, S. 189 f.
781 *Kock/Francke*, NZA 2009, S. 646 (651); *Kock/Francke*, ArbRB 2009, S. 110 (112); *Seifert*, in: Simitis, BDSG, § 32 Rn. 191; *Thüsing*, Arbeitnehmerdatenschutz und Compliance, Rn. 514–518; *Forst*, AuR 2010, S. 106 (109 f.); *Beckschulze/Natzel*, BB 2010, S. 2368 (2375).

Datenabgleiche.[782] Der Anspruch kann im Falle einer Verletzung des allgemeinen Persönlichkeitsrechts auf einen quasinegatorischen Unterlassungsanspruch aus § 823 Abs. 1 BGB i.V.m. § 1004 BGB analog gestützt werden.[783]

C. Zurückbehaltungsrecht

Daneben wären die Beschäftigten in Folge eines rechtswidrigen Datenscreenings auch berechtigt, ein Zurückbehaltungsrecht aus § 273 Abs. 1 BGB geltend zu machen.[784] Dadurch geriete der Arbeitgeber in Annahmeverzug, was den Beschäftigten von seiner Arbeitspflicht nach § 275 Abs. 1 BGB befreien würde, während nach § 615 S. 1 BGB die Pflicht des Arbeitgebers zur Entgeltzahlung bestehen bliebe.[785] *Thüsing* sieht hierin das „schärfste Schwert" des von einem rechtswidrigen Datenumgang betroffenen Beschäftigten.[786] Im Falle des rechtswidrigen Datenscreenings bleibt dieses Schwert jedoch stumpf, da Datenscreenings dann i.d.R. heimlich durchgeführt werden. Die Beschäftigten sind daher nicht in der Lage, ihr Zurückbehaltungsrecht geltend zu machen und ihre Arbeitsleistung einzustellen.[787] Darüber hinaus wird den Beschäftigten das Bestehen eines Leistungsverweigerungsrechts häufig nicht bekannt sein.[788] Auch die zuvor erforderliche Beurteilung der Rechtmäßigkeit einer Überwachungsmaßnahme des Arbeitgebers mindert die Tauglichkeit des Zurückbehaltungsrechts als Reaktion auf vermeintlich rechtswidrige Überwachungsmaßnahmen.[789]

---

782 *Kock/Francke*, NZA 2009, S. 646 (651); *Kock/Francke*, ArbRB 2009, S. 110 (112).
783 *Thüsing*, Arbeitnehmerdatenschutz und Compliance, Rn. 522; *Forst*, AuR 2010, S. 106 (111); *Seifert*, in: Simitis, BDSG, § 32 Rn. 192; *Heldmann*, DB 2010, S. 1235 (1237). Zu den aus einem rechtswidrigen Datenumgang des Arbeitgebers resultierenden Ansprüchen der Arbeitnehmer umfassend *Thüsing*, Arbeitnehmerdatenschutz und Compliance, Rn. 499–523; sowie *Forst*, AuR 2010, S. 106 (106–112).
784 *Oberwetter*, NZA 2009, S. 1120 (1122). Zur Herleitung bei Datenschutzverstößen des Arbeitgebers vgl. *Thüsing*, Arbeitnehmerdatenschutz und Compliance, Rn. 503–506; *Forst*, AuR 2010, S. 106 (107).
785 *Thüsing*, Arbeitnehmerdatenschutz und Compliance, Rn. 503; *Forst*, AuR 2010, S. 106 (107).
786 *Thüsing*, Arbeitnehmerdatenschutz und Compliance, Rn. 503.
787 *Oberwetter*, NZA 2009, S. 1120 (1122).
788 *Maties*, NJW 2008, S. 2219 (2223).
789 *Maties*, NJW 2008, S. 2219 (2223).

D. Beweisverwertungsverbot

Das Spannungsverhältnis zwischen Informationsinteressen des Arbeitgebers und Schutzinteressen der Beschäftigten wirkt sich auch auf prozessrechtlicher Ebene aus. *Joussen* verweist in diesem Zusammenhang auf den Konflikt zwischen „Wissenwollen und Wissendürfen" und fragt, welche Folgen sich daraus ergäben, wenn der Arbeitgeber seine Kontrollrechte zu seinen Gunsten überdehne, er etwas wisse, was er nicht wissen dürfe?[790] Damit ist die Frage angesprochen, wie sich ein materiellrechtlicher Verstoß gegen gesetzliche Vorschriften bei der Gewinnung von Erkenntnissen prozessual auswirkt.[791]

Im Gegensatz zum Strafprozess sind Beweisverwertungsverbote dem Zivilprozess ebenso fremd wie dem Datenschutzrecht.[792] Weder die ZPO noch das ArbGG enthalten ein ausdrücklich geregeltes Beweisverwertungsverbot und auch das BDSG äußert sich hierzu nicht.[793] Letzteres ist nicht verwunderlich, schließlich enthält das BDSG kein prozessuales Recht.

Deckt der Arbeitgeber mittels eines Datenscreenings Trefferfälle auf, die auch tatsächlich auf unlauteren Verhaltensweisen der Mitarbeiter beruhen, so wird dies in der Regel arbeitsrechtliche Folgen nach sich ziehen.[794] Verstößt der Arbeitgeber bei der Durchführung des Datenscreenings gegen die formale Vorgabe der Benachrichtigungspflicht nach § 32d Abs. 3 S. 4 BDSG-RegE, kann dies zwar nach § 43 Abs. 1 Nr. 7c BDSG-RegE sanktioniert werden, führt aber nicht zur Rechtswidrigkeit des Datenscreenings an sich. Daraus kann sich folglich auch kein Beweisverwertungsverbot ergeben. Dagegen stellt sich bei Verstößen gegen inhaltliche Vorgaben des § 32d Abs. 3 BDSG-RegE insbesondere in Kündigungsschutz- oder Schadensersatzprozessen gegen Mitarbeiter[795] die Frage, welche prozessualen Folgen die rechtswidrige Erlangung von Erkenntnissen durch den Arbeitgeber in arbeitsgerichtlichen Verfahren nach sich zieht.

---

790 *Joussen*, NZA-Beilage 1/2011, S. 35 (41).
791 *Joussen*, NZA-Beilage 1/2011, S. 35 (41 f.).
792 *Vogt*, NJOZ 2009, S. 4206 (4216); *Müller-Bonanni*, AnwBl 2010, S. 651 (655).
793 *Zöll*, in: Taeger/Gabel, BDSG, § 32 Rn. 52; *Seifert*, in: Simitis, BDSG, § 32 Rn. 193; *Dzida/Grau*, NZA 2010, S. 1201 (1202); *Lunk*, NZA 2009, S. 457 (459).
794 *Dzida/Grau*, NZA 2010, S. 1201 (1201).
795 *Müller-Bonanni*, AnwBl 2010, S. 651 (655); *Thüsing*, Arbeitnehmerdatenschutz und Compliance, Rn. 525; ebenso *Forst*, AuR 2010, S. 106 (111); *Joussen*, NZA-Beilage 1/2011, S. 35 (41 f.); *Beckschulze/Natzel*, BB 2010, S. 2368 (2375); *Erfurth*, NJOZ 2009, S. 2914 (2922).

I. Standpunkt der Rechtsprechung

Das Bundesarbeitsgericht differenziert zwischen der materiell rechtswidrigen Erlangung eines Beweismittels und dessen Würdigung im Prozess[796], da Arbeitgeber und Gericht jeweils unterschiedlichen rechtlichen Maßstäben unterliegen.[797] Die Grundrechtsbindung des Richters nach Art. 1 Abs. 3 GG hat zur Folge, dass ein Beweismittel nicht prozessual verwertet werden darf, wenn das Gericht dadurch in verfassungsrechtlich gewährleistete Rechtspositionen einer Prozesspartei eingreift, da die Verwertung anderenfalls die Grundrechtsverletzung perpetuieren würde.[798] Maßgeblich kommt es daher darauf an, ob der Schutzzweck der verletzten Norm im konkret zu entscheidenden Fall die Annahme eines Beweisverwertungsverbotes als prozessuale Sanktion gebietet.[799] Dies ist der Fall, wenn der Eingriff in das Persönlichkeitsrecht des Arbeitnehmers so schwerwiegend war, dass er im Rahmen einer Interessenabwägung gegenüber der unternehmerischen Betätigungsfreiheit überwiegt.[800]

Die Rechtsprechung des Bundesarbeitsgerichts ist sachgerecht. Sie trägt dem Umstand Rechnung, dass sich ein Beweisverwertungsverbot aus einer Abwägung verfassungsrechtlich geschützter Rechtspositionen ergibt. Wird ein Datenscreening unter Missachtung der rechtlichen Vorgaben durchgeführt, so kann die Schwere einer Persönlichkeitsverletzung im Einzelfall davon abhängen, ob der einbezogene Personenkreis nicht ausreichend stark begrenzt wurde, rechtswidrig erlangte Daten herangezogen wurden, ein Abgleich völlig anlasslos „ins Blaue hinein" erfolgte, oder eine Pseudonymisierung der Beschäftigtendaten unterblieb. Dies verdeutlicht, dass eine Vorwegnahme der gebotenen Interessenabwägung

---

796 A.A. *Forst*, RDV 2009, S. 204 (211), der von einer Parallelität der rechtswidrigen Erlangung und prozessualen Verwertung eines Beweismittels ausgeht.
797 BAG v. 13.12.2007 – 2 AZR 537/06, NZA 2008, S. 1008 (1010); vgl. auch *Bayreuther*, NZA 2005, S. 1038 (1041); *Dzida/Grau*, NZA 2010, S. 1201 (1202); *Joussen*, NZA-Beilage 1/2011, S. 35 (42).
798 BAG v. 13.12.2007 – 2 AZR 537/06, NZA 2008, S. 1008 (1011); vgl. auch *Dzida/Grau*, NZA 2010, S. 1201 (1202); *Bergwitz*, NZA 2012, S. 353 (354); *Thüsing*, Arbeitnehmerdatenschutz und Compliance, Rn. 525; *Forst*, AuR 2010, S. 106 (111).
799 BAG v. 13.12.2007 – 2 AZR 537/06, NZA 2008, S. 1008 (1010); vgl. auch *Vogt*, NJOZ 2009, S. 4206 (4216); *Müller-Bonanni*, AnwBl 2010, S. 651 (655); *Seifert*, in: Simitis, BDSG, § 32 Rn. 193; *Bergwitz*, NZA 2012, S. 353 (354).
800 *Joussen*, NZA-Beilage 1/2011, S. 35 (42); *Lunk*, NZA 2009, S. 457 (460); *Dzida/Grau*, NZA 2010, S. 1201 (1202); *Junker/Knigge/Pischel/Reinhart*, in: Rechtsanwalts-Hdb, § 48 Rn. 116; *Vogt*, NJOZ 2009, S. 4206 (4216).

durch eine gesetzliche Regelung keinen Raum für die Beachtung der maßgeblichen Umstände des Einzelfalles ließe.

II. Forderungen nach einer gesetzlichen Regelung

Der Gesetzentwurf der Bundesregierung sieht kein eigenständiges Beweisverwertungsverbot für unter Verstoß gegen Vorschriften des Beschäftigtendatenschutzes erlangte Erkenntnisse des Arbeitgebers vor. Dies rief im Gesetzgebungsverfahren Kritik hervor, da insbesondere von Gewerkschaftsseite zum Zwecke der effektiven Sanktionierung des rechtswidrigen Umgangs mit Beschäftigtendaten die Schaffung eines Beweisverwertungsverbotes gefordert wird.[801] Auch das *Unabhängige Landeszentrum für Datenschutz Schleswig-Holstein* weist darauf hin, die aufsichtsbehördliche Praxis zeige, dass unzulässige Datenerhebungen und Datenverarbeitungen genutzt würden, um arbeitsrechtliche Maßnahmen zu begründen, während für die Annahme eines Beweisverwertungsverbotes vor den Arbeitsgerichten strenge Voraussetzungen gelten.[802] Aus diesem Grund spricht es sich aus dem Blickwinkel der Aufsichtsbehörde für die Regelung eines speziellen datenschutzrechtlichen Beweisverwertungsverbotes aus.[803] Ebenso unterstreicht die Entschließung der *81. Konferenz der Datenschutzbeauftragten des Bundes und der Länder* diese Forderung von Seiten der Datenschutzaufsichtsbehörden.[804]

---

801 *DGB*, Stellungnahme zum BDSG-RegE, A-Drs. 17(4)252 A, S. 2; *DVD*, Stellungnahme zum BDSG-RegE u.a., A-Drs. 17(4)252 G, S. 12; ebenso *Caspar*, DuD 2011, S. 687 (693); *Körner*, HSI-Gutachten zum BDSG-RegE, S. 15 f., abrufbar unter: http://www.hugo-sinzheimer-institut.de/fileadmin/user_data_hsi/Dokumente/Gutachten_Arbeitnehmerdatenschutz_HSI.pdf.
802 *ULD*, Stellungnahme zum BDSG-RegE, Anm. zu § 32l a.E., abrufbar unter: https://www.datenschutzzentrum.de/arbeitnehmer/20101012-stellungnahme.html.
803 Das *ULD* regt an, einen zusätzlichen Absatz mit folgendem Wortlaut in den geplanten § 32l BDSG-RegE einzufügen: „Unzulässig erhobene oder verarbeitete Beschäftigtendaten dürfen für arbeitsrechtliche Maßnahmen und in arbeitsrechtlichen Verfahren nicht verwertet werden.", vgl. *ULD*, Stellungnahme zum BDSG-RegE, Anm. zu § 32l a.E., abrufbar unter: https://www.datenschutzzentrum.de/arbeitnehmer/20101012-stellungnahme.html.
804 Vgl. die Entschließung der 81. Konferenz der *Datenschutzbeauftragten des Bundes und der Länder*, S. 2 a.E., abrufbar unter: http://www.bfdi.bund.de/SharedDocs/Publikationen/Entschliessungssammlung/DSBundLaender/81DSK_beschaeftigtendatenschutz.pdf?__blob=publicationFile.

Auch in der Literatur mehren sich die Befürworter der Schaffung eines speziellen datenschutzrechtlichen Beweisverwertungsverbotes.[805]

Der Gesetzentwurf von *Bündnis 90/Die Grünen* sieht in § 4 Abs. 5 BDatG-E die Einführung eines umfassenden Beweisverwertungsverbotes vor.[806] Damit soll angesichts der Konturlosigkeit der Rechtsprechung des BAG „eine klare Regelung zum Schutz der Beschäftigten gegen die Verwertung illegal erworbener Informationen" geschaffen werden.[807]

III. Bedürfnis für eine gesetzliche Regelung

Für die Kodifizierung eines Beweisverwertungsverbotes bei rechtswidrigem Umgang mit Beschäftigtendaten spricht die effektive Absicherung der Vorschriften des Beschäftigtendatenschutzes. Durch ein Beweisverwertungsverbot könnte verhindert werden, dass eine Missachtung gesetzlicher Vorgaben durch Arbeitgeber gefahrlos möglich ist und diese in einem arbeitsgerichtlichen Verfahren aus einem eigenen Rechtsverstoß Vorteile herleiten könnten.[808]

Es besteht jedoch kein praktisches Bedürfnis für die Schaffung eines Beweisverwertungsverbotes.[809] Die Vorgaben des Bundesarbeitsgerichts gewähren ausreichend Schutz. Sie ermöglichen den Arbeitsgerichten, im konkret zu entscheidenden Fall unter Berücksichtigung individueller Besonderheiten ein

---

805 *Tinnefeld/Petri/Brink*, MMR 2011, S. 427 (432); *Tinnefeld/Petri/Brink*, MMR 2010, S. 727 (732); *Caspar*, DuD 2011, S 687 (693); ablehnend *Kort*, MMR 2011, S. 294 (299). Die Bundesrechtsanwaltskammer spricht sich jedenfalls für eine „klarstellende Regelung zu Fragen der Beweisverwertung" aus, vgl. *BRAK*, Stellungnahme zum BDSG-RegE, Nr. 36/2010, S. 27, abrufbar unter: http://www.brak.de/zur-rechtspolitik/stellungnahmen-pdf/stellungnahmen-deutschland/2010/dezember/stellungnahme-der-brak-2010-36.pdf.

806 § 4 Abs. 5 BDatG-E lautet: „Daten, deren Verarbeitung entgegen den Bestimmungen dieses Gesetzes oder anderer Vorschriften zum Schutz der personenbezogenen Daten der Beschäftigten, einer Betriebsvereinbarung, eines Tarifvertrags oder eines Mitbestimmungstatbestandes erfolgt, dürfen nicht zu weiteren Zwecken verwendet werden.", vgl. BT-Drs. 17/4853, S. 7, 19. Auch die Fraktion der *SPD* fordert die Bundesregierung auf, im Beschäftigtendatenschutz ein „ausdrückliches Verwendungs- und Verwertungsverbot für unrichtige oder unzulässig erhobene Daten" aufzunehmen, BT-Drs. 17/7176, S. 4.

807 BT-Drs. 17/4853, S. 19 f.

808 *Däubler*, Gläserne Belegschaften, Rn. 429; zustimmend *Mester*, Arbeitnehmerdatenschutz, S. 39.

809 I.E. ebenso *Kort*, MMR 2011, S. 294 (299).

Verwertungsverbot anzunehmen, wenn der rechtswidrige Datenumgang auch zu einer schwerwiegenden Verletzung des Persönlichkeitsrechts des Beschäftigten führt. Da ein Beweisverwertungsverbot aus der Abwägung verfassungsrechtlich geschützter Rechtspositionen resultiert, ist keine generelle Vorwegnahme des Abwägungsergebnisses für eine bestimmte Fallkonstellation geboten.[810] Es muss vielmehr möglich bleiben, die Interessenabwägung unter Beachtung der Umstände des Einzelfalles durchzuführen. Dies hat auch nicht zur Folge, dass Arbeitgeber rechtliche Anforderungen gefahrlos ignorieren und daraus obendrein prozessuale Vorteile ziehen können, denn die Annahme eines Beweisverwertungsverbotes durch die Gerichte bleibt in jedem Einzelfall möglich. Darüber hinaus erfolgt die Sanktionierung von Datenschutzverstößen im System des Bundesdatenschutzgesetzes unter den Voraussetzungen der §§ 43 und 44 BDSG. Eine weitere Sanktionierung durch ein ausdrücklich geregeltes Beweisverwertungsverbot ist daneben nicht erforderlich. Überdies wäre die geforderte Regelung eines Beweisverwertungsverbotes im Bundesdatenschutzgesetz systemwidrig, da sie eine prozessuale Folge des rechtswidrigen Datenumgangs betrifft, die thematisch in den Prozessordnungen zu verorten ist.[811]

E. Ergebnis

Die Verletzung der Unterrichtungspflicht aus § 32d Abs. 3 S. 4 BDSG-RegE wird durch § 43 Abs. 1 Nr. 7c BDSG-RegE bußgeldbewehrt. Dieser Bußgeldtatbestand ist erforderlich, da die betroffenen Beschäftigten nur durch eine Unterrichtung Kenntnis von der Durchführung eines Datenscreenings erlangen und dadurch in die Lage versetzt werden, eine nachträgliche Rechtmäßigkeitskontrolle herbeizuführen. Der Gesetzentwurf der Bundesregierung sieht daneben keine speziellen Bußgeldtatbestände für Verstöße gegen materielle Vorgaben des Beschäftigtendatenschutzes vor. Dies hat jedoch hinsichtlich des Datenscreenings kein Sanktionsdefizit zur Folge, da materielle Verstöße gegen § 32d Abs. 3 BDSG-RegE bereits mit dem bestehenden Bußgeldtatbestand des § 43 Abs. 2 Nr. 1 BDSG erfasst werden können.

---

810 Auch in der StPO wird das Abwägungsergebnis nur in wenigen Fällen gesetzlich vorgegeben, so etwa aus rechtsstaatlichen Gründen im Rahmen des § 136a Abs. 3 S. 2 StPO.
811 Vgl. zum Ganzen den Prüfungsauftrag des *BMI*, Formulierungsvorschläge v. 7.9.2011, S. 27, abrufbar unter: http://www.arbrb.de/media/BeschDS_FV.pdf.

Für die Schaffung eines speziellen datenschutzrechtlichen Beweisverwertungsverbotes zur Sanktionierung eines rechtswidrigen Umgangs mit Beschäftigtendaten besteht kein praktisches Bedürfnis. Das Sanktionssystem des Bundesdatenschutzgesetzes reicht zur Erfassung derartiger Verstöße aus. Überdies wäre die Regelung eines Beweisverwertungsverbotes im Bundesdatenschutzgesetz systemwidrig, da dieses als prozessuale Sanktion in den Prozessordnungen zu verorten ist.

Kapitel 5
Rechtsschutzmöglichkeiten

A. Beschwerderecht

Der Gesetzentwurf der Bundesregierung sieht für die Beschäftigten ein Beschwerderecht vor. Dessen Ausübung basiert nach § 32l Abs. 4 BDSG-RegE auf einem zweistufigen Konzept. Zunächst müssen sich die Beschäftigten bei Datenschutzverstößen des Arbeitgebers mit einem Abhilfeverlangen an diesen wenden. Leistet der Arbeitgeber auf die Beschwerde hin nicht unverzüglich Abhilfe, wird den Beschäftigten in einem zweiten Schritt das Recht eröffnet, die Beschwerde an eine Datenschutzaufsichtsbehörde zu richten. Dieses geplante Stufenverhältnis stößt auf allgemeine Ablehnung, sowohl von Seiten der Arbeitgeberverbände als auch der Gewerkschaften.[812] Gegen die Vorschrift wird insbesondere vorgebracht, sie führe zu einer Verschlechterung der Rechtsschutzmöglichkeiten auf Seiten der Beschäftigten, es fehle ein sachliches Bedürfnis für eine vorrangige interne Beschwerde und die geplante Abstufung des Beschwerderechtes sei mit den Vorgaben der Europäischen Datenschutzrichtlinie nicht zu vereinbaren.[813]

I. Voraussetzungen der Vorschaltbeschwerde

Der Beschäftigte darf sich nach § 32l Abs. 4 BDSG-RegE mit einer Beschwerde an seinen Arbeitgeber wenden, wenn ein auf tatsächliche Anhaltspunkte gestützter Verdacht besteht, der Arbeitgeber habe Beschäftigtendaten unbefugt erhoben,

---

[812] *BDA*, Bewertung des BDSG-RegE, A-Drs. 17(4)252 C Anlage, S. 5; *BDA/BDI*, Stellungnahme zum BDSG-RegE u.a., A-Drs. 17(4)252 C, S. 18; *DGB*, Stellungnahme zum BDSG-RegE, A-Drs. 17(4)252 A, S. 14 f.

[813] Vgl. nur *Hornung*, Stellungnahme zum BDSG-RegE u.a., A-Drs. 17(4)252 D, S. 5 f.; *Wybitul*, Hdb. Datenschutz, S. 523; *Tinnefeld/Petri/Brink*, MMR 2010, S. 727 (735); *DVD*, Stellungnahme zum BDSG-RegE u.a., A-Drs. 17(4)252 G, S. 19; *Körner*, HSI-Gutachten zum BDSG-RegE, S. 12 f., abrufbar unter: http://www.hugo-sinzheimer-institut.de/fileadmin/user_data_hsi/Dokumente/Gutachten_Arbeitnehmerdatenschutz_HSI.pdf; *NRV*, Stellungnahme zum BDSG-RegE, S. 9, abrufbar unter: http://www.nrv-net.de/downloads_stellung/89.pdf.

verarbeitet oder genutzt. Der Wortlaut „[...] tatsächliche Anhaltspunkte, die den Verdacht begründen [...]" ist an § 32 Abs. 1 S. 2 BDSG sowie die Formulierung des Anfangsverdachts im Strafverfahren in § 152 Abs. 2 StPO angelehnt. Ebenso wie im Bereich des § 32 Abs. 1 S. 2 BDSG stellt sich bei § 32l Abs. 4 BDSG-RegE die Frage, welcher Verdachtsgrad für das Beschwerderecht der Beschäftigten erforderlich ist. Hierbei ist zu berücksichtigen, dass § 32 Abs. 1 S. 2 BDSG eine Eingriffsbefugnis des Arbeitgebers auslöst, während § 32l Abs. 4 BDSG-RegE das Beschwerderecht der Beschäftigten als Rechtsschutzinstrument zum Gegenstand hat. Angesichts der grundrechtssichernden Funktion des Beschwerderechts sind keine hohen Anforderungen an den Verdacht zu stellen. Dieser kann allenfalls die Funktion erfüllen, Beschwerden „ins Blaue hinein" zu verhindern. Darüber hinaus dürfen den Beschäftigten nicht die Risiken der Rechtsanwendung auferlegt werden, indem sie im Vorfeld der Beschwerde bewerten müssen, ob ihr Verdacht auf bloßen Vermutungen oder tatsächlichen Anhaltspunkten beruht.[814] Somit ist ein einfacher Verdachtsgrad für die Auslösung des Beschwerderechts der Beschäftigten ausreichend. Der Verdacht muss sich auf einen unbefugten Datenumgang des Arbeitgebers beziehen. Ein solcher liegt vor, wenn der betreffende Datenumgang rechtswidrig ist, weil er weder auf einen Erlaubnistatbestand des Bundesdatenschutzgesetzes gestützt werden kann noch nach anderen Rechtsvorschriften erlaubt ist.[815] Da die Durchführung eines Datenscreenings nicht durch Einwilligung der Beschäftigten gerechtfertigt werden kann und auch Betriebsvereinbarungen lediglich eine Konkretisierung der gesetzlichen Vorgaben ermöglichen, ist ein Datenscreening unbefugt, wenn es unter Verstoß gegen die materiellen Voraussetzungen des § 32d Abs. 3 BDSG-RegE erfolgt. Auch bei der Einschätzung, ob ein Datenumgang unbefugt ist, wird den Beschäftigten eine Bewertung abverlangt, die über ein bloßes Rechtsgefühl hinausgeht.

Besteht der Verdacht eines unbefugten Datenumgangs des Arbeitgebers, so wird das Beschwerderecht der Beschäftigten ausgelöst. Sowohl der Wortlaut des § 32l Abs. 4 BDSG-RegE als auch die Entwurfsbegründung zeigen, dass Beschäftigte, die von ihrem Beschwerderecht Gebrauch machen möchten, zur vorherigen internen Beschwerde verpflichtet sind.[816] Um die Beschäftigten in diesem Fall nicht

---

814 *Wybitul*, Hdb. Datenschutz, S. 523; *DVD*, Stellungnahme zum BDSG-RegE u.a., A-Drs. 17(4)252 G, S. 12.
815 Vgl. *Schaffland/Wiltfang*, BDSG, § 43 Rn. 36; *Klebe*, in: Däubler/Klebe/Wedde/ Weichert, BDSG, § 43 Rn. 15; *Wybitul*, Hdb. Datenschutz, S. 523; *Mackenthun*, in: Taeger/Gabel, BDSG, § 44 Rn. 6.
816 Vgl. die Formulierung der Entwurfsbegründung: „In einem solchen Fall *hat* sich der Beschäftigte an den Arbeitgeber selbst zu wenden.", BT-Drs. 17/4230, S. 22. Dies legt nahe, dass ein Beschäftigter, der sich direkt an die Datenschutzaufsichtsbehörde

schutzlos zu stellen, findet das arbeitsrechtliche Maßregelungsverbot des § 612a BGB Anwendung, wonach dem Beschäftigten in Folge der Ausübung seines Beschwerderechts keine Nachteile entstehen dürfen.[817] Ob das Maßregelungsverbot aber für einen wirkungsvollen Schutz der Beschäftigten vor zu befürchtenden Nachteilen im Zuge der Rechtsausübung sorgen kann, muss bezweifelt werden.[818]

Will der Beschäftigte eine unabhängige behördliche Kontrolle des behaupteten Datenschutzverstoßes erreichen, ist dies nach § 321 Abs. 4 BDSG-RegE in einem zweiten Schritt erst möglich, wenn der Arbeitgeber der Beschwerde des Beschäftigten nicht ohne schuldhaftes Zögern (§ 121 Abs. 1 S. 1 BGB) abgeholfen hat.[819] Für die Beschäftigten ist es aber schwer zu beurteilen, ob auf die Beschwerde hin tatsächliche Abhilfe geschaffen wurde und wo die zeitliche Grenze einer unverzüglichen Abhilfe liegt.[820] Können Fehler der Beschäftigten bei der Anrufung der Aufsichtsbehörde als arbeitsvertragliche Pflichtverletzung eingestuft werden, so zeigt auch diese Anforderung die mangelnde Praxistauglichkeit der Regelung, da sie den Beschäftigten das Risiko der Rechtsanwendung auferlegt und dadurch deren Zugang zu den Datenschutzbehörden als unabhängiger Kontrollinstanz erschwert.

II. Verschlechterung der Rechtsschutzmöglichkeiten

Nach derzeitiger Rechtslage darf sich jedermann, was den Betroffenen vorrangig beinhaltet, mit einer Beschwerde an die Datenschutzaufsichtsbehörde wenden.[821] Dies folgt bereits aus der grundrechtssichernden Funktion der Datenschutzaufsicht, hat durch die insoweit deklaratorische Verweisung des

---

wendet, nach dem Willen der Entwurfsverfasser eine arbeitsvertragliche Nebenpflicht verletzt. Siehe auch *Körner*, AuR 2010, S. 416 (421); *Körner*, HSI-Gutachten zum BDSG-RegE, S. 12 f., abrufbar unter: http://www.hugo-sinzheimer-institut.de/filea dmin/user_data_hsi/Dokumente/Gutachten_Arbeitnehmerdatenschutz_HSI.pdf; sowie *Prantl*, Das Anti-Skandal-Gesetz, in: SZ Nr. 196 v. 26.8.2010, S. 4.

817 BT-Drs. 17/4230, S. 22.
818 So zutreffend *Forst*, NZA 2010, S. 1043 (1043).
819 BT-Drs. 17/4230, S. 22.
820 *DVD*, Stellungnahme zum BDSG-RegE u.a., A-Drs. 17(4)252 G, S. 19.
821 *Gola/Schomerus*, BDSG, § 38 Rn. 15; *Petri*, in: Simitis, BDSG, § 38 Rn. 35, 4; *Tinnefeld/Petri/Brink*, MMR 2010, S. 727 (735); *Wybitul*, Hdb. Datenschutz, S. 523; *BDA/BDI*, Stellungnahme zum BDSG-RegE u.a., A-Drs. 17(4)252 C, S. 18; *Hornung*, Stellungnahme zum BDSG-RegE u.a., A-Drs. 17(4)252 D, S. 5 f.; *BDA/BDI*, Stellungnahme zum BDSG-RegE u.a., A-Drs. 17(4)252 C, S. 18.

§ 38 Abs. 1 S. 8 BDSG, wonach die für eine Eingabe an den Bundesbeauftragten für den Datenschutz und die Informationsfreiheit maßgebliche Regelung des § 21 S. 1 BDSG entsprechende Anwendung findet[822], aber auch im Gesetz ausdrücklichen Niederschlag gefunden.[823]

Durch § 32l Abs. 4 BDSG-RegE wird das Beschwerderecht der Beschäftigten eingeschränkt, wenn es sich auf einen unbefugten Umgang mit Beschäftigtendaten bezieht. Dies führt zu der Differenzierung, dass sich ein Beschäftigter im Falle des Verdachts eines unbefugten Umgangs mit Beschäftigtendaten zunächst an den Arbeitgeber wenden muss. Bezieht sich der Verdacht dagegen auf personenbezogene Daten, die nicht als Beschäftigtendaten zu qualifizieren sind, steht ihm eine unmittelbare Beschwerde an die Aufsichtsbehörde offen.[824] Zwar deutet der Wortlaut „jedermann" des über § 38 Abs. 1 S. 8 BDSG anwendbaren § 21 S. 1 BDSG darauf hin, dass ein allgemeines Beschwerderecht bestehen soll. Er enthält jedoch die Einschränkung, dass eine eigene Rechtsverletzung vorliegen muss, die sich aus dem Umgang mit „seinen" personenbezogenen Daten ergibt.[825] Auch der Wortlaut des Art. 28 Abs. 4 RL 95/46/EG[826] sowie die englische und französische Sprachfassung der Europäischen Datenschutzrichtlinie[827] zeigen, dass der Beschwerdeführer eine Verletzung eigener Rechte geltend machen muss.[828] Hierdurch wird der zuvor aufgezeigte Wertungswiderspruch

---

822 Insoweit unzutreffend die Ansichten von *Forst*, NZA 2010, S. 1043 (1043) und *Beckschulze/Natzel*, BB 2010, S. 2368 (2374), die von der Einführung eines neuen Rechtsbehelfs durch ein individuelles Beschwerderecht der Beschäftigten gegenüber der Datenschutzaufsichtsbehörde ausgehen. Die Regelung des § 32l Abs. 4 BDSG-RegE erweitert aber nicht das Beschwerderecht des § 84 BetrVG um die Möglichkeit einer Eingabe an die Datenschutzaufsichtsbehörde. Sie enthält vielmehr eine Einschränkung des bereits nach bisheriger Rechtslage bestehenden datenschutzrechtlichen Beschwerderechts aus § 38 Abs. 1 S. 8 BDSG i.V.m. § 21 S. 1 BDSG.
823 *Petri*, in: Simitis, BDSG, § 38 Rn. 35; *Gola/Schomerus*, BDSG, § 38 Rn. 15.
824 Diesen Wertungswiderspruch kritisieren bereits *Wybitul*, Hdb. Datenschutz, S. 523, sowie das *ULD*, Stellungnahme zum BDSG-RegE, Anm. zu § 32l, abrufbar unter: https://www.datenschutzzentrum.de/arbeitnehmer/20101012-stellungnahme.html.
825 *Gola/Schomerus*, BDSG, § 38 Rn. 15; a.A. *Petri*, in: Simitis, BDSG, § 38 Rn. 35, der davon ausgeht, das Anrufungsrecht sei nicht an einen Betroffenenstatus geknüpft.
826 Vgl. den Wortlaut des Art. 28 Abs. 4 S. 1 RL 95/46/EG: „[...] zum Schutz der *die Person betreffenden* Rechte [...]", sowie den Wortlaut des Art. 28 Abs. 4 S. 2 RL 95/46/EG: „Die *betroffene* Person [...]".
827 Engl.: „concerning the protection of *his* rights and freedoms"; frz.: relative à la protection de *ses* droits et libertés".
828 *Dammann/Simitis*, EG-Datenschutzrichtlinie, Art. 28 Rn. 14.

relativiert, da nicht jeder Umgang mit anderen personenbezogenen Daten den Beschäftigten in eigenen Rechten verletzt. Ein Wertungswiderspruch ergibt sich aber auch daraus, dass ein betroffener Lieferant im Falle des Verdachts eines rechtswidrigen Datenscreenings unmittelbar die Datenschutzaufsichtsbehörde anrufen darf, nicht dagegen ein Beschäftigter, der eine Kontrolle desselben Datenumgangs anstrebt.

Somit ist mit dem Regelungskonzept des § 32l Abs. 4 BDSG-RegE gegenüber der lex lata eine Verschlechterung der vorgezogenen Rechtsschutzmöglichkeiten der Beschäftigten verbunden.[829]

III. Folgen der Abstufung des Beschwerderechts

Für die Beschäftigten entfaltet der verpflichtende Versuch zur vorherigen innerbetrieblichen Klärung abschreckende Wirkung.[830] Sie müssen sich regelmäßig die Frage stellen, ob sie sich in Ausübung ihres Beschwerderechts an den Arbeitgeber wenden und damit gegebenenfalls Nachteile für den Fortbestand ihres Arbeitsverhältnisses in Kauf nehmen, oder ob sie von der Ausübung ihrer Rechte absehen. Diese Frage wird häufig zu einem Vermeidungsverhalten auf Seiten der Arbeitnehmer führen, mit der Folge, dass sie auf eine Beschwerde verzichten werden, obgleich die Wahrnehmung der Betroffenenrechte nach § 6 Abs. 1 BDSG nicht durch Rechtsgeschäft ausgeschlossen oder beschränkt werden darf.[831] Die Konfliktsituation der Beschäftigten könnte demnach ein Ergebnis herbeiführen, dessen rechtsgeschäftliche Erreichung ausgeschlossen ist. Darüber hinaus wird die abschreckende Wirkung einer vorherigen betriebsinternen Beschwerde dadurch verstärkt, dass dem Arbeitgeber bei einer darauf folgenden Anrufung der Datenschutzaufsichtsbehörde nicht verborgen bliebe, wer den behaupteten Datenschutzverstoß bei der Behörde angezeigt hat.[832]

---

829 *Hornung*, Stellungnahme zum BDSG-RegE u.a., A-Drs. 17(4)252 D, S. 5 f.; *Wybitul*, Hdb. Datenschutz, S. 523; *Petri*, in: Simitis, BDSG, § 38 Rn. 35, 4; *Tinnefeld/Petri/Brink*, MMR 2010, S. 727 (735).
830 So die Stellungnahme des Bundesrates zum BDSG-RegE, BT-Drs. 17/4230, Anlage 3, S. 36 f.; vgl. auch *DGB*, Stellungnahme zum BDSG-RegE, A-Drs. 17(4)252 A, S. 14; in diese Richtung auch *Körner*, AuR 2010, S. 416 (421).
831 *Hornung*, Stellungnahme zum BDSG-RegE u.a., A-Drs. 17(4)252 D, S. 6.
832 *Petri*, in: Simitis, BDSG, § 38 Rn. 4.

IV. Sachliches Bedürfnis für innerbetrieblichen Klärungsversuch

Der Gesetzentwurf der Bundesregierung räumt der Vorschaltbeschwerde an den Arbeitgeber generellen Vorrang gegenüber einer direkten Beschwerde bei einer Datenschutzaufsichtsbehörde ein. Die gesetzliche Normierung eines derartigen Stufenverhältnisses setzt voraus, dass ein sachliches Bedürfnis für eine vorrangige innerbetriebliche Klärung besteht. Ein solches könnte sich aus dem zwischen Arbeitgeber und Arbeitnehmern bestehenden Vertragsverhältnis ergeben, wenn die vertraglichen Nebenpflichten eine vorrangige interne Klärung gebieten.

Die Abstufung des Beschwerderechts in § 321 Abs. 4 BDSG-RegE orientiert sich an der „Whistleblower-Rechtsprechung" des Bundesarbeitsgerichts, wonach die Erstattung einer Strafanzeige des Arbeitnehmers gegen den Arbeitgeber i.d.R. eine arbeitsvertragliche Pflichtverletzung darstellt.[833] Zu den Nebenpflichten des Arbeitsverhältnisses aus § 241 Abs. 2 BGB gehört auch die vertragliche Rücksichtnahmepflicht. Diese verpflichtet den Arbeitnehmer, auf Interessen des Arbeitgebers Rücksicht zu nehmen und sie im Rahmen der Zumutbarkeit zu wahren.[834] Die Rücksichtnahmepflicht führt zu einer grundsätzlichen Beschränkung des Behördenzugangs der Beschäftigten.[835] Für den Fall der Erstattung einer Strafanzeige durch den Arbeitnehmer geht das Bundesarbeitsgericht davon aus, dass der innerbetrieblichen Klärung nicht generell der Vorrang gebühre. Eine interne Klärung sei aber grundsätzlich anzustreben und nur dann wegen Unzumutbarkeit entbehrlich, wenn sie eine schwerwiegende Straftat betreffe, die Straftat durch den Arbeitgeber selbst begangen wurde oder Abhilfe des Arbeitgebers berechtigterweise nicht zu erwarten sei.[836]

Der Wortlaut des § 321 Abs. 4 BDSG-RegE geht über diese Rechtsprechung hinaus, da er keine Entbehrlichkeit der Vorschaltbeschwerde im Falle der Unzumutbarkeit vorsieht. Das Ergebnis der gebotenen Interessenabwägung wird vielmehr ohne Ansehung des konkreten Falles dahingehend festgelegt, dass eine

---

833 BAG v. 3.7.2003 – 2 AZR 235/02, BAGE 107, 36 (43 ff.); vgl. auch *DVD*, Stellungnahme zum BDSG-RegE, A-Drs. 17(4)252 G, S. 19.
834 BAG v. 3.7.2003 – 2 AZR 235/02, BAGE 107, 36 (42); BAG v. 7.12.2006 – 2 AZR 400/05, NZA 2007, S. 502 (503); vgl. hierzu auch EGMR v. 21.7.2011 – ECHR 115 (2011), NJW 2011 S. 3501; dazu *Forst*, NJW 2011, S. 3477–3482.
835 *Tinnefeld/Petri/Brink*, MMR 2011, S. 427 (430).
836 BAG v. 3.7.2003 – 2 AZR 235/02, BAGE 107, 36 (46).

Beschwerde generell zunächst an den Arbeitgeber zu richten ist und nur hilfsweise eine Beschwerde an die Datenschutzaufsichtsbehörde in Betracht kommt. Ob § 321 Abs. 4 BDSG-RegE mit der Rechtsprechung des Bundesarbeitsgerichts vereinbar ist, kann mangels Vergleichbarkeit der Ausgangssituationen aber offen bleiben. Während der Entscheidung des Bundesarbeitsgerichts die Erstattung einer Strafanzeige durch einen Arbeitnehmer zu Grunde liegt, der zum Hinweis auf innerbetriebliche Missstände von einem staatsbürgerlichen Recht Gebrauch macht, betrifft § 321 Abs. 4 BDSG-RegE das individuelle Beschwerderecht des Beschäftigten bei unbefugtem Datenumgang des Arbeitgebers gegenüber der Datenschutzaufsichtsbehörde.[837] Das Recht auf informationelle Selbstbestimmung gewährleistet das Recht des Einzelnen, grundsätzlich „selbst über die Preisgabe und Verwendung seiner persönlichen Daten zu bestimmen".[838] Angesichts der Intransparenz automatisierter Datenverarbeitung dient die Datenschutzaufsicht dem effektiven Schutz des Rechts auf informationelle Selbstbestimmung durch „vorgezogenen Rechtsschutz" und tritt neben den gerichtlichen Individualrechtsschutz der Betroffenen.[839] Ist die Datenschutzaufsicht verfassungsrechtlich geforderter Bestandteil des datenschutzrechtlichen

---

[837] Der Gesetzentwurf der Bundesregierung sieht keine Whistleblower-Regelung vor, was auf rechtspolitische Bedenken stößt, vgl. *Hornung*, Stellungnahme zum BDSG-RegE u.a., A-Drs. 17(4)252 D, S. 6; *Tinnefeld/Petri/Brink*, MMR 2010, S. 727 (735); *Kort*, MMR 2011, S. 294 (296 f.); *Gola*, RDV 2010, S. 97 (99). Vgl. dagegen den Entwurf eines Gesetzes zum Schutz von Hinweisgebern – Whistleblowern (Hinweisgeberschutzgesetz – HinwGebSchG) der *SPD*-Fraktion v. 7.2.2012, BT-Drs. 17/8567, S. 3, 8. Der Gesetzentwurf differenziert nach den Empfängern des Hinweises. Der Hinweisgeber hat gemäß § 6 Abs. 1 S. 3 HinwGebSchG das Recht, sich direkt an eine Behörde zu wenden. Ein vorheriges Abhilfeverlangen bei dem Arbeitgeber ist nicht erforderlich, § 6 Abs. 1 S. 5 HinwGebSchG. Mitteilungen an die Öffentlichkeit oder Dritte, die keiner Verschwiegenheitspflicht unterliegen, sind dagegen nach § 6 Abs. 2 HinwGebSchG nur unter strengen Voraussetzungen möglich. Vgl. hierzu auch die Materialien zur öffentlichen Anhörung von Sachverständigen am 5.3.2012, A-Drs. 17(11)783, abrufbar unter: https://www.bundestag. de/bundestag/ausschuesse17/a11/anhoerungen/Archiv/17_11_783.pdf. Auch der Gesetzentwurf von *Bündnis 90/Die Grünen* sieht in § 24 BDatG eine Whistleblower-Regelung vor, vgl. BT-Drs. 17/4853, S. 12, 30 f. Diese führt jedoch ebenfalls zu einer starken Beschränkung des datenschutzrechtlichen Beschwerderechts, die nicht mit dessen grundrechtssichernder Funktion sowie den Vorgaben der Europäischen Datenschutzrichtlinie in Einklang steht.
[838] BVerfGE 65, 1 (43).
[839] BVerfGE 65, 1 (46).

Rechtsschutzsystems, so muss im Interesse eines effektiven Grundrechtsschutzes auch eine unmittelbare Anrufung der Datenschutzaufsichtsbehörde möglich sein.[840] Für die Anordnung des generellen Vorrangs eines innerbetrieblichen Klärungsversuchs besteht kein sachliches Bedürfnis.

V. Vereinbarkeit mit Unionsrecht

Darüber hinaus könnte § 321 Abs. 4 BDSG-RegE gegen Vorgaben der Europäischen Datenschutzrichtlinie verstoßen. Nach Art. 28 Abs. 4 S. 1 RL 95/46/EG kann sich jede Person zum Schutz der die Person betreffenden Rechte und Freiheiten bei der Verarbeitung personenbezogener Daten an jede Kontrollstelle mit einer Eingabe wenden. Die Bezeichnung „Kontrollstelle" wurde im Bundesdatenschutzgesetz nicht aufgegriffen. Sie ist daher auslegungsbedürftig.

Versteht man den Begriff dahingehend, dass es maßgeblich auf den Akt der Überprüfung des betreffenden Datenumgangs ankommt, könnte der Arbeitgeber als eine „Kontrollstelle" i.S.d. Art. 28 Abs. 4 S. 1 RL 95/46/EG angesehen werden, die auf eine Beschwerde hin im Wege der Selbstkontrolle ihren eigenen behaupteten Datenschutzverstoß überprüft. In diesem Fall ergäbe sich kein Widerspruch zwischen § 321 Abs. 4 BDSG-RegE und den Vorgaben der Richtlinie. Dieser Auslegung widerspricht aber der Regelungskontext des Art. 28 RL 95/46/EG. Der Begriff „Kontrollstelle" findet sich in der Überschrift des Art. 28 RL 95/46/EG sowie in dessen Absätzen 2 bis 7, nicht dagegen in Absatz 1.[841] Auch wenn Art. 28 Abs. 1 RL 95/46/EG den Begriff nicht ausdrücklich nennt, zeigt der Wortlaut des Art. 28 Abs. 2 RL 95/46/EG („die Kontrollstelle"), dass damit ebenso wie in den weiteren Absätzen auf die Beschreibung des Art. 28 Abs. 1 RL 95/46/EG Bezug genommen wird. Eine Kontrollstelle zeichnet sich nach Art. 28 Abs. 1 S. 1 und 2 RL 95/46/EG dadurch aus, dass es sich um eine öffentliche Stelle handelt, die ihre Aufgaben in „völliger Unabhängigkeit" wahrnimmt.[842] Das erforderliche hohe Maß an Unabhängigkeit der Kontrollstellen ist das entscheidende Kriterium für eine effektive Datenschutzkontrolle. Es setzt voraus, dass der Kontrollierte keine Möglichkeit

---

840 *Petri*, in: Simitis, BDSG, § 38 Rn. 35, 3 f.
841 *Dammann/Simitis*, EG-Datenschutzrichtlinie, Art. 28 Rn. 2.
842 Vgl. zum hohen Stellenwert unabhängiger Datenschutzkontrolle sowie zur mangelnden Unabhängigkeit der deutschen Datenschutzkontrolle im nicht-öffentlichen Bereich EuGH v. 9.3.2010, Rs. C-518/07, Slg. 2010, I-1885 – Kommission/Deutschland; vgl. hierzu *Bull*, EuZW 2010, S. 488–494.

der Einflussnahme auf die Kontrollstelle besitzt.[843] Eine Rechtmäßigkeitsüberprüfung durch den Arbeitgeber kommt somit nicht in Betracht, da dessen Interessenkonflikt eine unabhängige Kontrolle unmöglich machen würde. Die Effektivität der Datenschutzkontrolle kann nur durch unabhängige Behörden gewährleistet werden.[844] Neben den Eingriffsbefugnissen des Art. 28 Abs. 3 RL 95/46/EG verdeutlichen auch die englische und französische Sprachfassung der Europäischen Datenschutzrichtlinie[845], dass unter einer „Kontrollstelle" i.S.v. Art. 28 Abs. 4 RL 95/46/EG eine Aufsichtsbehörde zu verstehen ist.[846] Damit setzt Art. 28 Abs. 4 RL 95/46/EG die Möglichkeit zur Anrufung der Datenschutzaufsichtsbehörde voraus.

Eine Abweichung in § 321 Abs. 4 BDSG-RegE wäre nur möglich, wenn dem nationalen Gesetzgeber hinsichtlich der Umsetzung des Anrufungsrechts Gestaltungsspielraum verbliebe. Die Richtlinie legt in Art. 28 Abs. 3 RL 95/46/EG fest, welche Funktion die den Datenschutzaufsichtsbehörden einzuräumenden Befugnisse erfüllen sollen, überlässt den Mitgliedstaaten aber deren inhaltliche Ausgestaltung.[847] So wird in Art. 28 Abs. 3 Spiegelstrich 1 und 2 RL 95/46/EG die Einräumung von Untersuchungsbefugnissen und wirksamen Einwirkungsbefugnissen gefordert. Umsetzungsmöglichkeiten werden dagegen lediglich beispielhaft genannt. Darüber hinaus kann der Mitgliedstaat nach Art. 28 Abs. 3 Spiegelstrich 3 RL 95/46/EG entscheiden, ob die Aufsichtsbehörde bei Datenschutzverstößen über ein Klagerecht oder eine Anzeigebefugnis verfügen soll.[848] Auch Erwägungsgrund 63 der Richtlinie, wonach die Kontrollstellen mit den nötigen Untersuchungs- und Eingriffsbefugnissen auszustatten sind, um auf Beschwerden hin tätig werden zu können, unterstreicht den Spielraum der Mitgliedstaaten bei der Ausgestaltung der Datenschutzaufsicht. Er zeigt aber auch, dass der Gestaltungsspielraum das im Anschluss an eine Beschwerde einsetzende Verfahren betrifft. Es bleibt den Mitgliedstaaten überlassen, mit welchen Eingriffsbefugnissen sie die Datenschutzaufsicht ausstatten und wie sie deren Unabhängigkeit organisieren.[849] Bei der Regelung des Beschwerderechts

---

843 *Dammann/Simitis*, EG-Datenschutzrichtlinie, Art. 28 Rn. 6; *Petri*, in: Simitis, BDSG, § 38 Rn. 7.
844 *Dammann/Simitis*, EG-Datenschutzrichtlinie, Art. 28 Rn. 1.
845 Engl.: „supervisory authority"; frz.: „autorité de contrôle".
846 *Dammann/Simitis*, EG-Datenschutzrichtlinie, Art. 28 Rn. 2.
847 *Dammann/Simitis*, EG-Datenschutzrichtlinie, Art. 28 Rn. 12.
848 Der deutsche Gesetzgeber hat sich dafür entschieden, der Aufsichtsbehörde die Befugnis einzuräumen, Verstöße gegen das Bundesdatenschutzgesetz bei den für die Verfolgung oder Ahndung zuständigen Stellen anzuzeigen, § 38 Abs. 1 S. 6 BDSG.
849 *Dammann/Simitis*, EG-Datenschutzrichtlinie, Art. 28 Rn. 6.

verbleibt dem nationalen Gesetzgeber indes kein Gestaltungsspielraum, da Art. 28 Abs. 4 RL 95/46/EG das Anrufungsrecht vorbehaltlos einräumt.[850]

Die entscheidende Bedeutung eines direkten Behördenzugangs zur Gewährleistung effektiver Datenschutzkontrolle wird aus dem Umstand ersichtlich, dass Art. 28 Abs. 4 S. 1 RL 95/46/EG die Eingabe an „jede Kontrollstelle" ermöglicht. Dadurch soll der Zugang zu den Datenschutzaufsichtsbehörden erleichtert und zugleich verhindert werden, dass eine Eingabe wegen örtlicher oder sachlicher Unzuständigkeit der angerufenen Behörde zurückgewiesen wird.[851] Eine derartige Absenkung der formalen Anrufungsvoraussetzungen der Datenschutzaufsichtsbehörden ist nur nötig, wenn ein unmittelbares Anrufungsrecht der Betroffenen besteht und dessen effektiver Ausübung besondere Bedeutung beigemessen wird. Darüber hinaus dient die Richtlinie nach Art. 1 Abs. 1 RL 95/46/EG insbesondere dem Schutz der Privatsphäre natürlicher Personen bei der Verarbeitung personenbezogener Daten, was im Rahmen der Reichweite der Richtlinie auch in Art. 8 GRCh mit Grundrechtsrang verankert ist.[852] Das Grundrecht kann nur dann in größtmöglicher Weise zur Geltung kommen, wenn das dem Petitionsrecht immanente Unmittelbarkeitsprinzip nicht zur Disposition steht.

Somit werden die Mitgliedstaaten durch Art. 28 Abs. 4 RL 95/46/EG verpflichtet, betroffenen Personen die unmittelbare Möglichkeit zur Anrufung der Datenschutzaufsichtsbehörden einzuräumen. Es liegt im Ermessen der Betroffenen, ob sie von ihrem Recht auch tatsächlich Gebrauch machen[853], die Einräumung einer Möglichkeit zur direkten Beschwerde bei der Datenschutzaufsichtsbehörde ist aber zwingend vorgesehen. Das in § 321 Abs. 4 BDSG-RegE vorgesehene Regelungskonzept widerspricht damit dem Petitionsrecht der Europäischen Datenschutzrichtlinie.[854]

---

850 *HU*, Stellungnahme zum BDSG-RegE, A-Drs. 17(4)259, S. 5; *NRV*, Stellungnahme zum BDSG-RegE, S. 9, abrufbar unter: http://www.nrv-net.de/downloads_stellung/89.pdf.
851 *Dammann/Simitis*, EG-Datenschutzrichtlinie, Art. 28 Rn. 16.
852 *Reding*, ZD 2011, S. 1 (1). Zum Vorrang des Datenschutzgrundrechts nach Art. 8 GRCh vor der Garantie des Art. 8 EMRK vgl. *Kingreen*, in: Calliess/Ruffert, EUV/AEUV, Art. 8 GRCh Rn. 4.
853 Vgl. den Wortlaut des Art. 28 Abs. 4 S. 1 RL 95/46/EG: „Jede Person [...] *kann* sich [...] an jede Kontrollstelle mit einer Eingabe wenden".
854 I.E. auch *Wybitul*, Hdb. Datenschutz, S. 523.; *Tinnefeld/Petri/Brink*, MMR 2010, S. 727 (735); *Hornung*, Stellungnahme zum BDSG-RegE u.a., A-Drs. 17(4)252 D, S. 6; *DGB*, Stellungnahme zum BDSG-RegE, A-Drs. 17(4)252 A, S. 14; *HU*, Stellungnahme zum BDSG-RegE, A-Drs. 17(4)259, S. 5 f.; *Körner*, HSI-Gutachten zum BDSG-RegE, S. 12 f., abrufbar unter: http://www.hugo-sinzheimer-institut.de/

VI. Stellungnahme

Der Arbeitgeber benötigt im Interesse wirkungsvoller Compliance-Arbeit und Korruptionsbekämpfung Befugnisse zum Umgang mit personenbezogenen Daten, die mitunter zu erheblichen Eingriffen in Rechtspositionen der Beschäftigten führen können. So muss es dem Arbeitgeber nach der hier vertretenen Auffassung möglich sein, auch präventiv und unabhängig von einem konkreten Verdacht Datenscreenings mit Beschäftigtendaten durchzuführen. Diese im Gesetzentwurf enthaltenen Eingriffsbefugnisse setzen im Gegenzug aber voraus, dass verfahrensrechtliche Absicherungen etabliert werden, Datenschutzverstöße empfindlich sanktioniert werden können und den Beschäftigten ein wirkungsvolles Rechtsschutzinstrumentarium zur Verfügung steht. Letzteres umfasst neben den individuellen Klagemöglichkeiten auch den „vorgezogenen Rechtsschutz" durch die Möglichkeit, die Datenschutzaufsichtsbehörde unmittelbar mit der Kontrolle behaupteter Datenschutzverstöße zu befassen.[855] Nur so kann sichergestellt werden, dass eine unabhängige Überprüfung des Datenumgangs erfolgt.[856] Muss der Beschäftigte im Falle eines Abhilfeverlangens an den Arbeitgeber aber mit persönlichen Nachteilen rechnen und bisweilen um den Fortbestand seines Arbeitsverhältnisses fürchten, so gewinnt er durch das Beschwerderecht ein stumpfes Schwert, das ihm eine unbefangene Rechtsausübung verwehrt und obendrein die bisherige Rechtslage zu seinen Ungunsten verändert.

Angesichts des mit dem Gesetzentwurf verbundenen Ziels, ein angemessenes Gleichgewicht der widerstreitenden Interessen herzustellen[857], muss an dieser Stelle nachjustiert werden, um das durch § 32l Abs. 4 BDSG-RegE entstehende Ungleichgewicht zwischen Eingriffsbefugnissen und Rechtsschutzmöglichkeiten zu korrigieren. Im Interesse eines wirkungsvollen

---

fileadmin/user_data_hsi/Dokumente/Gutachten_Arbeitnehmerdatenschutz_HSI.pdf; *NRV*, Stellungnahme zum BDSG-RegE, S. 9, abrufbar unter: http://www.nrv-net. de/downloads_stellung/89.pdf; *ULD*, Stellungnahme zum BDSG-RegE, Anm. zu § 32l, abrufbar unter: https://www.datenschutzzentrum.de/arbeitnehmer/20101012-stellungnahme.html; *BlnBDI*, Jahresbericht 2010, S. 50 f.; abrufbar unter: http://www.datenschutz-berlin.de/content/veroeffentlichungen/jahresberichte/bericht-10.

855 *Tinnefeld/Petri/Brink*, MMR 2010, S. 727 (735); *Petri*, in: Simitis, BDSG, § 38 Rn. 3, 35.
856 *ULD*, Stellungnahme zum BDSG-RegE, Anm. zu § 32l, abrufbar unter: https://www.datenschutzzentrum.de/arbeitnehmer/20101012-stellungnahme.html; *Petri*, in: Simitis, BDSG, § 38 Rn. 3, 35.
857 BT-Drs. 17/4230, S. 1, 12.

Grundrechtsschutzes muss den Beschäftigten die Möglichkeit eingeräumt werden, den Datenumgang des Arbeitgebers im Verdachtsfalle unabhängig überprüfen zu lassen. Auch der Bundesrat geht in seiner Stellungnahme zum Gesetzentwurf der Bundesregierung davon aus, das Erfordernis einer vorherigen internen Beschwerde sei sachlich nicht gerechtfertigt und widerspräche den Vorgaben des Art. 28 Abs. 4 RL 95/46/EG.[858] Die Bundesregierung stimmt diesen Bedenken grundsätzlich zu und beabsichtigt daher eine Änderung des § 321 Abs. 4 BDSG-RegE, die eine sofortige Anrufung der Datenschutzaufsichtsbehörde ermöglicht.[859] Ebenso sieht der Entwurf der geplanten Datenschutz-Grundverordnung in Art. 73 Abs. 1 DS-GVO-E ein unmittelbares Beschwerderecht betroffener Personen als neben individuellen Klagemöglichkeiten bestehenden Rechtsbehelf vor. Daraus ergäbe sich jedoch keine neue Rechtslage, sondern eine Fortschreibung der Vorgaben der Europäischen Datenschutzrichtlinie.

B. Verbandsklagerecht

Das Beschäftigungsverhältnis ist typischerweise von einem Machtungleichgewicht zwischen Arbeitgeber und Beschäftigten geprägt. Dieses Ungleichgewicht wirkt sich im Beschäftigtendatenschutz nach dem Gesetzentwurf der Bundesregierung in einer Beschränkung der Einwilligungsmöglichkeiten aus.

---

858 BT-Drs. 17/4230, Anlage 3, S. 37. Auch die Datenschutzbeauftragten des Bundes und der Länder sowie die Justizministerinnen und -minister der Länder lehnen eine Beschränkung des Petitionsrechts ab und fordern einen unmittelbaren Zugang der Beschäftigten zu den Datenschutzaufsichtsbehörden, vgl. die Entschließung der 81. Konferenz der *Datenschutzbeauftragten des Bundes und der Länder*, S. 2, abrufbar unter: http://www.bfdi.bund.de/SharedDocs/Publikationen/Entschliessungssammlung/DSBundLaender/81DSK_beschaeftigtendatenschutz.pdf?__blob=publicationFile sowie den Beschl. TOP I.5 zum Arbeitnehmerdatenschutz der *Justizministerkonferenz*, abrufbar unter: http://www.sachsen-anhalt.de/fileadmin/Elementbibliothek/Bibliothek_Politik_und_Verwaltung/Bibliothek_MJ/jumiko/hk_I_5_arbeitnehmerdatenschutz.pdf.

859 Die vorgesehene Änderung führt zu folgendem Wortlaut des § 321 Abs. 4 BDSG-RegE: „Bestehen tatsächliche Anhaltspunkte, die den Verdacht begründen, dass der Arbeitgeber Beschäftigtendaten unbefugt erhebt, verarbeitet oder nutzt, kann sich der Beschäftigte an die für die Datenschutzkontrolle zuständige Behörde wenden.", vgl. die Gegenäußerung der Bundesregierung, BT-Drs. 17/4230, Anlage 4, S. 43; sowie die Formulierungsvorschläge des *BMI*, S. 18, abrufbar unter: http://www.arbrb.de/media/BeschDS_FV.pdf.

Auf der Rechtsschutzebene wirft es die Frage auf, ob den Beschäftigten im Falle einer Rechtsverletzung durch den Arbeitgeber zugemutet werden kann, ein Abhilfegesuch zunächst an diesen zu richten. Darüber hinaus könnte sich aus dem bestehenden Machtgefälle eine Zugangsbarriere zum gerichtlichen Individualrechtsschutz ergeben.[860] Sowohl auf der datenschutzrechtlichen Rechtfertigungs- als auch der Rechtsschutzebene besteht die Gefahr, dass der Betroffene angesichts der Bedeutung des Beschäftigungsverhältnisses als Grundlage der sozialen Existenz die ihm zustehenden Rechte aus Sorge um damit einhergehende Nachteile nicht wirkungsvoll wahrnehmen wird.[861]

Daher stellt sich die Frage, ob es zur Überwindung des Machtgefälles und zur Herstellung von „Waffengleichheit" eines Korrektivs bedarf, das den Beschäftigten eine Durchsetzung ihrer Rechte ermöglicht, ohne sich durch eine eigene Klage der Sorge um den Fortbestand des Arbeitsverhältnisses aussetzen zu müssen. Eine denkbare Lösungsmöglichkeit für den Bereich des Beschäftigtendatenschutzes besteht in der Schaffung eines Klagerechts für Betriebsräte, Gewerkschaften und anerkannte Verbände.

I. Gesetzlich vorgesehene Verbandsklagerechte

Das deutsche Prozessrecht geht grundsätzlich davon aus, dass eigene Rechte in eigenem Namen geltend gemacht werden müssen.[862] Von diesem Grundsatz abweichend, sieht die Rechtsordnung in einigen Fällen Verbandsklagerechte vor, wobei zwischen „echten Verbandsklagen"[863] und Fällen gesetzlich angeordneter Prozessstandschaft zu unterscheiden ist. „Echte Verbandsklagen" gewähren eine eigene Prozessführungsbefugnis unabhängig davon, ob der Verband die

---

860 So allgemein für das Arbeitsrecht *Kocher*, Gesetzentwurf für eine Verbandsklage im Arbeitsrecht, S. 11, abrufbar unter: http://www.boeckler.de/pdf/p_edition_hbs_72.pdf.
861 *Hornung*, Stellungnahme zum BDSG-RegE u.a., A-Drs. 17(4)252 D, S. 7.
862 Für die öffentlich-rechtliche Klagebefugnis folgt dies aus § 42 Abs. 2 VwGO. Die Prozessführungsbefugnis ist in der ZPO nicht ausdrücklich geregelt. Es ist aber allgemein anerkannt, dass diese grundsätzlich dem Rechtsträger zusteht, also dann vorliegt, wenn ein eigenes Recht in eigenem Namen geltend gemacht wird, vgl. *Vollkommer*, in: Zöller, ZPO, vor § 50 Rn. 18.
863 Der zur Differenzierung dienende Begriff „echte Verbandsklage" findet sich bei *Majerski-Pahlen*, in: Neumann/Pahlen/Majerski-Pahlen, SGB IX, § 13 BGG Rn. 1 und *Kocher*, Gesetzentwurf für eine Verbandsklage im Arbeitsrecht, S. 8, abrufbar unter: http://www.boeckler.de/pdf/p_edition_hbs_72.pdf.

Verletzung eigener Rechte geltend machen kann.[864] Entsprechende Klagerechte finden sich in § 3 UklaG, § 8 Abs. 3 Nr. 2 und 4 UWG[865], § 13 BGG sowie in § 64 BNatSchG und § 2 Abs. 1 UmwRG.[866] Die Gemeinsamkeit dieser Verbandsklagerechte aus verschiedenen Rechtsgebieten mit unterschiedlichen Folgen[867] besteht darin, dass jeweils Interessen der Allgemeinheit oder jedenfalls eines größeren Personenkreises vertreten werden, nicht dagegen Individualinteressen. Die Klagerechte dienen der Prozessökonomie oder der Beseitigung von Rechtsschutzlücken. So soll mit den umweltrechtlichen Verbandsklagerechten eine Häufung gleichartiger Massenverfahren verhindert und dadurch eine Entlastung der Gerichte erreicht werden. Mit § 3 UklaG wird die Beseitigung eines Schutzdefizits bezweckt. Zwar können betroffene Verbraucher selbst die Unwirksamkeit einer Klausel klageweise feststellen lassen, § 256 ZPO.[868] Das Feststellungsurteil entfaltet seine Wirkung aber nur inter partes. Um den Rechtsverkehr effektiv vor unwirksamen Klauseln frei zu halten, bedarf es eines Verbandsklagerechts.[869] Die Regelung des § 8 Abs. 3 Nr. 2 UWG trägt dem Interesse der Allgemeinheit an einem unverfälschten Wettbewerb Rechnung.[870] Sie verleiht Verbänden eine Anspruchsberechtigung zur Bekämpfung unlauteren Wettbewerbs.[871] Durch § 13 BGG wird eine gesetzliche Prozessführungsbefugnis für die Klage eines Behindertenverbandes geschaffen, der sich gegen

---

864 Für den Fall des § 13 BGG vgl. *Majerski-Pahlen*, in: Neumann/Pahlen/Majerski-Pahlen, SGB IX, § 13 BGG Rn. 1.
865 In § 8 Abs. 3 Nr. 2 und 4 UWG wird Verbänden und Kammern eine eigene Aktivlegitimation für Unterlassungsansprüche eingeräumt, nicht dagegen eine Befugnis zur Geltendmachung fremder Rechte in eigenem Namen im Wege gesetzlicher Prozessstandschaft, vgl. BGH v. 9.10.1997 – I ZR 122/95, NJW 1998, S. 1148 (1149 f.).
866 Der EuGH hält § 2 Abs. 1 Nr. 1 UmwRG für europarechtswidrig, da die Vorschrift die Klagemöglichkeit der Umweltverbände beschränke und es dadurch zu einer Schieflage zwischen Verbandsklagerecht und Individualrechtsschutz komme, EuGH v. 12.5.2011, Rs. C-115/09 – Trianel, NJW 2011, S. 2779.
867 Während in den Fällen der §§ 3 UklaG und 8 Abs. 3 Nr. 2 und 4 UWG Unterlassungsklagen bzw. Klagen auf Widerruf (§ 3 UklaG) oder Beseitigung (§ 8 Abs. 1 UWG) statthaft sind, berechtigt § 13 BGG lediglich zu einer nicht vollstreckbaren Feststellungsklage, vgl. *Kocher*, Gesetzentwurf für eine Verbandsklage im Arbeitsrecht, S. 8, abrufbar unter: http://www.boeckler.de/pdf/p_edition_hbs_72.pdf; sowie *Majerski-Pahlen*, in: Neumann/Pahlen/Majerski-Pahlen, SGB IX, § 13 BGG Rn. 2.
868 Palandt/*Bassenge*, BGB, § 3 UklaG Rn. 1.
869 Palandt/*Bassenge*, BGB, § 1 UklaG Rn. 1.
870 *Köhler*, in: Köhler/Bornkamm, UWG, § 8 Rn. 3.30.
871 *Köhler*, in: Köhler/Bornkamm, UWG, § 8 Rn. 3.30.

eine für Menschen mit Behinderung allgemein nachteilige Regelung wendet.[872] Allerdings zeigt § 13 Abs. 2 BGG, dass grundsätzlich vorrangig Individualrechtsschutz zu suchen ist. Könnte ein behinderter Mensch seine Rechte selbst durch Gestaltungs- oder Leistungsklage verfolgen, so darf eine Verbandsklage nur erhoben werden, wenn der Verband geltend macht, dass es sich bei der streitgegenständlichen Maßnahme um einen Fall von allgemeiner Bedeutung handelt, was insbesondere anzunehmen ist, wenn eine Vielzahl gleich gelagerter Fälle existiert, § 13 Abs. 2 S. 2 und 3 BGG.

Daneben bestehen im Sozialrecht in den §§ 63 SGB IX und 12 BGG zugunsten anerkannter Verbände auch Klagerechte in gesetzlicher Prozessstandschaft.[873] Diese schaffen die Befugnis, Individualrechte des behinderten Menschen an dessen Stelle und mit seinem Einverständnis einzuklagen.[874]

Im betrieblichen Umfeld existiert bislang kein Verbandsklagerecht. Zwar schafft § 23 Abs. 2 S. 1 AGG eine Mitwirkungsbefugnis für Antidiskriminierungsverbände zur Unterstützung benachteiligter Personen bei der gerichtlichen Durchsetzung ihrer Rechte aus dem Allgemeinen Gleichbehandlungsgesetz.[875] Ein Klagerecht zur Durchsetzung eines fremden Rechts im eigenen Namen wird dadurch jedoch ebensowenig eingeräumt wie eine eigene Prozessführungsbefugnis.[876]

Das Allgemeine Gleichbehandlungsgesetz sieht jedoch eine Möglichkeit zur kollektiven Rechtsdurchsetzung in § 17 Abs. 2 S. 1 AGG vor.[877] Die Vorschrift verleiht dem Betriebsrat oder einer im Betrieb vertretenen Gewerkschaft in betriebsratsfähigen Betrieben ein Antragsrecht nach § 23 Abs. 3 S. 1 BetrVG, sofern ein grober Verstoß des Arbeitgebers gegen Antidiskriminierungsrecht vorliegt.[878] Der Zweck des § 17 Abs. 2 S. 1 AGG liegt darin, unabhängig vom Individualrechtsschutz der Beschäftigten gesetzmäßiges Verhalten des Arbeitgebers

---

872 *Majerski-Pahlen*, in: Neumann/Pahlen/Majerski-Pahlen, SGB IX, § 13 BGG Rn. 4, 1.
873 *Majerski-Pahlen*, in: Neumann/Pahlen/Majerski-Pahlen, SGB IX, § 63 SGB IX Rn. 1; § 12 BGG Rn. 2 f.; § 13 BGG Rn. 6; *Kocher*, Gesetzentwurf für eine Verbandsklage im Arbeitsrecht, S. 8, abrufbar unter: http://www.boeckler.de/pdf/p_edition_hbs_72.pdf.
874 *Majerski-Pahlen*, in: Neumann/Pahlen/Majerski-Pahlen, SGB IX, § 63 SGB IX Rn. 1; § 12 BGG Rn. 1, 3; allgemein zur Prozessstandschaft *Vollkommer*, in: Zöller, ZPO, vor § 50 Rn. 20.
875 ErfK/*Schlachter*, § 23 AGG Rn. 1.
876 ErfK/*Schlachter*, § 23 AGG Rn. 1.
877 *Klumpp*, NZA 2006, S. 904 (904).
878 *Klumpp*, NZA 2006, S. 904 (904); ErfK/*Schlachter*, § 17 AGG Rn. 2.

sicherzustellen.[879] Ansprüche der Benachteiligten dürfen jedoch nicht geltend gemacht werden, § 17 Abs. 2 S. 2 AGG. Damit stellt § 17 Abs. 2 S. 2 AGG klar, dass es sich nicht um einen Fall gesetzlicher Prozessstandschaft handelt.[880]

II. Die Situation im Beschäftigtendatenschutz

Nach derzeitiger Rechtslage existiert kein datenschutzrechtliches Verbandsklagerecht. Dies ist konsequent, schließlich enthält auch die Europäische Datenschutzrichtlinie keine Vorgaben zur Schaffung eines Verbandsklagerechts. Zwar geht Art. 28 Abs. 4 S. 1 RL 95/46/EG von der Möglichkeit einer Verbandsbeschwerde aus. Damit ist aber lediglich das auch Verbänden offen stehende Anrufungsrecht der Datenschutzaufsichtsbehörden angesprochen[881], ein Verbandsklagerecht kann daraus nicht abgeleitet werden. Da ein solches europarechtlich nicht gefordert wird, wäre dessen nationale Regelung mit einer Übererfüllung der Vorgaben der Europäischen Datenschutzrichtlinie verbunden. Auch der Gesetzentwurf der Bundesregierung zur Regelung des Beschäftigtendatenschutzes sieht ein Verbandsklagerecht nicht vor. Im Zuge des Gesetzgebungsverfahrens wurde jedoch von sachverständiger Seite teilweise die Schaffung einer kollektiven Klagemöglichkeit gefordert.[882] So spricht sich *Hornung* für den Bereich des Beschäftigtendatenschutzes dafür aus, die gesetzliche Regelung eines Verbandsklagerechts als Instrument zur kollektiven Wahrnehmung von Interessen nach dem Vorbild des Verbraucher- und Umweltschutzrechts zu schaffen.[883]

1. Das Verbandsklagerecht nach § 23 BDatG-E

Der konkurrierende Entwurf eines Beschäftigtendatenschutzgesetzes der Fraktion *Bündnis 90/Die Grünen* beinhaltet dagegen in § 23 BDatG-E ein Klagerecht für

---

879 Palandt/*Weidenkaff*, BGB, § 17 AGG Rn. 1; ErfK/*Schlachter*, § 17 AGG Rn. 2.
880 A.A. Palandt/*Weidenkaff*, BGB, § 17 AGG Rn. 3, der in § 17 Abs. 2 S. 2 AGG entgegen dessen ausdrücklichem Wortlaut die Regelung einer gesetzlichen Prozessstandschaft sieht.
881 *Dammann/Simitis*, EG-Datenschutzrichtlinie, Art. 28 Rn. 14 f. Zur Beschwerdemöglichkeit der Mitarbeitervertretungen vgl. *Gola/Wronka*, Hdb. Arbeitnehmerdatenschutz, Rn. 1577.
882 *Hornung*, Stellungnahme zum BDSG-RegE u.a., A-Drs. 17(4)252 D, S. 7; ebenso die Forderung des *ULD*, Stellungnahme zum BDSG-RegE, Einf., abrufbar unter: https://www.datenschutzzentrum.de/arbeitnehmer/20101012-stellungnahme.html.
883 *Hornung*, Stellungnahme zum BDSG-RegE u.a., A-Drs. 17(4)252 D, S. 7.

Interessenvertretungen, Gewerkschaften und anerkannte Verbände.[884] Das Klagerecht für Gewerkschaften und Verbände dient dazu, auch Fälle zu erfassen, in denen kein Betriebsrat im jeweiligen Betrieb vorhanden ist.[885] Mit § 23 BDatG-E soll unter Berücksichtigung des zwischen Arbeitgeber und Beschäftigten bestehenden Machtungleichgewichts ein wirksames Instrument geschaffen werden, um den Rechten der Beschäftigten in der betrieblichen Praxis zur Durchsetzung zu verhelfen.[886] Der Wortlaut des § 23 BDatG-E[887] sowie die Begründung des Gesetzentwurfs[888] zeigen, dass die Norm keinen Fall der Prozessstandschaft im Blick hat, sondern ein eigenes Klagerecht einräumen will. Die Begründung des Gesetzentwurfs von *Bündnis 90/Die Grünen* stellt ausdrücklich klar, dass § 23 BDatG-E an Regelungen des Allgemeinen Gleichbehandlungsgesetzes angelehnt ist, die Interessenvertretungen Klagerechte einräumen.[889] Damit ist das Antragsrecht gemäß § 17 Abs. 2 S. 1 AGG i.V.m. § 23 Abs. 3 S. 1 BetrVG gemeint.

2. Das Verbandsklagerecht nach Art. 76 Abs. 1 DS-GVO-E

Auch der Entwurf einer Datenschutz-Grundverordnung sieht die Schaffung eines Verbandsklagerechts vor. Er konkretisiert zunächst die Verbänden bereits nach Art. 28 Abs. 4 S. 1 RL 95/46/EG offen stehende Möglichkeit, eine Beschwerde an die Datenschutzaufsichtsbehörde zu richten. So sehen Art. 73 Abs. 2 und 3 DS-GVO-E Beschwerderechte vor, wonach sich „Einrichtungen, Organisationen oder Verbände" in fremdem (Art. 73 Abs. 2 DS-GVO-E) oder eigenem Namen (Art. 73 Abs. 3 DS-GVO-E) mit einer Beschwerde an die Aufsichtsbehörde wenden können. Anders als nach dem Regelungskonzept der Europäischen Datenschutzrichtlinie ist die Möglichkeit der kollektiven Interessenwahrnehmung nach dem Entwurf der Datenschutz-Grundverordnung aber nicht auf den Rechtsbehelf der

---

884 *Bündnis 90/Die Grünen*, Entwurf eines Gesetzes zur Verbesserung des Schutzes personenbezogener Daten der Beschäftigten in der Privatwirtschaft und bei öffentlichen Stellen (BDatG) v. 22.2.2011, BT-Drs. 17/4853, S. 11 f., 30.
885 BT-Drs. 17/4853, S. 30.
886 BT-Drs. 17/4853, S. 30.
887 Vgl. den Wortlaut des § 23 BDatG-E: „[…] kann der Betriebsrat […] eine im Betrieb vertretene oder zuständige Gewerkschaft oder ein anerkannter Verband von den Arbeitgebenden Unterlassung verlangen und diese Forderung auch gerichtlich geltend machen.", BT-Drs. 17/4853, S. 11 f.
888 Vgl. die Begründung des Gesetzentwurfs: „[…] sollen die Interessenvertretungen der Beschäftigten die Möglichkeit bekommen, von sich aus aktiv zu werden und auch zu klagen.", BT-Drs. 17/4853, S. 30.
889 BT-Drs. 17/4853, S. 30.

Beschwerde bei der Datenschutzaufsichtsbehörde beschränkt, sondern erweitert diese um ein Verbandsklagerecht.[890] Nach Art. 76 Abs. 1 DS-GVO-E soll Einrichtungen, Organisationen oder Verbänden i.S.d. Art. 73 Abs. 2 DS-GVO-E das Recht eingeräumt werden, „die in Art. 74 und 75 DS-GVO-E genannten Rechte im Namen einer oder mehrerer betroffenen Personen wahrzunehmen". Damit liegt der kollektiven Interessenwahrnehmung nach dem Regelungskonzept des Entwurfs einer Datenschutz-Grundverordnung eine Differenzierung zu Grunde. Während Einrichtungen, Organisationen oder Verbände nach Art. 73 Abs. 3 DS-GVO-E auch unabhängig von der Beschwerde einer betroffenen Person eine eigene Beschwerde an eine Datenschutzaufsichtsbehörde richten können, ist die Einlegung eines gerichtlichen Rechtsbehelfs nach Art. 76 Abs. 1 DS-GVO-E nur im Namen betroffener Personen möglich. Dies bestätigt auch Erwägungsgrund 112 der geplanten Datenschutz-Grundverordnung. Inhaltlich verweist Art. 76 Abs. 1 DS-GVO-E auf die in Art. 74 und 75 DS-GVO-E genannten Rechte, ermöglicht somit Klagen der Einrichtungen, Organisationen und Verbände sowohl gegen eine Aufsichtsbehörde als auch den für die Verarbeitung Verantwortlichen oder Auftragsverarbeiter.

Das Verbandsklagerecht nach Art. 76 Abs. 1 DS-GVO-E wäre auch im Beschäftigtendatenschutz als zusätzlicher Rechtsbehelf zu beachten. Zwar enthält Art. 82 Abs. 1 DS-GVO-E eine Öffnungsklausel für eine bereichsspezifische Regelung der Datenverarbeitung im Beschäftigungskontext. Diese müsste sich jedoch in den Grenzen der Verordnung bewegen[891], das Verbandsklagerecht als Rechtsbehelf also ebenso berücksichtigen.

III. Bedürfnis für eine gesetzliche Regelung

Das Bundesdatenschutzgesetz bezweckt nach § 1 Abs. 1 BDSG, „*den Einzelnen davor zu schützen, dass er durch den Umgang mit seinen personenbezogenen Daten in seinem Persönlichkeitsrecht beeinträchtigt wird*". Obgleich in § 1 Abs. 1 BDSG nicht ausdrücklich erwähnt[892], besteht das geschützte Rechtsgut in der „Befugnis *des Einzelnen*, grundsätzlich *selbst* über die Preisgabe und Verwendung *seiner* Daten zu bestimmen".[893] Bereits die Zweckbestimmung und das geschützte

---

890 *Wybitul/Fladung*, BB 2012, S. 509 (515); *Wybitul/Rauer*, ZD 2012, S. 160 (163 f.); *Hornung*, ZD 2012, S. 99 (101).
891 *Wybitul/Fladung*, BB 2012, S. 509 (515).
892 Vgl. hierzu *Simitis*, in: Simitis, BDSG, § 1 Rn. 24.
893 BVerfGE 65, 1 (43).

Rechtsgut bringen den individualrechtlichen Charakter des Datenschutzrechts klar zum Ausdruck.[894] Dieser setzt sich in den verfassungsrechtlich geforderten Transparenzpflichten fort[895], die als wesentliches Element in das „Gesamtkonzept des Selbstdatenschutzes" gehören.[896] Der Selbstdatenschutz soll den Einzelnen in die Lage versetzen, die ihm zustehenden Rechte selbstbestimmt ausüben zu können.[897]

Somit obliegt den Beschäftigten die Durchsetzung ihrer datenschutzrechtlichen Individualrechte selbst. Daneben besteht das datenschutzrechtliche Kontrollsystem aus Elementen betrieblicher Selbstkontrolle und staatlicher Fremdkontrolle.[898] Die Datenschutzkontrolle beginnt bereits bei den Unternehmen, die als Normadressaten des Bundesdatenschutzgesetzes für dessen Wahrung zu sorgen haben, § 3 Abs. 7 BDSG.[899] Sofern im Unternehmen aufgrund der vorhandenen Beschäftigtenzahl eine Pflicht zur Bestellung eines betrieblichen Datenschutzbeauftragten besteht, wirkt er als Instanz der betrieblichen Selbstkontrolle darauf hin, Rechtsverstöße beim Datenumgang zu vermeiden.[900] Ebenso bestehen in mitbestimmten Betrieben Einflussnahmemöglichkeiten des Betriebsrats, zu dessen Aufgaben nach §§ 75 Abs. 2 und 80 Abs. 1 S. 1 BetrVG auch der Schutz der Persönlichkeitsrechte der Beschäftigten zählt.[901] Darüber hinaus sind die Beschäftigten im Falle des Verdachts eines unbefugten Datenumgangs des Arbeitgebers nicht darauf angewiesen, Individualrechtsschutz vor den Gerichten zu suchen. Sie können zur unabhängigen Überprüfung des betrieblichen Datenumgangs im Wege des „vorgezogenen Rechtsschutzes" auch unmittelbar eine Beschwerde an eine Datenschutzaufsichtsbehörde richten.[902] Diese kann zur Beseitigung festgestellter Verstöße beim Datenumgang nach

---

894 Zur vergleichbaren Situation des Antidiskriminierungsrechts als Individualrecht *Klumpp*, NZA 2006, S. 904 (905).
895 BVerfGE 65, 1 (46).
896 *Dix*, in: Simitis, BDSG, § 33 Rn. 2.
897 *Roßnagel*, in: Roßnagel, Hdb. Datenschutzrecht, Kap. 3.4 Rn. 49; *Däubler*, Gläserne Belegschaften, Rn. 508.
898 *Petri*, in: Simitis, BDSG, § 38 Rn. 8.
899 *Gola/Wronka*, Hdb. Arbeitnehmerdatenschutz, Rn. 1390; *Dammann*, in: Simitis, BDSG, § 3 Rn. 224 f.
900 *Gola/Wronka*, Hdb. Arbeitnehmerdatenschutz, Rn. 1393 f., 1505.
901 *Wybitul/Fladung*, BB 2012, S. 509 (515).
902 Das Bestehen dieser Möglichkeit ist nach derzeitiger Rechtslage allgemein anerkannt und muss nach der hier vertretenen Auffassung auch auf Basis der geplanten zukünftigen Rechtslage erhalten bleiben, vgl. o., S. 173 ff.

§ 38 Abs. 5 S. 1 BDSG „Maßnahmen" anordnen und bei schwerwiegenden Verstößen als ultima ratio auch den Datenumgang untersagen, § 38 Abs. 5 S. 2 BDSG.[903]

Insbesondere das Beschwerderecht vermittelt einen effektiven Schutz des Rechts auf informationelle Selbstbestimmung. Es gibt auch Beschäftigten, die Sorge vor einer direkten Konfrontation mit dem Arbeitgeber haben, die Möglichkeit, den beanstandeten Datenumgang der Kontrolle einer unabhängigen Behörde zuzuführen. An der datenschutzrechtlichen Fremdkontrolle durch unabhängige Aufsichtsbehörden zeigt sich der wesentliche Unterschied zum Antidiskriminierungsrecht. Dort sieht § 13 Abs. 1 S. 1 AGG ein betriebsinternes Beschwerderecht vor, das in geringerem Maße die Gewähr einer unabhängigen Kontrolle leisten kann als die Kontrolle durch eine Aufsichtsbehörde. Aus diesem Grunde erscheint die Stärkung des Rechtsschutzes im Antidiskriminierungsrecht nach § 17 Abs. 2 S. 1 AGG i.V.m. § 23 Abs. 3 S. 1 BetrVG nachvollziehbar, wenngleich hierdurch eine Vermischung von Individualrechtsschutz und kollektivrechtlichen Instrumenten entsteht.[904]

Für den Bereich des Beschäftigtendatenschutzes besteht indes kein Rechtsschutzdefizit, das mit Hilfe einer kollektiven Klagemöglichkeit geschlossen werden müsste.

Zum einen bestehen auf betriebsverfassungsrechtlicher Ebene bereits Rechtsschutzmöglichkeiten des Betriebsrats. Neben dem Arbeitgeber wird auch der Betriebsrat nach § 75 Abs. 2 S. 1 BetrVG dazu verpflichtet, die freie Entfaltung der Persönlichkeit der im Betrieb beschäftigten Arbeitnehmer zu schützen und zu fördern. Die Vorschrift begründet jedoch weder ein Mitbestimmungsrecht noch einen unmittelbaren Unterlassungsanspruch des Betriebsrats im Falle eines Verstoßes des Arbeitgebers gegen die Verpflichtung aus § 75 Abs. 2 BetrVG.[905] Nach der Rechtsprechung des BAG kann ein grober Verstoß des Arbeitgebers gegen seine Pflichten aus § 75 Abs. 2 S. 1 BetrVG aber zu einem Unterlassungsanspruch des Betriebsrats führen, wenn zusätzlich die Voraussetzungen des § 23 Abs. 3 BetrVG vorliegen.[906]

---

903 Zur Kritik des EuGH an der Organisationsstruktur der Datenschutzaufsicht in Deutschland vgl. EuGH v. 9.3.2010, Rs. C-518/07, Slg. 2010, I-1885 – Kommission/Deutschland; vgl. hierzu *Bull*, EuZW 2010, S. 488–494.
904 Hierzu *Klumpp*, NZA 2006, S. 904 (904).
905 BAG v. 28.5.2002 – 1 ABR 32/01, NZA 2003, S. 166 (169).
906 BAG v. 28.5.2002 – 1 ABR 32/01, NZA 2003, S. 166 (169); BAG v. 8.6.1999 – 1 ABR 67/98, NZA 1999, S. 1288 (1289).

Zum anderen ist das vorhandene datenschutzrechtliche Kontrollsystem hinreichend ausdifferenziert, um ein hohes Maß an Schutz der Beschäftigtendaten sicherzustellen. Sowohl das bestehende als auch das nach dem Gesetzentwurf der Bundesregierung geplante Rechtsschutzsystem sind geeignet, eine effektive Wahrung des Rechts auf informationelle Selbstbestimmung zu gewährleisten. Damit hat der Gesetzgeber seiner im „Volkszählungsurteil" auferlegten Pflicht zur Schaffung eines wirkungsvollen Schutzsystems[907] Genüge getan.

Auch Gründe der Prozessökonomie gebieten keine Schaffung eines Verbandsklagerechts im Bereich des Beschäftigtendatenschutzes, da die in Rede stehenden Verfahren typischerweise keine Massenverfahren sind. Im betrieblichen Umfeld geht es nicht um Rechte der Allgemeinheit, die zur Geltung gebracht werden müssten, sondern um Individualrechte der Beschäftigten im Falle lediglich individueller Betroffenheit, oder jedenfalls um Rechte eines abgrenzbaren Personenkreises, wenn wie im Falle eines Datenscreenings die Betroffenheit einer größeren Zahl an Beschäftigten denkbar ist.

Die geplante Datenschutz-Grundverordnung dient nach Art. 1 Abs. 1–3 DS-GVO-E sowohl dem Schutz natürlicher Personen bei der Verarbeitung personenbezogener Daten als auch dem freien Verkehr personenbezogener Daten in der Europäischen Union. Um diesen Regelungszwecken in größtmöglicher Weise gerecht zu werden, sieht die Verordnung ein Verbandsklagerecht vor. Damit wäre es zwar dem Zweck der Verordnung entsprechend möglich, den Rechtsschutz der Beschäftigten effektiver zu gestalten. Ein verbesserter Schutz der Beschäftigten vor persönlichen Nachteilen für das Beschäftigungsverhältnis in Folge der Rechtsausübung wäre damit jedoch nicht verbunden, da Art. 76 Abs. 1 DS-GVO-E lediglich die Wahrnehmung fremder Rechte einer oder mehrerer betroffener Personen in Prozessstandschaft ermöglicht. Die Identität der Rechtsinhaber bliebe dem Arbeitgeber somit nicht verborgen, was – von effektiver Rechtswahrnehmung abgesehen – zu keiner verbesserten Schutzposition der Beschäftigten führen würde.[908]

Auch die Verbandsklagerechte des Verbraucher- oder Umweltschutzrechts sind kein taugliches Vorbild, da im Bereich des Beschäftigtendatenschutzes weder eine Schutzlücke besteht noch Allgemeininteressen vertreten werden müssten. Demnach sind die zu Grunde liegenden Situationen nicht vergleichbar. Auch aufgrund des betrieblichen Regelungsumfeldes wäre eine Vergleichbarkeit einzig mit der

---

907 BVerfGE 65, 1 (46).
908 Zur wertungsmäßig vergleichbaren Situation bei der Einführung einer Vorschaltbeschwerde an den Arbeitgeber *Petri*, in: Simitis, BDSG, § 38 Rn. 4.

Situation des Antidiskriminierungsrechts gegeben. Verglichen mit dem Antidiskriminierungsrecht hält das Datenschutzrecht durch das nach hier vertretener Auffasung fortbestehende unmittelbare Beschwerderecht ein wirkungsvolleres Schutzsystem bereit. Aus diesem Grund besteht kein Bedürfnis für die Schaffung zusätzlicher kollektivrechtlicher Schutzinstrumente.

Somit ist die Regelung eines Verbandsklagerechts im Beschäftigtendatenschutz nicht geboten. Das bestehende Schutzsystem reicht zur wirkungsvollen Wahrung des Rechts auf informationelle Selbstbestimmung aus. Die gerichtliche Durchsetzung des Datenschutzrechts als Individualrecht ist im Wege des Individualrechtsschutzes zu betreiben.

C. Ergebnis

Die in § 321 Abs. 4 BDSG-RegE enthaltene Abstufung des Beschwerderechts der Beschäftigten verstößt gegen Vorgaben der Europäischen Datenschutzrichtlinie. Diese sieht in Art. 28 Abs. 4 RL 95/46/EG ein unmittelbares Petitionsrecht vor. Die geplante gesetzliche Regelung ist im weiteren Gesetzgebungsverfahren dahingehend zu ändern, dass Beschäftigten der unmittelbare Zugang zu den Datenschutzaufsichtsbehörden ermöglicht wird. Die Schaffung eines Verbandsklagerechts ist zur Effektuierung des Rechtsschutzes im Beschäftigtendatenschutz dagegen nicht geboten. Das Datenschutzrecht hat individualrechtlichen Charakter. Die Durchsetzung ihrer Individualrechte obliegt den Beschäftigten selbst. Besteht neben individuellen Klagerechten auch die Möglichkeit, im Wege des „vorgezogenen Rechtsschutzes" eine Beschwerde an die Datenschutzaufsichtsbehörde zu richten, so stehen den Beschäftigten bereits effektive Rechtsschutzmöglichkeiten zur Verfügung, die eine zusätzliche kollektive Klagemöglichkeit entbehrlich machen.

Kapitel 6
Kritik und Ausblick

A. Ergebnisse

Das Datenscreening stellt eine effektive Methode der Korruptionsbekämpfung dar. Es ermöglicht das zuverlässige und zügige Auffinden von Anomalien in komplexen – durch manuelle Prüfung nicht mehr handhabbaren – Massendatenbeständen, die mit erhöhter Wahrscheinlichkeit auf korruptive Vorgänge hindeuten. Zwar stellen die im Zuge des Datenscreenings generierten Trefferfälle keine Beweise für unlauteres Verhalten der Beschäftigten dar. Diese liefern vielmehr Verdachtsfälle, denen im Wege weiterer Untersuchungen nachgegangen werden muss. Auf herkömmlichem Wege wäre jedoch kein vergleichbar effektives Auffinden von Anomalien in Massendatenbeständen und somit von verdachtsbegründenden Anhaltspunkten für Fehlverhalten der Mitarbeiter möglich. Angesichts rapide wachsender Datenbestände wird die Bedeutung des Datenscreenings weiter zunehmen. Auf Basis der geltenden Rechtslage richtet sich die datenschutzrechtliche Zulässigkeit der Durchführung präventiver Datenscreenings nach § 32 Abs. 1 S. 1 BDSG. Repressive Maßnahmen haben die Voraussetzungen des § 32 Abs. 1 S. 2 BDSG zu beachten.

Die Einwilligung Betroffener kommt grundsätzlich auch im Beschäftigungsverhältnis als vollwertiger Erlaubnistatbestand in Betracht. Ein genereller Ausschluss der Einwilligung ist trotz des dort bestehenden Machtgefälles zwischen Arbeitgeber und Beschäftigten nicht angezeigt, da auch im Beschäftigungsverhältnis Situationen denkbar sind, in denen eine Einwilligung freiwillig erfolgt. Dies ist etwa dann der Fall, wenn der dadurch legitimierte Datenumgang für den Beschäftigten ausschließlich günstige Folgen hat. Der weitgehende Ausschluss der Einwilligung als Erlaubnistatbestand im Gesetzentwurf der Bundesregierung verstößt gegen Vorgaben der Europäischen Datenschutzrichtlinie und die Rechtsprechung des EuGH. Gegenüber dem geplanten Regelungskonzept ist es vorzugswürdig, das bislang bestehende Regel-Ausnahme-Verhältnis beizubehalten und diejenigen Fälle konkret zu benennen, in denen eine Einwilligung mangels Freiwilligkeit ausgeschlossen ist.

Unabhängig vom Fortbestand der theoretischen Möglichkeit, einen Umgang mit Beschäftigtendaten auf die Einwilligung Betroffener als Erlaubnistatbestand stützen zu können, kommt diese als Rechtsgrundlage für die Durchführung von Datenscreenings nicht in Betracht. Bei Datenscreenings handelt es sich typischerweise um Massenverfahren, die eine einheitliche Rechtsgrundlage erfordern. Die Einholung individueller Einwilligungen wäre mit einem erheblichen bürokratischen Aufwand verbunden und könnte angesichts der jederzeitigen Widerruflichkeit der Einwilligung keine rechtssichere Durchführung des Datenscreenings ermöglichen.

Die geplante gesetzliche Regelung des § 32d Abs. 3 BDSG-RegE enthält das Novum einer ausdrücklichen Rechtsgrundlage für die Durchführung von Datenscreenings zum Zwecke der Korruptionsbekämpfung. Im Gegensatz zu anderen speziellen Verarbeitungsbefugnissen des Gesetzentwurfs der Bundesregierung schafft § 32d Abs. 3 BDSG-RegE nach seinem Wortlaut lediglich eine Befugnis zur Datenverarbeitung, nicht dagegen zur Quelldatenerhebung. Dem steht auch § 3 Abs. 2 S. 1 BDSG nicht entgegen. Die Erhebung der Quelldaten richtet sich vielmehr nach den allgemeinen Regeln der Datenerhebung im Beschäftigungsumfeld.

Die für Zwecke des Datenscreenings verwendeten Beschäftigtendaten müssen rechtmäßig erhoben worden sein. Obgleich ein ausdrücklicher Hinweis im Wortlaut des § 32d Abs. 3 BDSG-RegE fehlt, ergibt sich dieses Erfordernis aus der Systematik des § 32d BDSG-RegE, da die §§ 32d Abs. 1 Nr. 1, 32d Abs. 1 Nr. 2 Alt. 2, 32d Abs. 2 Nr. 2 und 32d Abs. 5 S. 1 BDSG-RegE jeweils auf die maßgeblichen Vorschriften der Datenerhebung verweisen. Nichts anderes kann für den Fall des § 32d Abs. 3 BDSG-RegE gelten. Überdies darf eine rechtswidrige Datenerhebung nicht mit einem durch das Datenscreening ermöglichten Erkenntnisgewinn belohnt werden.

Die zum Screening herangezogene Datenbasis ist unter Berücksichtigung des Verhältnismäßigkeitsgrundsatzes in größtmöglichem Maße einzuschränken. Zwar wird die Beachtung des Grundsatzes der Verhältnismäßigkeit im Wortlaut des § 32d Abs. 3 BDSG-RegE nicht ausdrücklich erwähnt. Sie ist jedoch in der allgemeinen Verarbeitungsbefugnis des § 32d Abs. 1 Nr. 3 BDSG-RegE vorgesehen und folglich im Rahmen der speziellen Verarbeitungsbefugnis des § 32d Abs. 3 BDSG-RegE erst recht zu beachten. Abweichend vom Gesetzentwurf der Bundesregierung sollte eine gesetzliche Regelung des Beschäftigtendatenschutzes den Verhältnismäßigkeitsgrundsatz jedoch als allgemeinen Grundsatz „vor die Klammer gezogen" regeln. Dadurch könnten Redundanzen beseitigt und Auslegungsschwierigkeiten vermieden werden.

Über den Wortlaut „zur Aufdeckung" des § 32d Abs. 3 S. 1 BDSG-RegE hinaus dürfen Datenscreenings auch präventiv zur Verhinderung von Straftaten oder anderen schwerwiegenden Pflichtverletzungen eingesetzt werden. Dies ergibt sich einerseits aus der Systematik der Norm, die eine Personalisierung im Verdachtsfall vorsieht (§ 32d Abs. 3 S. 2 BDSG-RegE), die Durchführung eines Datenscreenings somit bereits im Vorfeld zur Verdachtsgewinnung ermöglicht. Andererseits entspricht nur diese Auslegung dem Willen der Bundesregierung als Verfasserin des Gesetzentwurfs, die mehrfach klargestellt hat, dass die Regelung auch präventive Datenabgleiche ermöglichen soll. Dies verdeutlicht auch ein systematischer Vergleich mit § 32 Abs. 1 S. 2 BDSG, der den Wortlaut „zur Aufdeckung" mit dem zusätzlichen Erfordernis verdachtsbegründender tatsächlicher Anhaltspunkte untermauert. Das Fehlen einer vergleichbaren Anlassschwelle im Wortlaut des § 32d Abs. 3 S. 1 BDSG-RegE zeigt, dass der Wortlaut „zur Aufdeckung" dort nicht wörtlich zu verstehen ist, sondern Systematik, Regelungszweck und Regelungsabsicht entsprechend auch präventive Datenscreenings ermöglicht.

Ein Datenscreening kann zur Aufdeckung oder Verhinderung von Straftaten oder anderen schwerwiegenden Pflichtverletzungen durchgeführt werden. Anders als der Wortlaut des § 32d Abs. 3 S. 1 BDSG-RegE vermuten lässt, stellen Straftaten nicht in jedem Fall schwerwiegende Pflichtverletzungen dar, sondern nur dann, wenn sie dem durch die Regelbeispiele vorgezeichneten Maßstab nahe kommen. Arbeitsvertragliche Pflichtverletzungen berechtigen für sich betrachtet nicht zur Durchführung eines Datenscreenings. Etwas anderes gilt nur dann, wenn in der arbeitsvertraglichen Pflichtverletzung gleichzeitig eine schwerwiegende Pflichtverletzung i.S.d. Norm liegt. Für die Einordnung eines Verhaltens als schwerwiegende Pflichtverletzung muss § 32e Abs. 2 Nr. 1 BDSG-RegE außer Betracht bleiben, da die dort vorgesehene konkrete Betrachtung im Falle präventiver Datenscreenings denknotwendig ausgeschlossen ist.

Die Durchführung eines Datenscreenings mit anonymisierten Beschäftigtendaten eignet sich allenfalls zur Identifizierung korruptionsgefährdeter Bereiche eines Unternehmens. Darüber hinaus ist dieses Vorgehen für Zwecke der Korruptionsbekämpfung jedoch untauglich, da es regelmäßig gerade darauf ankommt, in Trefferfällen auch einen konkreten Personenbezug herstellen zu können.

Somit sind Screenings mit pseudonymisierten Beschäftigtendaten zur effektiven Korruptionsbekämpfung das Mittel der Wahl. Dieses Verständnis liegt auch der Regelung des § 32d Abs. 3 BDSG-RegE zugrunde, da die in § 32d Abs. 3 S. 2 BDSG-RegE vorgesehene Möglichkeit der Personalisierung im Verdachtsfall nur bei pseudonymisierten Daten besteht. Das Erfordernis der Pseudonymisierung ermöglicht einen angemessenen Kompromiss zwischen Verarbeitungsbedürfnissen der Arbeitgeber und Schutzinteressen der Beschäftigten, da das Verfahren grundsätzlich datenschutzfreundlich durchgeführt wird und lediglich im Trefferfall eine Aufdeckung des Personenbezugs erfolgt. Damit das Erfordernis der Pseudonymisierung seine schützende Wirkung entfalten kann und nicht zum Feigenblatt verkommt, muss sichergestellt sein, dass die Beschäftigtendaten wirkungsvoll pseudonymisiert werden. Dies ist nur dann der Fall, wenn der Arbeitgeber nicht gleichzeitig den, eine Personalisierung ermöglichenden, Zuordnungsschlüssel in der Hand hält, da er diese anderenfalls jederzeit herbeiführen könnte. Eine wirkungsvolle Pseudonymisierung kann folglich nur erreicht werden, wenn der Zuordnungsschlüssel unter der Verantwortung eines unabhängigen Dritten erzeugt und von diesem verwahrt wird.

Anders als § 32 Abs. 1 S. 2 BDSG sieht § 32d Abs. 3 S. 1 BDSG-RegE keine normierten Anlassschwellen vor. Dieser vielfach kritisierte Umstand erfordert jedoch keine Korrektur. Einerseits werden völlig anlasslose Datenscreenings durch die – wenn auch niedrige – Schwelle des Vorliegens anlassstiftender „näherer Umstände" ausgeschlossen. Andererseits stünden hohe Einschreitensvoraussetzungen in Form von „verdachtsbegründenden tatsächlichen Anhaltspunkten" in Widerspruch zum erklärten Regelungszweck, der auch präventive Datenscreenings ermöglichen soll.

Die Durchführung des Datenscreenings unterliegt der Vorabkontrolle des betrieblichen Datenschutzbeauftragten nach § 4d Abs. 5 BDSG. Die verpflichtende Vorabkontrolle stellt als präventive Rechtmäßigkeitsüberprüfung ein notwendiges Korrektiv dar. Der Arbeitgeber benötigt zur effektiven Korruptionsbekämpfung effektive Eingriffsbefugnisse auch im präventiven Bereich. Dies setzt im Gegenzug jedoch ein differenziertes System der Rechtmäßigkeitsüberprüfung voraus, das in einem ersten Schritt auf betrieblicher Ebene durch den Datenschutzbeauftragten gewährleistet wird.

Zeigt sich ein Verdachtsfall, dürfen die hierauf bezogenen Daten nach § 32d Abs. 3 S. 2 BDSG-RegE personalisiert werden. Die Anforderungen an den nötigen Verdacht ergeben sich aus § 32e Abs. 2 Nr. 1 BDSG-RegE, da in der Personalisierung eine *Erhebung* neuer Beschäftigtendaten liegt, die im Regelfall des Datenscreenings auch heimlich erfolgt. Zwar sind die zur Durchführung des Datenscreenings herangezogenen Datenbestände bereits beim Arbeitgeber vorhanden. Das Datenscreening setzt diese Daten aber derart miteinander in Beziehung, dass über den ursprünglichen Aussagegehalt hinaus völlig neue – wenn auch inhaltsgleiche – Erkenntnisse gewonnen werden. Daten, die an sich zur Durchführung des Beschäftigungsverhältnisses oder eines Vertragsverhältnisses zu einem Lieferanten erhoben wurden, deuten im Falle ihrer Übereinstimmung auf unlautere Vorgänge hin. Somit werden mit Hilfe des Datenscreenings zielgerichtet neue Informationen aus vorhandenen

Datenbeständen generiert, die im Falle ihrer *Personalisierung* einem konkreten Beschäftigten zugeordnet werden können. Hierin liegt eine *Erhebung* neuer Beschäftigtendaten, weshalb die zusätzlichen Voraussetzungen des § 32e Abs. 2 BDSG-RegE zu beachten sind. Liegt ein Trefferfall vor, so besteht ein konkreter Verdacht i.S.v. § 32e Abs. 2 Nr. 1 BDSG-RegE. Die Personalisierung hat sich nach § 32e Abs. 2 Nr. 2 BDSG-RegE im Rahmen des Erforderlichen zu halten. Der Personenbezug darf folglich nur hergestellt werden, soweit dies zur Aufdeckung des konkreten Verdachtsfalles erforderlich ist. Nur in diesem Umfang darf der unabhängige Dritte den zur Aufdeckung des Personenbezuges benötigten Zuordnungsschlüssel herausgeben.

Der Arbeitgeber muss nach § 32d Abs. 3 S. 3 BDSG-RegE die näheren Umstände dokumentieren, die ihn zur Durchführung eines Datenscreenings veranlasst haben. Der Gesetzentwurf stellt keine konkreten Anforderungen an die Dokumentation. Da diese im Rahmen einer Rechtmäßigkeitsüberprüfung des Datenscreenings aber ein wichtiges Beweismittel darstellt, hat der Arbeitgeber ein wohlverstandenes Eigeninteresse an einer gründlichen und aussagekräftigen Dokumentation, die seine Erwägungen im Vorfeld des Datenscreenings abbildet. Dem Zweck der Dokumentationspflicht entsprechend, hat diese vor der Durchführung des Datenscreenings zu erfolgen. Eine nachträgliche Dokumentation zieht zwar keine unmittelbaren Rechtsfolgen nach sich, kann aber zu einer Minderung des Beweiswertes der Dokumentation führen.

Der maßgebliche Zeitpunkt der Unterrichtung nach § 32d Abs. 3 S. 4 BDSG-RegE ist nach objektiven Kriterien zu bestimmen. Die Unterrichtungspflicht tritt nicht bereits mit Einspeisung der Beschäftigtendaten in das Analysesystem ein, da die Erreichung des mit dem Screening verbundenen Zwecks zu diesem Zeitpunkt noch nicht gesichert ist. Es kommt vielmehr auf die Ergebnisse des Datenscreenings an. Liegen mit Abschluss des Datenscreenings Trefferfälle vor, die sodann konkreten Beschäftigten zugeordnet wurden, so wird der im Auffinden von Verdachtsfällen bestehende Zweck des Datenscreenings nicht mehr gefährdet. Die Unterrichtung hat zu diesem Zeitpunkt unverzüglich zu erfolgen. Der Wortlaut „die Beschäftigten" ist in Anlehnung an die Regelungen der präventiven und repressiven Rasterfahndung dahingehend einzuschränken, dass nur die betroffenen Beschäftigten zu unterrichten sind. Darunter sind Beschäftigte zu verstehen, deren Daten aufgrund eines Trefferfalles personalisiert und zum Gegenstand weiterer Untersuchungen gemacht wurden.

Die Regelung des § 32d Abs. 3 BDSG-RegE sieht keine Löschungspflicht für nicht mehr benötigte Beschäftigtendaten vor. Die Schaffung einer speziellen Löschungspflicht ist zwar aus Klarstellungsgründen denkbar, eine Regelungslücke besteht indes nicht. Wird das Datenscreening heimlich durchgeführt, so ergibt sich eine Löschungspflicht für personalisierte Beschäftigtendaten aus § 32e Abs. 6 S. 1 BDSG-RegE, da in der Personalisierung zugleich eine *Erhebung* neuer Beschäftigtendaten liegt. Im Übrigen findet die allgemeine Löschungspflicht aus § 35 Abs. 2 S. 2 BDSG Anwendung, wenn das Datenscreening offen durchgeführt wird oder eine Personalisierung mangels Trefferfalles unterbleibt.

Obgleich § 32d Abs. 3 S. 1 BDSG-RegE von einer Verarbeitungsbefugnis des Arbeitgebers spricht, zeigt § 32d Abs. 4 S. 1 BDSG-RegE, dass der Gesetzentwurf die Möglichkeit der Einbindung Dritter in Datenverarbeitungsvorgänge des Arbeitgebers voraussetzt. Für diesen Fall regelt § 32d Abs. 4 S. 1 BDSG-RegE eine strenge Zweckbindung, enthält aber ebenso wie der gesamte Gesetzentwurf keine ausdrückliche Übermittlungsbefugnis. Diese ergibt sich jedoch implizit aus der jeweiligen Verarbeitungsbefugnis, im Falle der Durchführung eines Datenscreenings somit aus § 32d Abs. 3 S. 1 BDSG-RegE.

Wird dem Arbeitgeber beim Umgang mit Beschäftigtendaten eine Arbeitsteilung durch Einbeziehung Dritter ermöglicht, so muss die Einhaltung der hierfür geltenden Regeln gewährleistet sein. Aus diesem Grund wird nach derzeitiger Rechtslage die Zweckbindung aus § 28 Abs. 5 S. 1 BDSG gemäß § 43 Abs. 2 Nr. 5 BDSG durch einen Bußgeldtatbestand abgesichert. Für die strenge Zweckbindung des § 32d Abs. 4 S. 1 BDSG-RegE ist eine entsprechende Bußgeldbewehrung nicht vorgesehen, obwohl dieses Bedürfnis dort erst recht besteht. Die vorliegende Regelungslücke könnte im Umsetzungsfall jedoch nicht durch eine analoge Anwendung des § 43 Abs. 2 Nr. 5 BDSG geschlossen werden, da dem das Analogieverbot entgegensteht. Somit ist der Gesetzgeber aufgefordert, im weiteren Gesetzgebungsverfahren eine Sanktionsmöglichkeit für die Missachtung der Zweckbindung aus § 32d Abs. 4 S. 1 BDSG-RegE zu schaffen.

Die Durchführung eines Datenscreenings unterliegt nach § 87 Abs. 1 Nr. 6 BetrVG der zwingenden Mitbestimmung des Betriebsrats, sofern im jeweiligen Unternehmen ein Betriebsrat vorhanden ist. Der Mitbestimmungstatbestand des § 87 Abs. 1 Nr. 1 BetrVG ist dagegen nicht einschlägig, da ein Datenscreening das mitbestimmungsfreie Arbeitsverhalten betrifft. Zur Regelung der Durchführungsmodalitäten bietet sich der Abschluss einer Betriebsvereinbarung an. Hierdurch kann einerseits das Mitbestimmungsrecht des Betriebsrats ausgeübt werden, andererseits stellt eine Betriebsvereinbarung nach § 4 Abs. 1 BDSG bzw. § 4 Abs. 1 S. 2 BDSG-RegE einen datenschutzrechtlichen Erlaubnistatbestand dar. Entgegen dem Wortlaut des § 32l Abs. 5 BDSG-RegE kann durch eine Betriebsvereinbarung auch nach der geplanten Rechtslage das datenschutzrechtliche Schutzniveau unterschritten werden, solange sich die Abweichung im Rahmen der Regelungskompetenz der Betriebsparteien hält und den Schutzauftrag des § 75 Abs. 2 BetrVG beachtet. Darüber hinaus kann eine Betriebsvereinbarung die gesetzliche Regelung des § 32d Abs. 3 BDSG-RegE konkretisieren, an die jeweilige betriebliche Realität anpassen und angesichts der gleichberechtigten Mitwirkung des Betriebsrats zu einer Erhöhung der Akzeptanz der Durchführung von Datenscreenings bei den Beschäftigten beitragen.

Eine Verletzung der Unterrichtungspflicht aus § 32d Abs. 3 S. 4 BDSG-RegE wird durch § 43 Abs. 1 Nr. 7c BDSG-RegE sanktioniert. Dieser Bußgeldtatbestand ist zur Absicherung des Transparenzgebotes erforderlich, da der Beschäftigte nur dann in die Lage versetzt wird, seine Rechte auszuüben, wenn er von einem Umgang mit seinen Beschäftigtendaten Kenntnis erlangt. Der Bußgeldtatbestand ist jedoch aus § 43 Abs. 1 Nr. 7c BDSG-RegE herauszulösen und eigenständig zu regeln, da sich die Formulierung „den Beschäftigten" auf die Fälle der §§ 32e Abs. 5 S. 5 und 32i Abs. 2 S. 3 BDSG-RegE bezieht, für den Regelungsgegenstand des § 32d Abs. 3 S. 4 BDSG-RegE dagegen ungeeignet ist. Die Formulierung muss „die Beschäftigten" lauten. Darüber hinaus sollte aus Klarstellungsgründen von den „*betroffenen* Beschäftigten" gesprochen werden, da eine Unterrichtungspflicht nur gegenüber denjenigen Beschäftigten entsteht, deren Daten aufgrund eines Trefferfalles personalisiert wurden.

Aus Klarstellungsgründen ist die Schaffung eines Bußgeldtatbestandes für materielle Verstöße gegen Vorschriften des Beschäftigtendatenschutzes zu erwägen. Zwar ließen sich materielle Verstöße gegen § 32d Abs. 3 BDSG-RegE mit dem vorhandenen Bußgeldtatbestand des § 43 Abs. 2 Nr. 1 BDSG erfassen. Angesichts der Bedeutung des Beschäftigtendatenschutzes und der Regelungstiefe des Regierungsentwurfs käme einer ausdrücklichen Bußgeldbewehrung jedoch eine nicht zu unterschätzende Signalwirkung zu. Sie könnte der Einhaltung der Vorschriften des Beschäftigtendatenschutzes Nachdruck verleihen und dazu beitragen, dass deren Beachtung ernst genommen wird.

Für die Schaffung eines Beweisverwertungsverbotes bei rechtswidrigem Umgang mit Beschäftigtendaten besteht kein praktisches Bedürfnis. Dessen Sanktionierung erfolgt im System des Datenschutzrechts nach Maßgabe der §§ 43 und 44 BDSG. Die Anordnung eines Beweisverwertungsverbotes wäre daneben systemwidrig. Sie ist auch nicht erforderlich, da sich ein Beweisverwertungsverbot im Einzelfall aus einer Abwägung verfassungsrechtlich geschützter Rechtspositionen ergeben kann.

Die in § 32l Abs. 4 BDSG-RegE vorgesehene Abstufung des Beschwerderechts führt zu einer Verschlechterung der „vorgezogenen Rechtsschutzmöglichkeiten" der Beschäftigten. Sie ist mit den Vorgaben der Europäischen

Datenschutzrichtlinie nicht zu vereinbaren und überdies sachlich nicht gerechtfertigt. Art. 28 Abs. 4 RL 95/46/EG sieht die Möglichkeit der unmittelbaren Anrufung der Datenschutzaufsichtsbehörde vor. Der Umweg über eine an den Arbeitgeber zu richtende Vorschaltbeschwerde entwertet das Beschwerderecht. Der direkte Behördenzugang ist jedoch erforderlich. Werden dem Arbeitgeber zu Zwecken der Korruptionsbekämpfung weitreichende Eingriffsbefugnisse eingeräumt, so muss im Gegenzug sichergestellt sein, dass den Beschäftigten ein wirkungsvolles Rechtsschutzinstrumentarium zur Verfügung steht, was den „vorgezogenen Rechtsschutz" durch Datenschutzaufsichtsbehörden beinhaltet. Somit ist die vorgesehene Regelung des § 32l Abs. 4 BDSG-RegE dahingehend zu ändern, dass auf eine an den Arbeitgeber zu richtende Vorschaltbeschwerde verzichtet und der unmittelbare Behördenzugang ermöglicht wird.

Es besteht kein Bedürfnis für die Schaffung eines Verbandsklagerechts im Beschäftigtendatenschutz. Das bestehende Schutzsystem reicht zur wirkungsvollen Wahrung des Rechts auf informationelle Selbstbestimmung aus. Im „System des Selbstdatenschutzes" soll der Einzelne in die Lage versetzt werden, seine Individualrechte selbst durchzusetzen. Hierfür ist der Weg des Individualrechtsschutzes vorgesehen. Darüber hinaus haben die Beschäftigten die Möglichkeit, Beschwerden im Wege des „vorgezogenen Rechtsschutzes" unmittelbar an die Datenschutzaufsichtsbehörde zu richten. Eines Verbandsklagerechts bedarf es daneben nicht.

B. Lösbarkeit der Interessenkollision zwischen Compliance-Aufgabe und Beschäftigtendatenschutz

Im Beschäftigtendatenschutz treffen die Interessen des Arbeitgebers an effektiver Korruptionsbekämpfung mittels EDV-gestützter Verfahren und die Interessen der Beschäftigten am Schutz ihrer Persönlichkeitsrechte aufeinander. Die Interessen von Kapital und Arbeit, von Arbeitgebern und Beschäftigten sind naturgemäß nicht deckungsgleich. Obwohl im privaten Bereich ein immer sorgloserer Umgang mit personenbezogenen Daten zu konstatieren ist, besteht im Beschäftigungsverhältnis nicht zuletzt als Folge aufsehenerregender „Datenskandale" ein ausgeprägtes Schutzbedürfnis auf Seiten der Beschäftigten. Der Arbeitgeber benötigt bereits zur Durchführung des Beschäftigungsverhältnisses umfangreiche Beschäftigtendaten und erhält im Rahmen des Arbeitsverhältnisses Gelegenheit zu weiterer Datenerhebung. Darüber hinaus zeigt die Methode des Datenscreenings, dass neue technische Methoden den Arbeitgeber in die Lage versetzen, durch Verknüpfung vorhandener Daten gänzlich neue Erkenntnisse zu gewinnen, die Rückschlüsse auf regelkonformes Verhalten der Beschäftigten zulassen.

Dieses teilweise als unlösbar angesehene Spannungsverhältnis kann nur durch einen Kompromiss gelöst werden, der den wechselseitigen Interessen in größtmöglicher Weise zur Durchsetzung verhilft. Hierfür muss die Rechtsordnung einerseits Unternehmen mit geeigneten Werkzeugen ausstatten, um ihren vielfältigen Compliance-Pflichten effektiv nachkommen zu können. Im Gegenzug müssen die Rechte der Beschäftigten wirksam geschützt werden.

Dies darf weder zur Folge haben, dass Datenscreenings uneingeschränkt möglich sind, noch, dass diese gänzlich verboten werden. Compliance und Beschäftigtendatenschutz stehen in keinem Alternativverhältnis, sie sind vielmehr wechselseitig voneinander abhängig. Effektive Compliance ist ohne Verarbeitung personenbezogener Daten undenkbar. Andererseits stellt jeder Verstoß gegen datenschutzrechtliche Regelungen seinerseits einen Compliance-Fall dar.

Die Regelung des § 32d Abs. 3 BDSG-RegE ist zur Lösung des Spannungsverhältnisses grundsätzlich geeignet. Es bedarf jedoch punktueller Korrekturen, um den gegenläufigen Interessen bestmöglich Rechnung zu tragen. Dies setzt hinsichtlich der Durchführung des Datenscreenings in erster Linie voraus, dass das schützende Erfordernis der Pseudonymisierung wirksam zur Geltung gebracht wird und andererseits eine Vorabkontrolle durch den betrieblichen Datenschutzbeauftragten stattfindet. Darüber hinaus muss die gesetzliche Regelung zum Ausdruck bringen, dass mit Hilfe eines Datenscreenings neue Beschäftigtendaten erhoben werden können.

C. Prämissen einer gesetzlichen Regelung

Eine gesetzliche Regelung des Datenscreenings hat klar zum Ausdruck zu bringen, dass dieses sowohl zu präventiven als auch zu repressiven Zwecken durchgeführt werden darf. Dem Wortlaut des § 32d Abs. 3 BDSG-RegE lässt sich im Wege der Auslegung entnehmen, dass die Regelung auch eine Durchführung präventiver Datenscreenings zum Zwecke der Korruptionsbekämpfung ermöglichen soll. Im Interesse einer praxistauglichen Regelung des Datenscreenings sowie zur Erhöhung der Rechtssicherheit ist jedoch eine Klarstellung geboten.

Eine – deklaratorische – Erwähnung des Datenscreenings mit anonymisierten Daten ist im Wortlaut des § 32d Abs. 3 BDSG-RegE verzichtbar. Werden anonymisierte Daten verarbeitet, so handelt es sich nicht mehr um personenbezogene Daten i.S.v. § 3 Abs. 1 BDSG. Der Anwendungsbereich des Bundesdatenschutzgesetzes ist nicht eröffnet. Die Möglichkeit von Datenscreenings mit anonymisierten Daten ergibt sich bereits aus der Beachtung des Verhältnismäßigkeitsgrundsatzes sowie der Zielvorgabe des § 3a BDSG. Darüber hinaus hat § 32d Abs. 3 S. 2 BDSG-RegE lediglich eine Durchführung mit pseudonymisierten Daten im Blick, da eine Personalisierung anonymisierter Daten denk- und begriffsnotwendig ausgeschlossen ist. Eine Beschränkung der gesetzlichen Regelung auf pseudonymisierte Beschäftigtendaten ist auch sachgerecht, da es bei Datenscreenings zu Zwecken der Korruptionsbekämpfung regelmäßig darauf ankommt, im Verdachtsfall einen konkreten Personenbezug herstellen zu können.

Die gesetzliche Regelung kann sich auf die Nennung schwerwiegender Pflichtverletzungen beschränken, da Straftaten lediglich einen Ausschnitt schwerwiegender Pflichtverletzungen darstellen sollen. Eine Erweiterung der Regelbeispiele ist nicht erforderlich. Diese dienen als Bagatellschwelle dazu, Fälle einfachster Kriminalität auszuscheiden. Sie schließen jedoch nicht aus, ein Datenscreening – wie im Regelfall des Daten-Doubletten-Abgleichs – zur Aufdeckung von Betrügereien in beschaffungsnahen Bereichen durchzuführen.

§ 32d Abs. 3 S. 1 BDSG-RegE lässt einen Datenabgleich mit anonymisierten oder pseudonymisierten Daten zu, ohne Vorgaben für das hierfür anzuwendende Verfahren zu machen. Dies reicht zur Wahrung der Schutzpflicht des Gesetzgebers im Hinblick auf das Recht auf informationelle Selbstbestimmung nicht aus. Es ist daher zu regeln, dass die Zuordnungsregeln bei einer unabhängigen Stelle verwahrt werden müssen. Unabhängige Stellen sind der Betriebsrat, der Datenschutzbeauftragte oder ein Ombudsmann, nicht dagegen externe Dienstleister, die das Datenscreening durchführen. Klarzustellen ist auch, dass die Daten nur im für den jeweiligen Verdachtsfall erforderlichen Umfang personalisiert werden dürfen.

Darüber hinaus ist ein Rechtsfolgenverweis auf die Regelung der Vorabkontrolle in § 4d Abs. 5 BDSG aufzunehmen und zum Ausdruck zu bringen, dass die Personalisierung eine Erhebung von Beschäftigtendaten darstellt, die nur unter den zusätzlichen Voraussetzungen des § 32e Abs. 2 BDSG-RegE erfolgen darf.

Schließlich muss die gesetzliche Regelung dem Umstand Rechnung tragen, dass zur Durchführung des Datenscreenings häufig externe Dienstleister eingebunden werden. Hierfür ist eine ausdrückliche Übermittlungsbefugnis zu schaffen. Der Gesetzentwurf der Bundesregierung setzt die Möglichkeit der Datenverarbeitung durch Dritte voraus (§ 32d Abs. 4 S. 1 BDSG-RegE), ohne eine für die Datenübermittlung erforderliche Rechtsgrundlage zu schaffen. Zwar lässt sich eine Übermittlungsbefugnis der jeweiligen Verarbeitungsbefugnis durch Auslegung entnehmen. Angesichts der praktischen Relevanz einer Datenverarbeitung durch Dritte ist jedoch bereits aus Klarstellungsgründen die Schaffung einer ausdrücklichen Übermittlungsbefugnis geboten.

D. Regelungsvorschlag

Unter Zugrundelegung des § 32d Abs. 3 BDSG-RegE und unter Beachtung der vorgenannten Prämissen ergibt sich folgender Vorschlag einer gesetzlichen Regelung des Datenscreenings:

§ 32d
Datenverarbeitung und -nutzung
im Beschäftigungsverhältnis

[…]

„(3) Deuten vorab zu dokumentierende Umstände auf die Begehung von schwerwiegenden Pflichtverletzungen durch Beschäftigte im Beschäftigungsverhältnis hin, darf der Arbeitgeber zu deren Aufdeckung oder Verhinderung einen automatisierten Abgleich pseudonymisierter Beschäftigtendaten mit von ihm geführten Dateien selbst oder durch einen Dritten durchführen. Schwerwiegende Pflichtverletzungen sind insbesondere Straftaten nach den §§ 266, 299, 331 bis 334 des Strafgesetzbuches. Ergibt sich ein Verdachtsfall, dürfen die Daten im erforderlichen Umfang personalisiert werden. Die Zuordnungsregeln sind bei einer unabhängigen Stelle zu verwahren und nur im Falle des § 32d Abs. 3 S. 2 herauszugeben. Erfolgt die Personalisierung ohne Kenntnis der betroffenen Beschäftigten, sind die zusätzlichen Voraussetzungen des § 32e Abs. 2 BDSG-RegE zu beachten. § 4d Abs. 5 BDSG findet Anwendung. Die betroffenen Beschäftigten sind über Inhalt, Umfang und Zweck des automatisierten Abgleichs zu unterrichten, sobald der Zweck durch die Unterrichtung nicht mehr gefährdet wird. Lässt der Arbeitgeber den automatisierten Datenabgleich durch einen Dritten durchführen, darf er die hierfür erforderlichen Daten an diesen übermitteln."

[…]

Literaturverzeichnis

Abel, Horst G. (Hrsg.): Praxiskommentar Bundesdatenschutzgesetz – Schnelle Klarheit im novellierten BDSG, 5. Aufl., Kissing 2009 (zit.: *Abel*, BDSG).

Abel, Ralf B.: Europäische Datenschutz-Verordnung – ein „Super-BDSG" für den Kontinent?, DSB 1/2012, S. 8–10.

Abel, Ralf B.: EuGH: Güterabwägung im Datenschutz muss gewährleistet bleiben, DSB 2/2012, S. 31–32.

Albers, Felicitas G.: Compliance elektronischer Analyseverfahren personenbezogener Daten – Zielkonflikt zwischen berechtigtem Analyseinteresse und informationeller Selbstbestimmung, ZRFC 2009, S. 150–156.

Altenburg, Stephan/Leister, Thomas: Die Verwertbarkeit mitbestimmungswidrig erlangter Beweismittel im Zivilprozess, NJW 2006, S. 469–472.

Auernhammer, Herbert: Bundesdatenschutzgesetz, Kommentar, 3. Aufl., Köln u.a. 1993 (zit.: *Auernhammer*, BDSG).

Baeriswyl, Bruno: Data Mining und Data Warehousing: Kundendaten als Ware oder geschütztes Gut?, RDV 2000, S. 6–11.

Baetge, Jörg/Melcher, Thorsten/Schmidt, Matthias: Die Bedeutung der Unternehmenskultur für die Fraud-Prävention, in: Stefan Grundmann et al. (Hrsg.), Unternehmen, Markt und Verantwortung, Festschrift für Klaus J. Hopt zum 70. Geburtstag am 24. August 2010, Band 1, Berlin, New York 2010, S. 357–372.

Bähr, Josef/Gläser, Daniel: Die Rolle der digitalen Datenanalyse bei der Planung und Durchführung des Revisionsprogramms, in: Deggendorfer Forum zur digitalen Datenanalyse e.V. (Hrsg.), Digitale Datenanalyse, Interne Revision und Wirtschaftsprüfung – Synergien nutzen – Prüfungen optimieren, Berlin 2009, S. 11–29.

Barton, Dirk-M.: Risiko-/Compliance-Management und Arbeitnehmerdatenschutz – eine nach wie vor unbefriedigende Kollisionslage – Anmerkungen zu § 32 BDSG, RDV 2009, S. 200–204.

Barton, Dirk-M.: Compliance Management versus Arbeitnehmerdatenschutz – Anmerkungen zu Paragraf 32 des Bundesdatenschutzgesetzes (BDSG), IT-Sicherheit 1/2010, S. 60–62.

Bausewein, Christoph: Legitimationswirkung von Einwilligung und Betriebsvereinbarung im Beschäftigtendatenschutz – Reichweite der Befugnis des Arbeitgebers zur Datenerhebung, -verarbeitung und -nutzung bei Anbahnung und Durchführung des Beschäftigungsverhältnisses, Edewecht 2012.

Bayreuther, Frank: Videoüberwachung am Arbeitsplatz, NZA 2005, S. 1038–1044.

Beckschulze, Martin/Natzel, Ivo: Das neue Beschäftigtendatenschutzgesetz – Eine Darstellung des aktuellen Gesetzentwurfs vom 25.8.2010 –, BB 2010, S. 2368–2375.

Bergmann, Lutz/Möhrle, Roland/Herb, Armin: Datenschutzrecht – Kommentar Bundesdatenschutzgesetz, Datenschutzgesetze der Länder und Kirchen, Bereichsspezifischer Datenschutz, Loseblatt, Stand: 43. Erg.-Lfg., September 2011, Stuttgart u.a. 2011 (zit.: *Bergmann/Möhrle/Herb*, BDSG).

Bergwitz, Christoph: Prozessuale Verwertungsverbote bei unzulässiger Videoüberwachung, NZA 2012, S. 353–360.

Berndt, Thomas/Aggeler, Matthias/Teo, Rogier: Effiziente Review-Prozesse durch E-Discovery: Vorgehensweise und Praxisbeispiel, BB 2012, S. 173–178.

Berner, Georg/Köhler, Gerd Michael/Käß, Robert: Polizeiaufgabengesetz, Handkommentar, 20. Aufl., Heidelberg u.a. 2010 (zit.: *Berner/Köhler/Käß*, PAG).

Bierekoven, Christiane: Korruptionsbekämpfung vs. Datenschutz nach der BDSG-Novelle, CR 2010, S. 203–208.

Böhm, Wolf-Tassilo: Non-Compliance und Arbeitsrecht – Interne Ermittlungen, Sanktionen und Regressansprüche nach Rechts- und Regelverstößen von Arbeitnehmern, Baden-Baden 2011.

Bönner, Arno/Riedl, Martin/Wenig, Stefan: Digitale SAP®-Massendatenanalyse – Risiken erkennen – Prozesse optimieren, Berlin 2011.

Brandt, Jochen: Betriebsvereinbarungen als datenschutzrechtliche „Öffnungsklauseln"?, DuD 2010, S. 213–215.

Brink, Stefan/Schmidt, Stephan: Datenschutzrechtliche Zulässigkeit von Mitarbeiterscreenings, in: Jürgen Taeger (Hrsg.), Digitale Evolution – Herausforderungen für das Informations- und Medienrecht, Tagungsband Herbstakademie 2010, Edewecht 2010, S. 59–71.

Brink, Stefan/Schmidt, Stephan: Die rechtliche (Un-)Zulässigkeit von Mitarbeiterscreenings – Vom schmalen Pfad der Legalität, MMR 2010, S. 592–596.

Brühann, Ulf: Mindeststandards oder Vollharmonisierung des Datenschutzes in der EG – Zugleich ein Beitrag zur Systematik von Richtlinien zur Rechtsangleichung im Binnenmarkt in der Rechtsprechung des Europäischen Gerichtshofs, EuZW 2009, S. 639–645.

Buchner, Benedikt: Informationelles Selbstbestimmungsrecht im Privatrecht, Tübingen 2006.

Buchner, Benedikt: Betriebliche Datenverarbeitung zwischen Datenschutz und Informationsfreiheit, in: Jobst-Hubertus Bauer/Michael Kort/Thomas M. J. Möllers/Bernd Sandmann (Hrsg.), Festschrift für Herbert Buchner zum 70. Geburtstag, München 2009, S. 153–162.

Buchner, Benedikt: Die Einwilligung im Datenschutzrecht – vom Rechtfertigungsgrund zum Kommerzialisierungsinstrument, DuD 2010, S. 39–43.

Büchting, Hans-Ulrich/Heussen, Benno (Hrsg.): Beck'sches Rechtsanwalts-Handbuch, 10. Aufl., München 2011 (zit.: *Bearbeiter*, in: Rechtsanwalts-Hdb).

Bull, Hans Peter: Polizeiliche und nachrichtendienstliche Befugnisse zur Verdachtsgewinnung, in: Lerke Osterloh/Karsten Schmidt/Hermann Weber (Hrsg.), Festschrift für Peter Selmer zum 70. Geburtstag, Berlin 2004, S. 29–50.

Bull, Hans Peter: Zweifelsfragen um die informationelle Selbstbestimmung – Datenschutz als Datenaskese?, NJW 2006, S. 1617–1624.

Bull, Hans Peter: Die „völlig unabhängige" Aufsichtsbehörde – Zum Urteil des EuGH vom 9.3.2010 in Sachen Datenschutzaufsicht, EuZW 2010, S. 488–494.

Byers, Philipp: Die Videoüberwachung am Arbeitsplatz unter besonderer Berücksichtigung des neuen § 32 BDSG, Frankfurt am Main 2011.

Calliess, Christian/Ruffert, Matthias: EUV/AEUV, Das Verfassungsrecht der Europäischen Union mit Europäischer Grundrechtecharta, Kommentar, 4. Aufl., München 2011 (zit.: *Bearbeiter*, in: Calliess/Ruffert, EUV/AEUV).

Caspar, Johannes: Arbeitnehmerdatenschutz – Im Spannungsfeld zwischen informationeller Selbstbestimmung und betrieblicher Kontrolle, DuD 2011, S. 687–693.

Dammann, Ulrich/Simitis, Spiros: EG-Datenschutzrichtlinie – Kommentar, Baden-Baden 1997 (zit.: *Dammann/Simitis*, EG-Datenschutzrichtlinie).

Dann, Matthias/Gastell, Roland: Geheime Mitarbeiterkontrollen: Straf- und arbeitsrechtliche Risiken bei unternehmensinterner Aufklärung, NJW 2008, S. 2945–2949.

Däubler, Wolfgang: Gläserne Belegschaften? Das Handbuch zum Arbeitnehmerdatenschutz, 5. Aufl., Frankfurt am Main 2010.

Däubler, Wolfgang/Hjort, Jens Peter/Schubert, Michael/Wolmerath, Martin (Hrsg.): Arbeitsrecht – Individualarbeitsrecht mit kollektivrechtlichen Bezügen, Handkommentar, 2. Aufl., Baden-Baden 2010 (zit.: *Bearbeiter*, in: HK-ArbR).

Däubler, Wolfgang/Klebe, Thomas/Wedde, Peter/Weichert, Thilo: Bundesdatenschutzgesetz, Kompaktkommentar zum BDSG, 3. Aufl., Frankfurt am Main 2010 (zit.: *Bearbeiter*, in: Däubler/Klebe/Wedde/Weichert, BDSG).

Däubler-Gmelin, Herta: AEO-Zertifizierung, Terrorlisten und Mitarbeiterscreening, DuD 2011, S. 455–460.

Deutsch, Markus/Diller, Martin: Die geplante Neuregelung des Arbeitnehmerdatenschutzes in § 32 BDSG, DB 2009, S. 1462–1465.

Diller, Martin: „Konten-Ausspäh-Skandal" bei der Deutschen Bahn: Wo ist das Problem?, BB 2009, S. 438–440.

Dölling, Dieter (Hrsg.): Handbuch der Korruptionsprävention – für Wirtschaftsunternehmen und öffentliche Verwaltung, München 2007 (zit.: *Bearbeiter*, in: Dölling, Korruptionsprävention).

Düwell, Franz Josef: Beschäftigtendatenschutz – Das Werk der Gesetzgebung und der Beitrag der Rechtsprechung, in: Bitburger Gespräche in München, Band 1, Datenschutz im Arbeitsverhältnis, Tübingen 2012, S. 79–115.

Dzida, Boris/Grau, Timon: Verwertung von Beweismitteln bei Verletzung des Arbeitnehmerdatenschutzes, NZA 2010, S. 1201–1206.

Dzida, Boris/Schütt, Julia: Arbeitnehmerdatenschutz: Rechte und Pflichten des Betriebsrats – Kontrollfunktion wahrnehmen, eigene Datenschutzverstöße vermeiden, ArbRB 2012, S. 21–24.

Eckhardt, Jens: EU-DatenschutzVO – Ein Schreckgespenst oder Fortschritt?, CR 2012, S. 195–203.

Ehmann, Horst: Datenverarbeitung und Persönlichkeitsschutz im Arbeitsverhältnis, NZA-Beilage 1/1985, S. 2–11.

Ehmann, Horst: Datenschutz und Mitbestimmungsrechte bei der Arbeitnehmer-Datenverarbeitung, NZA 1993, S. 241–248.

Ehmann, Horst: Die Persönlichkeit als Grundlage des Arbeitsrechts, in: Peter Hanau/Egon Lorenz/Hans-Christoph Matthes (Hrsg.), Festschrift für Günther Wiese zum 70. Geburtstag, Neuwied, Kriftel 1998, S. 99–119.

Eich, Rolf-Achim: Betriebsvereinbarung – Das verkannte Medium, NZA 2010, S. 1389–1395.

Elbel, Thomas: Zur Abgrenzung von Auftragsdatenverarbeitung und Übermittlung, RDV 2010, S. 203–209.
Erfurth, René: Der „neue" Arbeitnehmerdatenschutz im BDSG, NJOZ 2009, S. 2914–2927.
Erfurth, René: Die Betriebsvereinbarung im Arbeitnehmerdatenschutz, DB 2011, S. 1275–1279.
Fischer, Ulrich: Prozessuales Verwertungsverbot für mitbestimmungswidrig erlangte Beweismittel, BB 1999, S. 154–157.
Fitting, Karl (Begr.): Betriebsverfassungsgesetz, Handkommentar, 26. Aufl., München 2012 (zit.: *Fitting*, BetrVG).
Flegel, Ulrich/Raabe, Oliver/Wacker, Richard: Technischer Datenschutz für IDS und FDS durch Pseudonymisierung, DuD 2009, S. 735–741.
Forst, Gerrit: Videoüberwachung am Arbeitsplatz und der neue § 32 BDSG, RDV 2009, S. 204–211.
Forst, Gerrit: Der Regierungsentwurf zur Regelung des Beschäftigtendatenschutzes, NZA 2010, S. 1043–1048.
Forst, Gerrit: Die Rechte des Arbeitnehmers infolge einer rechtswidrigen Datenverarbeitung durch den Arbeitgeber, AuR 2010, S. 106–112.
Forst, Gerrit: Wie viel Arbeitnehmerdatenschutz erlaubt die EG-Datenschutzrichtlinie?, RDV 2010, S. 150–155.
Forst, Gerrit: Grundfragen der Datenschutz-Compliance, DuD 2010, S. 160–165.
Forst, Gerrit: Strafanzeige gegen den Arbeitgeber – Grund zur Kündigung des Arbeitsvertrags?, NJW 2011, S. 3477–3482.
Forst, Gerrit: Beschäftigtendatenschutz im Kommissionsvorschlag einer EU-Datenschutzverordnung, NZA 2012, S. 364–368.
Franzen, Martin: Betriebsvereinbarung: Alternative zu Tarifvertrag und Arbeitsvertrag?, NZA-Beilage 3/2006, S. 107–115.
Franzen, Martin: Arbeitnehmerdatenschutz – rechtspolitische Perspektiven, RdA 2010, S. 257–263.
Freckmann, Anke: Korruptionsbekämpfung – Eine Gratwanderung, BB 22/2009, M1.
Friedman, Thomas L.: The World is flat – A Brief History of the Twenty-first Century, New York 2005.
Fritz, Hans-Joachim: Whistleblowing – Denunziation oder Wettbewerbsvorteil? Inhalt und Grenzen des Whistleblowings im Rahmen von Corporate Compliance, in: Frank Maschmann (Hrsg.), Corporate Compliance und Arbeitsrecht, Baden-Baden 2009, S. 111–148.
Fröhlich, Oliver: § 32 BDSG n.F. – Neuer Arbeitnehmerdatenschutz, ArbRB 2009, S. 300–303.

Gebhardt, Immanuel/Umnuß, Karsten: Anonymisierung als Weg aus der Mitbestimmung bei elektronischer Datenverarbeitung gemäß § 87 I Nr. 6 BetrVG?, NZA 1995, S. 103–111.

Geschonneck, Alexander/Meyer, Jörg/Scheben, Barbara: Anonymisierung im Rahmen der forensischen Datenanalyse, BB 2011, S. 2677–2680.

Gliss, Hans: Genauigkeit beim Adressenabgleich, DSB 10/2009, S. 11–12.

Goette, Wulf/Habersack, Mathias/Kalss, Susanne (Hrsg.): Münchener Kommentar zum Aktiengesetz, Band 2, §§ 76–117, MitbestG, DrittelbG, 3. Aufl., München 2008 (zit.: *Bearbeiter*, in: MünchKommAktG).

Gola, Peter: Die Einwilligung als Legitimation für die Verarbeitung von Arbeitnehmerdaten, RDV 2002, S. 109–116.

Gola, Peter: Materielle und formelle Stärkung des Arbeitnehmerdatenschutzes, RDV 2010, S. 97–101.

Gola, Peter/Jaspers, Andreas: § 32 Abs. 1 BDSG – eine abschließende Regelung?, RDV 2009, S. 212–214.

Gola, Peter/Klug, Christoph: Die Entwicklung des Datenschutzrechts in den Jahren 2008/2009, NJW 2009, S. 2577–2583.

Gola, Peter/Klug, Christoph: Die Entwicklung des Datenschutzrechts in den Jahren 2009/2010, NJW 2010, S. 2483–2488.

Gola, Peter/Schomerus, Rudolf: BDSG, Bundesdatenschutzgesetz Kommentar, 11. Aufl., München 2012 (zit.: *Gola/Schomerus*, BDSG).

Gola, Peter/Wronka, Georg: Handbuch zum Arbeitnehmerdatenschutz – Rechtsfragen und Handlungshilfen unter Berücksichtigung der BDSG-Novellen, 5. Aufl., Heidelberg u.a. 2010.

Görling, Helmut/Inderst, Cornelia/Bannenberg, Britta: Compliance – Aufbau – Management – Risikobereiche, Heidelberg u.a. 2010 (zit.: *Bearbeiter*, in: Görling/Inderst/Bannenberg, Compliance).

Grosjean, Sascha R.: Überwachung von Arbeitnehmern – Befugnisse des Arbeitgebers und mögliche Beweisverwertungsverbote, DB 2003, S. 2650–2654.

Gurlit, Elke: Verfassungsrechtliche Rahmenbedingungen des Datenschutzes, NJW 2010, S. 1035–1041.

Häfele, Markus/Schmeisky, Jan Helge: Fraud Red Flags – Warnsignale zur Erkennung wirtschaftskrimineller Handlungen, ZRFC 2010, S. 233–238.

Hamm, Rainer: Compliance vor Recht? Anwälte bei der Bewältigung eines „Datenskandals", NJW 2010, S. 1332–1336.

Hampel, Volker: Handlungsempfehlungen beim Datenabgleich zur Aufdeckung wirtschaftskrimineller Handlungen durch die Interne Revision, ZIR 2009, S. 99–102.

Hanloser, Stefan: Die BDSG-Novelle II: Neuregelungen zum Kunden- und Arbeitnehmerdatenschutz, MMR 2009, S. 594–599.

Hauschka, Christoph E. (Hrsg.): Corporate Compliance – Handbuch der Haftungsvermeidung im Unternehmen, 2. Aufl., München 2010 (zit.: *Bearbeiter*, in: Hauschka, Corporate Compliance).

Heinson, Dennis: Compliance durch Datenabgleiche, BB 2010, S. 3084–3090.

Heinson, Dennis/Schmidt, Bernd: IT-gestützte Compliance-Systeme und Datenschutzrecht – Ein Überblick am Beispiel von OLAP und Data Mining, CR 2010, S. 540–547.

Heinson, Dennis/Sörup, Thorsten/Wybitul, Tim: Der Regierungsentwurf zur Neuregelung des Beschäftigtendatenschutzes, CR 2010, S. 751–759.

Heinson, Dennis et al.: Rechtliche Fragen zur Praxis IT-forensischer Analysen in Organisationen – Methoden zur Aufklärung verbotener Handlungen im Spannungsfeld rechtlicher Interessen, DuD 2010, S. 75–79.

Heldmann, Sebastian: Betrugs- und Korruptionsbekämpfung zur Herstellung von Compliance – Arbeits- und datenschutzrechtliche Sicht –, DB 2010, S. 1235–1239.

Herrmann, Joachim: Modernisierung des Datenschutzrechts – ausschließlich eine europäische Aufgabe?, ZD 2012, S. 49–50.

Herzog, Henning: Datenschutz und Korruptionsbekämpfung – ein Zielkonflikt?, ZRFC 2009, S. 193.

Heydemann, Norbert: Datenanalysen? Ja, bitte. Ein Plädoyer aus der Praxissicht, ZIR 2009, S. 155–156.

Hjort, Jens Peter: Beschäftigtendatenschutz oder Arbeitnehmerkontrolle – Ein Gesetz am Scheideweg, AiB 2010, S. 639–645.

Hlavica, Christian/Klapproth, Uwe/Hülsberg, Frank M.: Tax Fraud & Forensic Accounting – Umgang mit Wirtschaftskriminalität, Wiesbaden 2011 (zit.: *Bearbeiter*, in: Hlavica/Klapproth/Hülsberg, Wirtschaftskriminalität).

Hohmann-Dennhardt, Christine: Informationeller Selbstschutz als Bestandteil des Persönlichkeitsrechts, RDV 2008, S. 1–7.

Höld, Florian: Die Überwachung von Arbeitnehmern – Nicht-technische Überwachungsmethoden, technische Überwachungsmethoden und ärztliche Untersuchungen, Hamburg 2006.

Holländer, Corinna: Datensündern auf der Spur – Bußgeldverfahren ungeliebtes Instrument der Datenschutzaufsichtsbehörden?, RDV 2009, S. 215–222.

Hölzer, Dirk/Arendt, Stefan: Massendatenanalysen – Nutzung des vollen Potenzials von Massendatenanalysen in der Internen Revision („Revisionsfabrik"), ZIR 2011, S. 306–310.

Hornung, Gerrit: Eine Datenschutz-Grundverordnung für Europa? Licht und Schatten im Kommissionsentwurf vom 25.1.2012, ZD 2012, S. 99–106.

Hromadka, Wolfgang: Arbeitsrecht und ethische Unternehmensführung, NZA-Beilage 1/2011, S. 1.

Ignor, Alexander: Rechtsstaatliche Standards für interne Erhebungen in Unternehmen – Die „Thesen zum Unternehmensanwalt im Strafrecht" des Strafrechtsausschusses der Bundesrechtsanwaltskammer, CCZ 2011, S. 143–146.

Jahn, Joachim: Compliance, Litigation-PR und die Medien, CCZ 2011, S. 139–142.

Joussen, Jacob: Die Neufassung des § 32 BDSG – Neues zum Arbeitnehmerdatenschutz?, in: Ingrid Schmidt (Hrsg.), Jahrbuch des Arbeitsrechts, Gesetzgebung – Rechtsprechung – Literatur, Nachschlagewerk für Wissenschaft und Praxis, Band 47, Berlin 2010, S. 69–91.

Joussen, Jacob.: Die Zulässigkeit von vorbeugenden Torkontrollen nach dem neuen BDSG, NZA 2010, S. 254–259.

Joussen, Jacob: Mitarbeiterkontrolle: Was muss, was darf das Unternehmen wissen?, NZA-Beilage 1/2011, S. 35–42.

Keller, Thomas: Digitale Analyse von Finanzdaten, in: Deggendorfer Forum zur digitalen Datenanalyse e.V. (Hrsg.), Digitale Datenanalyse, Interne Revision und Wirtschaftsprüfung – Synergien nutzen – Prüfungen optimieren, Berlin 2009, S. 87–101.

Kirsch, Marcus: Datenschutz in Unternehmen – Leitfaden für datenschutzrechtliche Fragestellungen im Rahmen unternehmerischer IT-Compliance, Hamburg 2011.

Klindtworth, Holger: Handbuch der Datenprüfung – Methoden und Verfahren der Datenanalyse und ihre Anwendung, Hamburg 2006.

Klug, Christoph: Die Vorabkontrolle – Eine neue Aufgabe für betriebliche und behördliche Datenschutzbeauftragte, RDV 2001, S. 12–20.

Klumpp, Steffen: § 23 BetrVG als Diskriminierungssanktion?, NZA 2006, S. 904–906.

Koch, Frank A.: Verwendung von Beschäftigtendaten bei Verdacht einer Straftat, ITRB 2010, S. 164–166.

Kock, Martin/Francke, Julia: Mitarbeiterkontrolle durch systematischen Datenabgleich zur Korruptionsbekämpfung, NZA 2009, S. 646–651.

Kock, Martin/Francke, Julia: „Mitarbeiter-Screenings" zur internen Korruptionsbekämpfung, ArbRB 2009, S. 110–113.

Köhler, Helmut/Bornkamm, Joachim: Gesetz gegen den unlauteren Wettbewerb – Preisangabenverordnung, Unterlassungsklagengesetz, Dienstleistungs-

Informationspflichten-Verordnung, 29. Aufl., München 2011 (zit.: *Bearbeiter*, in: Köhler/Bornkamm, UWG).
Kolbe, Sebastian: Unkündbarkeit für Korruptionstäter?, NZA 2009, S. 228–232.
Körner, Marita: Regierungsentwurf zum Arbeitnehmerdatenschutz, AuR 2010, S. 416–421.
Kort, Michael: Die Auswirkungen des neuen Bundesdatenschutzgesetzes auf die Mitbestimmung im Arbeitsrecht, RdA 1992, S. 378–386.
Kort, Michael: Verhaltensstandardisierung durch Corporate Compliance, NZG 2008, S. 81–86.
Kort, Michael: Datenschutzrechtliche und betriebsverfassungsrechtliche Fragen bei IT-Sicherheitsmaßnahmen, NZA 2011, S. 1319–1324.
Kort, Michael: Lückenhafte Reform des Beschäftigtendatenschutzes – Offene Fragen und mögliche Antworten in Bezug auf die geplanten §§ 32 ff. BDSG, MMR 2011, S. 294–299.
Kort, Michael: Zum Verhältnis von Datenschutz und Compliance im geplanten Beschäftigtendatenschutzgesetz, DB 2011, S. 651–655.
Kort, Michael: Die Stellung des Betriebsrats im System des Beschäftigtendatenschutzes, RDV 2012, S. 8–17.
Kort, Michael: Spannungsfeld Datenschutz und Compliance im RegE Beschäftigtendatenschutzgesetz, in: Bitburger Gespräche in München, Band 1, Datenschutz im Arbeitsverhältnis, Tübingen 2012, S. 45–78.
Krohs, Christian/Behling, Thorsten B.: Compliance bei kartellrechtlichen E-Searches – Datenschutz- und TK-rechtliche Hürden und Lösungen, ZRFC 2012, S. 28–36.
Kühling, Jürgen/Seidel, Christian/Sivridis, Anastasios: Datenschutzrecht, 2. Aufl., Heidelberg u.a. 2011.
Kursawe, Stefan/Nebel, Julian: „Sozialübliche innerbetriebliche Kommunikation" – zum Anwendungsbereich des Beschäftigtendatenschutzes, BB 2012, S. 516–519.
Leutheusser-Schnarrenberger, Sabine: Handlungsbedarf im Datenschutz aus Sicht der Bundesregierung, in: Bitburger Gespräche in München, Band 1, Datenschutz im Arbeitsverhältnis, Tübingen 2012, S. 33–44.
Lindhorst, Matthias: Sanktionsdefizite im Datenschutzrecht, Frankfurt am Main 2010.
Linnenkohl, Karl R. H. et al.: Das Recht auf „informationelle Selbstbestimmung" und die Drittwirkungsproblematik im Arbeitsrecht, BB 1988, S. 57–62.
Linsenmaier, Wolfgang: Normsetzung der Betriebsparteien und Individualrechte der Arbeitnehmer, RdA 2008, S. 1–13.

Löwisch, Manfred: Fernmeldegeheimnis und Datenschutz bei der Mitarbeiterkontrolle, DB 2009, S. 2782–2787.

Lunk, Stefan: Prozessuale Verwertungsverbote im Arbeitsrecht, NZA 2009, S. 457–464.

Mähner, Nicolas: Neuregelung des § 32 BDSG zur Nutzung personenbezogener Mitarbeiterdaten – Am Beispiel der Deutschen Bahn AG, MMR 2010, S. 379–382.

Maschmann, Frank: Mitarbeiterkontrolle in Theorie und Praxis, in: Frank Maschmann (Hrsg.), Festschrift für Wolfgang Hromadka zum 70. Geburtstag, München 2008, S. 233–254.

Maschmann, Frank: Haftungsvermeidung durch Gesetzestreue – Compliance und Arbeitsrecht – Einführung in das Thema, in: Frank Maschmann (Hrsg.), Corporate Compliance und Arbeitsrecht, Baden-Baden 2009, S. 7–9.

Maschmann, Frank: Mitarbeiterkontrolle und private Ermittlungen, in: Frank Maschmann (Hrsg.), Corporate Compliance und Arbeitsrecht, Baden-Baden 2009, S. 149–183.

Maties, Martin: Arbeitnehmerüberwachung mittels Kamera?, NJW 2008, S. 2219–2225.

Mengel, Anja: Compliance und Arbeitsrecht – Implementierung – Durchsetzung – Organisation, München 2009.

Mester, Britta Alexandra: Arbeitnehmerdatenschutz – Notwendigkeit und Inhalt einer gesetzlichen Regelung, Edewecht 2008.

Meyer-Goßner, Lutz: Strafprozessordnung – Gerichtsverfassungsgesetz, Nebengesetze und ergänzende Bestimmungen, 54. Aufl., München 2011 (zit.: *Meyer-Goßner*, StPO).

Michalke, Regina: Untreue – neue Vermögensbetreuungspflichten durch Compliance-Regeln, StV 2011, S. 245–251.

Moosmayer, Klaus: Compliance, Praxisleitfaden für Unternehmen, 2. Aufl., München 2012.

Moosmayer, Klaus/Hartwig, Niels: Interne Untersuchungen – Praxisleitfaden für Unternehmen, München 2012 (zit.: *Bearbeiter*, in: Moosmayer/Hartwig, Interne Untersuchungen).

Müller, Günter/Boenner, Arno: Risikoorientierte Analyse von Massendaten in der Praxis – Das STAAN-Projekt der Konzern-Revision der Bayer AG, in: Raimund Röhrich (Hrsg.), Methoden der Korruptionsbekämpfung, Risiken erkennen – Schäden vermeiden, Berlin 2008, S. 79–89.

Müller-Bonanni, Thomas: Arbeitsrecht und Compliance – Hinweise für die Praxis – Einhaltung von arbeitsrechtlichen Regeln und Arbeitsrecht in der Compliance, AnwBl 2010, S. 651–655.

Müller-Glöge, Rudi/Preis, Ulrich/Schmidt, Ingrid (Hrsg.): Erfurter Kommentar zum Arbeitsrecht, 12. Aufl., München 2012 (zit.: ErfK/*Bearbeiter*).

Neumann, Dirk/Pahlen, Ronald/Majerski-Pahlen, Monika: Sozialgesetzbuch IX – Rehabilitation und Teilhabe behinderter Menschen, 12. Aufl., München 2010 (zit.: *Bearbeiter*, in: Neumann/Pahlen/Majerski-Pahlen, SGB IX).

Oberwetter, Christian: Arbeitnehmerrechte bei Lidl, Aldi & Co., NZA 2008, S. 609–613.

Oberwetter, Christian: Überwachung und Ausspähung von Arbeitnehmern am Arbeitsplatz – alles ohne Entschädigung?, NZA 2009, S. 1120–1123.

Palandt, Otto (Begr.): Bürgerliches Gesetzbuch mit Nebengesetzen, 71. Aufl., München 2012 (zit.: Palandt/*Bearbeiter*, BGB).

Petri, Thomas Bernhard: Funktionen des betrieblichen Datenschutzes, DuD 2005, S. 334–337.

Polenz, Sven: Fehlverhaltenskontrolle am Arbeitsplatz, DuD 2009, S. 561–563.

Pünder, Hermann/Schellenberg, Martin: Vergaberecht, Handkommentar, Baden-Baden 2011 (zit.: *Bearbeiter*, in: Pünder/Schellenberg, Vergaberecht).

Rasmussen-Bonne, Hans-Eric/Raif, Alexander: Neues beim Beschäftigtendatenschutz – Worauf sich Unternehmen einstellen müssen, GWR 2011, S. 80–83.

Reding, Viviane: Herausforderungen an den Datenschutz bis 2020: Eine europäische Perspektive, ZD 2011, S. 1–2.

Richardi, Reinhard: Die Betriebsvereinbarung als Rechtsinstitut gesetzlich gestalteter Betriebsautonomie, in: Günther Hönn/Hartmut Oetker/Thomas Raab (Hrsg.), Festschrift für Peter Kreutz zum 70. Geburtstag, Köln 2010, S. 379–386.

Richardi, Reinhard (Hrsg.): Betriebsverfassungsgesetz mit Wahlordnung, Kommentar, 13. Aufl., München 2012 (zit.: *Bearbeiter*, in: Richardi, BetrVG).

Richardi, Reinhard/Wlotzke, Otfried/Wißmann, Hellmut/Oetker, Hartmut (Hrsg.): Münchener Handbuch zum Arbeitsrecht, Band 2, Kollektivarbeitsrecht/Sonderformen, 3. Aufl., München 2009 (zit.: *Bearbeiter*, in: MünchArbR, Band 2).

Riesenhuber, Karl: Die Einwilligung des Arbeitnehmers im Datenschutzrecht, RdA 2011, S. 257–265.

Rodewald, Jörg: Gesetzestreue als Organisationsproblem: Compliance richtig managen, in: Frank Maschmann (Hrsg.), Corporate Compliance und Arbeitsrecht, Baden-Baden 2009, S. 31–52.

Roeder, Jan-Jacob/Buhr, Martina S.: Die unterschätzte Pflicht zum Terrorlistenscreening von Mitarbeitern, BB 2011, S. 1333–1339.

Roeder, Jan-Jacob/Buhr, Martina S.: Tatsächlich unterschätzt: Die Pflicht zum Terrorlistenscreening von Mitarbeitern – Fortführung des ersten Aufsatzteils zum Anti-Terror-Screening aus BB 2011, 1333 –, BB 2012, S. 193–197.

Rosbach, Thorsten: Ethik in einem Wirtschaftsunternehmen – nützlich oder überflüssige Förmelei?, CCZ 2008, S. 101–104.

Rosen, Rüdiger v. (Hrsg.): Internal Investigations bei Compliance-Verstößen: Praxisleitfaden für die Unternehmensleitung, Studien des Deutschen Aktieninstituts, Heft 48, Frankfurt am Main 2010.

Roßnagel, Alexander (Hrsg.): Handbuch Datenschutzrecht – Die neuen Grundlagen für Wirtschaft und Verwaltung, München 2003 (zit.: *Bearbeiter*, in: Roßnagel, Hdb. Datenschutzrecht).

Roßnagel, Alexander/Scholz, Philip: Datenschutz durch Anonymität und Pseudonymität – Rechtsfolgen der Verwendung anonymer und pseudonymer Daten, MMR 2000, S. 721–731.

Rudkowski, Lena: Compliance oder Datenschutz? Die arbeitsrechtlichen Grenzen bei der Ermittlung von Compliance-Verstößen, in: Daphne Aichberger-Beig et al. (Hrsg.), Jahrbuch Junger Zivilrechtswissenschaftler 2010, Vertrauen und Kontrolle im Privatrecht, Wiener Tagung 1. – 4. September 2010, Stuttgart u.a. 2011, S. 189–203.

Rudkowski, Lena: Ein „Arbeitnehmerüberwachungsgesetz"? – Die Kontrollrechte des Arbeitgebers im Entwurf eines Gesetzes zur Regelung des Beschäftigtendatenschutzes, ZfA 2011, S. 287–297.

Sachs, Michael (Hrsg.): Grundgesetz, Kommentar, 6. Aufl., München 2011 (zit.: *Bearbeiter*, in: Sachs, GG).

Salvenmoser, Steffen/Hauschka, Christoph E.: Korruption, Datenschutz und Compliance, NJW 2010, S. 331–335.

Sasse, Stefan: Der Gesetzentwurf zur Regelung des Beschäftigtendatenschutzes – Darstellung und Bewertung ausgewählter Kernpunkte der geplanten Neuregelung, ArbRB 2010, S. 309–312.

Sassenberg, Thomas/Bamberg, Niclas: Betriebsvereinbarung contra BDSG?, DuD 2006, S. 226–229.

Schaar, Peter: Das Ende der Privatsphäre – Der Weg in die Überwachungsgesellschaft, München 2007.

Schaffland, Hans-Jürgen/Wiltfang, Noeme: Bundesdatenschutzgesetz (BDSG), Ergänzbarer Kommentar nebst einschlägigen Rechtsvorschriften, Loseblatt, Stand: Lfg. 4/2011, Berlin 2011 (zit.: *Schaffland/Wiltfang*, BDSG).

Scheben, Barbara/Klos, Christian/Geschonneck, Alexander: Evidence and Disclosure Management (EDM) – Eine (datenschutz-) rechtliche Analyse, CCZ 2012, S. 13–17.

Schlewing, Anja: Prozessuales Verwertungsverbot für mitbestimmungswidrig erlangte Erkenntnisse aus einer heimlichen Videoüberwachung?, NZA 2004, S. 1071–1077.

Schmidt, Bernd: Arbeitnehmerdatenschutz gemäß § 32 BDSG – Eine Neuregelung (fast) ohne Veränderung der Rechtslage, RDV 2009, S. 193–200.

Schmidt, Bernd: Vertrauen ist gut, Compliance ist besser! – Anforderungen an die Datenverarbeitung im Rahmen der Compliance-Überwachung –, BB 2009, S. 1295–1299.

Schmidt, Bernd: Beschäftigtendatenschutz in § 32 BDSG – Perspektiven einer vorläufigen Regelung, DuD 2010, S. 207–212.

Schmidt, Bernd/Jakob, Christian: Die Zulässigkeit IT-gestützter Compliance- und Risikomanagementsysteme nach der BDSG-Novelle, DuD 2011, S. 88–93.

Schneider, Jochen: Auslegung des § 32 BDSG im Rahmen des Verbotsprinzips – zur Systemwidrigkeit der Regelung des Arbeitnehmerdatenschutzes 2009, in: Felix Herzog/Ulfrid Neumann (Hrsg.), Festschrift für Winfried Hassemer, Heidelberg u.a. 2010, S. 1211–1233.

Schneider, Uwe H.: Investigative Maßnahmen und Informationsweitergabe im konzernfreien Unternehmen und im Konzern, NZG 2010, S. 1201–1207.

Schuler, Karin: Gesetz zum Beschäftigtendatenschutz, DuD 2011, S. 126–128.

Schumann, David: Anonymität bewahrendes Data Mining, DuD 2010, S. 709–712.

Schwab, Rouven/Ehrhard, Thorsten: Sonderkündigungsschutz für Datenschutzbeauftragte – Gelten mit Inkrafttreten der BDSG-Novelle II neue Spielregeln?, NZA 2009, S. 1118–1120.

Sidhu, Karl/Saucken, Alexander v./Ruhmannseder, Felix: Der Unternehmensanwalt im Strafrecht und die Lösung von Interessenkonflikten, NJW 2011, S. 881–884.

Simitis, Spiros: Mitbestimmung als Regulativ einer technisierten Kontrolle von Arbeitnehmern, NJW 1985, S. 401–408.

Simitis, Spiros: Die EG-Datenschutzrichtlinie: eine überfällige Reformaufgabe, in: Felix Herzog/Ulfrid Neumann (Hrsg.), Festschrift für Winfried Hassemer, Heidelberg u.a. 2010, S. 1235–1248.

Simitis, Spiros (Hrsg.): Bundesdatenschutzgesetz, 7. Aufl., Baden-Baden 2011 (zit.: *Bearbeiter*, in: Simitis, BDSG).

Simon, Jürgen/Taeger, Jürgen: Rasterfahndung – Entwicklung, Inhalt und Grenzen einer kriminalpolizeilichen Fahndungsmethode, Baden-Baden 1981.

Steckel, Rudolf: Compliance mit internationalen Prüfungsstandards (ISAs), in: Deggendorfer Forum zur digitalen Datenanalyse e.V. (Hrsg.), Compliance- und Risikomanagement – Anforderungen kennen – Konzepte optimieren, Berlin 2011, S. 75–110.

Steinau-Steinrück, Robert v./Glanz, Peter: Grenzen der Mitarbeiterüberwachung, NJW-Spezial 2008, S. 402–403.

Steinau-Steinrück, Robert v./Mosch, Ulrich: Datenschutz für Arbeitnehmer – Bestandsaufnahme und Ausblick, NJW-Spezial 2009, S. 450–451.

Steinkühler, Bernhard: BB-Forum: Kein Datenproblem bei der Deutschen Bahn AG? Mitnichten!, BB 2009, S. 1294–1295.

Steinkühler, Bernhard/Raif, Alexander: "Big Brother" am Arbeitsplatz – Arbeitnehmerüberwachung, AuA 2009, S. 213–217.

Stiemerling, Oliver/Hartung, Jürgen: Datenschutz und Verschlüsselung – Wie belastbar ist Verschlüsselung gegenüber dem Anwendungsbereich des Datenschutzrechts?, CR 2012, S. 60–68.

Streinz, Rudolf (Hrsg.): EUV/AEUV, Vertrag über die Europäische Union und Vertrag über die Arbeitsweise der Europäischen Union, 2. Aufl., München 2012 (zit.: *Bearbeiter*, in Streinz, EUV/AEUV).

tom Suden, Peter: Die elektronische Rechnung in Handels- und Steuerrecht – Einführung, Signatur, Dokumentation, Wiesbaden 2010.

Taeger, Jürgen/Gabel, Detlev (Hrsg.): Kommentar zum BDSG und zu den Datenschutzvorschriften des TKG und TMG, Frankfurt am Main 2010 (zit.: *Bearbeiter*, in: Taeger/Gabel, BDSG).

Theile, Hans: «Internal Investigations» und Selbstbelastung – Zum Verantwortungstransfer bei Akkumulation privater und staatlicher Ermittlungen –, StV 2011, S. 381–386.

Thon, Horst: Datenschutz im Arbeitsverhältnis, in: Arbeitsgemeinschaft Arbeitsrecht im Deutschen Anwaltverein, Festschrift zum 25-jährigen Bestehen, Bonn 2006, S. 1373–1385.

Thüsing, Gregor: Datenschutz im Arbeitsverhältnis – Kritische Gedanken zum neuen § 32 BDSG, NZA 2009, S. 865–870.

Thüsing, Gregor: Arbeitnehmerdatenschutz und Compliance – Effektive Compliance im Spannungsfeld von reformiertem BDSG, Persönlichkeitsschutz und betrieblicher Mitbestimmung, München 2010 (zit.: *Thüsing*, Arbeitnehmerdatenschutz und Compliance).

Thüsing, Gregor: Licht und Schatten im Entwurf eines neuen Beschäftigtendatenschutzgesetzes, RDV 2010, S. 147–149.

Thüsing, Gregor: Verbesserungsbedarf beim Beschäftigtendatenschutz, NZA 2011, S. 16–20.

Thüsing, Gregor/Forst, Gerrit: Der geplante Beschäftigtendatenschutz: Strenger oder großzügiger als das geltende Recht?, RDV 2011, S. 163–170.

Tinnefeld, Marie-Theres: Die Reform des Beschäftigtendatenschutzes auf Abwegen?, ZD 1/2011, VI.

Tinnefeld, Marie-Theres/Buchner, Benedikt/Petri, Thomas: Einführung in das Datenschutzrecht – Datenschutz und Informationsfreiheit in europäischer Sicht, 5. Aufl., München 2012.

Tinnefeld, Marie-Theres/Ehmann, Eugen/Gerling, Rainer W.: Einführung in das Datenschutzrecht – Datenschutz und Informationsfreiheit in europäischer Sicht, 4. Aufl., München 2005.

Tinnefeld, Marie-Theres/Petri, Thomas/Brink, Stefan: Aktuelle Fragen um ein Beschäftigtendatenschutzgesetz – Eine erste Analyse und Bewertung, MMR 2010, S. 727–735.

Tinnefeld, Marie-Theres/Petri, Thomas/Brink, Stefan: Aktuelle Fragen zur Reform des Beschäftigtendatenschutzes, MMR 2011, S. 427–432.

Trittin, Wolfgang/Fischer, Esther D.: Datenschutz und Mitbestimmung – Konzernweite Personaldatenverarbeitung und die Zuständigkeit der Arbeitnehmervertretung, NZA 2009, S. 343–346.

Viotto, Regina: Arbeitnehmerdatenschutz und Verfassungsrecht, AuR 2010, S. 422–424.

Vogel, Florian/Glas, Vera: Datenschutzrechtliche Probleme unternehmensinterner Ermittlungen, DB 2009, S. 1747–1754.

Vogt, Volker: Compliance und Investigations – Zehn Fragen aus Sicht der arbeitsrechtlichen Praxis, NJOZ 2009, S. 4206–4220.

Wastl, Ulrich: Zwischenruf Privatisierung staatsanwaltschaftlicher Ermittlungen, ZRP 2011, S. 57–58.

Weber, Marc Philipp: Der Arbeitnehmerdatenschutz nach dem Referentenentwurf eines Gesetzes zur Regelung des Beschäftigtendatenschutzes – Unter Berücksichtigung der Auswirkungen auf Compliance-Untersuchungen und interne Ermittlungen, in: Jürgen Taeger (Hrsg.), Digitale Evolution – Herausforderungen für das Informations- und Medienrecht, Tagungsband Herbstakademie 2010, Edewecht 2010, S. 39–58.

Wedde, Peter: Die wirksame Einwilligung im Arbeitnehmerdatenschutzrecht, DuD 2004, S. 169–174.

Wedde, Peter: Das Grundrecht auf Vertraulichkeit und Integrität in informationstechnischen Systemen aus arbeitsrechtlicher Sicht, AuR 2009, S. 373–378.

Weichert, Thilo: Datenschutzstrafrecht – ein zahnloser Tiger?, NStZ 1999, S. 490–493.

Welsing, Ruth: Das Recht auf informationelle Selbstbestimmung im Rahmen der Terrorabwehr – Darstellung anhand einer Untersuchung der präventiven Rasterfahndung, Hamburg 2009.

Wieland, Josef: Unternehmensethik und Compliance-Management – Zwei Seiten einer Medaille, CCZ 2008, S. 15–17.

Wiese, Günther: Persönlichkeitsschutz im Arbeitsverhältnis, in: Ruprecht-Karls-Universität Heidelberg (Hrsg.), Technologischer Fortschritt als Rechtsproblem, Heidelberg 1986, S. 47–60.

Wiese, Günther: Adressaten und Rechtsgrundlagen des innerbetrieblichen Persönlichkeitsschutzes von Arbeitnehmern – Kritische Anmerkungen zur Rechtsprechung des Bundesarbeitsgerichts –, ZfA 2006, S. 631–657.

Wiese, Günther: Gendiagnostikgesetz und Arbeitsleben, BB 2009, S. 2198–2207.

Wiese, Günther: Grenzen und Begrenzbarkeit der Entfaltungsfreiheit im Sinne des § 75 Abs. 2 BetrVG in sozialen Angelegenheiten, in: Günther Hönn/Hartmut Oetker/Thomas Raab (Hrsg.), Festschrift für Peter Kreutz zum 70. Geburtstag, Köln 2010, S. 499–512.

Wilke, Matthias: Data-Mining – eine neue Dimension der Verarbeitung von Arbeitnehmerdaten – absolute und kontinuierliche Analyse von personenbezogenen Daten im Handel, RDV 2002, S. 225–230.

Willemsen, Heinz Josef/Sagan, Adam: Die Auswirkungen der europäischen Grundrechtecharta auf das deutsche Arbeitsrecht, NZA 2011, S. 258–262.

Winteler, Daniel: Betrugs- und Korruptionsbekämpfung vs. Arbeits- und Datenschutzrecht, in: Jürgen Taeger/Andreas Wiebe (Hrsg.), Inside the Cloud – Neue Herausforderungen für das Informationsrecht, Tagungsband Herbstakademie 2009, Edewecht 2009, S. 469–481.

Woerz, Anja: Arbeitnehmerdatenschutz beim Betriebsübergang – Datenverarbeitung im privaten Bereich nach dem BDSG, Baden-Baden 2011.

Wohlgemuth, Hans H.: Datenschutz für Arbeitnehmer – Eine systematische Darstellung, 2. Aufl., Neuwied 1988.

Wolter, Jürgen (Hrsg.): SK-StPO – Systematischer Kommentar zur Strafprozessordnung, Mit GVG und EMRK, Band II, §§ 94–136a StPO, 4. Aufl., Köln 2010 (zit.: *Bearbeiter*, in: SK-StPO).

Wybitul, Tim: Das neue Bundesdatenschutzgesetz: Verschärfte Regeln für Compliance und interne Ermittlungen – Vertrauen ist gut, Kontrolle verboten?, BB 2009, S. 1582–1585.

Wybitul, Tim: Wie viel Arbeitnehmerdatenschutz ist „erforderlich"? – Erfahrungen und Empfehlungen zum Umgang mit dem neuen § 32 BDSG –, BB 2010, S. 1085–1089.

Wybitul, Tim: Betriebsvereinbarungen und Compliance-Maßnahmen – Wie viel Spielraum lässt der Gesetzentwurf zum Beschäftigtendatenschutz?, ZRFC 2011, S. 134–138.

Wybitul, Tim: Handbuch Datenschutz im Unternehmen, Frankfurt am Main 2011.

Wybitul, Tim: Beschäftigtendatenschutz: Warum wir dringend eine gesetzliche Neuregelung brauchen, ZD 2012, S. 1–2.

Wybitul, Tim/Böhm, Wolf-Tassilo: Beteiligung des Betriebsrats bei Ermittlungen durch Unternehmen, RdA 2011, S. 362–367.

Wybitul, Tim/Fladung, Armin: EU-Datenschutz-Grundverordnung – Überblick und arbeitsrechtliche Betrachtung des Entwurfs, BB 2012, S. 509–515.

Wybitul, Tim/Rauer, Nils: EU-Datenschutz-Grundverordnung und Beschäftigtendatenschutz – Was bedeuten die Regelungen für Unternehmen und Arbeitgeber in Deutschland?, ZD 2012, S. 160–164.

Wybitul, Tim/Reuling, Hendrik: Umgang mit § 44 BDSG im Unternehmen – Die weitreichenden zivilrechtlichen Folgen einer unscheinbaren Strafnorm, CR 2010, S. 829–832.

Zahn, Gesa: Datenabgleich zur Mißbrauchskontrolle im Bereich der Sozialleistungen, Baden-Baden 2001.

Zikesch, Philipp/Reimer, Bernd: Datenschutz und präventive Korruptionsbekämpfung – kein Zielkonflikt, DuD 2010, S. 96–98.

Zimmer, Mark/Heymann, Robert C. J.: Beteiligungsrechte des Betriebsrats bei unternehmensinternen Ermittlungen, BB 2010, S. 1853–1856.

Zöller, Richard (Begr.): Zivilprozessordnung – mit FamFG (§§ 1–185, 200–270, 433–484) und Gerichtsverfassungsgesetz, den Einführungsgesetzen, mit internationalem Zivilprozessrecht, EU-Verordnungen, Kostenanmerkungen – Kommentar, 29. Aufl., Köln 2012 (zit.: *Bearbeiter*, in: Zöller, ZPO).

Quellenverzeichnis

Albers, Felicitas G.: Compliance der Compliance: Elektronische Analyseverfahren personenbezogener Daten zur Prävention und Aufdeckung geschäftsschädigender Handlungen in Unternehmen, Forschungsberichte des Fachbereichs Wirtschaft der Fachhochschule Düsseldorf, Ausgabe 6, März 2009 [2009], abrufbar unter: http://fhdd.opus.hbz-nrw.de/voll texte/2009/508/pdf/FHD_FB7_Ausgabe6.pdf (zuletzt abgerufen am: 22.4.2012).

Arbeitsgemeinschaft für wirtschaftliche Verwaltung: Stellungnahme der Arbeitsgemeinschaft für wirtschaftliche Verwaltung (AWV) e.V. zum Entwurf eines Gesetzes zur Regelung des Beschäftigtendatenschutzes (BT-Drs. 17/4230), A-Drs. 17(4)261 [2011], abrufbar unter: http://www.bun destag.de/bundestag/ausschuesse17/a04/Anhoerungen/Anhoerung08/ Stellungnahmen_weitere/Stellungnahme_09.pdf (zuletzt abgerufen am: 22.4.2012).

Balz, Manfred: Weniger könnte mehr sein – Brauchen Arbeitnehmer einen größeren Datenschutz?, in: FAZ Nr. 273 v. 23.11.2011 [2011], S. 21.

Bauer, Silvia C./Steinau-Steinrück, Robert v.: Im Datenschutz hat Karlsruhe bald kaum noch etwas zu melden, in: FAZ Nr. 27 v. 1.2.2012 [2012], S. 19.

Berliner Beauftragter für Datenschutz und Informationsfreiheit: Deutsche Bahn akzeptiert hohe Geldbuße und will künftig Vorbild im Datenschutz sein, Pressemitteilung vom 23.10.2009 [2009], abrufbar unter: http:// www.datenschutz-berlin.de/content/nachrichten/pressemitteilungen/ deutsche-bahn-ag-akzeptiert-hohe-geldbusse-und-will-kuenftig-vor bild-im-datenschutz-sein (zuletzt abgerufen am: 22.4.2012).

Berliner Beauftragter für Datenschutz und Informationsfreiheit: Datenschutz und Informationsfreiheit, Jahresbericht 2009 [2010], abrufbar unter: http:// www.datenschutz-berlin.de/content/veroeffentlichungen/jahresberichte/ bericht-09 (zuletzt abgerufen am: 22.4.2012).

Berliner Beauftragter für Datenschutz und Informationsfreiheit: Datenschutz und Informationsfreiheit, Jahresbericht 2010 [2011], abrufbar unter: http:// www.datenschutz-berlin.de/content/veroeffentlichungen/jahresberichte/ bericht-10 (zuletzt abgerufen am: 22.4.2012).

Berndt, Markus: Abhören ist gefährlich – Compliance und Datenschutz: Eine klare gesetzliche Regelung könnte den Alltag von Managern risikoärmer machen, in: SZ Nr. 16 v. 21.1.2011 [2011], S. 18.

Bremer, Jan/Hünermann, Rolf: Heikle Gratwanderung bei der Aufklärung von Rechtsverstößen, in: FAZ Nr. 232 v. 6.10.2010 [2010], S. 21.

Bundeskriminalamt: Korruption, Bundeslagebild 2010 [2011], abrufbar unter: http://www.bka.de/nn_193376/DE/Publikationen/JahresberichteUnd Lagebilder/Korruption/korruption__node.html?__nnn=true (zuletzt abgerufen am: 22.4.2012).

Bundesministerium des Innern: Referentenentwurf eines Gesetzes zur Regelung des Beschäftigtendatenschutzes v. 28.5.2010 [2010], abrufbar unter:http://gesetzgebung.beck.de/sites/gesetzgebung.beck.de/files/ referentenentwurf_beschaeftigtendatenschutz.pdf (zuletzt abgerufen am: 22.4.2012).

Bundesministerium des Innern: Entwurf eines Gesetzes zur Regelung des Beschäftigtendatenschutzes, Formulierungsvorschläge v. 7.9.2011 [2011], abrufbar unter: http://www.arbrb.de/media/BeschDS_FV.pdf (zuletzt abgerufen am: 8.4.2012).

Bundesrechtsanwaltskammer: Thesen der Bundesrechtsanwaltskammer zum Unternehmensanwalt im Strafrecht, BRAK-Stellungnahme-Nr. 35/2010 [2010], abrufbar unter: http://www.brak.de/zur-rechtspolitik/stellungnah men-pdf/stellungnahmen-deutschland/2010/november/stellungnahme- der-brak-2010-35.pdf (zuletzt abgerufen am: 22.4.2012).

Bundesrechtsanwaltskammer: Stellungnahme der Bundesrechtsanwaltskammer zum Gesetzentwurf der Bundesregierung für ein Gesetz zur Regelung des Beschäftigtendatenschutzes v. 24.8.2010 (BR-Drucks. 535/10), BRAK-Stellungnahme-Nr. 36/2010 [2010], abrufbar unter: http://www. brak.de/zur-rechtspolitik/stellungnahmen-pdf/stellungnahmen-deutsch land/2010/dezember/stellungnahme-der-brak-2010-36.pdf (zuletzt abgerufen am: 22.4.2012).

Bundesrechtsanwaltskammer: Entwurf eines Gesetzes zur Regelung des Beschäftigtendatenschutzes, hier: BRAK-Stellungnahme (Nr. 23/2011), A-Drs. 17(4)233 [2011], abrufbar unter: http://www.bundestag. de/bundestag/ausschuesse17/a04/Anhoerungen/Anhoerung08/Stel lungnahmen_weitere/Stellungnahme_02.pdf (zuletzt abgerufen am: 22.4.2012).

Bundesverband der Deutschen Industrie/KPMG: Sichere Geschäfte?, Wirtschaftskriminalität – Risiken für mittelständische Unternehmen [2009], abrufbar unter: http://www.bdi.eu/download_content/RechtUndOeffentlichesAuf tragswesen/Broschuere_Sichere_Geschaefte_85524_KPMG_BDI.PDF (zuletzt abgerufen am: 22.4.2012).

Bundesverband Informationswirtschaft, Telekommunikation und neue Medien: Stellungnahme zum Regierungsentwurf für ein Gesetz zum Beschäftigtendatenschutz vom 25. August 2010, 24. Februar 2011 [2011], abrufbar unter: http://www.bitkom.org/files/documents/Stellungnahme_RegEnt wurf_BDSG_20110224.pdf (zuletzt abgerufen am: 22.4.2012).

Bundesvereinigung der Deutschen Arbeitgeberverbände: Datenschutz im Betrieb übersichtlich und klar gestalten, Bewertung der Anregungen im Arbeitspapier der Berichterstatter der Koalitionsfraktion zu der öffentlichen Anhörung am 23. Mai 2011 zu dem Entwurf eines Gesetzes zur Regelung des Beschäftigtendatenschutzes – BT-Drs. 17/4230, A-Drs. 17(4)252 C Anlage [2011], abrufbar unter: http://www.bundestag.de/bundestag/ ausschuesse17/a04/Anhoerungen/Anhoerung08/Stellungnahmen_SV/ Stellungnahme_03a.pdf (zuletzt abgerufen am: 22.4.2012).

Bundesvereinigung der Deutschen Arbeitgeberverbände/Bundesverband der Deutschen Industrie: Stellungnahme zum Entwurf eines Gesetzes zur Regelung des Beschäftigtendatenschutzes und anderen Entwürfen, A-Drs. 17(4)252 C [2011], abrufbar unter: http://www.bundestag.de/bundestag/ ausschuesse17/a04/Anhoerungen/Anhoerung08/Stellungnahmen_SV/ Stellungnahme_03.pdf (zuletzt abgerufen am: 22.4.2012).

CDU/CSU, FDP: Wachstum. Bildung. Zusammenhalt. Der Koalitionsvertrag zwischen *CDU, CSU* und *FDP* v. 26.10.2009, 17. Legislaturperiode [2009], abrufbar unter: http://www.cdu.de/doc/pdfc/091026-koalitionsvertragcducsu-fdp.pdf (zuletzt abgerufen am: 22.4.2012).

Datenschutzbeauftragte des Bundes und der Länder: Beschäftigtendatenschutz stärken statt abbauen, Entschließung der 81. Konferenz der Datenschutzbeauftragten des Bundes und der Länder am 16./17. März 2011 [2011], abrufbar unter: http://www.bfdi.bund.de/SharedDocs/Publika tionen/Entschliessungssammlung/DSBundLaender/81DSK_beschaef tigtendatenschutz.pdf?__blob=publicationFile (zuletzt abgerufen am: 22.4.2012).

Der Bundesbeauftragte für den Datenschutz und die Informationsfreiheit: 25 Jahre Volkszählungsurteil, Datenschutz – Durchstarten in die Zukunft!, Festveranstaltung am 15. Dezember 2008 aus Anlass des 25. Jahrestages der Verkündung des Volkszählungsurteils des Bundesverfassungsgerichts [2008], abrufbar unter: http://www.bfdi.bund.de/SharedDocs/Publika

tionen/Infobroschueren/Dokumentation25JahreVolkszaehlungsurteil. pdf?__blob=publicationFile (zuletzt abgerufen am: 22.4.2012).

Der Bundesbeauftragte für den Datenschutz und die Informationsfreiheit: EU-Datenschutz-Paket: Wichtiger Schritt zur Modernisierung des Datenschutzes, Pressemitteilung Nr. 2/2012 v. 25.1.2012 [2012], abrufbar unter: http://www.bfdi.bund.de/DE/Oeffentlichkeitsarbeit/Pressemit teilungen/2012/02_EUDatenschutzPaket.html?nn=408920 (zuletzt abgerufen am: 22.4.2012).

Der Hamburgische Beauftragte für Datenschutz und Informationsfreiheit: 22. Tätigkeitsbericht 2008/2009 [2010], abrufbar unter: http://www.daten schutz-hamburg.de/uploads/media/22._Taetigkeitsbericht_2008-2009. pdf (zuletzt abgerufen am: 22.4.2012).

Dettmer, Markus et al.: Auf der schiefen Bahn, in: Der Spiegel Nr. 7 v. 9.2.2009 [2009], S. 72–76.

Deutsche Bahn: Zwischenbericht – Überprüfung der Ordnungsmäßigkeit von Maßnahmen der Korruptionsbekämpfung in den Jahren 1998–2007, Stand: 10.2.2009 [2009], abrufbar unter: http://www.netzpolitik.org/wp-upload/ Bericht_DB_Datenskandal.pdf (zuletzt abgerufen am: 22.4.2012).

Deutsche Bahn: Konzernbetriebsvereinbarung Beschäftigtendatenschutz im DB Konzern (KBV BDS) v. 24.11.2010 [2010], abrufbar unter: http://www. recht.verdi.de/beschaeftigtendatenschutz/data/Konzernbetriebsvereinba rung.pdf (zuletzt abgerufen am: 22.4.2012).

Deutsche Telekom: Bericht Datenschutz und Datensicherheit 2010 [2011], abrufbar unter: http://www.telekom.ag/static/-/46592/3/datenschutzbericht-2010-si (zuletzt abgerufen am: 22.4.2012).

Deutsche Vereinigung für Datenschutz: Öffentliche Anhörung im Innenausschuss des Deutschen Bundestages zum Gesetzentwurf der Bundesregierung, Entwurf eines Gesetzes zur Regelung des Beschäftigtendatenschutzes, BT-Drucksache 17/4230 u.a., A-Drs. 17(4)252 G [2011], abrufbar unter: http://www.bundestag.de/bundestag/ausschuesse17/a04/Anhoerungen/ Anhoerung08/Stellungnahmen_SV/Stellungnahme_07.pdf (zuletzt abgerufen am: 22.4.2012).

Deutscher Anwaltverein: Stellungnahme des Deutschen Anwaltvereins durch den Arbeitsrechtsausschuss zum Referentenentwurf für ein Gesetz zur Regelung des Beschäftigtendatenschutzes (Stand: 28.05.2010 – BMI – V II 4–191 521–5/1) [2010], abrufbar unter: http://anwaltverein.de/ downloads/stellungnahmen/SN-10/SN-28-210.pdf (zuletzt abgerufen am: 22.4.2012).

Deutscher Anwaltverein: Stellungnahme des Deutschen Anwaltvereins durch den Arbeitsrechtsausschuss in Abstimmung mit dem Informationsrechtsausschuss zum Gesetzesentwurf der Bundesregierung für ein Gesetz zur Regelung des Beschäftigtendatenschutzes vom 25.08.2010 (BR-Drs. 535/10) [2010], abrufbar unter: http://anwaltverein.de/downloads/stellungnahmen/SN-10/SN-62-2010.pdf (zuletzt abgerufen am: 22.4.2012).

Deutscher Bundestag: Materialien zur öffentlichen Anhörung von Sachverständigen im Ausschuss für Arbeit und Soziales in Berlin am 5. März 2012, A-Drs. 17(11)783 [2012], abrufbar unter: https://www.bundestag.de/bundestag/ausschuesse17/a11/anhoerungen/Archiv/17_11_783.pdf (zuletzt abgerufen am: 22.4.2012).

Deutscher Gewerkschaftsbund: Stellungnahme zum Entwurf eines Gesetzes zur Regelung des Beschäftigtendatenschutzes (BT-Drs. 17/4230), A-Drs. 17(4)252 A [2010], abrufbar unter: http://www.bundestag.de/bundestag/ausschuesse17/a04/Anhoerungen/Anhoerung08/Stellungnahmen_SV/Stellungnahme_01.pdf (zuletzt abgerufen am: 22.4.2012).

Deutscher Richterbund: Stellungnahme des Deutschen Richterbundes und des Bundes der Richterinnen und Richter der Arbeitsgerichtsbarkeit zum Entwurf eines Gesetzes zur Regelung des Beschäftigtendatenschutzes (Stand des Entwurfs: Kabinettsbeschluss vom 25.08.2010) [2010], abrufbar unter: http://www.drb.de/cms/index.php?id=684 (zuletzt abgerufen am: 22.4.2012).

Deutsches Institut für Interne Revision: Stellungnahme des DIIR – Deutsches Institut für Interne Revision e.V. zum Entwurf des Gesetzes zur Regelung des Beschäftigtendatenschutzes vom 11.8.2010 [2010], abrufbar unter: http://www.diir.de/fileadmin/fachwissen/downloads/23_08_2010_stellungnahme.pdf (zuletzt abgerufen am: 22.4.2012).

Deutsches Institut für Interne Revision (Hrsg.): Revision der Beschaffung – Prüfungsfragen für die Praxis, DIIR-Schriftenreihe, Band 11, 4. Aufl., Berlin 2011 [2011].

Deutsches Institut für Interne Revision: Anmerkungen des DIIR – Deutsches Institut für Interne Revision e.V. zur geplanten Einführung eines Gesetzes zur Regelung des Beschäftigtendatenschutzes, A-Drs. 17(4)178 [2011], abrufbar unter: http://www.bundestag.de/bundestag/ausschuesse17/a04/Anhoerungen/Anhoerung08/Stellungnahmen_weitere/Stellungnahme_01.pdf (zuletzt abgerufen am: 22.4.2012).

Deutsches Institut für Interne Revision: Die Interne Revision im Jahr 2020: Wirtschaftliche Trends und Implikationen – Diskussionsanstoß [2011], abrufbar unter: http://www.diir.de/fileadmin/fachwissen/downloads/ Revision2020.pdf (zuletzt abgerufen am: 22.4.2012).

Deutsches Institut für Interne Revision/Gesellschaft für Datenschutz und Datensicherheit: Datenauswertungen und personenbezogene Datenanalyse: Beispiele für den praktischen Umgang im Revisionsumfeld [2009], abrufbar unter: https://www.gdd.de/nachrichten/.../DIIR-Datenanalyse_091209.pdf (zuletzt abgerufen am: 22.4.2012).

Europäische Kommission: Entwurf einer Verordnung des Europäischen Parlaments und des Rates zum Schutz natürlicher Personen bei der Verarbeitung personenbezogener Daten und zum freien Datenverkehr (Datenschutz-Grundverordnung) v. 25.1.2012 [2012], abrufbar unter: http://ec.europa. eu/justice/data-protection/document/review2012/com_2012_11_de.pdf (zuletzt abgerufen am: 22.4.2012).

Freisfeld, Caroline: Wettlauf mit der Kommissarin – Juristen fordern deutschen Arbeitnehmerdatenschutz, in: FAZ Nr. 69 v. 21.3.2012 [2012], S. 21.

Gesamtverband der deutschen Versicherungswirtschaft: Stellungnahme zum Entwurf eines Gesetzes zur Regelung des Beschäftigtendatenschutzes (BT-Drs. 17/4230), Anhörung am 23. Mai 2011, A-Drs. 17(4)260 [2011], abrufbar unter: http://www.bundestag.de/bundestag/ausschuesse17/a04/ Anhoerungen/Anhoerung08/Stellungnahmen_weitere/Stellungnah me_08.pdf (zuletzt abgerufen am: 22.4.2012).

Gesellschaft für Datenschutz und Datensicherheit: Stellungnahme zum Gesetzentwurf der Bundesregierung, Entwurf eines Gesetzes zur Regelung des Beschäftigtendatenschutzes (BT-Drucksache 17/4230) u.a., A-Drs. 17(4)252 B [2011], abrufbar unter: http://www.bundestag.de/bundestag/ ausschuesse17/a04/Anhoerungen/Anhoerung08/Stellungnahmen_SV/ Stellungnahme_02.pdf (zuletzt abgerufen am: 22.4.2012).

Gesellschaft für Datenschutz und Datensicherheit: Entwurf einer EU-Verordnung zum Datenschutz: Schwächung des Prinzips der betrieblichen Selbstkontrolle, 26.01.2012 [2012], abrufbar unter: https://www.gdd.de/nachrich ten/news/entwurf-einer-eu-verordnung-zum-datenschutz-schwachung-des-prinzips-der-betrieblichen-selbstkontrolle (zuletzt abgerufen am: 22.4.2012).

Hampel, Volker: Korruptionsverhinderung und Datenschutz – die Sicht der Internen Revision, BDA Symposium Arbeitnehmerdatenschutz, Berlin, 28. Juni 2011 [2011], abrufbar unter: http://www.diir.de/fileadmin/fachwis sen/downloads/Symposion_ArbeitnehmerdatenschutzBDAVortrag VolkerHampel.pdf (zuletzt abgerufen am: 22.4.2012).

Hornung, Gerrit: Stellungnahme zur öffentlichen Anhörung des Innenausschusses des Deutschen Bundestages zum Gesetzentwurf der Bundesregierung (Entwurf eines Gesetzes zur Regelung des Beschäftigtendatenschutzes, BT-Drs. 17/4230), u.a., A-Drs. 17(4)252 D [2011], abrufbar unter: http://www.bundestag.de/bundestag/ausschuesse17/a04/Anhoerungen/Anhoerung08/Stellungnahmen_SV/Stellungnahme_04.pdf (zuletzt abgerufen am: 22.4.2012).

Humanistische Union: Stellungnahme der Humanistischen Union zum Entwurf eines Gesetzes zur Regelung des Beschäftigtendatenschutzes, Gesetzentwurf der Bundesregierung (Drs. 17/4230), anlässlich der öffentlichen Anhörung im Innenausschuss des Deutschen Bundestages am 23. Mai 2011, A-Drs. 17(4)259 [2011], abrufbar unter: http://www.bundestag.de/bundestag/ausschuesse17/a04/Anhoerungen/Anhoerung08/Stellungnahmen_weitere/Stellungnahme_07.pdf (zuletzt abgerufen am: 22.4.2012).

Institut der Wirtschaftsprüfer in Deutschland: IDW Prüfungshinweis: Einsatz von Datenanalysen im Rahmen der Abschlussprüfung (IDW PH 9.330.3), WPg Supplement 1/2011 [2011], S. 35–60.

International Federation of Accountants: International Standard on Auditing 240 – The auditor's responsibilities relating to fraud in an audit of financial statements [2009], abrufbar unter: http://www.ifac.org/sites/default/files/downloads/a012-2010-iaasb-handbook-isa-240.pdf (zuletzt abgerufen am: 22.4.2012).

Justizministerkonferenz: Beschluss TOP I.5 Arbeitnehmerdatenschutz, Herbstkonferenz der Justizministerinnen und Justizminister am 9. November 2011 in Berlin [2011], abrufbar unter: http://www.sachsen-anhalt.de/fileadmin/Elementbibliothek/Bibliothek_Politik_und_Verwaltung/Bibliothek_MJ/jumiko/hk_I_5_arbeitnehmerdatenschutz.pdf (zuletzt abgerufen am: 22.4.2012).

Kocher, Eva: Gesetzentwurf für eine Verbandsklage im Arbeitsrecht, Gutachten – erstellt im Auftrag der Hans-Böckler-Stiftung, edition der Hans-Böckler-Stiftung 72, Düsseldorf [2002], abrufbar unter: http://www.boeckler.de/pdf/p_edition_hbs_72.pdf (zuletzt abgerufen am: 22.4.2012).

Körner, Marita: Moderner Datenschutz für die Beschäftigten: Ein Ende der Skandale? Gutachten zum Regierungsentwurf zur Regelung des Beschäftigtendatenschutzes im Auftrag des Hugo Sinzheimer Instituts für Arbeitsrecht, Frankfurt am Main [2010], abrufbar unter: http://www.hugo-sinzheimer-institut.de/fileadmin/user_data_hsi/Dokumente/Gutachten_Arbeitnehmerdatenschutz_HSI.pdf (zuletzt abgerufen am: 22.4.2012).

Kramer, Philipp: Stellungnahme zu BT-Drucksache 17/4230 u.a. betreffend Beschäftigtendatenschutz, zur Anhörung 40. Sitzung des Bundestagsinnenausschusses (17. Wahlperiode), A-Drs. 17(4)252 F [2011], abrufbar unter: http://www.bundestag.de/bundestag/ausschuesse17/a04/ Anhoerungen/Anhoerung08/Stellungnahmen_SV/Stellungnahme_06. pdf (zuletzt abgerufen am: 22.4.2012).

Leutheusser-Schnarrenberger, Sabine: Rechtspolitische Konzepte des Beschäftigtendatenschutzes, Rede bei der Tagung „Angst, Kontrolle, Vertrauen – Datenschutz und Gesellschaft" der Akademie für politische Bildung am 10. Juli 2010 in Tutzing [2010], abrufbar unter: http://www.bmj. de/SharedDocs/Reden/DE/2010/20100710_Rechtspolitische_Konzepte _des_Beschaeftigtendatenschutzes.html?nn=1477162 (zuletzt abgerufen am: 22.4.2012).

Masing, Johannes: Ein Abschied von den Grundrechten, Die Europäische Kommission plant per Verordnung eine ausnehmend problematische Neuordnung des Datenschutzes, in: SZ Nr. 6 v. 9.1.2012 [2012], S. 10.

Mester, Volker/Zamponi, Rolf: 22.000 Beschäftigte bei Airbus überprüft, Hamburger Abendblatt v. 2.4.2009 [2009], abrufbar unter: http://www.abendblatt. de/wirtschaft/article167583/22-000-Beschaeftigte-bei-Airbus-ueberpru eft.html (zuletzt abgerufen am: 22.4.2012).

Neue Richtervereinigung: Stellungnahme der Neuen Richtervereinigung zum Entwurf eines Gesetzes zur Regelung des Beschäftigtendatenschutzes (Drucksache des Bundesrates 535/10) [2010], abrufbar unter: http:// www.nrv-net.de/downloads_stellung/89.pdf (zuletzt abgerufen am: 22.4.2012).

Piltz, Gisela: Koalition verbessert Datenschutz am Arbeitsplatz, Pressemitteilung v. 10.2.2012 [2012], abrufbar unter: http://www.gisela-piltz.de/wcsite. php?wc_c=4064&wc_lkm=958&id=16783&suche=Piltz,%20Gisela (zuletzt abgerufen am: 22.4.2012).

Prantl, Heribert: Konfetti für den Datenschutz, in: SZ Nr. 158 v. 13.7.2010 [2010], S. 4.

Prantl, Heribert: Das Anti-Skandal-Gesetz, in: SZ Nr. 196 v. 26.8.2010 [2010], S. 4.

Prantl, Heribert: Der Eisberg-Zensus, in: SZ Nr. 106 v. 9.5.2011 [2011], S. 4.

Rogall-Grothe, Cornelia: „Moderner Datenschutz im 21. Jahrhundert – eine Herausforderung für Staat, Wirtschaft und Gesellschaft", Rede anlässlich des Symposiums „Moderner Datenschutz im 21. Jahrhundert" am 4.10.2010 in Berlin [2010], abrufbar unter: http://www.bmi.bund.de/

SharedDocs/Reden/DE/2010/10/strg_datenschutz.html (zuletzt abgerufen am: 22.4.2012).

Rüthers, Bernd: Vom Wert der Sozialpartnerschaft, in: FAZ Nr. 5 v. 7.1.2011 [2011], S. 12.

Stadler, Max: „Datenschutz im Jahr 2010", Rede bei der Tagung Codex digitalis, Optimierter Persönlichkeitsschutz – digital und vernetzt, am 30. August 2010 in Kiel [2010], abrufbar unter: https://www.datenschutzzentrum.de/ sommerakademie/2010/sak10-stadler-datenschutz-im-jahr-2010.pdf (zuletzt abgerufen am: 22.4.2012).

Thüsing, Gregor: Stellungnahme zum Entwurf eines Gesetzes zur Regelung des Beschäftigtendatenschutzes BT-Drucks. 17/4230 et. alt., A-Drs. 17(4)252 E [2011], abrufbar unter: http://www.bundestag.de/bundestag/ausschues se17/a04/Anhoerungen/Anhoerung08/Stellungnahmen_SV/Stellungnah me_05.pdf (zuletzt abgerufen am: 22.4.2012).

Tobescu, Christina Katherina/Holzner, Stefan: Compliance und Datenschutz – Der Fall Deutsche Bahn AG [2010], abrufbar unter: http://kreditrechtin stitut.de/files/Compliance%20und%20Datenschutz_100126.pdf (zuletzt abgerufen am: 22.4.2012).

Transparency International: Stellungnahme von Transparency International Deutschland e.V. zum Entwurf eines Gesetzes zur Regelung des Beschäftigtendatenschutzes (Stand des Gesetzentwurfs: 28.05.2010) [2010], abrufbar unter: http://www.transparency.de/fileadmin/pdfs/Themen/Wirts chaft/Stellungnahme_BDSG_10-06-28.pdf (zuletzt abgerufen am: 22.4.2012).

Unabhängiges Landeszentrum für Datenschutz Schleswig-Holstein: Stellungnahme des Unabhängigen Landeszentrums für Datenschutz Schleswig-Holstein zum Gesetzentwurf der Bundesregierung zur Regelung des Beschäftigtendatenschutzes (BR-Drs. 535/10), Stand 12.10.2010 [2010], abrufbar unter: https://www.datenschutzzentrum.de/arbeitnehmer/20101012-stel lungnahme.html (zuletzt abgerufen am: 22.4.2012).

Wedde, Peter: Stellungnahme für die öffentliche Anhörung des Innenausschusses des Deutschen Bundestages am 23. Mai 2011 in Berlin zum Thema Beschäftigtendatenschutz, A-Drs. 17(4)252 H [2011], abrufbar unter: http://www.bundestag.de/bundestag/ausschuesse17/a04/Anhoerungen/ Anhoerung08/Stellungnahmen_SV/Stellungnahme_08.pdf (zuletzt abgerufen am: 22.4.2012).

Wells, Joseph T.: Enemies Within, Asset misappropriation comes in many forms., in: Journal of Accountancy, Dezember 2001 [2001], abrufbar unter:

http://www.journalofaccountancy.com/Issues/2001/Dec/EnemiesWithin. htm (zuletzt abgerufen am: 22.4.2012).

Wuermeling, Ulrich: Europarichter verbieten nationale Alleingänge im Datenschutz, in: FAZ Nr. 291 v. 14.12.2011 [2011], S. 21.

Zentraler Kreditausschuss: Stellungnahme des Zentralen Kreditausschusses zu dem Gesetzentwurf der Bundesregierung für ein „Gesetz zur Regelung des Beschäftigtendatenschutzes" (BT-Drs. 17/4230 vom 15. Dezember 2010), A-Drs. 17(4)239 [2010], abrufbar unter: http://www.bundestag.de/ bundestag/ausschuesse17/a04/Anhoerungen/Anhoerung08/Stellungnah men_weitere/Stellungnahme_04.pdf (zuletzt abgerufen am: 22.4.2012).

Schriften zum Recht der Arbeit

Herausgegeben von Olaf Deinert / Rüdiger Krause

Das Arbeitsrecht regelt die Bedingungen, unter denen durch Kooperation von Arbeitgebern und Arbeitnehmern wirtschaftliche Werte geschaffen und die daraus entstehenden Erträge verteilt werden. Dabei muss sich das Arbeitsrecht in einem immer stärkeren Maße den Herausforderungen einer globalisierten Ökonomie einerseits und sich ständig verändernden gesellschaftlichen Anschauungen andererseits stellen. Das Arbeitsrecht nimmt daher eine zentrale Rolle in der Struktur moderner Industrie- und Dienstleistungsgesellschaften ein. Kein anderes Rechtsgebiet steht deshalb so stark im Spannungsfeld der politischen und sozialen Kräfte sowie zugleich im Blickpunkt der Öffentlichkeit. Die Reihe „Schriften zum Recht der Arbeit" soll die wissenschaftliche Auseinandersetzung mit dem Arbeitsrecht und dem betrieblichen Sozialrecht fördern, indem sie einen Rahmen für einschlägige Publikationen schafft. Sie vereint vorwiegend Dissertationen zu diesen Themen, die mit mindestens „cum laude" bewertet worden sind.

Manuskriptvorschläge sind in Papierform an die Herausgeber zu richten: Professor Dr. Olaf Deinert / Professor Dr. Rüdiger Krause, Institut für Arbeitsrecht, Georg-August-Universität Göttingen, Platz der Göttinger Sieben 5, 37073 Göttingen.

Band 1   Elisa Maria Wolf: Druckkündigungen mit diskriminierendem Hintergrund. 2012.

Band 2   Daniel Hader: Die Differenzierung nach der Gewerkschaftsmitgliedschaft durch Vereinbarung. 2012.

Band 3   Nils Seibert: Die Begründung und Beendigung von Arbeitsverhältnissen und Arbeitsverträgen. 2012.

Band 4   Maximilian Federhofer: Europäisches Tarifrecht? Zum Verhältnis von Grundfreiheiten und Grundrechten im Hinblick auf nationale Sachverhalte mit Tarifbezug. 2013.

Band 5   Sara Günther: Arbeitsrechtlicher Antidiskriminierungsschutz und Diversity Management. AGG - Pflicht und Chance zugleich. 2013.

Band 6   Jun Zhu: Die Mankohaftung im Arbeitsverhältnis nach der Schuldrechtsmodernisierung. 2013.

Band 7   Philip Owschimikow: Datenscreening zwischen Compliance-Aufgabe und Arbeitnehmerdatenschutz. Zugleich eine Bewertung des Regierungsentwurfs eines Gesetzes zur Regelung des Beschäftigtendatenschutzes. 2014.

www.peterlang.com

www.ingramcontent.com/pod-product-compliance
Ingram Content Group UK Ltd.
Pitfield, Milton Keynes, MK11 3LW, UK
UKHW021829210426
5322IPUK00004B/101